사회복지 윤리와 철학

| 박차상 · 강정희 · 문현주 공저 |

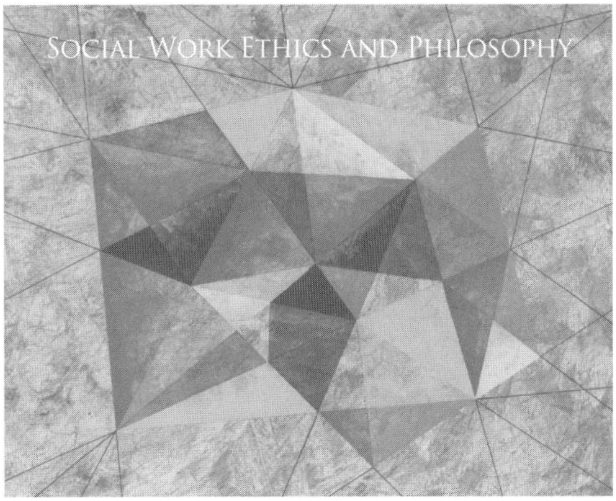

학지사

머리말

강의하는 사람이나 수강하는 학생들에게 사회복지 윤리와 철학 교과목은 어렵고 힘들며 추상적인 것이라는 선입견이 있다. 그러나 공부를 하는 데 있어서 철학은 기본적인 바탕이고, 근원적인 역할을 담당하고 있으며, 윤리는 올바른 사고와 판단을 하게 하여 삶의 질을 높이고 인생을 윤택하게 하는 길로 인도하는 주요 수단이다.

따라서 사회복지 윤리와 철학은 사회복지학이라는 학문을 하는 데 필수적인 교과목이 되어야 한다. 이러한 유용성을 학계나 실무 현장에서 점차 공감하고 있고, 확대되고 있어서 바람직한 변화라고 생각한다.

사회복지학은 인간의 존엄성 실천학문이라고 할 수 있다. 그러면 이러한 존엄성을 어떻게 실천할 수 있을 것인가? 이 책은 이를 위하여 미시적 접근방법과 거시적 접근방법을 통하여 입체적으로 사회복지 윤리와 철학을 이해할 수 있도록 저술하였다.

제1부에서는 사회복지 윤리와 철학의 기초로 윤리, 철학, 가치를 이해하기 위한 기본적인 내용을 담았다.

제2부에서는 사회복지 윤리와 철학을 미시적으로 접근하여 윤리적 의사결정, 윤리강령, 윤리적 쟁점을 서술하였다.

제3부에서는 사회복지 윤리와 철학을 거시적으로 접근하여 간접서비스, 사회복지조직 관련, 사회복지 연구와 조사, 국제사회 차원, 생태환경, 인권, 정보화 사회의 윤리적 쟁점을 서술하였다.

제4부에서는 사회복지 윤리와 철학의 미래를 전망하여 새로운 지평을 여는 내용과 영화와 관련하여 사회복지 윤리와 철학의 딜레마를 제시함으로써 독자들이 사고와 판단을 할 수 있도록 하였다.

저자들은 서로 부족한 것을 배우고, 보완하며, 자신의 강점을 나누면서 공저의 즐거움을 공유하였다. 이 책의 제1장, 제2장, 제3장, 제12장은 박차상 교수, 제4장, 제7장, 제8장, 제9장은 문현주 교수, 제5장, 제10장, 제11장은 강정희 교수, 제6장은 강정희, 문현주 교수가 함께 집필하였다. 이를 위해 많은 시간을 기다려 준 학지사 김진환 사장님과 편집부 직원들에게 감사의 마음을 전한다.

이 책을 가지고 공부하는 우리 독자들에게 감사드리며, 부족하거나 미흡한 부분에 많은 관심과 제언을 해 주시기를 부탁드리고, 앞으로 지속적으로 보완할 것을 약속드린다.

2019년 1월

저자 일동

차례

제1부 사회복지 윤리와 철학의 기초

제2부 사회복지 윤리와 철학의 미시적 접근

제1부

사회복지 윤리와 철학의 기초

제1장 사회복지 윤리의 이해

학습목표	1. 윤리학을 이해할 수 있다. 2. 사회복지실천윤리를 설명할 수 있다.
핵심용어	윤리, 도덕, 사회복지실천윤리, 윤리학

1. 윤리의 의의와 개념

1) 윤리와 도덕

윤리는 사람과 사람 사이의 관계, 즉 인간관계의 이치를 다루는 법을 의미하는 말로, 보다 구체적으로는 어떤 행동의 유형이 적절하고 어떤 행동의 유형이 부적절한지를 규정짓는 규칙과 관련된다. 윤리라는 말의 어원을 살펴보면 그리스어의 ethike에서 유래하며, 이 말은 에토스(ethos)에서 나왔다. 에토스라는 말은 원래 동물이 서식하는 장소나 축사, 집 등을 의미하는 말이었으나 나중에 이 말은 사회의 풍습, 관습 등을 의미하는 말로 변형되었는데, 여기서 윤리라는 말은 서구의 특정 지역의 관습과 밀접히 연관되어 있음을 알 수 있다. 어원적 의미를 고려할 경우, 옳고 그름을 정의하는 규칙과 원칙, 사람들이 어떻게 행동해야 하는지에 대한 지침으로서의 윤리는 과거 그리스 시대에는 관습적 사고 또는 사회의 구성원이 관습적으로 행동하는 어떤 원칙을 의미하는 것이었다(우국희 외, 2015: 11-13).

도덕 철학이라고 번역되는 moral philosophy에서 moral은 라틴어 모레스(mores)에 그 어원을 두고 있다.

에토스(ethos)와 모레스(mores)라고 하는 용어는 사람들이 가지고 있는 습관 혹은 관습을 의미하던 용어였다. 에토스(ethos)와 모레스(mores)가 왜 동시에 혼용되면서 사용된 것인가? 그 이유는 로마의 철학자 키케로(Cicero)가 자신의 글에서 윤리를 뜻하는 moralitas라는 용어를 처음 사용하였는데, 이 용어가 당시 전 세계에 로마 제국의 영향력 확대로 인하여 널리 통용되었기 때문이었다.

moralitas는 그리스어 에토스(ethos)를 라틴어 moralitas로 번역하여 사용한 것이다. 원래 그리스에서 에토스(ethos)라는 개념은 사람들의 관습보다는 인간의 정신 상태나 마음가짐 등을 의미하는 개념으로 사용되었다. 요컨대, 윤리와 도덕은 동일한 개념이지만 다른 용어로 표현된 것일 뿐이다(김기덕, 2011: 33-34).

윤리를 당대 사회의 관습적 기준으로서 볼 것인지, 혹은 인류 전체의 보편타당한 기준으로서 볼 것인지의 문제가 있다. 가치가 바람직한 것에 대한 어떤 신념이라면, 윤리는 그러한 신념에 따라 무엇을 해야 되고, 그러한 신념을 어떻게 적용할 것인지의 문제와 관련된 것이라 할 수 있다. 따라서 윤리는 주로 판단의 과정과 관련된다. 판단은 그 속성상 자유롭게 내려져야 한다. 어떤 다른 사람이 한 말을 단순히 반복하는 것, 앵무새처럼 말을 이해하지도 못한 채 반복하는 것은 판단이 아니다. 판단을 한다는 것은 주체인 내가 어떤 제약이 없는 가운데서 판단을 내리는 경우이다.

나아가, 그것이 참된 판단이 되려면 합리적이어야 한다. 경우에 따라서 비합리적인 결정을 하더라도 좋은 결정이 될 수 있으나, 결정이 아니라 판단을 한다는 것은 필연적으로 이성의 활용이 전제된다.

도덕이란 옳은 것과 그른 것, 좋은 것과 나쁜 것에 관한 가치판단을 하는 인간의 능력을 뜻한다. 데카르트는 도덕을 궁극단계의 지혜라 보았으며, 다른 모든 학문의 지식을 전제하는 것으로 이해하였다. 도덕은 또한 윤리적인 기준과 일치하는 행동을 가리킨다. 예컨대, 어떤 사람의 행동이 도덕적이라고 할 때 그 사람의 행동은 어떤 윤리적인 기준에 부합한다는 뜻으로 사용된다. 일상적으로는 도덕과 윤리를 구분하지 않고 상호교환적으로 사용하지만 철학적 언어법에서는 도덕과 윤리를 구분한다.

도덕이 어떤 사회에서 관습화된 행동 원칙들을 가치판단 없이 기술적으로 서술한 것이라면, 윤리는 어떤 사회의 관습화된 행동이 과연 옳은가 그른가를 비판적으로 검토하고 따지는 작업을 가리킨다. 윤리는 개인적이고 사회적인 도덕경험을 개념화하여 체계화시킨 것이며, 윤리학은 도덕의 근거에 대해 묻는 철학적 분과이다. 그러나 오늘날 대부분의 경우, 윤리와 도덕이라는 말은 구분되지 않고 사용되는 경향이 많다(진교훈, 2003: 20).

2) 윤리의 개념

현실요법의 창시자인 글래서(William Glasser)에 의하면, 윤리란 이론이면서 실천하는 데 의미가 있다. 예를 들면, 차를 운전하는 경우에 빨간 신호등이 켜지면 멈춘다. 또는 전화벨이 울리면 전화를 받는다. 그러나 빨간 신호등이 켜지면 항상 차를 정지하고, 전화벨이 울리면 항상 전화를 받는가? 아주 급한 일이 있으면 신호등을 무시하고 운전하거나, 비록 전화벨 소리를 들었지만 급한 다른 볼일이 있으면 전화를 받지 않는 경우도 있다.

다시 말하면, 신호를 준수함으로써 자신의 안전을 도모하고자 하는 욕구가 있기 때문에 빨간 신호등이 켜지면 차를 정지하는 것이다. 또한 우리는 다른 사람과 대화하고자 하는 욕구가 있기 때문에 전화를 받는 것이다. 결과적으로, 우리가 행동하는 것은 외부의 작용이 아니라 바람직하다고 생각하는 자신의 내면적인 작용에 의한 것임을 알 수 있다.

이러한 현상을 살펴보면 인간의 행동은 내면적인 작용에 의해 이루어지며, 그 내면적인 작용은 언제나 선택의 행위를 전제로 하게 된다. 그리고 그 선택에는 항상 가치판단이 개입되게 마련이다. 즉, 어떻게 하는 것이 더 좋은가, 더 바람직한가, 더 선한가, 혹은 정의로운 것인가 하는 판단을 하게 되고, 이에 근거하여 선택을 한다는 것이다. 이 가치판단이 윤리적인 문제가 된다. 우리가 살아가면서 제기하는 지속적인 질문은 가치판단, 즉 윤리적인 선택을 한다.

우리는 어떤 기준에 따라 우리의 선택행위를 하는가? 이러한 가치판단은 사회복지실천 현장에서 끊임없이 제기되어 행동의 기준과 방향이 되어 행동으로 연결되기 때문에 윤리적 평가의 내용은 곧 가치판단의 내용이라고 할 수 있다. 따라서 윤리적인 것은 인간정신의 이론적인 측면과 실천적인 측면이 동시에 있다고 할 수 있다(이관춘, 2013: 170-171).

윤리는 행동하는 가치로서, 가치를 바탕으로 만들어진 행동지침이다. 즉, 가치를 바탕으로 행동이 표출되었을 때 옳고 그름을 판단하는 기준이 된다. 또한 윤리는 인간이 사회에서 다른 사람들과 관계를 맺을 때 마땅히 따르고 지켜야 하는 도리와 규범을 의미한다. 요컨대, 윤리란 사회적 유기체인 인간이 사회 속에서 다양한 사람과 더불어 사는 데 필요한 도리와 이치이고 규범인 것이다(이순민, 2016: 17).

윤리는 일반 윤리와 전문가 윤리로 나눌 수 있다. 일반 윤리는 한 개인이 다른 사람들과 어울려 살아가는 사회생활 속에서 지켜야 하는 기본적인 윤리이다. 이에 반해, 전문가 윤리는 전문가협회나 조직이 채택한 윤리강령에 따른 윤리이다. 전문가 윤리는 일반 윤리에 위배될 수 없으며, 크게는 일반 윤리의 세부 범주에 속한다.

2. 윤리이론

1) 윤리행위 결과를 기준

어떤 행위의 옳음과 그름, 좋음과 나쁨을 판단하는 기준을 결과를 가지고 설명하는 윤리이론에는 목적론과 의무론이 있다.

윤리학의 가장 근본적이면서도 핵심적인 질문 중의 하나는 어떤 행위의 옳음과 그름, 좋음과 나쁨을 판단하는 객관적인 기준과 근거는 무엇인가이다. 어떤 행위의 옳고 그름을 우리는 어떻게 판단할 수 있는가? 불치병 환자의 고통을 덜기 위해 안락사를 행한 의사의 행위는 옳은 행위인가? 이러한 여러 가지 질문에 대한 윤리학적 대답은 크게 두 가지로 대별된다. 어떤 행위의 옳고 그름은 그 행위가 초래하는 결과에 달려 있지만 행동은 그것이 좋은 결과를 갖는 한 "옳다"라고 말한다면 그러한 윤리체계는 목적론적이다.

반면, 어떤 행위의 옳고 그름이 그 행위가 초래하는 결과 이외의 다른 요소에 의해 결정된다고 답한다면 그것은 비결과주의, 즉 의무론에 해당된다. 행동은 의무의 최고 원리의 요구사항을 만족시키면 옳다. 하지만 그 의무의 원리 자체는 좋은 결과를 산출하는 문제와 상관이 "없다"라고 말한다면 그러한 윤리체계는 의무론적이다.

여기서는 목적론과 의무론, 이 양자를 중심으로 윤리(도덕)의 본질과 근거를 살펴보고자 한다.

철학적 윤리방법에는 목적론적(teleological) 접근방법과 의무론적(deontological) 접근방법이 있다(우국희 외, 2015: 17).

목적론적 접근방법은 윤리적인 목적이나 행동의 결과를 강조한다. 행동의 결과가 종국적으로 대다수 사람의 유익을 위하여 행동하는 것을 의미하는 공리주의의 윤리를 말한다.

의무론적 접근방법은 어떤 상황에서든지 결과에 관계없이 당연히 해야 할 것을 결정하는 윤리적 기준이나 행동의 원리를 강조한다. 그리고 결과와는 무관하게 본질적으로 옳은 것을 행하는 것을 의미하는 원칙의 윤리이다.

2) 윤리의 보편성을 기준

또 다른 윤리이론으로 보편적인 윤리기준이 있다고 보는 윤리적 절대주의와 사회문화적 맥락에 따라 그 기준이 상이하다고 보는 윤리적 상대주의에 대해서 설명하면 다음과 같다(우국희 외, 2015: 13-17).

(1) 윤리적 절대주의

윤리적 절대주의는 도덕적 가치판단의 보편원리, 다시 말해 어떤 행위의 옳고 그름을 말해 주는 보편적인 절대적 · 객관적 법칙이 존재한다고 주장한다. 최고의 도덕원리가 존재하는데, 모든 사람은 이를 결코 무시할 수 없으며 어느 누구도 예외가 없다. 절대적 도덕규칙과 그 핵심적 개념에 대한 우리의 이해는 변화할 수도 있지만 개념 자체의 본질은 결코 변화하지 않으며, 도덕성이 공유되고 인정된 부분이 존재한다는 것이다. 그 근거는 인간에게 주어진 이성에 있으며, 이성에 근거한 합리성은 현실적인 인간의 숙고와 범문화적 · 가치판단적 개념이나 법칙, 추론과는 거의 상관이 없다.

존슨(Mark Johnson)은 도덕적 절대주의의 특성을 다음과 같이 요약했다. 첫째, 모든 인간에게 강제성을 갖는 어떤 행위의 옳고 그름을 명시해 주는 일련의 보편적 도덕법칙이 있다. 둘째, 도덕법칙들을 파악하고 구체적 상황에 적용하는 보편적 이성능력이 인간에게 있다. 셋째, 도덕적 가치와 법칙은 문화적 차이나 역사적 우연에 영향을 받지 않는 절대적 특성이 있다. 넷째, 도덕법칙에 포함된 개념들은 문자적으로 잘 정의된 하나의 확정적인 의미를 가진다. 다섯째, 절대주의는 은유나 다양한 이미지와 같은 상상력을 허용하지 않는다. 여섯째, 가치나 원리의 서열을 정하는 합리적 절차가 존재하여 도덕적 충돌을 피할 수 있으며, 우리는 보편이성에 의해 단일한 정확한 판단을 내릴 수 있다. 일곱째, 주어진 상황에서 유일한 옳은 행위가 있다. 여덟째, 도덕적 추론은 구체적인 사례들을 절대적인 도덕개념에 포함시키는 연역논리에 의거한다. 아홉째, 도덕적 결정은 행위자가 스스로에게 부여한 도덕원리들에 근거하여 이루어지고, 근본적 자유에 입각한다. 열째, 모든 사례에 대한 유일한 올바른 행위가 존재한다.

도덕규범은 이러한 범문화적 추리방법에 의해 확립될 수 있는 근거 위에서 정당화될 수 있으므로 이러한 규범은 모든 인간의 행위에 올바르게 적용될 수 있다는 의미에서 윤리적 절대주의는 곧 윤리적 보편주의와 같다고 할 수 있다. 윤리적 보편주의는 소크라테스, 플라톤, 칸트, 밀, 롤즈, 콜버그 등 다양한 학자에 의해 주장되어 왔다. 많은 철학자가 추구해 온 것은 보편적이고, 객관적이며, 근본적인 윤리기준으로서, 소크라테스와 플라톤은 오직 하나의 덕, 선의 지식이 존재한다고 보았다. 도덕 방임주의나 도덕 회의주의로 빠질 수 있는 상대성의 문제를 해결하는 데 1차적인 목표를 둔 콜버그는 문화적으로 보편적이고 불변적인 도덕계열에 대한 증거를 찾고자 노력하였으며, 그 결과 4단계의 보편적인 도덕발달론을 제시하였으며, 인간과 사회가 추구해야 할 대표적인 보편적인 원리는 '정의'임을 주장하였다.

(2) 윤리적 상대주의

윤리적 상대주의는 보편적으로 타당한 어떤 윤리법칙도 존재하지 않는다고 주장하거나, 만약 윤리법칙이 존재한다면 그것은 특정한 문화집단에 상대적이거나 특정한 역사적 맥락에서만 유효하다고 주장한다. 옳고 그름, 선과 악, 정의와 부정의에 대한 판단들의 기준이 되는 하나의 객관적이고 보편적인 도덕성이란 존재하지 않으며, 이러한 판단들은 상황에 따라 상대적이라고 본다.

윤리적 상대주의는 고대 희랍시대 그리스의 소피스트들에 의해 주장되었다. 대표적인 소피스트인 프로타고라스는 '인간은 만물의 척도'라는 명제를 통해서 세상에는 각기 다른 개인이 있으며, 개인마다 상응하는 윤리적 기준이 존재함을 주장했다.

윤리적 상대주의의 발달은 다른 문화에 대한 인류학적 연구의 영향이 컸다. 객관주의, 절대주의에 대한 회의는 상대주의에 대한 지평을 넓혀 왔는데, 상대주의는 20세기 들어 학문과 사상 일반에서 폭넓은 흐름을 형성하였다.

문화는 다양하며, 인간의 인식과 가치관은 문화에 따라 다르다는 문화상대주의의 명제는 1930년대에 미국의 인류학자 베네딕트(Ruth Benedict)와 허스코비츠(Melville J. Herskovits)에 의하여 대표적으로 주창된 이래 다른 문화를 이해하는 기본적 인식이 되었다. 그 후 보아스 학파를 중심으로 주창되어 온 문화상대주의에 따르면 각 사람의 판단은 그가 속한 문화에 속해 있고, 도덕은 문화의 한 하위개념에 불과하다고 한다. 즉, 한 사회의 도덕적 신념, 규칙 등은 필연적으로 그 사회의 제도나 경제 등 그 문화의 양태에 의해 타당성이 결정되며, 각자가 속한 문화권에 따른 윤리적 판단은 그 문화권 자체에서만 의미 있는 것으로 인정되고, 어느 것이 다른 것보다 우월하다고 이야기할 수 없는 성격의 것이다. 개별 문화는 자율성과 독자적인 가치체계를 가지며, 인간의 사고방식과 행동은 그가 속한 문화의 가치판단에 따라 규정되며, 개인의 인식과 행위는 문화의 맥락에서 이해되고 평가되어야 한다는 것이다.

문화상대주의는 윤리와 도덕의 상대성 입장을 강화시켜 주었다. 즉, 어떤 행위나 사상의 옳고 그름, 좋고 나쁨은 특정 문화적 맥락에서 규정된 가치체계에 따라 판단되어야 하며, 공간적으로나 시간적으로 모든 사람에게 해당하는 도덕적 표준이라는 것은 존재하지 않는다는 것이다.

윤리적 상대주의는 결국 도덕성에는 객관적인 진리가 존재하지 않으며, 옳고 그름은 단지 관점의 문제일 뿐이고 그 관점들은 문화마다 다양할 수 있다고 주장한다. 일례로 아메리카의 나바호 인디언 사회에서는 다른 사회들과는 달리 순전히 이기적인 행동 원리나 규범은 그 사회의 윤리라는 것에서 볼 수 있듯이, 바람직한 행동에 대한 기준을 정하는 윤리란 각 사회마다의 관습과 같은 것으로 어떤 사회에서 윤리적인 것이 다른 사회에서는 비윤리적인 것이 될 수도 있다. 상대주의자 중 한 사람인 심리학자 스키너(Burrhus F. Skinner)는 각 문화는 고유한 일련의 선을 가지고 있으며, 한 문화에서 선인 것이 다른 문화에서는 선이 아닐 수도 있다고 주장하였다.

윤리적 상대주의는 공동체주의에 가깝다. 공동체주의는 다른 사회와 구별되는 공동체 단위를 가장 중요시하며, 공동선, 사회정의의 실현을 주요한 과제로 삼는다. 상대주의론은 다양성을 존중하고, 다른 사람의 태도와 삶의 방식에 대한 존경과 인정으로 나타나는데, 점점 더 복잡하고 다양한 문화와 가치관이 혼재하는 현대 사회로 접어들수록 윤리적 상대주의가 보다 더 강조되고 있다. 이러한 상대주의론의 발달은 서구 중심적 사고와 가치관에서 탈피하여 다양성을 인정하고 다른 민족과 국가의 주체성을 인정하는 소위 해방의 이념을 제공했다.

3. 사회복지 윤리학의 연구분야

사회복지 윤리학은 학문적 연구에서 그 역사가 길지 않다. 즉, 사회복지 윤리에 관한 연구가 학문적인 형태로 체계화되기 시작한 것은 1980년대 초반 무렵이다.

그 이후에 사회복지가 미국에서 하나의 전문직으로 자리 잡아 감에 따라 전문직업인으로서 사회복지사 자신의 직업 윤리와 가치에 대한 고민, 그리고 사회복지 분야를 둘러싸고 있는 사회 전체의 윤리와 가치 등에 대한 연구들이 시대적 관심과 중요도에 의해 지속적으로 연구되어 왔다.

1) 연구분야

최근에 사회복지 윤리학은 윤리적 의사결정에 도움을 주고자 실천의 표준화 노력, 전문적 실천과정에서 과실과 관련된 소송 및 관련 절차의 문제, 그리고 이들의 윤리적 이론과 쟁점을 사회복지 전공자 및 실무자에게 교육하고 전파하는 영역으로까지 확대되고 있다.

따라서 학자에 따라 사회복지 가치 및 윤리학(social work values and ethics), 사회복지 윤리학(social work ethics), 사회복지 도덕철학(moral philosophy in social work), 사회복지 윤리 의사결정론(ethical decision-making in social work practice), 윤리적 사정평가론(ethical assessment) 등 다양하게 말하고 있다(김기덕, 2011: 8, 115-118).

(1) 사회복지 가치 기준

윤리학의 핵심은 가치론에 있고, 사회복지 윤리학의 궁극적인 과제는 사회복지 가치의 분석에 있다. 예컨대, 미국사회복지사협회(The National Association of Social Workers: NASW) 윤리강령에서 제시하는 윤리적 가치를 중심으로 연구영역을 구분하는 것이다. 이러한 기준에 의하면, 사회복지 윤리의 연구영역은 사회복지가 근거하고 있는 가치와 이로부터 파생된 윤리원칙 등을 중심으로 연구대상을 삼는다. 즉, 비밀보장(confidentiality), 자기의사결정(self-determination), 특권적인 의사소통(privileged communication), 사회정의(social justice) 등 대표적인 전문직 윤리가치들이 연구주제로 다루어지게 된다.

(2) 사회복지실천과정에서 맺고 있는 전문직으로서의 관계 기준

사회복지사를 사회복지실천과정에서 가장 중요한 윤리적 판단 및 행동 주체로 간주하고 이들이 실천활동과정에서 맺고 있는 전문직 관계를 기준으로 사회복지 윤리를 연구하는 영역으로 구분하는 것이다. 즉, 사회복지사와 클라이언트의 관계, 사회복지사 동료와의 관계, 사회복지기관과의 관계, 사회복지사가 소속한 노동조합과의 관계, 좀 더 포괄적으로는 전체 사회와의 관계 등에서 직면하게 되는 윤리적 문제들과 이에 대한 해결 노력으로 구분할 수 있다.

(3) 사회문제 혹은 관심집단(target group) 기준

사회복지실천 분야에서 일반적으로 구분하여 접근하는 분야를 연구영역으로 삼는다. 예를 들면, 아동복지, 가정폭력, 사회보장제도 개혁 등 기존의 사회복지실천 분야를 독립된 주제로 보고, 이러한 분야에서 제기되는 윤리적 쟁점들과 그 해결방안을 모색하는 입장이다.

(4) 구체적이고 현실적인 쟁점 기준

아동복지 분야에서 "클라이언트는 자신의 입양아에 대한 정신기록 정보에 접근할 수 있는가?" "입양아가 자신의 친부모에 대한 자료를 요청하는 경우 이를 거부하여야 하는가?" 등이다.

(5) 추상적인 윤리와 구체적인 사례들의 중간 범주에 해당하는 윤리적 쟁점 기준

자기의사결정과 간섭주의의 충돌, 개인적 이익과 공익의 충돌, 자원 배분의 윤리성, 정부와 민간의 사회복지 책임 구분의 윤리성 등과 같은 쟁점들을 중심으로 사회복지실천윤리적 측면을 연구하는 것이다. 이러한 구분의 실익은 사회복지실천과정 중 윤리적 갈등이 발생하는 상황에서 서로 경합하는 가치들 그리고 원칙을 보다 분명하게 제시할 수 있다.

(6) 윤리학의 체계화 기준

사회복지 윤리학이라는 하나의 완성된 학문체계를 전제로 구성 부분을 중심으로 구분하는 방법이다. 이러한 구분의 실익은 각각의 독립된 주제가 하나의 완결된 전체 구조에서 논의됨으로써 유기적인 연결이 가능하다는 것이다.

이러한 분류를 사용한 대표적인 학자로 리머(Reamer)를 들 수 있다. 그는 사회복지 가치 및 윤리 분야의 지적 기초를 논하는 자리에서 유기적으로 상호 연관된 다섯 가지의 연구영역을 제시했다. 첫째, 사회복지의 기본가치 및 원칙에 관한 연구, 둘째, 사회복지 분야에서 발생하는 윤리적 갈등의 본질과 성격에 관한 연구, 셋째, 윤리적 의사결정에 관한 연구, 넷째, 사회복지실천 과정에서 발생하는 윤리적 과실과 위법 행위에 관한 연구, 다섯째, 사회복지의 윤리교육과 전파에 관한 연구 등이다(Reamer, 1994: 198-220).

2) 윤리학과 사회복지의 관계

윤리학 혹은 도덕철학은 철학의 다른 분과학문에 비해 사회복지 분야와 일찍부터 긴밀한 연관을 맺어 왔으며, 이러한 긴밀성은 사회복지 윤리학이라고 하는 고유 영역이 구축됨으로써 상당한 수준으로 진전되었다고 볼 수 있다(김기덕, 최소연, 권자영, 2015: 24-28).

한국 대학의 사회복지 관련 학과에서 개설할 교과목을 소개하는 교과목 지침서에는 '사회복지 윤리와 철학'이라는 명칭의 교과목이 이미 사회복지의 대표적 기초 교과목으로 설정되어 있다. 교과목의 내용을 보면 주로 사회복지의 사명 및 실천과 연관된 윤리적 갈등을 해결하기 위한 윤리학의 개념과 이론을 소개하는 것으로 이루어져 있어 윤리학과 사회복지의 긴밀한 관계를 잘 보여 준다. 뿐만 아니라 전문가로서의 사회복지사들의 소임과 실천방향을 제시하는 윤리강령을 살펴보더라도 사회복지 전문직의 가치와 이념에 기반을 둔 규범적 성격을 그 핵심으로 한다는 것을 분명하게 알 수 있어 사회복지 전문직이 윤리학과 밀접한 관계임을 알 수 있다.

일반적으로 윤리학은 윤리적 가치, 곧 선의 의미와 원천을 밝히고 선이 표현된 윤리적 규범들, 곧 도덕법칙을 찾아내어 그것들 위에 서 있는 '도덕의 나라'를 추구하는 철학의 한 분야이다. 다시 말해, 윤리학은 도덕적인 것이 무엇을 의미하며 이러한 의미는 어떻게 정당화될 수 있는지를 논의하는 메타윤리학적 주제와 주어진 도덕적 문제를 해결하는 데 가장 적절한 도덕이론을 구체화하는 규범윤리학적 주제를 동시에 해결하고자 하는 철학적 노력이라고 볼 수 있다.

이와 같이 윤리학의 핵심 내용이 선으로 표현된 윤리적 규범이라면 사회복지와 윤리학의 만남은 결국 이러한 규범적 속성을 중심으로 이루어질 수밖에 없을 것이다. 그렇다면 사회복지 전문직 혹은 사회복지학의 핵심 특성을 구성하는 규범적 속성은 구체적으로 어떠한 것들일까? 달리 말하면, 전문가 집단으로서 사회복지사들이 자신들만의 고유한 전문직 가치나 윤리로 간주하고 있는 것들이 무엇일까?

이러한 질문은 사회복지 전문직 윤리를 구성하는 근본적 요소들에 대한 질문이며, 이는 사회복지 전문직이 지향하는 핵심가치와 직접적으로 연관되어있다. 사회복지 전문직 윤리가 지향하는 핵심가치가 무엇인가는 해당 사회와 시기에 따라 다를 수 있지만 일반적으로 다음의 세 가지로 요약된다.

첫 번째 구성요소는 개인에 대한 존중과 개인적 서비스 윤리이다. 이는 사회복지 전문직의 궁극적 가치는 인권의 존중과 아울러 이를 실현하기 위해 요구되는 전문적이면서도 개별적인 서비스의 제공에 있다는 것을 의미한다.

두 번째 구성요소는 전문가의 온정적 개입주의이다. 사회복지가 사회에 등장한 초기 역사부터 강조된 핵심가치인 온정적 개입주의는 어려움에 처한 사람들을 도와 그들이 행복한 생활을 영위할 수 있도록 하는 것이 인간이 가진 의무라는 것에 그 기원을 두고 있다. 이러한 선행의 의무가 전문직으로 체계화된 모습이 사회복지 전문직이다.

세 번째 구성요소는 공적 책임성의 윤리이다. 즉, 공공의 일반적 복지에 대한 보호와 이의 증진이다. 사회복지 전문직이 여타의 전문직에 비하여 특히 공적 책임을 보다 강조하는 근본적인 이유는 사회복지는 기본적으로 공적으로 후원되고 자원을 지원받는 사회적 영역이라는 특성에서 기인한다.

그러므로 실천 전문직으로서 사회복지의 규범성은 앞에서 제시한 전문직 가치에서 직접적으로 기인하는 것으로 볼 수 있다. 사회복지학의 윤리적 접근은 이러한 가치의 규범성을 명확히 하는 동시에 전문직 가치들을 추구하는 과정에서 야기되는 윤리적 갈등과 딜레마를 적절하게 해결할 수 있는 이론적 차원과 모델을 마련하는 것이라고 볼 수 있다. 이러한 맥락에서 볼 때,

윤리학 혹은 도덕철학은 사회복지학이 해결해야 할 전문직의 규범성의 명확화와 윤리적 고민해결에 가장 적절한 철학의 이론체계이다.

3) 사회복지에 대한 윤리학의 함의

윤리학은 구체적으로 사회복지학에 어떠한 도움을 줄 수 있을까? 윤리학은 사회복지의 소명을 밝히고 사회복지사의 사회적 관계 종류와 내용에 대하여 방향을 제시할 수 있다. 뿐만 아니라 사회복지실천 현장에서 발생하는 윤리적 갈등을 진단하고 해결할 수 있는 분석틀과 실천방법을 지원할 수 있다. 윤리학이 사회복지에 대하여 가질 수 있는 함의들을 간략하게 살펴보도록 하자.

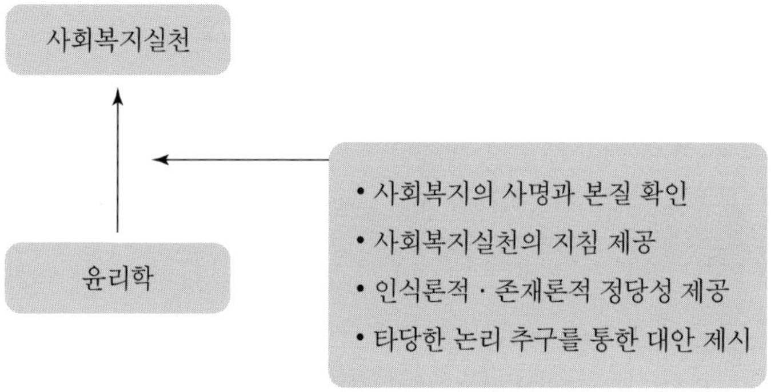

[그림 1-1] 사회복지와 윤리학의 관계

첫째, 윤리학을 통해 사회복지는 자신의 사명과 기능의 본질을 명확히 확인할 수 있다. 사회복지는 그 탄생에서부터 스스로에게 부여된 사명과 기능이 본질적으로 도덕, 가치, 윤리적인 것이며, 이러한 윤리적 본질은 시대, 환경, 제도가 변한다 해도 결코 사라지거나 변질될 수 없다. 이러한 입장에서 본다면 사회복지를 여타의 전문직과 구별할 수 있는 가장 핵심적인 범주는 가치와 도덕일 것이며, 도덕이라는 실체를 본격적으로 다루는 학문이 바로 윤리학이다.

이러한 맥락에서 볼 때, 역사적 전개 과정 속에서 등장한 다양한 사회복지의 활동이 가진 성격을 분석하고 재해석하는 작업은 도덕과 가치를 핵심적인 범주로 하는 윤리학의 도움 없이는 거의 불가능할 것이다. 뿐만 아니라 윤리학은 도덕적인 측면에서 사회복지의 사회적 정당성을 뒷받침해 줌으로써 사회복지 전문직의 존재 근거를 명확히 할 뿐만 아니라, 나아가 사회복지 전문직과 관련 활동들을 인정할 수 있는 정당성을 제공할 수 있다.

둘째, 현대 사회복지의 모습은 사회복지기관이 클라이언트라고 하는 사회복지의 실천대상과 관계를 맺고, 서비스를 제공하는 모습으로 이루어져 있다. 사회복지사는 이 과정에서 자신이 선택할 수 있는 다양한 실천대안 가운데 무엇이 가장 바람직한 것인지에 대해 고민하고 갈등한다. 이 경우, 윤리학은 사회복지사가 바람직한 실천수단을 선택하는 데 있어 중요한 직접적인 지침 가운데 하나로 작용한다. 다시 말해, 사회복지 전문직의 가치는 사회복지 전문직이 도덕적으로 바람직한 실천개입을 결정하는 전략적 수단으로 사용될 수 있다는 것이다. 이러한 수단들은 흔히 사회복지사가 실천 현장에서 경험하는 윤리적 딜레마나 교착상태의 체계적 해결을 지향하는 '윤리적 의사결정론'의 형태로 논의되고 있다.

셋째, 윤리학은 사회복지의 존재론적 정당성의 제공에 기여할 수 있을 뿐만 아니라 인식론적 정당성에도 기여할 수 있다. 만약 앞선 논의와 같이, 사회복지의 사명과 본질이라는 존재론적 성격이 윤리적인 것이라면 이러한 대상을 파악하고 연구하기 위한 방법 역시 윤리적이어야 할 것이기 때문이다.

다시 말해, 사회복지와 관련된 개념, 이론, 연구 및 조사 방법 역시 사회복지가 근거하고 있는 윤리적 가치나 도덕적 신념의 측면을 파악할 수 있는 형태와 구조여야 할 것이다. 예를 들어, 사회과학에서 전통적으로 활용하는 객관적이고 경험적인 연구 방법은 사회복지가 지향하고 있는 인간관계의 의미체계나 신념체계를 적절하게 파악하지 못한다는 실증주의적 한계를 가지고 있다. 따라서 사회복지가 지향하는 현상을 분석할 수 있는 인식체계는 가치와 의미, 규범과 도덕이라는 측면을 포괄할 수 있는 것이어야 하며, 이러한 인식체계에 대한 논의는 윤리학에서 많은 함의를 얻을 수 있다.

넷째, 사회복지의 윤리적 본질에 대한 이해는 사회복지학 분야에서 진행되는 그릇된 논리적 추론이 가지는 오류를 지적하며, 사회복지 차원에서 볼 때 타당한 논리적 추론이 어떠해야 하는지에 대하여 적절한 대안을 제시할 수 있다. 앞서 언급한 인식론적 정당성이 주로 사회복지와 관련된 연구에서 사용되는 인식도구, 즉 개념과 측정도구라면 여기서 언급하는 논리적 측면이란 그와 같은 인식도구를 사용하여 전개하는 논리적 추론의 방식을 주로 의미한다.

예를 들어, 어떤 클라이언트를 이해하고자 하는 사회복지사가 클라이언트가 가진 다양한 측면을 사회적 맥락에 따라 통합적으로 파악하지 않고 특정 측면에 주목하고 이를 통해 전체를 설명하고자 하는 환원주의의 입장에 빠져 있다고 가정해 보자. 이 경우, 사회복지사가 취하고 있는 클라이언트에 대한 접근방법은 당연히 과학적으로 타당하지 않을 뿐만 아니라 도덕적으로도 문제를 가진 것이다.

이와 같은 논리적 오류를 범하지 않기 위해서는 결국 사회복지사가 가진 도덕적 측면에 대한 타당한 문제제기와 추론방식에 대하여 고민하지 않을 수 없으며, 이 과정에서 가장 중요하게 활용될 지적 자원이 바로 윤리학이다.

4. 사회복지 윤리의 기능과 개념

1) 사회복지 윤리의 기능

사회복지 윤리를 공부하는 것은 사회복지사가 사회복지실천 현장에서 발생하는 윤리적 갈등을 해결하고자 하는 실용적인 도구의 기능이 있다.

사회복지사는 전문가로서 사회복지실천 현장에서 다양한 윤리적 갈등 상황에 직면하게 된다. 이러한 경우, 사회복지사에게는 윤리적 관점에서 이러한 상황을 정확하게 이해하는 지식과 기술뿐만 아니라, 윤리적 갈등을 이해하고 이에 대처하는 능력도 필요하다. 특히 과학과 기술이 발달하면서 이전에는 생각하지 못한 윤리적 문제와 이에 대한 클라이언트의 다양한 욕구가 발생하게 되었다. 예를 들면, 인공수정, 안락사, 인터넷상의 비밀보장과 같은 새로운 윤리적 갈등 상황이 발생하면서 이에 대처하기 위한 윤리적 지침이 필요하게 된 것이다.

실천 현장에서 경험하게 되는 많은 윤리적 딜레마에 대하여 바람직한 윤리적 결정을 내리고 행동하기 위해서는 사회복지실천윤리가 필수적이다. 사회복지실천윤리는 사회복지 전문가의 가치관과 클라이언트, 동료 전문가 등 다른 사람들의 가치관과 어떻게 다른지, 혹은 체계적으로 확인할 수 있도록 도와주며, 윤리적 딜레마에 대한 사전 예방적 대처능력을 향상시켜 주는 기능을 한다(Reamer, 1998).

또한 서로 다른 가치가 상충되는 상황에서 어떤 가치를 우위에 두어야 하는지를 알려 주며, 가치 간의 관계 정립을 하는 데에도 도움을 준다. 사회복지실천윤리는 현행 사회복지실천 현장에서 중요시되는 가치가 정당한가를 점검하게 하고, 시대에 맞는 가치를 재정립하게 하는 기능을 하기도 한다. 다르게 말하면 사회복지실천방법을 개발하고, 사회복지사의 능력을 발전시키기 위해서도 사회복지실천윤리가 필요하다. 요컨대, 사회복지실천윤리는 사회복지사가 윤리적 쟁점에 대하여 올바른 판단을 내릴 수 있도록 하는 체계적 준거틀이라고 할 수 있다(이순민, 2016: 27; Levy, 1976).

2) 사회복지 윤리의 개념

첫째, 광의의 개념으로 다소 포괄적으로 정의하는 유형이다. 레비는 사회복지 윤리에 대한 연구는 사회복지 윤리학을 연구하는 본질적인 목적이라고 전제하면서 "사회복지 윤리는 다양한 배경을 가진 사회복지사들이 자신이 실천하는 분야에서 직면할 수 있는 다양한 윤리적 쟁점에 대하여 올바른 판단을 내릴 수 있도록 하는 체계적 준거틀(systematic framework)이다" (Levy, 1976: 16)라고 설명했다.

둘째, 사회복지를 전문적인 실천형태로 간주하고 전문가로서 행하는 윤리적 실천의 측면에서 정의하는 유형이다. "사회복지 윤리는 사회복지 실무자로 하여금 무엇이 윤리적으로 올바른 실천방법인가를 인식할 수 있게 도와주고, 전문적인 실천환경에서 초래되는 윤리적 측면과 관련하여 올바른 실천행위를 결정하여 행동에 옮길 수 있는 방법이다"(Lowenberg & Dolgoff, 2008: 6)라고 설명했다.

요컨대, 사회복지 윤리의 개념은 사회복지실천환경에서 초래되는 윤리적 측면과 관련하여 올바른 행동에 옮길 수 있도록 판단하는 체계적 준거틀이다.

3) 사회복지 윤리의 패러다임

패러다임(paradigm)의 사전적 의미는 한 시대 사람들의 견해나 사고를 지배하고 있는 총체적인 인식의 틀이나 개념의 집합체로, 관점, 이념 등과 구분 없이 사용되는 경우가 많다. 패러다임은 그리스어 파라데이그마(paradeigma)에서 유래한 것으로, 사례, 예제, 실례, 본보기라는 뜻을 담고 있다. 원래는 으뜸꼴, 표준꼴이라는 언어학적 의미로, 하나의 으뜸꼴, 표준꼴에서 다양한 파생형이 나온다는 점을 알려 주는 용어이다.

이에 쿤(Kuhn, 1962)은 패러다임을 과학의 철학 분야에 적용해서 한 시대를 지배하는 과학적 인식, 이론, 관습, 사고, 관념, 가치관 등이 결합된 총체적인 인식의 틀 또는 개념의 집합체로 정의한 바 있다. 패러다임과 이론의 관계를 중요시하던 쿤은 과학적 이론은 특정 패러다임을 바탕으로 하고 있다는 점에 주목하면서 패러다임은 과학적 이론, 즉 구체적인 규칙이나 가정에 우선한다고 보았다. 나아가 새로운 패러다임의 제시를 통해 과학적 이론의 시대의 변화를 선도한다는 점을 강조했다.

패러다임에 대한 논의를 사회복지 윤리 분야에 적용하면, 사회복지 윤리의 패러다임이란 한 시대를 지배하는 사회복지실천의 가치지향성에 관한 총체적인 사고의 틀이라고 말할 수 있다. 사회복지실천은 도덕적 선택의 기준으로서의 특정한 가치(value)를 포함하고 있는 가치지향적 실천으로 알려져 있다(Levy, 1976).

이와 같은 가치로부터 도덕적 선택의 기준이자 실천지침인 도덕적 원칙이 도출된다고 본다. 그런데 특정한 가치는 바로 한 시대를 지배하는 사회복지 윤리의 패러다임에서 도출된 것이다. 결국 사회복지실천의 도덕적 행위에 있어서 도덕적 선택의 기준이자 실천지침인 도덕적 원칙은 사회복지실천에 관한 특정한 가치에서 도출됐고, 이 가치는 한 시대를 지배하는 사회복지 윤리의 패러다임을 반영해 이를 도덕적인 판단에서의 선호의 기준으로 결정화한 것이라고 할 수 있다.

이를테면 사회복지 윤리의 패러다임으로서 임상실용주의가 지배적이라면, 임상실용주의를 반영하는 윤리적 실천의 선호의 기준인 핵심적인 가치는 사회복지사와 클라이언트 간의 관계를 규정하는 서비스의 가치로 결정될 수 있다.

서비스의 가치로부터 도덕적 원칙으로서 선행의 원칙이 도출된다. 선행의 원칙이란 도움을 필요로 하는 사람을 돕는 사회복지실천의 원조의무를 말한다. 이 선행의 원칙은 사회복지사의 구체적인 도덕적 행위에 있어서 선택의 기준이자 윤리적 실천지침이 된다. 예를 들면, 온정적 개입을 우선시하는 선행의 원칙을 따르는 경우에 의사결정 능력이 부족하거나 의사결정이 어려운 상황에 놓인 클라이언트에 대해 사회복지사는 클라이언트의 자기의사결정을 더 존중해 문제점만 탐색하는 숙고형, 보다 대안을 임의로 제안하는 제안형, 클라이언트에게 구체적인 해결방안을 제시하는 지시형, 나아가 클라이언트를 제치고 의사결정을 대신하는 결정형의 개입을 선호할 수 있다.

지금까지의 논의를 종합해 보면, 사회복지 윤리의 패러다임에 대한 이해는 사회복지 윤리에 대한 논의에 있어서 중요한 함의를 가질 수 있다.

① 특정한 도덕적 가치는 사회복지 윤리의 지배적인 패러다임을 반영하고 이를 결정화한 것이기 때문에 우리가 바람직하다고 수용하고 있는 도덕적 원칙과 이를 도출한 기반인 가치가 지배적인 패러다임을 반영하고 있음을 이해할 수 있다.

② 사회복지에 대한 특정한 관점이자 이념인 현존하는 지배적인 사회복지 윤리의 패러다임의 정체성을 확인해 그것의 정당성을 검토하고 비판적으로 성찰할 수 있다.

③ 사회복지실천의 변화는 사회복지 윤리의 지배적인 패러다임을 개혁해 대안적인 패러다임을 확립하는 노력에서 시작되기 때문에 신구 패러다임 간의 비교성찰을 통한 사회복지실천의 변화의 방향을 이해하고 대처하는 원동력을 제공한다.

사회복지 윤리의 패러다임을 제시한 대표적인 연구자들은 리머, 로웬버그(Loewenberg)와 돌고프(Dolgoff)이다. 리머는 시기에 따라 사회복지실천의 기본적 가치와 윤리에 대해 여섯 가지의 두드러진 패러다임이 나타났다고 말했다. 그는 간섭적 온정주의의 지향, 사회정의의 지향, 종교적 지향, 임상적 지향, 방어적 지향, 비도덕적 지향을 제시했다.

로웬버그와 돌고프는 현존하는 사회복지의 윤리적 실천의 지배적인 패러다임에 대해 임상실용주의, 자아실현론, 상황윤리론, 종교윤리론, 새로운 윤리적 기준과 접근으로 제시했다. 새로운 윤리적 기준과 접근에서는 여권주의, 공동체주의, 신민주주의이론을 소개했다.

전통적인 패러다임은 사회복지실천의 초기부터 지배적인 패러다임으로 자리 잡고 있던 경향을 말한다. 전통적인 패러다임에는 간섭적 온정주의, 사회정의의 관점, 종교적 접근을 포함시킨다. 전문직 패러다임은 사회복지 전문직이 구축된 이래로 현재까지 지배적인 패러다임으로 영향력을 행사하고 있는 경향을 말한다. 새로운 패러다임은 현재의 전문직 패러다임에 대한 비판적인 성찰의 결과 새로운 대안으로 제시되는 경향이 있다(심상용, 2016: 61-63).

5. 사회복지실천윤리의 발달과정

사회복지실천에서 가치와 윤리에 대한 논의는 사회복지를 전문직으로 발전시키고자 했던 20세기 초반에서 시작되었다고 할 수 있다. 이에 대한 본격적인 논의는 1970년대에 와서야 이루어졌다. 리머(Reamer, 1998)는 사회복지실천 가치와 윤리의 발달과정을 도덕성의 시기, 가치탐구의 시기, 윤리이론과 의사결정의 시기, 윤리적 기준과 위기관리의 시기로 크게 네 시기로 구분했다(이순민, 2016: 31-35).

첫째, 도덕성의 시기는 전문적 사회복지실천이 태동하기 시작한 시기로, 미국의 자선조직협회(Charity Organization Society)가 활동하던 시기로, 이때는 클라이언트의 문제나 어려움을 도덕성의 결함으로 보았으며, 클라이언트 개인의 도덕성을 교화시켜 가난에서 벗어날 수 있도록 돕는 역할을 강조하는 간섭적 온정주의가 바탕이 되었다. 이 시기의 사회복지실천은 클라이언트의 기본적 권리나 존엄성에 대한 가치는 고려하지 못했으나, 빈곤한 사람들에 대한 조직화된 구제활동과 빈곤문제에 대한 대응방안, 사회복지실천의 전문성을 강조하기 시작했다.

그러나 인보관운동이 시작되면서 사회복지실천의 가치는 도덕성에서 사회정의로 변화되어 가기 시작했다. 빈곤자의 도덕성을 강조했던 것과는 달리, 주택, 건강, 위생, 교육, 고용, 빈곤과 관련된 광범위한 사회문제를 개선하기 위한 법률적이고 제도적인 개입의 필요성 확대 등 사회제도의 형성을 강조하는 개혁적인 실천이 강조되었다. 가난, 실직, 범죄와 같은 문제는 자본의 결핍, 인종차별, 다양한 억압을 경험하면서 개인적 요인이 아닌 문화 혹은 사회의 산물로 생기는 것이라는 사회구조적 관점에서 사회복지실천을 수행했다. 이 시기에는 전문가의 도덕성이 사회복지실천에서 강조되었으며, 사회복지실천의 실천전략, 개입방안, 실천기술 및 전문가에 대한 교육내용과 훈련 프로그램 마련에 대한 필요성이 대두되었다.

둘째, 가치탐구의 시기는 1940년대 후반 또는 1950년대 초반에 사회복지 전문직의 가치와 윤리에 대해 본격적으로 관심이 집중되면서 시작되었다. 클라이언트의 도덕성에 관심을 가졌던 이전과는 달리, 전문가 및 실천가로서 사회복지사의 도덕성과 가치 그리고 윤리실천에 관심이 증가했다. 전문가의 가치에 바탕을 두고 윤리적인 사회복지실천을 행할 수 있도록 하는 지침 작성의 필요성이 대두되었다. 이에 대한 논의 끝에 1947년에 미국사회복지사협회(American Association of Social Workers)의 대표자회의에서 클라이언트의 존엄성과 인권, 다양성 존중, 자기결정권, 자율성, 존경, 사회정의와 인간의 평등, 개별화 등에 초점을 맞춘 사회복지사 윤리강령(code of ethics)이 채택되었다. 그러나 이 윤리강령을 발표한 미국사회복지사협회가 미국 전역의 사회복지사를 대표하는 통일된 조직이 아니었으므로 공식적 윤리강령으로 인정받지는 못했다.

1960년대에는 사회적 평등, 인권, 복지권, 차별, 억압 등의 사회정의 가치에 대한 관심이 급증했다. 사회복지실천과 교육에서도 이러한 사회정의와 인간의 권리에 대한 가치가 반영되어 인간의 권리, 사회적 평등, 수혜가 아닌 권리로서의 사회복지와 서비스 이용, 차별과 사회적인 억압문제에 대한 사회복지실천의 대응을 강조하게 되었다. 이러한 사회복지실천의 가치와 윤리에 대한 관심을 바탕으로 1960년에 미국사회복지사협회는 첫 윤리강령을 공식적으로 채택했다. 이 윤리강령은 이전의 윤리강령과는 달리, 미국의 사회복지사를 대표하는 통합된 단일조직에서 최초로 공포했다는 점에서 의미를 가진다. 1976년에는 레비의 『사회사업 윤리학(Social Work Ethics)』이 출간되면서 사회복지실천의 전문가 윤리와 가치 기준에 대한 개념적 정의가 내려지게 되었다.

셋째, 윤리이론과 의사결정의 시기로, 1980년대 초부터 윤리적 원칙, 개념, 이론을 사회복지사가 사회복지실천 현장에서 겪는 갈등에 적용하려는 시도가 나타나기 시작했다. 이제까지는 추상적인 윤리적 용어, 난해한 윤리적 이론 및 개념에 대한 논쟁이 대다수였다는 점에서 큰 변화라고 할 수 있다. 1960년대에 있었던 복지권, 수형자의 권리, 환자의 권리, 인권, 그리고 차별 철폐 조처에 대한 윤리적 논쟁은 이 시기가 도래하는 시발점이 되었다. 1970년대의 워터게이트 사건(Watergate Affair)과 같은 정부와 전문가의 부도덕적 스캔들이 일어나면서 비윤리적 전문가의 가치와 윤리적인 문제에 대한 대중의 관심이 생기기 시작했다. 이외에도 의학기술의 발전으로 인해 고려해야 할 다양한 윤리적 문제, 클라이언트의 권리에 대한 윤리적인 고민, 비밀보장과 사생활보호에 관련된 문제, 비윤리적인 사회복지전문가의 실천 활동, 사회복지사의 윤리에 관한 교육의 필요성 등에 대한 고민이 대두되었다. 이러한 상황에서 1980년대에 윤리철학, 윤리이론, 개념과 원칙에 대한 분석을 바탕으로 사회복지실천에서의 윤리적 문제를 해결하려는 움직임이 시작되었다.

로웬버그와 돌고프(Loewenberg & Dolgoff, 2008), 리머(Reamer, 1992), 그리고 로즈(Rhodes, 1986)는 윤리이론을 바탕으로 비밀보장, 클라이언트의 자기결정권, 고지된 동의, 온정주의, 진실을 말할 의무, 한정된 자원의 배분문제,

동료 사회복지사의 비윤리적 행동 등 사회복지실천에서의 윤리적 문제에 대한 해결방안을 찾으려고 노력했다.

그 결과 윤리적 의사결정이 어려운 상황에서 사회복지사가 밟아야 하는 단계와 고려사항을 다음과 같이 합의할 수 있었다.

① 사회복지사는 상충되는 가치 및 윤리적 의무에 초점을 맞추고, 영향을 받을 개인, 집단, 기관을 고려하여 가능한 대안을 생각해 본다.
② 관련된 사회복지실천 이론과 원칙, 윤리적 이론 및 지침, 법, 윤리강령이 무엇이 있는지 찾아본다.
③ 관련된 개인적 가치를 검토하고, 동료와 전문가에게 자문을 구한다.
④ 윤리적 의사결정을 감독 · 평가하고 기록화한다.

넷째, 윤리적 기준과 위기관리의 시기로, 이 시기는 사회복지실천의 윤리적 지침과 기준을 획기적으로 확대시킨 미국사회복지사협회의 사회복지사 윤리강령이 1996년에 새롭게 비준된 이후부터 현재까지를 말한다. 사회복지사 윤리강령은 비밀보장의 제한, 과학기술의 발전으로 인한 비밀보장과 관련된 윤리적 문제, 가족 · 집단 활동에서의 비밀보장, 보호관리, 문화의 다양성에 대한 이해 능력, 이중관계, 성적인 관계 · 신체 접촉 · 성희롱의 문제, 비윤리적이고 무능력한 동료 사회복지사의 문제, 사회복지사의 교육과 훈련 등과 같은 윤리적 문제를 반영했다. 또한 사회복지사가 다양한 분야의 전문가와 교류하며 협동하여 일하는 경우가 많아지면서 다른 전문직과 조화롭게 일하면서 사회복지실천의 가치와 윤리를 지켜 나가는 것에 대한 논의도 포함하고 있다.

사회복지사 윤리강령을 통해 사회복지실천에 적용할 수 있는 상세하고 통합적인 윤리적 기준이 확립되었지만, 아직은 사회복지 윤리 문제에 관련한 위기관리가 필요한 시기이다. 현재 의료 및 기술의 발전으로 인해 새로운 윤리적 문제가 대두되고 있으며, 사회복지사는 이러한 윤리적 위기에 대처할 수 있도록 준비해야 한다. 특히 학생이나 사회복지 현장에 있는 사회복지사를 대상으로 윤리적 갈등 상황에 대처할 수 있는 윤리적 기준 등에 대한 교육의 필요성이 강조되고 있다.

6. 전문직으로서의 사회복지 윤리

사회복지직의 전문직 논의는 1915년에 플렉스너 신드롬(Flexner syndrome)에서 본격적으로 시작되었다. 그것은 이후 사회복지계에서는 전문가의 기본틀에 맞는 환경을 조성하려는 움직임과 전문직으로 인정받을 수 있는 기술을 갖추려는 움직임으로 이어졌다. 사회복지는 인간의 기본적 욕구를 충족시키고 인간의 존엄성과 개성을 최대한 실현시키는 것을 목표로 하고 있으며, 이를 위해 인간과 환경 사이의 상호작용에 초점을 두고 있다.

따라서 오늘의 사회복지는 사회과학, 행동과학, 인간과 사회적 환경 간의 관계에 관한 이론과 전문적 실천 경험으로부터 도출한 조사를 바탕으로 독특한 관점을 개발하고 있다(우영미, 2007). 그럼에도 불구하고 사회복지직은 완전 전문직이라기보다는 준전문직이라 평가되기도 하고, 사회적 인정과 전문적 권위의 중간 정도에 위치하고 있다고 평가되기도 한다(고수현, 2002: 101).

이것은 사회복지사가 아직도 속성상 너무 많은 분야에서 광범위하게 일을 하고 있기 때문에 사회복지직에 대한 고유한 영역의 이론체계가 모호하고(우영미, 2007: 12), 사회복지사로서 정체성과 전문성 토대하에 윤리적 책임행동이 부족하기 때문으로 지적할 수 있다(김경희, 2000).

1) 전문직의 개념

전문직(profession)의 개념은 다양하게 정의될 수 있는데, 간략히 정의하면 높은 학문적 지식체계를 바탕으로 전문적 기술을 보유함으로써 상당한 사회적 권한과 높은 사회적 지위를 누리는 특성을 가지는 형태의 직업이라 할 수 있다. 『사회복지사전』에서 전문직은 특정한 욕구를 충족시키기 위해 가치, 기술, 지식 및 신념 체계를 공유하는 사람들의 집단을 의미하며, 이러한 특정한 집단의 회원으로서 자격을 갖춘 개인이 클라이언트에게 서비스를 제공하기 위해 전문적 지식과 기술을 가지고 전문직 가치와 윤리강령에 따라 수행해야 하는 직업이라고 정의하고 있다(Barker, 2003). 전문직 집단이란 사회 내에서 특정 지식을 윤리적 방식으로 사용할 임무를 부여받은 집단이다.

전문가는 특수하고도 복잡한 지식을 실천하는 사람으로, 그의 업무는 자율적이어야 하고 오직 윤리에 의해서만 인도되어야 한다. 이러한 특성의 전문직 직무를 수행하는 사람을 우리는 전문가(profession)라고 부르며, 이들은 직업상의 활동이 갖는 숙련성과 능력만 인정받으면 되는 숙련공(expert)과 구별된다.

그린우드(Greenwood, 1957)는 직업의 전문직 여부를 판단할 수 있는 다섯 가지 속성으로 체계적 이론, 전문적 권위, 사회로부터 인정받는 권한과 특권, 윤리강령, 전문가적 고유문화를 들었다. 그의 관점을 구체적으로 살펴보면 다음과 같다(김태성, 1997).

첫째, 전문직이 되기 위해서는 전문직이 수행하는 기술(skill)의 바탕이 되는 체계적인 이론(systematic body of theory)을 갖추어야 한다. 전문직은 단순히 다른 직업이 갖고 있지 못하는 특정의 기술만을 갖추어서는 안 되고, 이러한 기술에 깔려 있는 체계적인 이론이 필요하다. 그리고 이러한 체계적인 이론을 갖추기 위한 훈련은 비교적 장기간의 공식적인 학교교육을 통해서만 가능하다.

둘째, 전문적 권위(professional authority)가 있어야 한다. 전문직에 의한 서비스의 대상은 흔히 'client'라고 하고, 비전문직의 대상은 흔히 'customer'라고 하는데, 그 중요한 차이는 전자의 경우에는 'client'에 대한 서비스의 내용과 양을 전문직이 결정하는 반면, 후자의 경우에는 'customer'가 스스로 결정하는 데 있다. 즉, 전문직과 비전문직의 차이는 서비스 공급의 결정이 전문적 권위에 의하여 이루어지느냐에 따라 결정된다.

셋째, 전문직은 사회로부터 일정한 권한과 특권을 인정받는다는 것이다(sanction of the community). 이러한 권한과 특권에는 여러 가지가 있을 수 있으나 가장 중요한 것은 전문직은 전문직에 종사하는 인력에 대한 독점적인 통제 권한을 인정받는다는 점이다. 이러한 권한의 대표적인 예를 들면, 전문직 자체에 전문가를 배출할 자격이 있는 학교를 결정하는 권한을 주거나, 전문직이 되기 위한 일정한 자격시험을 실질적으로 관장하는 권한 등이다. 전문직에 주어지는 또 하나의 사회적 권한은 전문직을 수행하기 위해서는 국가로부터 일정한 규제(대표적인 예로, 면허제도)를 받아야 하며, 만약 이러한 규제에 따르지 않고 업무를 수행했을 때에는 형사 처분을 받게 하는 것이다. 이밖에 전문가와 클라이언트와의 관계에 있어 비밀보장을 인정해 주고, 이로 인해 법적인 문제에서 제외될 수 있도록 하는 것 등이 있다.

넷째, 전문직은 전문직 자체의 윤리강령을 갖고 있다는 점이다. 앞에서 언급한 전문직의 특권은 때로는 남용의 위험이 있다. 이러한 남용을 막기 위하여 전문직은 자체적인 규범체계를 갖고 있는데, 이것이 전문직 윤리강령이다. 전문직 윤리강령이 필요한 이유는 전문직 행위의 판단은 전문직의 속성상(고도의 기술과 지식) 전문직 자체 내에서 할 수밖에 없다는 논리에 기인한다. 그리고 이런 이유로 전문직을 수행하는 사람들에 대하여 전문직 자체의 윤리강령이 더 구속력이 있는 경향이 있다. 예를 들면, 윤리강령을 어기는 전문가는 전문직을 박탈당하게 되는 것이다.

다섯째, 전문직은 전문가적 고유문화(professional culture)가 존재한다는 점이다. 전문직에는 고유한 가치, 규범, 상징들이 존재한다. 또한 전문직이 하는 일은 일종의 소명(calling)으로 보며, 그 자체가 목적이다. 즉, 전문직을 수행하는 것이 어떤 목적을 위한 수단(예를 들어, 돈을 벌기 위한 수단)이 되어서는 안 된다는 것이다.

2) 우리나라 사회복지사의 전문성

우리나라의 사회복지사는 2000년대에 들어서서 전문가로서 사회의 인정을 받기 위한 노력을 기울이고 있다. 이는 사회복지사가 고도로 자율성 속에서 전문적인 업무를 수행하고 우리나라에서 사회복지 전문직이 진정한 전문직으로서의 위상을 정립하고 있다는 것을 뜻한다(김경희, 2000: 11).

그러나 우리나라 사회복지사들은 여러 조직 속에서 광범위한 업무를 수행하는 업무의 특성상 전문성에서 차이를 보이고 있다. 전문직은 높은 학문적 지식체계를 바탕으로 한 전문적 기술을 보유함으로써 상당한 사회적 권한과 지위를 누리는 특징을 지닌 형태의 직업이어야 한다(Fairchild, 1975).

전문직의 특성은, 첫째, 체계적인 지식을 필요로 하고, 둘째, 전문가가 되기 위해서는 체계적인 이론에 바탕을 둔 기술이 필요하고, 셋째, 지역사회로부터 승인을 받을 수 있어야 하고, 넷째, 전문가 자신의 활동을 자율적으로 통제할 수 있는 가치 및 윤리강령을 가지고 있어야 하며, 다섯째, 전문가들을 지지해 줄 전문가 조직이 있어야 하고, 여섯째, 전문가 개개인에게 전문직업적 활동을 함에 있어서 독자적인 판단을 할 수 있는 자율성이 주어져야 하며, 일곱째, 법적으로 인정하는 자격증을 가지고 있어야 한다는 점 등이다(김경희, 2000: 12; Flexner, 1915; Friedlander & Apte, 1980; Greenwood, 1957).

사회복지사는 전문직인가, 아닌가에 대한 판단을 두고 끊임없는 논의가 이루어져 오고 있다. 지금까지 사회복지사는 전문성을 추구하여 왔지만 전문 직종으로서의 특성을 모두 가지고 있다고 단언하기에는 곤란한 점도 있다(김경희, 2000: 12). 중요한 것은 사회복지사가 전문성을 얼마만큼 가지고 있느냐 하는 것이다.

한편, 사회복지사의 클라이언트에 대한 책무성, 나아가 사회복지 전문직에 대한 책무성을 완수하기 위해 전문가로서 어떠한 태도를 가지고 있느냐 하는 것이 매우 중요하다. 즉, 전문가로서 성장 및 발전하기 위하여 정기적으로 전문 사회복지사들의 모임에 참석하는지, 사회복지 관련 신문 및 전문서적을 탐독하는지, 그리고 사회복지 전문직이 추구하는 목표를 지지하는지 등은 사회복지사의 전문가로서의 태도를 나타내는 지표가 된다(김경희, 2000: 24).

따라서 사회복지사의 전문가로서의 태도는 사회복지사 자신의 실천효과를 평가할 수 있는 자질을 갖게 해 주며(김경희, 2000: 24), 더 나아가 사회복지사 자신의 전문성을 높여 줄 것이다. 또 사회복지사의 지식과 기술 습득 역시 전문성을 설명해 주는 중요한 요소(Austin, 1981)가 된다. 이러한 것들은 성과평가를 위한 기준이면서 프로그램에 투입된 사회복지사의 전문성과 윤리적 책임행동 간의 관계를 통한 사회복지실천적 함의, 서비스의 질을 측정하는 도구가 된다.

이인재(1993, 김경희, 2000: 25 재인용)는 사회복지사의 전문적 능력을 직무성과에 영향을 주는 변인으로 보고했다. 인간봉사 조직의 서비스는 유형의 물질적 급부도 포함되지만, 전문적 인력에 의한 무형의 서비스가 주된 형태가 된다.

이러한 관점에서 사회복지기관의 서비스는 어떠한 인력에 의해서 제공되는지, 그 인력의 전문적 능력은 어느 정도인지 등에 의해서 서비스의 질이 크게 좌우된다고 할 수 있다(김경희, 2000: 25 재인용). 왜냐하면 사회복지사는 사회복지에 대한 고도의 지식과 기술을 소유한 사회복지 분야의 핵심적인 전문 인력이기 때문이다(최일섭, 1998, 김경희, 2000: 25 재인용). 따라서 사회복지사의 지식 · 기술 습득 등이 포함된 전문적 능력은 전문성을 결정하는 요인이라고 할 수 있다. 사회복지사는 개인의 존엄성과 사회정의 등의 가치실현을 목적으로 하는 가치 주도적인 전문직이다.

따라서 사회복지는 다른 어느 전문직보다 더 윤리적이며 가치 지향적인 직종으로, 책임 수행을 위한 보다 구체적이고 명확한 지침을 필요로 한다. 사회복지사 윤리강령은 사회복지사가 전문가로서 행하여야 할 행동지침으로 사회복지 전문직의 가치가 그 기본전제가 된다. 즉, 사회복지 전문가 윤리는 사회복지사의 서비스 실천이 도덕적으로 올바른 방법이어야 함을 인식하도록 돕기 위한 것이며, 사회복지실천에 있어서 윤리란 클라이언트와의 모든 관계 속에서 전문가로서 마땅히 지켜야 할 도리이다(김경희, 2000 재인용).

따라서 사회복지사의 윤리강령은 사회복지사로 하여금 사회복지 전문직에 충실하도록 이끌며, 그럼으로써 클라이언트, 소속기관, 동료, 사회복지 전문직 및 사회에 대한 윤리적 책임행동을 다하게 한다. 사회복지실천에서의 사회복지사의 행동은 NASW의 사회복지사 윤리강령에 의해 이끌어진다(NASW, 1996).

클라이언트나 지역사회로부터 전문직으로 인정받은 전문직이 향유하는 독점은 위험의 소지가 있으며, 따라서 윤리강령이 필요하다. 그래서 모든 전문직에는 자율적 · 규제적 윤리강령이 있으며, 사회복지가 가지는 윤리강령 역시 사회복지사들에게 구속력이 있다. 사회복지사들은 사회복지의 전문적 지식과 기술을 실천 현장에서 적용하는 과정에서 사회복지의 가치 및 윤리에 입각한 결정을 내려야 하는 상황에 직면하기 때문에 이러한 윤리강령에 의한 행동지침이 사회복지사의 윤리적 책임행동에 중요한 의미를 갖는다(김경희, 2000).

사회복지는 인간의 기본적 욕구를 충족시키고 인간의 존엄과 개성을 최대한 실현시키는 것을 목표로 하고 있으며, 이를 위해 인간과 환경 사이의 상호작용에 초점을 두고 있다. 따라서 사회과학, 행동과학, 그리고 인간과 사회적 환경 간의 관계에 관한 이론과 전문적 실천 경험으로부터 도출한 조사를 바탕으로 독특한 관점을 개발하고 있다.

사회복지의 기본이론은 인간행동에 대한 기술 및 설명, 인간행동 문제의 발생 원인, 사회문제의 발생 원인과 과정 등에 대한 설명을 제공한다. 이것은 사회복지의 배경 지식이 되며, 대부분 사회학, 심리학, 경제학, 행정학, 교육학, 문화인류학 등의 학문분야에서 가져왔고, 인간 발달, 성격, 가족체계, 사회화 조직의 기능, 정치권력 등과 관련된 이론들이 여기에 해당한다. 이처럼 사회복지는 검증된 이론적 틀을 가지고 인간이 존엄성을 유지할 수 있도록 삶의 질을 높이는 실천을 이루었기 때문에 전문직으로 인정받기 시작했다.

전문화된 지식과 과학기술은 사회복지 전문가의 권위 강화에 기여하였고, 사람들은 그들의 삶에 문제가 발생했을 때 그것을 해결하는 데 도움을 받기 위해 전문적 서비스에 의존하기 시작했다. 사람들의 삶에 개입할 수 있는 사회복지 전문직의 특권은 사회적 책임을 수반하게 되었으며, 다른 전문직과 마찬가지로 사회복지사협회에서는 사회복지사 윤리강령을 채택함으로써 사회복지사의 윤리적 판단 기준을 마련하고 있다(이효선, 2016: 34-37).

이와 같이 사회복지 직업이 전문직으로서의 구성요소를 갖추고 있음에도 다른 전문직(의사, 약사, 간호사, 교사, 변호사 등)과 비교해 보았을 때 아직은 전문직으로서 널리 인식되지 않고 있다. 그 이유는 사회복지의 기본가치가 '인간을 이해'하는 것에 있기 때문에 클라이언트와의 관계 형성 기간이 오래 걸리고, 또 그들을 이해하기 위한 지식과 기술이 다방면으로의 접근을 필요로 하기 때문이다. 그래서 이는 자칫 사회복지실천 현장에서 사회복지사의 역할이 단순한 정보의 제공과 정보로의 연계로 보일 수 있는 소지를 가지고 있다. 무엇보다 사회복지의 전문성은 인간의 복지를 향상시키고 빈곤과 억압을 경감시키는 것으로부터 온다.

그러나 우리나라에서는 전문직으로서의 사회적 인정에만 급급했을 뿐 그 지향점에 대한 근본적 관심은 상대적으로 약했다. 이은주(2003)는 그 이유에 대하여 우리 사회의 정치적 보수성으로 인해 환경 변화의 담론 자체가 활성화되지 못한 점, 사회복지 영역의 확대가 사회복지계 스스로의 노력에 의해 서라기보다는 정부 시책의 결과에 의해 수동적으로 임하였다는 점 등을 들었다. 그로 인하여 사회복지교육과 사회복지실천 현장이 잘 부합하지 않으며, 우리나라에 맞는 사회복지실천의 정체성과 전문성을 제시하지 못하고 있다고 보았다.

3) 사회복지 전문직의 바람직한 방향

그렇다면 사회복지의 전문성을 확립하고 제고하기 위해 어떠한 변화를 추구해야 하는지, 무엇보다 전문직으로서 사회복지사는 진정으로 그들의 지식을 공공 이익을 위해 사용하는지, 혹은 전문가로서 위험 가능성 없이 자율성을 누릴 자격이 있는지 등 전문화를 추구하는 과정과 그 결과에서 나오는 사회적 의미를 비판적으로 인식해야 한다(김미원, 1997).

또한 지속적인 윤리적 고민과 항상 함께해야 하며, 이것이 윤리적 평가로만 그치지 않고 문제 상황에 적용되는 행동으로 이어질 수 있도록 해야 하는 것이 사회복지의 전문성을 확립하는 방법이 될 것이다(Eisenmann, 2006).

결국 사회복지의 가치와 이념을 토대로 클라이언트를 제대로 이해하고 개입할 수 있는 역량을 키워 전문직 자율성에 기반을 둔 실천을 할 수 있는가 하는 것이 사회복지사의 전문성을 좌우하게 될 것이다. 그리고 그 실천에 대한 끊임없는 반성적 사고와 실천에의 적용은 전문직으로서 사회복지사가 반드시 갖추어야 할 자세이다.

사회복지사의 전문성을 보다 확립하기 위해서는 대학에서 오랜 기간 이론 습득은 물론 많은 연습과 실습을 통하여 클라이언트의 문제를 정확하고 빠르게 이해할 수 있어야 한다. 사회복지사는 클라이언트가 어떤 문제를 가지고 있는가, 어떻게 그 문제를 좋은 방향으로 해결할 수 있는가에 대답해야 할 의무가 있다. 이 의무에 답하기 위해 프랑크푸르트 대학교 사회학과 교수인 오버스만(Oevermann, 1981)은 전문가가 되기 위해서는 이론과 실천을 조화하며 활용할 수 있어야 한다고 하였다. 이론을 아는 것은 필수이지만 지식이 있다고 전문가가 아니며, 전문적 행위를 위한 전문가로서의 습관(habitus)이 내재화되어야 한다고 주장하였다.

이것은 훈련과 연습을 필요로 하는 과정으로 단순히 경험이 쌓임으로써 형성되는 것이 아니다. 전문성을 갖추기 위해서는 인간과 사회에 관한 이론 습득은 물론 적극적으로 사례를 다루는 연습이 필요함을 강조하였으며, 이해의 능력을 키워야 현장에 나가서 전문가로서 일하는 데 어려움이 없다고 보았다.

구체적으로 전문적 습관을 형성하기 위한 방법은 다음과 같다. 첫 번째, 강의, 토론, 세미나 등을 통해 이론을 습득하는 단계이다. 두 번째, 사례를 연습하는 단계이다. 첫 번째 단계와 달리 사례 연습의 단계는 현재의 교육과정에서 도외시되어 왔다. 사례를 연습하기 위해서는 '마치 ~인 것처럼(as if)' 훈련을 해야 한다. 나와 관계없는 가상의 사례를 통해 실제 내 사례인 것처럼 연습해 보는 것으로, 클라이언트를 직접 만난 것과 같이 실제 사례를 가지고 분석하는 연습을 하는 것이다. 이에 오버스만은 대학에서 인간을 이해하기 위한 훈련으로 해석학을 권고했다.

첫 번째 단계에서 습득한 이론적 능력을 토대로 사례를 다루는 연습을 끊임없이 하게 되면 점차 문제를 정확히 이해할 수 있는 능력이 향상되어 보다 안정적이고 전문적인 도움을 줄 수 있게 된다. 그리고 이러한 이론 교육과 사례 연습의 두 단계를 거쳐 세 번째 단계인 실천 현장으로 나갔을 때 비로소 전문적 실천이 가능해진다.

그런데 현재는 첫 번째 단계인 이론 교육을 거쳐 바로 세 번째 단계인 실천 현장으로 나가고 있어 많은 사회복지사는 마치 '갑자기 물 속에 뛰어든 느낌으로 헤매고 있는' 문제를 안게 된다. 실천 현장에서는 보다 빠른 진단과 정확한 이해를 필요로 하는 전문인을 필요로 하지 현장에서 우물쭈물 자신 없고 실수하는 사회복지사를 원하지 않는다. 그러므로 사회복지사는 실천 현장에 나가기 전에 대학에서 실수와 잘못을 경험하며 충분한 훈련을 받음으로써 인간과 사회에 대한 이론은 물론 사례를 이해할 수 있는 힘을 키워 전문적 실천을 할 수 있도록 준비해야 할 것이다(Raven, 2014).

심화학습문제

1. 사회복지실천윤리의 역사적 변천 과정이 시사하는 것은 무엇인가?
2. 사회복지직은 전문직이 될 수 있는가?

제2장 사회복지 철학의 이해

학습목표	1. 철학을 이해할 수 있다. 2. 사회복지와 철학의 관계성을 설명할 수 있다.
핵심용어	철학, 복지국가 철학, 분배적 정의

1. 철학의 의의

철학이란 무엇인가? 철학이란 개념을 가지고 공통의 이해를 도모하여 형성해 나가는 활동이다. 철학에서는 이러한 활동을 '공통이해의 언어게임'이라고 한다(平原卓, 2017: 14).

게임이라는 말에 혼란스러운 생각이 들 수도 있겠지만 중요한 것은 서로 간에 처음부터 문제를 다시 생각하여 공통의 이해를 새로이 창출해 나가는 시도라는 사실이다. 따라서 성공할 수 있고, 실패할 수 있다. 게임이라고 하는 이유는 성공이 보장되어 있지 않다는 것이다.

그러한 의미에서 철학은 곤경에 처했을 때야말로 진가를 시험받는 도구이다. '곤란한 상황에 처했을 때 깊이 공감할 수 있는 해답을 제시할 수 있는가?' 또한 '그러한 과정을 통해서 매일 사고를 단련하는가?' 하는 것은 학설의 시금석이 된다. 진실 여부를 판단하는 기준이 된다는 것이다.

아무리 박식하더라도 그 지식을 통해서 납득할 수 있는 해답을 제시하지 못한다면 의미가 없다. 철학에 권위를 위한 자리는 없다. 날카로운 감수성과 단련된 통찰력으로 문제의 실마리를 파악하고, 누구나 공유할 수 있는 문제의 형태로 완성시켜서 수긍할 수 있는 해답을 제시한 사람만 남아서 읽혀지고 탐구되어 온 학문, 그것이 철학이다.

16세기에서 17세기를 거치면서 모든 근대과학이 독자적인 형태를 갖추기 전에는 철학에 함께 속해 있는 형국이었다. 이와 같이 통합적인 학문이었던 철학이 각각 독립적인 연구영역과 방법론을 갖춘 개별 학문으로 점차 분리되어 나오면서 철학과 새롭게 대두된 학문이 어떠한 관계를 갖는가 하는 다양한 해석을 두 가지 관점으로 정리할 수 있겠다(Benton & Craib, 2001: 1).

첫째, 철학을 개별 과학의 건축업자(masterbuilder) 혹은 주도과학(master-science)으로 보는 관점이다. 즉, 학문으로 간주할 수 있는 것은 오직 철학이며, 다른 학문은 철학의 하위 영역으로 보는 것이다. 따라서 이러한 관점에 의하면 철학은 개별 과학이 자신들의 연구를 독자적으로 수행할 수 있는 기반(foundations)을 제공한다는 것이다. 따라서 기본적으로 철학을 통해서만 인간과 이들이 살고 있는 세계의 본질에 대한 진리에 도달할 수 있으며, 또한 그러한 진리에 도달할 수 있는 방법 역시 철학을 통해서만 가능하다는 것이다.

이러한 관점은 철학을 다른 과학보다 우위에 두고, 각각의 과학은 철학이라는 거대한 학문의 한 전문분야로 간주한다. 그러나 현대 철학자들은 이와 같은 정도로 철학의 다른 과학에 대한 절대적 우위를 주장하고 있지 않다.

둘째, 철학을 다른 개별 과학의 조력자(underlabourer)로 관주하는 관점이다. 이 관점은 인간과 사회에 관한 진리와 그에 이르는 방법에 대한 지식들이 오직 철학만을 통해서 가능하다는 것을 부정하고, 개별 과학도 개별 과학 나름대로 독자적인 연구 방법을 통해서 인간과 세상에 관한 지식을 확보할 수 있다고 주장한다. 따라서 철학과 개별 과학은 상호 독립성을 인정하면서 서로를 보완적인 관계로 보는 것이다. 현대 대부분의 철학자는 이러한 견해를 지지한다.

2. 철학의 개념과 분류

1) 철학의 개념

철학은 진리를 탐구하려는 인간의 정신적인 욕구를 이론적으로 정립한 학문이다. 원래 필로소피아(philosophia)는 지혜를 사랑한다는 뜻으로, 인간존재와 세계에 대한 지식을 추구한다는 의미를 담고 있다. 이에 따라 철학의 일반적인 개념은 인간존재와 세계, 신, 자연 등 인간과 밀접한 주제에 대한 체계적인 고찰을 통해 진리를 탐구하는 학문이라 정의할 수 있다. 여기서 체계적인 고찰은 이성적인 사유를 바탕으로 연역, 귀납 등의 방법을 적용해 합리적으로 추론하는 것이고, 그 결과로 얻어지는 진리는 가설로 정립한 명제들, 즉 전제들로부터 참인 명제를 획득한 결과이다.

이러한 관점에 의한 개념에 의하면 철학은 과학과 엄격히 구분된다. 개별과학은 실험, 관찰, 비교, 분석 등의 과학적 방법을 적용해 대상의 특성과 본질을 규명함으로써 법칙을 파악해 진리를 밝힌다. 반면, 철학은 비판과 회의 등의 체계적인 추론을 통해 의심하려고 하여도 의심할 수 없는 확실한 개념을 이끌어 내는 학문이다. 따라서 철학은 개별 학문분야를 초월한 학문으로, 개별 과학을 포괄하고 각 개별 과학을 연결하는 가치의 학문이다.

2) 철학의 분류

일반적으로 철학은 이론철학과 실천철학으로 구분된다(심상용, 2016: 17-18). 이론철학은 우주를 형성하는 궁극적인 존재와 내용에 대해 진리를 얻는데 필요한 사유의 법칙을 중점적으로 다룬다. 이론철학은 형이상학, 논리학, 인식론으로 나누어진다. 형이상학은 실재의 본질, 즉 우주의 생성과 존재에 대해, 논리학은 사유의 과정과 법칙에 대해, 인식론은 사유의 결과가 진리에 부합하는가에 대해 다룬다.

실천철학에는 윤리학, 사회철학, 교육철학, 예술철학 혹은 근래의 미학, 종교철학 등이 포함된다. 윤리학은 인간이 사회생활을 함에 있어서 올바른 사회생활이 무엇인가를 탐구하게 된다. 사회철학은 국가, 경제, 법 등 사회제도의 필요성과 의미에 대한 철학적 탐구이다. 교육철학은 인간이 교육을 통해 동물적 존재가 아닌 사람다운 삶을 누릴 수 있으며 제한을 극복하는 신적인 지향을 가질 수 있는지를 다룬다. 예술철학 또는 근래의 미학은 정서적 삶의 궁극적 대상인 미의 의미와 경험에 대해 탐구하는데, 쾌감 혹은 불쾌감의 감정을 통해 미의 대상을 파악하고 미를 위한 행위인 창작활동과 취미활동을 통해 얻는 삶의 즐거움에 대해 다룬다. 종교철학은 절대자에 귀의하고 유한한 삶을 영생에 연결시키려는 소망에서 비롯되며, 창조주의의 절대적 권능과 종교적 계율에 순응하는 종교적 가치에 대해 다룬다.

3. 철학의 연구분야

영미 정치철학 학계의 전통에서는 자유, 평등, 권리, 정의 등 주요 사회적 가치들의 의미를 해석하거나 자유주의, 사회주의 등 정치이념을 평가하는 문제, 또 이와 상당 정도 중첩되지만 정부의 적절한 역할은 무엇인가 하는 문제 등을 다루는 학문분야를 통상 '정치철학'이라 부른다. 즉, 영미 학계의 어법으로 '정치철학'은 사실상 '사회철학'과 별로 구분되지 않는 용어이며, 구분해서 사용할 경우에는 정치철학이 사회철학의 일부가 된다. 이 책에서 다루는 철학적 쟁점들은 영미 철학의 분류법으로는 전형적인 정치철학적 쟁점들이다.

영미 정치철학의 논의들을 집중적으로 다루는 이유는 다음과 같다.

첫째, 영미 정치철학에서 복지국가 문제와 관련이 깊은 가치들인 자유, 평등, 권리, 정의, 복지 등의 의미와 이 가치들 간의 관계에 관해 깊이 있는 논의가 전개되어 왔기 때문이다.

둘째, 복지국가 문제와 특히 관계가 깊은 문제인 분배적 정의 문제와 관련하여 영미 정치철학의 주요 흐름들이 뚜렷한 입장을 표방하고 있거나 적어도 암묵적으로 특정한 입장을 갖고 있기 때문이다. 특히 미국의 정치철학자인 롤스(John Rawls)의 정의론은 분배적 정의 문제를 깊이 있고 설득력 있게 다루었기 때문에 롤스의 정의론을 둘러싸고 다양한 영미 정치철학 사조 간에 다채로운 논쟁이 전개되어 왔다.

여기서는 롤스의 정의론이 복지국가를 가장 잘 지지해 줄 수 있는 철학적 입장이라는 관점에 서 있기 때문에 롤스의 정의론을 둘러싸고 영미 정치철학 사조들 간에 전개된 논쟁을 비중 있게 다룰 것이다.

1) 정치철학과 사회복지의 관계

복지국가와 사회복지정책으로 대변되는 현대의 사회복지체제를 염두에 두고 볼 때 사회복지와 정치철학의 만남은 거의 필연에 가깝다. 사회가 점점 복잡한 조직체의 발달과 연계로 전개되면서 사회복지 대상자와 사회복지 전문인이 개별적으로 직접 대면하는 전통적인 전문직 관계는 점점 다양한 집합체, 제도, 규칙, 법률 등의 사회적 실체가 이들을 매개하는 간접적 관계로 변모·발전하게 되었다. 즉, 개인과 개인 혹은 개인과 소집단과의 관계를 중심으로 이루어졌던 사회복지의 기본관계가 개인 대 사회 혹은 집단 대 사회의 관계로 전환된 것이다.

이제 사회복지 영역의 핵심에는 다양한 의미에서의 정치공동체라고 하는 개념이 분명하게 자리 잡게 되었고, 이러한 정치공동체가 현실적으로 구현된 최고의 수준은 바로 국민국가이다. 이제 국민국가가 자신의 국민들을 대상으로 다양한 복지정책과 서비스를 전개하고 있어 이러한 국가의 형태를 복지국가라고 부르며, 현대의 복지문제에 대한 고민은 복지국가를 벗어나서 논의될 수 없다.

이와 같이 사회적 집합체와 개인의 문제를 집중적으로 탐구하는 철학의 하위 영역이 바로 정치철학이다(김기덕 외, 2015: 33-38).

정치철학은 사회제도와 정치적 권위체, 그리고 그 구성원을 중심으로 한 분배정의, 시민으로서의 권리, 자유주의, 공동체주의 등의 정치적 개념과 사상을 자신의 주요 연구내용으로 하는 철학의 한 분과이다. 특히 최근의 사회복지 영역에서 가장 중요한 쟁점이 되고 있는 국가의 역할과 분배정의에 대한 논의 역시 대부분 정치철학에 그 기원을 두고 있다고 볼 수 있다.

이러한 측면을 고려해 볼 때 앞으로 복지국가에 대한 논의가 더욱더 개인과 사회 사이의 다양한 네트워크와 관계에 따라 복잡해질 것으로 가정한다면, 그동안 다른 철학의 영역들에 비해 상대적으로 많은 관심을 받지 못했던 정치철학은 앞으로 점점 더 사회복지의 영역에서 많은 역할과 함의를 가지게 될 것으로 보인다.

2) 사회복지에 대한 정치철학의 함의

주로 사회와 개인 간의 관계를 고찰하는 정치철학은 어떤 측면에서 사회복지에 함의를 던져 줄 수 있을까? 여기서는 정치철학에서 중요하게 다루고 있는 내용들이 최근 들어 사회복지에서 관심이 증가하고 있는 영역들과 밀접한 연관이 있음을 살펴보면서 정치철학이 사회복지에 줄 수 있는 함의를 살펴보자.

첫째, 현대의 사회복지는 국민국가를 중심으로 한 복지국가의 차원에서 진행되고 있다. 이와 같이 국민국가 형태의 복지국가가 발달함에 따라 사회복지 대상자와 사회복지 전문인이라는 사적 관계는 국가라고 하는 보다 큰 조직체의 부분 영역으로 편입하게 된다. 이러한 편입은 도움이 필요한 사회복지 대상자로서의 클라이언트라는 위치를 시민권을 가진 국민국가의 구성원이라는 범주로 새롭게 규정하고 있다. 이제 한 사회의 구성원으로서의 개인은 타고난 자아를 실현하고자 하는 욕구를 가지고 있으며, 이러한 욕구실현 과정에 위협이 되는 사회적 문제나 위험에 대해 국가의 도움을 요청할 수 있는 권리를 가진 존재로 인정되고 있다.

이러한 측면을 고려할 때 무엇보다 정치철학은 최근 들어 사회복지 영역에서 크게 관심을 보이고 있는 개인과 집단의 권리에 대한 개념을 보다 심층적으로 이해하는 데 많은 도움을 준다. 정치철학을 통해 한 개인은 국가의 시민으로서 사회권 혹은 복지권을 가진 주체라는 개념으로 규정될 수 있으며, 이를 통해 사회복지 대상자는 이제 단순히 사적 관계에서 비롯되는 자선적 시혜의 대상에서 벗어나 법적으로 사회적 책임이 보장되는 권리의 향유자로 전환하는 데 있어 중요한 이론적 근거를 제공한다. 예를 들면, 우리의 경우 「생활보호법」이 「국민기초생활보장법」으로 바뀌면서 생활보호대상자가 국민기초생활보장 수급권자가 되는 것이다.

둘째, 정치철학은 사회복지가 지향하는 핵심 가치 가운데 하나인 사회정의에 대해서도 많은 함의를 가지고 있다. 사회복지실천이 개인 간의 관계를 넘어 사회 조직체 차원에서 진행되면 사회정의, 특히 분배정의와 관련된 쟁점들이 중요한 쟁점으로 등장하게 된다. 사회적 욕구 혹은 문제를 가진 개인을 사적 차원의 시혜나 돌봄의 형태가 아니라 한 사람의 시민으로서 스스로의 삶을 영위할 권리의 주체로 규정하게 되면 당연히 이러한 권리를 어떻게 구현할 것인가에 대한 집단적 노력과 책임의 문제가 자연스럽게 제기된다.

한 사회에서 인간다운 기본적인 생활수준을 영위하기 힘든 경우에 직면하게 된 어떤 개인에 대해 사회가 어떠한 형태로든 조치를 취해야 한다는 것이 공동의 의무로서 결정된다면 다음 순서는 당연히 사회를 구성하는 개인들 가운데 누가 얼마만큼 이와 같은 집단적 도움에 기여해야 하는지, 그리고 그러한 기여에 대한 바람직한 분배의 모습과 근거는 무엇인지에 대한 고려와 논증이 필요하게 된다.

이와 같이 한 사회를 구성하는 개인들에게 어떻게 적절한 권리와 의무를 나누어 부과할 것인가 하는 문제는 정치철학의 오랜 핵심 쟁점 가운데 하나이며, 이러한 쟁점이 복지국가 차원에서 설정된 것이 바로 분배정의에 관한 영역이다.

예를 들어, 사회보험과 같은 정책의 내용과 형태를 결정할 때 부담금과 수혜는 어떻게 결정되어야 하는지, 기초생활보장제도의 대상으로 국가로부터 일반적인 지원을 받을 수 있는 자격은 누구에게 있는지, 그리고 사회복지정책에 사용될 재원으로서의 세금과 기여금은 어떤 방식으로 부과되어야 하는지, 민간과 국가 가운데 누가 많은 부담을 가져야 하는지 등은 현대 복지국가에서 가장 민감한 주제들이며 이러한 문제의 해결에 가장 많은 도움을 줄 수 있는 철학의 영역이 바로 정치철학이다.

셋째, 인권과 분배정의, 그리고 이와 관련된 공동체의 성격과 책임에 대한 사회복지 차원의 고려는 곧바로 자연스럽게 개인과 공동체의 본질에 관한 문제를 제기한다. 다시 말해, 복지국가 혹은 복지사회란 어떠한 모습이어야 하는가에 대한 고민은 과연 바람직한 사회는 어떠한 사회이며, 그러한 사회 속에서 개인이 차지하는 위치는 무엇인지, 그리고 공공선과 공공이익이란 어떻게 구별될 수 있는 것인지 등에 관한 정치철학의 핵심 쟁점에 대한 고찰을 통해 그 해답을 얻을 수 있다.

이러한 쟁점들은 특히 1990년대 이후에 정치철학의 핵심을 이룬 공동체주의와 자유주의 논쟁을 충분히 이해하지 않고서는 밝혀질 수 없는 내용들이다. 한 사회에서 개인이 누릴 수 있는 자유와 권리의 적절한 한계에 대한 논의는 개인과 공동체 사이의 관계에 대한 정치철학적 논쟁을 통해서만 규명될 수 있다.

예를 들어, 개인은 공동체 속에서 낳고 길러지며 특정한 공동체 속에서만 구체적인 인간성을 부여받는다는 공동체주의자의 입장을 견지하는 경우와 자유롭고 평등한 개인이 사회정치적 삶의 기본단위이며 자율적 인간만이 사회를 구성할 수 있다는 자유주의의 논쟁을 따를 경우에 인권과 정의에 대한 개념과 구성내용, 그리고 이를 실현하는 사회적 방식은 현격하게 달라질 것이기 때문이다.

이러한 면을 고려한다면 우리나라가 지향해야 할 복지국가의 성격에 대한 논의를 진행하거나 이와 관련하여 선진 복지국가의 성격과 구조에 대한 분석을 위해 복지국가를 유형화하는 작업을 할 때에도 정치철학의 쟁점, 특히 개인주의와 집단주의에 대한 구분은 매우 중요한 역할을 담당하게 될 것이다.

넷째, 정치철학의 개념과 이론은 사회복지학에서 다루고 있는 중요한 개념들이 과연 어떠한 의미를 가지고 있는지 분석할 때에도 많은 도움을 줄 수 있다. 사회복지 영역에서 사용되고 있는 개념들, 예를 들어 욕구, 자아, 장애, 배제, 연대 등의 개념에 대한 이해와 분석, 그리고 나아가 이러한 개념들과 관련된 문제를 실제 사회에서 해결하려는 사회적 노력과 실천은 필수적으로 이들 개념들이 가진 의미에 대한 논쟁을 포함할 수밖에 없다.

그런데 사회복지에서 사용되는 개념들에 대한 논쟁에서 문제가 되는 것은 이러한 개념들이 엄밀하고 객관적 기준에 따라 과학적으로 확정될 수도 있지만 많은 경우에 한 사회의 정치적 세력 균형이나 합의에 의하여 결정되기 쉽다는 것이다. 다시 말해, 사회복지학에서 사용되는 개념들은 어떠한 선험적 근거를 가지고 존재하기보다는 특정 시대의 정치권력과 지식의 결합물로 우연하게 등장하는 것일 수 있다는 것이다.

예를 들어, 한 사회에서 장애인에 대한 지원을 할 것인가, 지원 중단을 할 것인가, 혹은 그들에게 어느 정도의 지원을 어떻게 할 것인가에 대한 논쟁이 단순하게 장애인에게 도움이 될 수 있는 물적 · 인적 자원의 확보라든지 서비스에 접근할 수 있는 기회의 제공 등과 같은 객관적 내용들에 한정될 수 없다.

오히려 이러한 논쟁에서 보다 핵심적인 것은 장애 혹은 장애인이라고 하는 개인 혹은 집단의 정체성과 관련된 의미에 대한 논쟁이며, 이는 정체성의 정치학이라는 개념으로 정치철학에서 매우 중요한 쟁점으로 다루어지고 있다.

달리 말하자면, 한 사회에서 장애인에 대하여 논의할 때 장애라는 것이 무엇인지 그리고 장애인이란 누구를 의미하는가에 대한 사회적 합의와 인정이 장애인에 대한 물적 지원과 서비스 제공에 대한 논의보다 훨씬 근본적인 것이며, 이는 사회과학적 지식의 영역을 넘어서 정치철학적 접근에 의해서만 분명해질 수 있는 내용이다.

최근 들어 사회복지의 대상과 내용을 시민사회의 공적으로 토론하는 현장에서 진행되는 의사소통의 산물로 보고자 하는 이론적 시도들이 등장하고 있는 것 역시 사회복지학의 정치철학적 측면을 적절히 반영하고 있는 것으로 볼 수 있다.

왜냐하면 이러한 접근 역시 사회복지의 대상과 내용이 객관적 혹은 과학적으로 우리의 의지와 관계없이 주어지는 것이 아니라, 이와 관련된 집단들 사이에서 일어나는 상호작용과 의사소통의 결과로서 사회적으로 규정된다는 입장을 반영하는 것이기 때문이다.

이러한 측면을 고려해 볼 때 이제 현대 사회의 사회복지학의 발전은 인권, 정의, 분배, 권력, 공동선과 공공이익, 정체성의 정치학 등과 같은 정치철학적 개념에 대한 이해를 전제하지 않고서는 힘들다.

〈사례 2-1〉 정치철학

영국의 대처 수상, 프랑스의 미테랑 대통령, 소련의 고르바초프 대통령, 미국의 부시 대통령 등 국제정치 거물들을 설득하며 독일 통일을 이룬 콜 총리는 뚝심의 장거리 선수였다.

출처: 조선일보(2017).

2017년에 서거한 헬무트 콜(Helmut Kohl, 1930~2017) 전 독일 총리는 보기 드문 거한(巨漢)이었다. 콜은 몸집처럼 큰 스케일로 역사를 새로이 썼다. 1982년에 서독 총리에 취임해 1998년에 통일 독일의 총리로 퇴임함으로써 최장수 독일 총리 기록을 세웠다. '독일 통일의 아버지'이자 '유럽연합(EU)의 비조(鼻祖)'인 그가 아니었다면 번영하는 오늘의 독일과 유럽은 불가능했을 것이다. 동서(東西) 화해의 헬싱키 프로세스를 살려 대업을 이룬 데에는 콜의 진중함과 주도면밀함이 큰 역할을 했다. 첫 부인 한넬로레의 말처럼, "그는 정치적인 장거리 선수였다". 지도자로서 콜에겐 조급함과는 거리가 먼 국가백년대계(國家百年大計)의 듬직한 리더십이 있었다. 그의 자서전인 『나는 조국의 통일을 원했다』에서 밝힌 대로 "절대 환상을 갖지 않고, 항상 사실과 현실을 바탕으로 행동"한 거인의 행보야말로 통일 비결이었다. 독일 통일은 역사의 포르투나(fortuna · 행운)와 콜의 비르투(virtu · 역량)가 합작한 기적의 산물에 가깝다. 참혹한 민족상잔을 겪은 데다 동독보다 훨씬 호전적인 유일체제와 핵무기로 무장한 북한과의 교섭에서 조급증은 금물이다. 우여곡절로 가득한 남북 교섭의 역사가 증명하는 그대로이다. 한반도 문제 해결은 동북아 평화 구조를 창출하는 경세가의 비르투와 장구한 시간을 요구한다.

콜은 세계적 거물들을 상대했다. 프랑스의 미테랑과 미국의 조지 H. W. 부시, 그리고 마지막 순간까지 통일 독일을 반대한 영국의 대처는 일세를 풍미한 걸물(傑物)이었다. 국제정치의 거인들을 설득해 내는 험난한 과정을 콜은 뚝심으로 돌파했다. 특히 소련이야말로 통일의 열쇠를 쥔 국가라는 인식은 콜뿐만 아니라 독일 보수 · 진보의 일치된 공감대였다. 개혁 · 개방의 전

독일 통일의 주역 헬무트 콜 전 총리가 16일(현지 시각) 루트비히스하펜 자택에서 87세를 일기로 별세했다. 사진은 지난 2003년 1월 통일 독일의 상징인 베를린의 브란덴부르크 문 앞에 서 있는 콜 전 총리.

출처: AP 연합뉴스.

도사 고르바초프가 없었다면 독일 통일은 불가능했을 것이다. 처음에 통독을 반대했던 고르바초프의 마음을 돌리는 데에는 콜의 역량이 결정적이었다. 콜의 4강 외교는 불가능을 가능으로 바꾸는 정치 외교술의 진수를 보여주었다. 서독의 경제력과 민주주의를 발판으로 평화와 번영의 통합 유럽이라는 큰 그림을 그려 제2차 세계대전 승전국인 미 · 영 · 불 · 소를 견인했다. 드라마틱한 한편의 정치 예술이었다. 그 결과, 그는 '역사 속을 지나가는 신의 옷자락을 잡아채는 정치가의 사명'을 이루었다. 정치가의 진정성은 콜처럼 역사 현실의 검증을 통과해야 비로소 유효하다. 콜은 아데나워의 친(親)서방정책과 브란트의 동방정책을 통합한 인물이다. 1980년대에 미국이 서독에 배치한 중거리 핵미사일(퍼싱 II)에 대한 독일 내 반대운동을 콜이 맹렬하게 비판한 이유이다. 소련이 동유럽에 먼저 배치한 중거리 핵미사일(SS-20) 도발엔 서독의 진보 정치인과 운동가들이 침묵했기 때문이다. 이처럼 콜은 힘의 우위를 통한 평화를 지향한 이상주의적 현실주의자였다. 1987년에 콜은 호네커 동독 국가원수를 서독으로 불렀다. 철저히 콜이 주도한 정상회담으로 거대한 동서 화해의 시대를 열었다. 이러한 정치철학은 거시적 차원에서 국민의 삶의 질을 높이고 인간의 존엄성 실천의 밑바탕이 되었다.

4. 철학과 사회복지학

사회복지교육 현장에서는 사회복지에 대한 윤리적 혹은 철학적 접근과 관련된 내용들이 공식적인 교과목으로 제시되어 있다. 한국사회복지교육협의회에서는 사회복지 전문인을 양성하는 대학에서 학생들에게 교육해야 할 내용을 '사회복지학 교과목 지침서'라는 공식적 지침서의 형태로 제시하고 있다.

이 지침서에 의하면, 여기서 주로 다루고자 하는 내용인 사회복지에 대한 철학적 · 윤리적 접근이 '사회복지 윤리와 철학'이라는 명칭의 교과목으로 소개되어 있다.

지침서에서 제시하고 있는 사회복지 윤리와 철학 교과목의 개요는 다음과 같다. 사회복지 윤리와 철학은 사회복지의 사명과 실천활동에 담겨 있는 규범적 측면을 이해하는 데 요구되는 가치, 윤리이론 및 관련된 철학적 지식에 대하여 학습하고, 이를 토대로 실천과정에서 직면하는 다양한 윤리적 갈등을 해결할 수 있는 이론적 지식과 실천능력을 향상시킨다.

이를 위해 학생 자신의 가치체계와 윤리적 정향을 명료화하는 동시에 관련 윤리이론과 전문직 윤리의 학습을 통해 규범적 기초를 마련하고 사회복지실천 현장에서 소수자 집단과 함께 일하는 데 필요한 문화적 역량을 강화한다.

아울러 윤리적 의사결정론에 대한 이해와 사례적용을 통한 실무능력을 갖춤으로써 직접적인 사회복지실천, 기관행정, 정책 등 사회복지실천 영역에서 사회복지사가 직면할 수 있는 윤리적 갈등 상황을 분석하고 해결할 수 있는 전문성을 함양한다.

1) 철학과 사회복지학의 구조적 체계화

그런데 사회복지학 교과목 지침서에서 제시하고 있는 사회복지 윤리와 철학적 교과목의 명칭과 내용을 자세히 살펴보면 크게 두 가지 측면에서 개선되어야 할 문제점이 있는 것으로 보인다(김기덕 외, 2015: 12-18).

첫째, 사회복지 윤리와 철학이라는 교과목의 공식 명칭은 전통적인 윤리학과 철학의 체계에 비추어 볼 때 논리적으로 맞지 않고, 내용상의 오해를 불러일으킬 수 있다. 왜냐하면 현행 교과목의 명칭인 사회복지 윤리와 철학은 마치 윤리와 철학이 동등한 위상이나 영역인 것처럼 보일 수 있게 하지만 이들은 현재 교과목 명칭에서 사용되고 있는 것처럼 병렬적으로 연결될 수 있는 것은 아니다. 윤리와 철학은 서로 비슷한 위상의 학문이 아니라 윤리는 철학의 하위 범주이기 때문이다. 따라서 사회복지 윤리와 철학이 보다 적절하게 관계 지워지기 위해서는 사회복지 철학이라는 학문분야가 우선적으로 상위에 설정되고 그 하위 범주의 하나로 사회복지 윤리학이 구조화되어야 한다.

둘째, 지침서에 제시하고 있는 교과목의 내용을 자세히 살펴보면 현행 교과목은 사회복지 윤리와 철학이라는 교과목의 명칭과는 달리 주로 사회복지의 규범적 측면, 즉 윤리적 측면에 상대적으로 많은 비중을 두고 있는 것으로 보인다.

앞에서 제시한 교과목 개요의 내용만 보더라도 존재론, 인식론, 미학, 정치철학 등 철학의 많은 영역 가운데 주로 윤리적 측면이 상대적으로 많이 언급되어 있다. 물론 교과목 지침서의 교과목 목표에 사회복지의 철학적 관점, 인권, 사회정의 등의 개념에 대한 이해 등이 포함되어 있기 때문에 순수하게 윤리적인 측면만으로 한정되었다고 할 수는 없지만 윤리 이외에 존재하는 많은 여타 철학적 영역에 대한 이해와 관심이 구체적으로 언급되어 있지 않다.

철학은 단순히 윤리적 측면을 중심으로 규범적 문제만 고려하는 것이 아니라 인간과 사회와 관련된 다양한 측면을 탐구 · 고찰하는 폭넓은 학문이다. 뿐만 아니라 사회복지 역시 규범적 윤리학을 넘어 폭넓게 철학적 연구대상이 될 수 있는 요소들을 상당히 가지고 있다. 그러므로 사회복지에 대한 철학적 접근을 시도하면서 윤리적 측면에만 주목하는 것은 사회복지에 대한 철학적 접근을 매우 협소하게 규정할 위험을 안고 있다고 볼 수 있다.

그렇다면 사회복지 윤리와 철학이라는 현행 교과목은 어떻게 구성되는 것이 보다 바람직한 것일까? 이 문제에 대하여 적절하게 대답하기 위해서는 무엇보다 철학과 윤리학의 관계가 먼저 규명되어야 할 것으로 보인다. 따라서 철학의 개념과 내용을 보다 상세하게 살펴봄으로써 철학과 윤리의 관계를 명확하게 파악해 보자.

2) 철학과 윤리학

철학이란 어떤 학문인가? 철학에 해당하는 영어 단어인 필로소피(philosophy)는 원래 그리스어로 '사랑하다'라는 뜻의 '필로'와 '지혜'라는 뜻의 '소피아'가 합쳐져서 이루어진 것으로 알려져 있다. 따라서 이러한 어원에 충실하게 따른다면 철학은 '지혜에 대한 사랑'이라고 이해될 수 있다.

현재 우리가 사용하고 있는 한자어 철학(哲學) 역시 필로소피에 기원을 두고 있다. 19세기 말에 일본 학자 니시 아마네가 philosophy를 한자어 '희철학'으로 번역하였고, 이 단어가 나중에 철학으로 굳어지게 되었다고 한다. 그런데 철학을 구성하는 한자어 철학 역시 슬기로울 철(哲)과 배울 학(學)으로 구성되어 있어 어원인 필로소피의 뜻을 잘 담고 있다고 하겠다.

학문적으로 볼 때 철학은 일반적으로 "인간과 매우 밀접하게 관련된 주제에 관해 논리적이며 조직적이고 체계적인 고찰"이라고 정의된다. 따라서 철학이란 인간과 그를 둘러싼 세계 전체를 고민하는 매우 근본적이고 포괄적인 학문임을 알 수 있다. 이러한 점을 고려한다면 철학의 역사에서 초기 철학이 '학문일반'을 지칭했으며, 따라서 철학자는 오늘날의 개념으로 '학자'를 의미하는 것이었다는 점이 충분히 이해할 만하다.

학문이 다양하게 발달하여 분화하기 이전에는 거의 모든 분야를 다루며, 학문일반의 위치에 있던 철학은 점차 자연과학과 사회과학 등이 분리되어 독자적으로 발전함에 따라 이제 개별 학문과는 구별되는 여러 학문분야의 근본학문으로서의 위치를 차지하게 되었다.

이러한 학문상의 위치를 고려할 때 오늘날의 철학은 '자연과 인간 사회문화 제 영역의 최고원리와 제 영역의 통일 원리를 반성적으로 탐구하는 지적 활동'이라 할 수 있겠다.

그런데 철학은 하나의 단일한 체계의 학문이라기보다는 인간과 사회에 대한 질문과 관심의 측면에 따라 몇 가지 뚜렷이 구별되는 하위분과 학문을 가지게 된다. 예를 들면, 인간이 획득할 수 있는 확실한 지식의 내용과 아울러 지식 획득의 정당화 방법을 다루는 분야인 인식론, 올바르고 정확한 추론에 대한 방법과 원칙에 관하여 연구하는 분야인 논리학, 아름다움과 기예에 대한 인식과 기호를 연구하는 미학, 세상에 존재하는 인간과 사물의 본질과 성격을 탐구하는 존재론, 선과 도덕적인 것이 무엇을 의미하며 이러한 의미들이 어떻게 정당화될 수 있는지를 논의하는 분야인 윤리학 등이 대표적인 철학의 하위분과 학문들이다.

물론 철학의 분과 학문이 여기서 제시한 것들에 한정되는 것은 아니다. 피퍼(Annemarie Pieper)는 철학의 하위분과 영역을 소개하면서 앞에서 제시한 전통적 분과학문을 포함하여 여성주의철학, 철학교수법, 기술철학 등 무려 200여 가지에 이르는 하위 영역들을 소개했다. 따라서 사회복지 철학의 하위분과 역시 이와 같은 철학의 분과 학문의 발전에 따라 무한히 확대될 수 있을 것이다.

이와 같이 철학의 개념과 내용을 고려해 본다면 사회복지 윤리와 철학이라는 현행 교과목의 명칭이 왜 오해를 불러일으킬 수 있는지가 보다 명확해지며, 만약 교과목의 명칭을 개선하고자 한다면 어떠한 방향으로 하는 것이 바람직할지 더욱 분명해진다.

3) 사회복지와 철학의 관계 정립

지금까지의 논의를 종합하자면 서두에서 제기한 문제제기, 즉 "사회복지에 대한 윤리적 · 철학적 접근은 어떤 내용으로 어떻게 조직화되는 것이 타당할까?"라는 질문에 대한 구체적 해답을 제시할 수 있을 것 같다.

일단 무엇보다 사회복지학에 대한 철학적 접근은 지금까지의 모습처럼 철학의 일부 영역과 사회복지의 특정 분야가 단편적으로 만나는 것을 탈피하여 '사회복지 철학'이라고 명명될 수 있는 새로운 학문영역이 체계적으로 수렵되는 것이 가장 이상적일 것으로 판단된다.

만약 사회복지와 철학의 관계가 사회복지 철학이라는 학문분야를 중심으로 체계적이면서도 통합적으로 진행된다면 철학의 일부 개별 영역이 사회복지학의 부분적 측면에 대해 파편적이고 산발적으로 연관되는 것을 넘어 조직적 모습으로 사회복지의 전체 모습을 체계적으로 조망할 수 있을 것으로 기대된다. 뿐만 아니라 특정 사회복지에 대해 철학의 하위분과들이 통합적으로 기여할 수 있는 가능성 또한 증대될 것이다.

그렇다면 사회복지 철학의 개념은 어떻게 정의할 수 있을까? 앞서 우리는 철학을 '자연과 인간 사회문화 제 영역의 최고원리와 제 영역의 통일 원리를 반성적으로 탐구하는 지적 활동'이라고 정의하였다. 이러한 철학의 개념 정의를 활용한다면 사회복지에 대한 철학적 탐구는 '사회복지 그 자체에 대한 최고원리와 제 영역의 통일 원리를 반성적으로 탐구하는 지적 활동'이라고 규정할 수 있을 것이다.

이와 같이 사회복지 철학에 대한 개념 정의가 구성되고 나면 철학을 구성하는 하위분과 영역의 체계에 따라 사회복지에 대한 철학적 탐구의 세부 내용이 자연스럽게 정립될 수 있을 것이다.

예를 들어, 사회복지의 규범적 측면을 탐구하는 영역은 사회복지 윤리학으로, 사회복지와 관련된 지식의 의미와 정당성을 다루는 영역은 사회복지 인식론으로 부를 수 있을 것이다. 그리고 집합적 · 사회적 차원에서 공동체

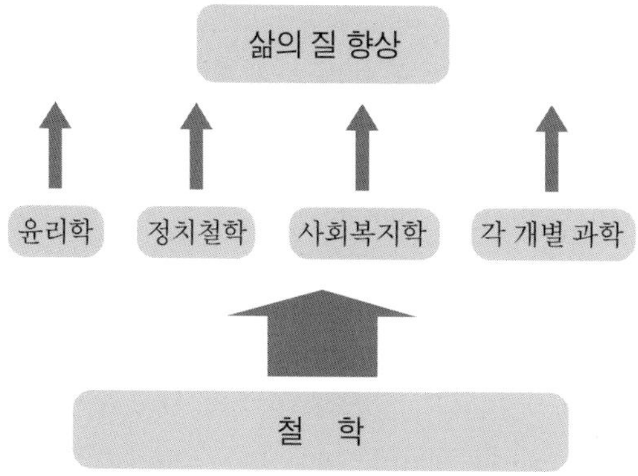

[그림 2-1] 사회복지 철학체계의 도식화

와 관련하여 사회복지를 다루는 영역은 사회복지 정치철학으로, 사회복지를 둘러싼 인간의 미적 인식과 기예를 다루는 영역은 사회복지 미학으로 구조화할 수 있을 것 같다. 이러한 분류에 따른다면 사회복지 윤리와 철학이라는 현행 교과목은 사회복지에 대한 철학적 탐구라는 상위항목과 사회복지 윤리학이라는 하위학문으로 체계화되는 것이 바람직할 것으로 보인다.

실제로 미국의 대표적인 사회복지 철학자이자 윤리학자인 리머는 이상의 논의와 매우 유사하게 철학체계를 활용하여 사회복지의 철학적 기초를 논의했다. 리머는 철학을 크게 정치철학과 윤리학, 논리학, 인식론, 미학으로 구분하고, 이들 분과학문이 사회복지의 영역들과 어떻게 연관되어 있으며 어떠한 쟁점과 함의를 지니고 있는지를 고찰했다.

그에 의하면, 철학의 하위분과 가운데 윤리학과 정치철학은 사회복지가 어떠한 존재이며, 어떠한 역할을 수행해야 하는지에 대하여 방향을 제시함으로써 사회복지의 존재와 사명을 규명할 수 있는 분야로 기대하였다. 인식론과 논리학은 사회복지로 하여금 타당한 형태로 논쟁을 진행하고 논리적으로 오류가 없는 방식으로 사고할 수 있는 기초를 제공할 수 있을 것으로 보고 있다. 그리고 미학은 사회복지가 스스로의 실천을 인식하고 비판하는 작업과 관련이 있는 것으로 규정하고 있다.

이상의 논의를 종합하여 사회복지 철학체계의 도식화를 시도해 보면 사회복지의 본질과 관련된 총체적이고 근본적인 학문을 사회복지 철학으로 규명하고, 그 하위 영역으로 철학의 분과 학문체계를 이용하여 사회복지 윤리학, 사회복지 정치철학, 사회복지 미학 등을 배치하여 구조화할 수 있다.

이들은 각각 철학이라는 모 학문의 성격과 방법론을 공유하지만 각각의 영역에 고유한 쟁점과 내용을 가지고 사회복지의 다양한 측면을 규명하여 줄 것이다. 그리고 [그림 2-1]에 아직 등장하지 않은 사회복지 철학의 하위분야는 철학의 새로운 분야들이 앞으로 등장할 사회복지의 새로운 관심들과 결합하여 채워져 나가게 될 것이다. 예를 들어, 페미니즘 철학과 사회복지가 만나는 페미니즘 사회복지 철학, 다문화주의와 사회복지가 만나는 다문화주의 사회복지 철학 등이 새로운 사회복지 철학의 후보가 될 수 있다.

4) 철학이 사회복지학 발전에 기여

철학은 사회복지학에 어떠한 조력을 할 수 있을 것인가? 다음과 같은 세 가지 영역에서 철학이 사회복지학에 기여할 수 있다(Benton & Craib, 2001: 2-3; 김기덕, 2011: 24-25).

첫째, 철학은 사회복지학이 자신의 연구를 과학적으로 수행하는 과정에서 직면할 수 있는 장애물을 제거하는 역할을 할 수 있다. 철학은 사회복지학의 연구대상과 주제와 관련해서 과학적인 것과 비과학적인 것을 구분해 주는 역할을 한다. 실제로 현대에 이르러서 사회복지학은 아직도 연구주제와 연구 방법론을 전개함에 있어서 많은 편견과 검증되지 않은 전제에 혼란스러워 하고 있다. 철학은 이러한 장애들을 분명하게 밝혀 주고, 또한 제거하는 방법론을 제시할 수 있다.

둘째, 철학은 사회복지학의 지도(guiding map) 역할을 할 수 있다. 즉, 철학은 현대의 광범위하고 다양한 사회과학적 지식의 홍수 속에서 사회복지학이 차지하고 있는 현재 위치에 대한 좌표를 제공해 주고, 앞으로 나아가야 할 방향을 제시한다. 다시 말하면, 사회복지학이 자신에게 던지는 다양한 물음에 성찰할 수 있는 질문들(reflexive questions)에 대한 대답을 철학이 제시할 수 있다. 또한 이러한 작업을 하는 과정에서 철학은 다양한 사회과학의 하위 학문들이 쏟아 내고 있는 지식을 체계적으로 분류하고 유형화하는 작업도 할 수 있게 한다.

셋째, 철학은 사회복지학자 자신들이 설정한 연구문제의 해답을 찾아가는 과정에서 사용하는 연구 방법(method of investigation)을 좀 더 명확하게 하고 정교하게 만들 수 있다. 즉, 사회복지학이 요구하는 바람직한 연구 방법론이 가져야 할 조건들과 방법론의 체계에 대한 지식을 제공할 수 있다.

5. 복지국가의 철학

1) 복지국가 문제를 철학적 차원에서 논의

복지국가 문제를 철학적 차원에서 논의하는 것은 여러 가지 관점에서 필요하다고 판단된다(신정환, 2014: 16-24).

첫째, '왜 복지국가가 필요한가' 하는 근본적 문제에 관해 깊이 있는 통찰을 줄 수 있기 때문이다. 물론 철학적 논의와 무관하게 복지국가 건설의 당위성을 주장할 수도 있다. 현재 빈곤이나 불평등으로 인해 고통받는 사람들이 우리 주변에 너무 많기 때문에 일단 "이 사람을 보라!"라는 식으로 사람들의 감성과 상식에 호소하여 복지국가 발전의 필요성을 정당화할 수도 있다. 그러나 장기적 관점에서 보면 복지국가의 건설과 발전은 우리 사회에 매우 큰 영향을 주는 사안이기 때문에 복지국가가 안정적으로 작동하려면 사회구성원 간에 높은 수준의 합의가 필요하다. 결국, '우리 사회의 구성원이 앞으로 어떤 방식으로 살아가는 것이 바람직한가?' '어떤 사회가 좋은 사회인가?' '사회구성원 간에 권리와 의무를 어떻게 재설정하는 것이 좋은가?' '국민에 대한 국가의 권한과 의무는 어디까지인가?' 하는 근본적 문제들에 직면할 수밖에 없다. 이는 철학적 문제라 할 수 있다. 여기서 철학적 문제란 반드시 학문분야로서의 철학에서 다루는 문제라기보다는 가치 설정과 관련된 문제, 또 정책기술보다는 원칙적 차원의 문제를 의미한다.

둘째, '어떤 복지국가가 더 좋은가?' 하는 문제도 철학적 성찰을 필요로 한다. 복지국가는 여러 형태로 존재할 수 있고, 실제로도 여러 형태로 존재하는데 그 중에서도 어떤 성격의 복지국가가 우리 사회에 더 바람직한가를 판단하는 문제도 철학적 논의를 필요로 한다. 예컨대, 미국의 복지국가 모델에는 자유주의 이념의 영향이 깊이 드리워져 있고, 스웨덴의 복지국가 모델에는 사회민주주의 이념의 영향이 짙게 배어 있다. 한 사회의 복지국가 모델의 형성과 진화가 오직 이념에 의해서만 결정되는 것은 물론 아니지만 이념의 영향도 매우 크다고 할 수 있다. 우리 사회가 지향해야 할 복지국가 모델이 어떤 것인가를 판단함에 있어 우리 사회의 제반 여건을 중요하게 고려해야 하지만 규범적 · 이념적 차원에서 어떤 복지국가 모델이 더 바람직한가 하는 철학적 성찰이 요구된다.

셋째, 복지국가를 구성하는 구체적 제도와 정책을 설계하고 운영하는 과정에서 철학적 판단을 필요로 하는 문제들에 자주 직면하게 된다. 예컨대, 2011년 서울시 무상급식 논쟁에서 빈곤가정 학생들에게만 무상급식을 제공할 것인가, 아니면 모든 학생에게 무상급식을 제공할 것인가 하는 문제가 최대의 정치 쟁점으로 떠오른 바 있다. 이 쟁점은 정책기술 차원의 문제라기보다는 무상급식을 통해 달성하고자 하는 핵심 가치가 무엇인가 하는 철학적 차원의 문제였다고 할 수 있다.

넷째, 철학적 성찰 없이 임시방편으로 복지프로그램들을 설계하거나 운영하다 보면 상이한 복지프로그램들 간의 원리적 상충 문제나 사회복지제도와 사회의 다른 영역의 제도들 사이의 상충되는 문제에 봉착할 수도 있다.

다섯째, 합리적인 철학적 원칙을 도출하는 것은 쉽지 않은 일이지만, 일단 믿을 만한 철학적 원칙이 형성되면 개별 정책 이슈와 관련된 많은 판단을 인도해 주는 나침반 역할을 할 수 있다. 따라서 장기적으로 보면 사회적 의사결정에 수반되는 시간과 비용을 줄이고 정책 실패의 위험을 낮출 수 있다.

이렇듯 복지국가 문제는 다양한 측면에서 철학적 논의를 필요로 하는데, 미래에는 우리 사회에서 복지국가 문제를 철학적 측면에서 고찰하는 연구가 활발하게 이루어져야 할 것이다.

2) 복지국가 개념을 철학적 차원에서 논의

사회과학의 핵심 개념들이 흔히 그러하듯 복지국가라는 개념도 또렷하게 정의하기 쉽지 않으며, 논자들마다 복지국가를 정의하는 방식도 다양하다.

이렇게 된 배경으로는 다음의 두 가지를 들 수 있다(신정환, 2014: 21-24).

하나는, 복지국가가 비교적 단기간에 급속히 발전해 왔다는 점이다. 서구와 북미를 중심으로 복지국가는 20세기에 급속히 발전해 왔다. 복지프로그램의 종류도 다양해지고 국민소득에서 사회복지지출이 차지하는 비중도 크게 늘어났다. 그러다 보니 복지국가의 성격과 역할도 많이 변해 왔다. 사격에서 움직이는 표적을 맞추기가 어렵듯이, 그 성격이 빠르게 변화해 가는 대상을 정확하게 개념화하기가 어려운 것이다.

또 하나는, '국가'라는 용어가 다양한 의미로 사용된다는 점이다. 국가에 대한 사전적 정의는 국민, 영토, 주권으로 구성된 정치적 조직체이다. 이런 의미로 사용될 때의 국가는 '국가라는 형태로 조직된 사회 전체'라 할 수 있다. 그러나 국가라는 용어는 사회를 구성하는 여러 영역 중에서 정치적 통치 질서와 직결된 영역이라는 의미로도 흔히 사용되는데, 이 경우의 국가는 사회 전체가 아니라 사회의 일부를 지칭한다고 볼 수 있다. 예컨대, '국가 대 시민사회'라는 어구에 등장하는 경우에 국가가 그러하다. 즉, 입법부, 행정부, 사법부로 구성된 통치조직으로서의 '정부'와 거의 같은 의미로 사용되거나 정부를 포함하여 사회에 대한 정치적 통치를 가능하게 하는 제도들의 집합이라는 의미로 사용된다고 할 수 있다. 한편, '국가 대 시장'이라는 어구에 등장하는 '국가'라는 용어는 흔히 '나라'라는 용어와 구분되지 않고 사용되기도 한다.

이러한 이유들로 복지국가 개념을 또렷이 정의하기는 쉽지 않으나 대체로 다음의 두 가지 중 하나를 의미하는 용어로 사용되어 온 것 같다.

첫째, 국가의 성격을 가리키는 용어로 사용되는 경우이다. 예컨대, '스웨덴은 대표적 복지국가다.'라는 문장이나 '대한민국은 복지국가 단계에 들어섰다고 할 수 있을까?'와 같은 문장에 나오는 '복지국가'는 국가의 주된 성격 또는 주된 특징을 지칭한다. 즉, 국민, 영토, 주권으로 구성된 정치적 조직체로서의 국가가 국민의 복지 향상을 주된 과제로 삼을 경우에 그런 국가는 복지국가라 할 수 있다. 이런 의미에서의 복지국가와 대비되는 용어로, 예컨대

'전쟁국가'나 '발전국가'를 들 수 있다.

둘째, 국가의 일부 활동 또는 일부 제도와 정책들을 가리키는 용어로도 많이 사용된다. 예컨대, 복지국가와 관련된 문제들을 경제학적 관점에서 연구해 온 바는 복지국가라는 용어를 현금급여, 보건의료, 교육, 주거 등의 영역에서 이루어지는 국가의 활동이라는 의미로 사용된다. 이런 의미로 사용될 경우에 '복지국가'란 국가 전체의 특성을 나타내는 용어라기보다는 국가의 특정 활동이나 이를 뒷받침해 주는 제도 등을 의미하는 용어이다. 이 경우에는 사회복지 관련 제도나 정책과 이를 뒷받침해 주는 조세제도 등 국가가 주도적으로 국민의 복지 향상을 위해 수행하는 활동과 이를 가능케 하는 제도들의 집합을 뜻한다. 이 경우에 복지국가는 국가 자체가 아니라 국가의 기능이나 제도의 일부를 지칭하게 된다. 여기서는 대부분 이런 의미로 '복지국가'라는 용어를 사용한다.

그리고 여기서 사용하는 복지국가는 정확히 말하자면 '자본주의적 복지국가'이다. 즉, 자본주의 경제와 공존하는 복지국가이다. 그런데 복지국가는 자본주의가 아닌 다른 경제체제에서도 존재할 수 있다. 예컨대, 사회주의적 복지국가가 존재할 수 있고, 역사적으로도 구 소련 등에서 존재한 바 있다. 그리고 여기서 다루는 철학적 논의의 상당수는 자본주의를 넘어서 다른 경제체제에도 적용될 수 있는 것들이다.

그럼에도 불구하고 여기서 자본주의적 복지국가로 논의 대상을 한정하는 이유는 다음과 같다.

첫째, 우리가 살고 있는 한국 사회가 자본주의 사회이고, 또 세계적 차원에서도 현존하는 대부분의 사회가 자본주의 사회이기 때문이다.

둘째, 복지국가에 관한 학문적 논의가 주로 서구와 미국 등 선진 자본주의 사회들에서 선도적으로 전개되어 온 관례로 복지국가에 관한 이론적 · 경험적 연구의 압도적 부분이 자본주의적 복지국가를 전제로 하기 때문이다.

3) 복지국가의 주요 철학: 분배적 정의

복지국가 문제와 철학적 논의를 연결하는 핵심 개념은 '정의', 특히 '분배적 정의'가 될 것인데 복지국가 문제를 분배적 정의에 초점을 맞추어 다루는 것은 다음과 같은 점에서 의미 있는 일이라 생각한다.

첫째, 복지국가의 실제 주된 기능의 하나가 분배적 정의의 실현이고 복지국가의 발전을 지지해 온 논자들은 분배적 정의의 실현이라는 이상을 꾸준히 추구해 왔다. 또 과연 분배적 정의가 무엇인가 하는 문제에 관해 상이한 견해를 가진 사람들은 흔히 그들의 분배적 정의관에 따라 현실의 복지국가를 지지하거나 비판해 왔다.

둘째, 정의는 선이나 덕, 박애 등 다른 가치들에 비해 구속력이 한결 강한 가치라 할 수 있다. 덕과 박애의 정신이 넘쳐나는 사회는 참으로 훌륭한 사회이겠지만 이런 가치들을 중심으로 사회의 기본제도들을 설계하고, 운영함에 있어 최우선적으로 고려해야 하는 가치이다. 정의는 사회구성원 간의 권리와 의무를 설정하는 문제와 직결된 가치여서 대다수 사회의 법률들은 무엇보다도 각 사회에서 지배적인 정의관을 반영하여 제정된다. 따라서 복지국가의 발전이 주로 정의의 관점에서 지지될 수 있다면, 복지국가의 발전이라고 할 때 반드시 추구해야 하는 가치는 정의가 될 것이다.

자본주의적 분배제도의 기본 틀인 사유재산제도와 시장에 의한 소득분배는 분배적 정의의 관점에서 많은 문제점이 있다. 복지국가는 이러한 결함을 완전히 해소하지는 못하지만 상당히 시정할 수 있다(신정환, 2014: 197-200).

복지국가가 분배적 정의 실현에 기여할 수 있는 것은 사회구성원이 납세나 사회보험료 납부를 통해 복지국가에 재정적으로 기여하는 금액과 복지국가를 통해 지급받는 급여액이 사회구성원의 처지에 따라 달라지기 때문이다. 대체로 부유한 사람들은 재정적 기여액이 급여액보다 많고, 빈곤한 사람은 그 반대 상황에 있다. 이렇게 소득수준이 높은 사람으로부터 소득수준이 낮은 사람에게 소득이 재분배되는 것을 '수직적 재분배'라 한다. 만약 부유층의 시장소득의 상당 부분이 정의롭지 못한 방식으로 얻어진 것이라면, 복지국가를 통한 재분배는 결과적으로 불의한 소득 취득을 교정해 주는 기능, 즉 '교정적 재분배' 기능도 수행하게 된다.

한편, 소득수준이 유사한 사람들 사이에서도 복지국가를 통해 재분배가 이루어진다. 소득수준이 같아서 의료보험료 납부액이 같은 사람인 A와 B가 있는데, A는 건강하여 병원을 찾을 일이 거의 없고 B는 병약하여 병원을 자주 찾는다고 해 보자. A와 B는 의료보험 재정에 같은 수준으로 기여하지만 의료급여 혜택은 주로 B가 누리게 된다. 즉, A로부터 B로 소득이전이 발생한다. 이렇게 소득수준은 같으나 질병과 같은 나쁜 사건이 발생할 확률이 상이한 사람들 간에 소득 이전이 발생하는 것을 '수평적 재분배'라 한다.

이렇게 수직적 재분배와 수평적 재분배는 개념적으로 분명히 구분되지만, 양자를 관통하는 기본 취지는 유사하다고 볼 수 있다. 인간의 다양한 욕구 중 그것을 충족시키는 것이 꼭 필요하다고 사회적으로 공인된 욕구를 '필요'라 한다. 그런데 질병 등 나쁜 사건이 발생할 확률이 높은 사람일수록 발생 확률이 낮은 사람에 비해 필요 충족을 위한 소득지출액이 많아지기 때문에 그만큼 소득이 보충되어야 발생 확률이 낮은 사람과 유사한 정도의 생활수준을 확보할 수 있다.

복지국가를 통한 소득재분배는 사유재산제도의 작동에 부분적 변화를 야기한다. 소득은 저축되어 재산으로 전환되고 재산은 다시 재산소득을 낳는데, 부유층에게 무겁게 과세하면 부유층의 가처분소득이 줄어 저축 여력이 감소하고 결국 재산축적의 속도가 둔화된다. 반면에, 빈곤층은 복지국가를 통한 소득이전으로 인해 재분배 이후에 가처분소득이 증가하고 그 일부를 저축할 수 있다면 그만큼 재산이 증가하게 된다. 즉, 복지국가는 개인 간 사유재산의 규모 격차를 줄이는 효과를 낳는다.

또 복지국가를 통한 소득재분배는 시장에 의한 소득분배의 다양한 결함을 어느 정도 해소해 준다. 많은 경우, 개인에게 책임을 묻기 어려운 수요-공급 상황에 의한 개인 간 소득격차를 줄여 줌으로써 시장에 의한 소득분배에 수반되는 '도덕적 임의성' 문제를 줄여 준다. 예컨대, A와 B는 동일한 숙련수준을 갖추고 동일한 노동을 수행하는 노동자들인데, A는 단지 대기업에 다니는 관계로 임금수준이 높고 B는 중소기업에 다니기 때문에 임금수준이 낮다고 해 보자. A와 B의 임금격차는 '도덕적으로 임의적인' 요인에 의해 발생한 것이다. 그런데 B보다 A에게 세금을 더 많이 부과하여 조달된 재원으로 B를 지원해 주면 재분배 이후에 소득격차가 줄어든다. 따라서 A와 B의 생활수준이 도덕적으로 임의적인 요인에 의해 결정되는 정도가 줄어든다.

또 실업자의 생계를 지원하는 실업보험제도나 실업자의 취업을 지원하는 적극적 노동시장정책은 실업으로 인한 고통을 줄여 주는데, 이를 통해 여러모로 불리한 성격을 갖는 생산요소인 노동의 소유주, 즉 노동자의 처지가 개선된다. 넉넉한 실업급여나 잘 작동하는 적극적 노동시장정책은 실업위험으로 인한 노동력의 궁박판매 가능성을 줄여 주고, 위험 분산이 어려운 생산요소의 소유주인 노동자가 직면하는 경제적 위험을 줄여 준다.

복지국가를 통해 모든 사회구성원에게 일정 수준 이상의 생활수준이 보장되면, 즉 사회안전망이 제공되면 경제주체 간 거래에서 실질적인 자발적 선택의 여지가 커진다. 예컨대, 경제적으로 매우 궁핍한 노동자가 내심 원치 않지만 할 수 없이 극도로 열악한 조건의 일자리를 수용하는 등 실질적인 비자발적 선택을 해야 할 필요성이 줄어든다. 1962년에 스웨덴 사회민주당 당수이자 정부 수상인 엘란데르(Tage Erlander)는 『선택의 자유 사회』라는 책자를 발간한 바 있는데, 이 책의 핵심 내용은 복지국가가 발전할수록 개인의 선택의 자유가 위축되는 것이 아니라 오히려 확대된다는 것이다. 예컨대, 적극적 노동시장정책은 노동자들의 직업 선택의 자유를 실질적으로 확대해 주고, 무상으로 제공되는 공교육은 개인들의 삶의 선택의 기회를 확대해 준다는 것이다.

경험적으로 볼 때에도 경제발전 수준이 유사한 사회들 간에도 복지국가가 더 발전한 사회일수록 소득분배의 불평등 정도가 낮고, 사회적으로 더 안정되어 있다. 예컨대, 복지국가가 발전한 대표 사례인 북유럽 사회들은 시장원리가 지배적인 미국 사회에 비해 소득분배가 한결 고르고 범죄율이 낮으며 평균수명은 길다.

자본주의에 대한 정의론적 관점에서의 평가는 다음과 같은 점에서 필요하다.

첫째, 수많은 제도와 정책이 명시적으로 또는 암묵적으로 정의론적 판단에 입각해 있다. 예컨대, 조세정책을 생각해 보자. 어떤 사람에게 얼마만큼 세금을 부과할 것인가를 결정함에 있어 정의론적 판단을 완전히 배제할 수 있겠는가, 사회복지정책은 어떠한가, 누가 우선적으로 사회복지정책의 대상자가 되어야 하는가, 또 얼마만큼을 지원해 주는 것이 적정한가를 결정하는 일에서 정의론적 판단이 배제될 수 있을까? 공정거래정책도 마찬가지이다. 어떤 거래가 공정한 거래여서 존중되어야 하고, 어떤 거래가 불공정한 거래여서 정부의 제재를 받아야 하는가를 판단함에 있어 정의론적 판단이 배제될 수 있겠는가? '공정성' 자체가 정의 개념을 구성하는 핵심요소인 것이다. 환경정책도 마찬가지이다. 환경 파괴를 수반하는 경제 성장을 통한 현 세대의 복지 증진과 환경 파괴로 인한 후 세대의 복지 감소 문제는 '세대 간 정의' 문제의 대표 사례이다.

둘째, 자본주의에 대한 대다수 사람의 지지나 반대는 효율성뿐 아니라 정의론 차원의 평가기준에 크게 의존해 있다. 대다수의 사람이 롤즈처럼 정의를 사회의 제1덕목으로까지 보는지는 확실하지 않다. 그러나 적어도 매우 중요한 가치로 보는 것은 분명해 보인다. 예컨대, 대다수의 사람이 큰 분노를 느끼게 되는 대표적 경우는 불의한 방식으로 재산이나 권력을 획득하여 부귀영화를 누리는 사람들을 보게 되는 경우이다.

복지국가는 주로 조세정책과 사회복지정책을 통해 동일 세대의 상이한 개인이나 집단 간에, 또 상이한 세대 간에 소득과 재산, 삶의 기회의 광범위한 재분배를 야기한다는 점에서 정의론적 판단기준, 특히 분배적 정의론과 뗄 수 없는 관계에 있다고 할 수 있다.

4) 복지국가 문제를 철학적 차원에서 논의할 차후 과제

차후에 복지국가 문제를 주로 철학적 차원에서 다음과 같은 문제들을 깊이 있게 다룰 필요가 있다.

첫째, 다양한 철학흐름 중에서 복지국가를 가장 합리적이고 견고하게 지지해 줄 수 있는 철학흐름은 무엇인가 하는 문제를 다룰 필요가 있다.

둘째, 복지국가를 통해 우리가 실현할 수 있는 가치들은 무엇이며, 이러한 가치들은 서로 어떠한 관계를 갖게 되는가 하는 문제를 다룰 필요가 있다.

셋째, 자본주의 경제를 '분배적 정의'의 관점에서 평가할 필요가 있다. 분배적 정의는 철학적 논의와 복지국가 문제를 연결하는 핵심적인 개념 역할을 담당할 것이다.

넷째, 복지국가를 구성하는 제도와 정책들을 구체적으로 설계하고 운영하는 과정에서 직면하게 되는 철학적 문제들은 무엇인가 하는 문제를 다룰 필요가 있다.

심화학습문제

1. 철학이 사회복지 발전에 기여한 것은 무엇인가?
2. 복지국가 철학의 기본 바탕은 무엇인가?

제3장 사회복지 가치의 이해

학습목표	1. 사회복지 가치를 이해할 수 있다. 2. 사회복지 가치와 윤리와의 관계를 설명할 수 있다.
핵심용어	가치, 사회복지 가치, 인간존엄성, 자유, 평등, 정의

가치(value)는 도덕적 행동에 대한 직접적인 지침으로서의 역할을 수행하는 도덕적 원칙을 도출하는 근거가 된다. 그리고 특정 사회의 생활에 녹아 있는 도덕적 관념 혹은 도덕적 관점을 구체적인 모습으로 결정하도록 하는 역할을 한다. 즉, 추상적인 도덕관과 구체적인 도덕행위를 연결하는 것이 바로 가치이다.

사회복지사의 가치는 사회복지실천의 중요한 요소로, 사회복지사는 클라이언트를 만나고 업무를 수행하는 과정에서 끊임없는 가치판단을 필요로 한다. 가치판단이 무엇이 바람직한지, 혹은 바람직하지 않은지에 대한 고민을 기반으로 한다면 사회복지사의 윤리의식(도덕)은 이러한 가치판단을 실제로 행동에 옮기는 것과 관련된 '행동화된 가치'로서의 의미를 지닌다. 즉, 클라이언트와 전문적인 원조관계를 유지해 나가면서 부딪히게 되는 수많은 일상적 상황에서 사회복지사는 무엇이 옳은 행동이고, 그른 행동인지를 판단해야 할 윤리적(도덕적) 결정 상황에 직면하게 된다(김진숙, 장연진, 2012).

추상적인 도덕관 ▶ 가치 ▶ 도덕적 원칙 ▶ 구체적인 도덕행위(윤리)

[그림 3-1] 가치와 도덕의 관계

사회복지 윤리의 발달역사를 살펴보면 1970년대 후반과 1980년대 초반에 걸쳐 사회복지실천 현장에서 초래되는 윤리적 갈등문제와 이를 해결하고자 하는 노력이 본격적으로 논의되기 전까지 진행된 대부분의 사회복지 윤리 연구 주제들은 사회복지 분야의 핵심적인 가치가 무엇인지 확인하고 이를 정당화하고자 하는 성격의 것들이었다(김기덕, 2011: 159).

1. 가치의 개념

사회복지 윤리학에서는 가치를 인간의 삶과 관련된 특정 수단, 목적, 조건에 대한 보편적 선호라고 개념을 정의하고 있다(Pumphrey, 1959: 23). 이러한 가치를 체계화시켜 보면 궁극적 가치, 수단적 가치, 차등적 가치로 구분할 수 있다. 궁극적 가치는 대부분의 사람에게 가장 쉽게 동의를 얻을 수 있는 자유, 인간의 존엄성, 정의, 평등과 같은 추상적인 목적을 가진 가치이다. 수단적 가치는 궁극적 가치를 달성하기 위한 수단이 되는 가치를 말한다. 예를 들면, 인간의 존엄성을 달성하기 위한 도구로 자기결정권, 비밀보장, 고지된 동의와 같은 구체적인 행위나 상황과 관련된 수단적 가치가 필요하다. 차등적 가치는 궁극적 가치와 수단적 가치의 중간에 위치한 가치로, 사회적·문화적·종교적 영향으로 혹은 개인적 경험에 따라 찬성 혹은 반대를 할 수 있는 것이다. 예를 들면, 낙태, 동성애, 사형제도, 유전자 복제와 관련된 가치이며, 이러한 가치는 차등적 가치에 속한다고 할 수 있다(이순민, 2016: 17; Pumphrey, 1959).

가치는 어원적으로 라틴어 valor에 그 뿌리를 두고 있다. valor는 valere라는 동사에서 파생된 말로서, '강하다' '힘 있다' '중요하다' '목적을 갖는다' '타당하다' 등의 의미를 갖고 있다. 당시 고대 로마 사람들은 valere라는 말을 사람에게는 '건강하다, 혹은 생명력이 있다'라는 뜻으로, 사물에 대해서는 '생명을 지탱하다, 값어치 있다'라는 의미로 사용했다고 한다. valor가 생명과 연관되어 강하고, 중요하다는 의미에서 가치는 전반적으로 중요함, 혹은 '탁월한 의미를 갖는다'라는 뜻과 연관됨을 알 수 있고, 좋은 것(good), 혹은 중시하거나 소중한 것(valuable)을 의미한다.

이러한 의미에 주관성이 연계되어 오늘날 가치는 선호하는 것, 바람직한 것이라고 믿는 개인, 집단, 조직, 사회 등의 주관적 신념을 뜻하는 것으로 이해되고 있다. 신념은 특정 현상에 대한 이해로서, 사실 또는 정확한 인식에 기반하기도 하지만 허구나 오해, 그릇된 추론에 기반할 수도 있다. 이러한 이유로 가치는 무엇이 좋은가에 관련될 뿐 무엇이 옳은가에 관련되지는 않는다고 말하기도 한다.

그러나 일반적으로 가치는 우리를 사려 깊은 결정으로 안내하는 근본적인 기준으로 기능하는 것으로 알려져 있다. 존 듀이는 가치가 평가적 혹은 선호의 요소를 포함한다는 점에 주목함으로써 좀 더 정확하게 이 용어를 사용했고, 대부분의 사회과학자는 듀이의 정의에 따라 가치를 선과 바람직한 행동을 선택하는 기준 또는 지침으로서 사용되는 것을 의미하는 것으로 받아들였으며, 이러한 점에서 가치는 종종 윤리와 동의어로 사용된다(우국희 외, 2015: 11-12).

2. 가치의 유형에 따른 기능

가치의 유형을 비교함으로써 사회복지실천과정에서 발생하는 갈등을 해결하고자 한다. 개인적 가치(personal value), 전문직업적 가치(professional value), 사회적 가치(social value), 클라이언트 가치(client value)를 구분하여 설명함으로써 서로 다른 역할 혹은 기능을 이해하고자 한다.

사회복지사들은 전문직업적 가치(professional value)를 공유하게 되어 전문직 직업윤리(professional ethics)를 갖게 된다. 전문직의 직업윤리라고 하는 것은 사회적으로 전문직을 인정하는 과정에서 그 전문직의 독특한 실천과정에서 요구되는 가치로서 기본적으로 해당 전문직 활동의 평가와 책임소재의 근거가 된다.

이러한 전문직업적 가치는 하나의 직업이 사회적 차원에서 전문직으로 인정받는 과정에서 주어지는 것이므로 일반적으로 전문직이 속한 사회적 가치(social value)를 반영하게 된다.

다른 한편으로, 전문직으로 가지는 가치와는 별도로 사회복지사는 한 인간으로서 자신만의 개인적 가치(personal value)를 가질 수 있다. 이러한 개인적 가치는 주로 개인적으로 경험하여 습득한 과거의 삶을 통해 자신의 내면세계에 깊이 각인된 것으로서 사회복지사들의 경우에 특히 문제가 될 수 있는 개인적 가치는 주로 종교적인 것으로부터 연유한다.

여기서 문제가 되는 것은 사회복지사가 가지는 개인적 가치와 전문직업적 가치가 직접적으로 충돌하여 전문가로서 업무수행에 윤리적 긴장을 가져오는 경우이다. 전문직업적 가치와 개인적 가치가 가지는 충돌을 해결하는 방법은 다양하게 제시되고 있다.

예를 들면, 주어진 문제에 대한 개인적 가치의 허용범위와 전문적 가치의 허용범위를 명확하게 하고, 두 가치의 허용범위가 서로 비슷하게 일치하는 부분에 해당하는 가치를 근거로 실천을 선택하는 방법을 선택하는 것이다.

3. 사회복지의 가치와 윤리의 관계

가치는 어떤 행동이 좋고 나쁘며, 바람직하고 바람직하지 못하다는 "바람직스러움의 기준"(Ritzer, Kammeyer, Yetman, & Norman, 1979: 50)이 된다. 즉, 가치는 믿음 또는 신념과 같은 것으로 인간의 선호 또는 선택에 대한 기준이 되며, 개인이나 집단 구성원이 자신이 특정한 행동을 선택하는 데 영향을 미치게 된다.

가치와 윤리는 분리하여 생각할 수 없는 개념으로, 윤리는 가치를 바탕으로 구현된 행동지침이기 때문에 가치와 조화를 이루어야 한다. 가치가 '무엇이 좋고 바람직한가'를 선택하는 것이라면, 윤리는 '무엇이 옳고 그른가'를 판단하는 것과 관계된다. 사회복지의 가치가 사회복지실천이 나아가야 하는 방향을 제시한다면, 사회복지 윤리는 그 방향에 맞추어 사회복지실천 현장에서 필요한 행동의 원칙과 지침을 제공하는 것이다(이순민, 2016: 18).

표 3-1 가치와 윤리

	가치	윤리
개념	• 믿음 또는 신념과 같은 것으로 인간의 선호 또는 선택하는 것에 대한 기준 • '무엇이 좋고 바람직한가'	• 가치를 바탕으로 만들어진 행동지침 • '무엇이 옳고 그른가'
세부분류	• 궁극적 가치 • 수단적 가치 • 차등적 가치	• 일반 윤리 • 전문가 윤리

출처: 이순민(2016: 18).

4. 사회복지실천에서 가치의 기능

사회복지실천에서 가치의 기능을 살펴보면 다음과 같이 크게 네 가지로 구분할 수 있다(Reamer, 1999: 9-13).

첫째, 사회복지의 기본적인 임무와 목표를 제시해 준다. 사회복지의 사회적 존재 이유는 사회복지사 혹은 사회복지 시설이나 기관이 가지고 있는 윤리관과 밀접한 관련이 있다. 이러한 윤리관은 그들이 공유하고 있는 가치들의 집합인 것이다.

이러한 가치들은 사회에서 요구하는 집합적 책임감(collective responsibility)에 대한 표준을 제시해 온 것들이었음을 알 수 있다. 이러한 책임감이 바로 사회복지의 사명감으로 간주되었다(Levy, 1976: 39).

그러므로 현재 사회복지사가 한 사회에서 어떤 역할을 담당하는가를 파악하는 가장 쉬운 방법은 사회복지사 혹은 집단으로서의 사회복지 전문직이 어떠한 가치를 공유하고 있는지를 살펴보면 될 것이다.

둘째, 사회복지 가치는 사회복지사 혹은 사회복지조직체가 구체적인 실천 과정에서 어떠한 종류와 성격의 사회적 관계를 형성해 나가야 할지를 제시해 준다. 예컨대, 어떤 개인이나 집단이 클라이언트가 될 수 있는가 혹은 없는가, 그리고 이들과 어떠한 방식으로 관계를 맺어야 하는가 하는 것에 대한 결정은 사회복지 가치에서 직접적으로 도출되는 것이다.

어떤 사회복지사는 가난한 사람들을 혹은 어떤 사회복지사는 부유한 계층의 사람들의 문제에 관심을 갖는다. 사회복지사가 맺는 이러한 사회적 관계는 이들 사회복지사가 갖는 가치에 기인하는 것이다.

셋째, 사회복지 가치는 다양한 실천 대안 가운데 바람직한 개입방법을 선택하는 데 직접적으로 영향을 준다. 사회복지실천은 체계적 이론과 관련 기술이 발달되어 있다고 하더라도 본질상 윤리적 속성을 지니고 있다. 따라서 서로 다른 사회복지 가치를 가지고 있는 사회복지사들은 동일한 클라이언트에게 서로 다른 개입방법을 선택하는 것이다.

이러한 개입방법은 달성하고자 하는 목표가 다를 수 있고, 혹은 동일한 목표를 설정하였더라도 바람직한 실천방법을 선택하는 데 있어서 다를 수 있다. 따라서 사회복지 가치는 도덕적으로 바람직한 실천 개입방법을 선택하는 데 있어서 필요한 도구적 목적(instrumental purpose)으로 사용될 수 있다(Reamer, 1999: 37).

넷째, 사회복지 가치는 개입방법에서 발생하는 다양한 윤리적 교착상태와 윤리적 갈등을 분석하고 해결하는 데 있어서 가장 중요한 이론적 기반을 제공한다.

사회복지 현장에서 발생하는 윤리적 선택의 문제를 체계적으로 해결하고자 하는 윤리적 의사결정론의 핵심은 문제 상황과 관련이 있는 윤리적 원칙을 확인하고, 이들 사이에 우선순위를 정하는 작업이다. 그런데 이러한 작업에서 가장 핵심적인 개념인 윤리적 원칙들은 바로 사회복지 분야의 핵심가치에서 직접 도출되는 것이다(김기덕, 2011: 167-169).

5. 사회복지의 궁극적 가치: 인간의 존엄성, 자유, 평등, 정의

1) 인간의 존엄성

인간의 존엄성이란 인간행위의 평가에 따라 주어지는 것이 아니라 인간이 태어나면서부터 지니는 천부적인 성격으로, 인간이라면 모두에게 인정되는 인간으로서의 지위와 가치를 가지는 것이다.

인간의 존엄성은 인권을 핵심 내용으로 자유의 개념과 함께 발전하였고, 르네상스의 철학적 개념으로 개인의 자유의식과 권리의식의 확장과 병행하며 발전하였다. 그것은 생명에 대한 양도 불가능성 혹은 대체 불가능성이라는 관점에서 모든 인간은 목적 그 자체로서 실존하는 절대적 가치를 갖는 존재이며, 평등하게 대접받을 권리가 있는 존재라는 것이다.

이러한 인간의 존엄성을 핵심가치로 여기는 사회복지의 가치를 이해하기 위해서 이 가치의 근간을 이루는 계몽주의에서 출발하여 현대 사회에 이르러 인간의 존엄성이 보편윤리로 발전하여 온 역사적 배경과 철학사상을 이해하는 것이 필요하다(이효선, 2016: 62-72).

(1) **이성의 자각(계몽주의)시기**

신의 존재를 중심으로 신 중심적인 가치에서 인간 이성의 힘을 믿고, 이러한 이성은 인간을 보다 자율적인 존재로 인식하게 되었다. 이러한 시대를 우리는 계몽주의라고 한다. 이러한 계기는 천문학자 코페르니쿠스(Nicolaus Copernicus)가 14세기 말에 "그래도 지구는 돈다"라고 하는 지동설의 주장이 기존의 가치와 신념 체계를 변화시키는 사건이었다.

계몽주의 시대의 인간은 더 이상 신이나 권력자에 의해 지배당하는 대상이 아니라 자주, 독립, 자유의 인격체임을 인식하게 되었다. 즉, 사회란 신이나 권력자의 독점무대가 아니고 인간들 간의 계약 여하에 따라서 성립됨을 알게 되었다. 따라서 이성의 힘이 있기 때문에 원초적인 감정에 좌우되는 타율적이고 무능한 존재가 아니라, 스스로 자신의 가치에 따라서 선한 것을 실천할 수 있는 도덕적 존재로서 인간을 인식하게 되었다.

계몽주의 창시자라고 할 수 있는 홉스(Tomas Hobbes)는 인간을 본성적으로 이기적인 존재로 간주하고, 자연상태에서는 누구에게나 자기보존(self-preservation)을 위해 모든 수단과 방법을 동원할 수 있다는 인간의 권리에 대하여 처음으로 언급하였다. 이러한 사상은 인간이 신의 섭리에 의해 창조되고, 신에 의해 움직이는 존재가 아닌 저마다 자유롭고 평등하며, 생존을 위해서는 무엇이든지 할 수 있는 권리인 자연권을 가지고 있는 주체로 규정하였다.

모든 사람이 자신의 이익만을 추구하는 자연상태에서는 '만인의 만인에 대한 투쟁'만 있기 때문에 자기보존의 가능성마저 불가능하게 된다. 따라서 이러한 자연상태를 피하기 위해 사람들 상호 간의 관계를 규율할 법을 제정하여 국가를 수립하고, 국가는 그러한 동의를 강제로 준수하게 할 강제력을 가지고 있어야 한다. 홉스에 의하면 그와 같은 동의는 실제로 존재하며, 그 동의가 사회생활을 가능하게 만들어 준다는 것이다. 이러한 동의를 사회계약이라 한다. 각자의 이익을 위해서 사람들은 계약으로서 국가를 형성하고, 자연권을 제한하며, 국가에게 자연권을 양도하여 복종하는 것이다.

이러한 이론을 계승한 로크(John Locke)도 홉스와 마찬가지로 자연상태의 인간을 설명하며 이론을 정립하였다. 로크는 홉스와 다르게 자유를 강조하며, 평화스러운 자연상태에서 '이성의 주체로서 인간'을 더욱 강조하였다. 중세시대까지 모든 인식과 지식의 근원은 신에게 있었지만 로크는 인식과 지식은 인간의 경험에서 다져진다고 하였다.

이렇게 경험론을 인식론 안에 도입하여 인간은 환경의 산물이지만 인간을 완성시키기 위해서 환경을 바꾸어야 된다면 변화시키면 되고 억압은 할 필요가 없다고 했다. 즉, 자유로운 이성의 주체로서 인간을 설명하였다. 로크는 인간을 무한한 가능성을 가진 인격체로 보았으며, 사유재산을 인정함으로써 상호불가침의 권리를 주장하였다.

이와 같이 로크의 경험론적 인식은 경험론적 철학으로 발전시켰고, 이로써 인간의 존엄성을 정립한 계몽주의 철학이 시작되었다. 로크도 홉스와 같이 자유롭고 평등한 개인이 사회계약에 의해 구성하는 사회를 시민사회라고 정의하여 시민사회의 기초를 형성하였다. 그가 말하는 시민사회는 생명, 자유, 재산이라는 개인의 권리에 기초하고 있다.

홉스와 로크의 뒤를 이어서 프랑스의 계몽주의 철학자 루소(Jean J. Rousseau)는 자유스럽고 평등한 인간을 주장하였다. 그는 『인간불평등 기원론』이라는 논문을 통하여 인간이 자연스러운 상태는 평등할 때라고 하였다. 인간 사이의 불평등한 상태는 인간의 인위적인 이유 때문이라고 주장하면서 인간은 자연스러운 평등한 상태로 돌아가야 한다고 주장하였다.

루소는 인간이란 이상적인 존재로서 자연법적 행복추구의 권리를 가지고 있고, 동시에 타인의 행복추구와 현명하면서도 조화로운 지혜를 가지고 있다고 보았기 때문에 이를 바탕으로 새로운 시민사회를 건설할 것을 주장하였다. 이러한 루소의 인간관은 칸트(Immanuel Kant)에게 영향을 주어서 인간의 존엄성을 확립하는 디딤돌이 되었다.

칸트는 인간을 철학적으로 해석하려는 의지를 가지고 당위의 근거로서 도덕법칙을 성찰하는 데 일생을 바쳤다. 특히 그는 인간의 이성을 중심사상으로 무장하여 계몽주의 창시자였던 영국의 로크와 프랑스 시민혁명을 계기로 시민사상을 발전시킨 루소의 자유주의 사상에 흥미를 가지고 있었기 때문에 인간의 존엄성에 대한 문제를 고민하는 것은 자연스러운 현상이었다.

칸트에 의하면, 인간은 자연 속에서 자연의 법칙에 지배받기도 하지만 도덕의 지배를 받는 존재로 설명하였다. 그래서 인간은 다른 동물과 같이 육체를 가지고 있기 때문에 욕구의 주체가 되기도 하지만, 자유의지를 가지고 있기 때문에 자신의 욕구에 대하여 책임을 질 의무도 지닌다고 주장하였다. 바로 이러한 측면에서 인간은 다른 존재와는 다르게 당위(sollen)라고 하는 관점을 가지고 있다. 당위란 마땅히 무엇이어야 한다는 개념으로, 행위에 대한 책임을 지는 의무를 갖게 됨을 말한다.

칸트는 종래의 도덕적 의무가 보편적 법칙으로 확립되지 못한 것은 그 의무의 기초가 인간의 도덕적 자발성에 기초하지 않고 종교적 권위나 경험적 조건에 근원을 두었기 때문이라 생각하였다. 따라서 어떤 원리가 도덕적 자발성이 되기 위해서는 외적인 힘에 의해서가 아니라 자율적인 이성의 힘에 의해 유발되어야 한다는 도덕이론을 체계화하였다.

(2) 이성에 대한 비판시기

계몽주의 시대에는 이성을 지닌 인간은 무한한 진보가 가능한 존재이고, 과학적 방법이 모든 인간의 조건을 향상시킬 수 있는 지식을 제공할 것이라고 믿었다.

이러한 이성과 과학에 대한 계몽주의의 신념은 베버(Max Weber)에 의해 근대화 이론으로 이어졌다. 그는 근대화의 세계사적 과정을 점진적인 합리화 과정으로 해석하고, 합리화란 합리성의 증가를 의미한다고 하였다. 그런 점에서 보면 베버는 계몽주의의 계승자라 할 수 있다. 계몽주의 전통에서 역사는 이성을 향한 진보를 나타내기 때문이다.

근대주의의 합리성 이론이 확보하고자 한 것은 인간 이성의 자율성이었다. 이것은 인간 이성이 신의 권위와 자연의 속박, 그리고 타인의 지배로부터 자유로운 것을 의미한다. 그러나 근대주의의 합리성 이론은 지나치게 합리성과 목표 달성만을 중시하여 인간의 목적이나 가치를 도외시하게 되었고, 인간이 사회의 부속품처럼 기계화 · 비정의화되어 도리어 인간의 자유를 속박한다는 비판을 받게 되었다.

베버의 제자이며 프랑크푸르트 제1세대 비판 철학자인 호르크하이머(Max Horkheimer)와 아도르노(Theodor W. Adorno)는 그의 스승 베버가 숭상하였던 합리주의적 근대정신이 지나친 논리와 이성 숭상으로 목적이었던 인간을 도구화한다고 하며 도구적 이성을 비판하였다. 도구적 이성이란 인간을 목적이 아닌 수단으로 대하는 것으로, 호르크하이머와 아도르노의 이성에 대한 불신은 유럽의 파시즘, 스탈린에 의한 왜곡된 마르크스주의, 그리고 물질우선주의에 빠진 미국의 상업주의 문화에 대한 충격에서 비롯되었다. 즉, 목표 달성을 위해서 수단과 방법을 가리지 않는 사회 현실에 대한 비판이었고, 그들은 마르크스주의, 계몽주의의 오도된 합리화 추세, 과학과 기술, 문화산업 및 자본주의와 사회주의 사회의 바람직하지 못한 현상상태를 모두 '계몽의 변증법'이라는 압축된 개념하에 비판적으로 해석하였다.

(3) 이성에 대한 희망시기

프랑크푸르트 제1세대인 호르크하이머와 아도르노는 도구적 이성의 식민지화를 개탄하며 이성을 회의적으로 바라보았다. 그러나 그의 제자 하버마스(Jürgen Habermas)는 사회를 크게 정치 · 경제 체계와 생활세계(Lebenswelt)

로 나누어 이성에 대한 회의론을 극복하고 이성에 대한 희망을 가지는 시기로 나아갔다. 그는 우리가 살아가는 데 있어 도구적 이성 그리고 의사소통과 연대성이 구비된 도덕의 세계인 생활세계의 필요성을 말함으로써 계몽주의적 이성과 자율성의 이성을 포기하지 않았다. 하버마스는 근대(modernity)에 대해 낙관적인 입장을 취하며 그의 스승들이 이성에 대한 회의주의자로 빠진 것에 비해, 이성의 능력에 대한 믿음인 '계몽(aufklarung)'과 자기 자신에 대한 끊임없는 비판으로 사회가 발전한다는 '계몽의 정신'에 대한 믿음이 컸다. 하버마스는 서구 사회가 자연과학의 합리적 방법(도구적 이성)을 인간 사회에 적용함으로써 그 구성원에게 물질적으로 풍요한 삶을 가져올 여러 가지 정책수단을 개발하여 많은 성과를 올렸지만, 문제는 이런 성공 안에서 인간이 근본적으로 주체가 아닌 그저 정책적 대상에 머물고 있다는 예리한 지적을 하였다. 하버마스는 정치 · 경제 체계는 생활세계를 위해 존재하고, 정치 · 경제 체계와 생활세계 간의 갈등은 의사소통에 의한 담론으로 해결할 수 있다고 보았다. 즉, 그가 지향하는 사회의 형태는 '보편윤리에 의한 합리적인 사회'라 할 수 있다.

하버마스와 함께 담론윤리학(Diskursethik)을 창시한 아펠(Karl-otto Apel)은 인간 사회나 공동체의 삶이 유지되기 위해서는 보편적으로 인정되는 윤리적 규범이 있어야 하는데, 이러한 윤리는 외부에서 타율적으로 주어지는 것이 아니라 모든 사회구성원이 자신의 인간적 욕구를 모두 내놓고 토론을 통해 합리적으로 조정하는 과정을 통해 만들어진다고 설명했다. 하버마스는 아펠이 어떤 주장이나 논변을 모순 없이 하려면 반드시 어떤 주장을 듣고 동의하거나 반대할 상대편이 있어야 하며, 이들로부터 동의나 합의를 얻을 수 있다는 점이 전제되어야 한다고 한 것을 강조했다. 이러한 전제에는 진리성, 성실성, 정당성, 이해가능성의 요구 등이 있다고 주장했다.

이데올로기적 장벽이 무너지고 하나의 지구적 공동체로 발전해 가는 오늘의 세계화와 정보화 사회에서 민족, 언어, 인종, 종교, 문화 등 이데올로기와 가치관을 다른 인간들이 어떻게 하나의 세계 시민적 공동체로 형성해 갈 것인가 하는 것은 바로 아펠의 담론윤리학의 핵심이다. 담론윤리학은 이렇게 실천철학상 중요한 반성의 계기를 근대적 이성에서 상호주관적 의사소통의 이성으로 전화시킴으로써 이성주의자로 자처하며 오늘날 만연된 포스트모더니즘의 상대주의적이고 회의적인 경향에 대항할 수 있는 강력한 자기정합적 체계의 수립을 목표로 한다(이효선, 2016: 69-72).

2) 자유

사회복지와 자유의 관계는 여러 가지 관점에서 논의할 수 있다. 기본적으로 사회복지는 특정한 사람들의 자유를 제한할 수도 있는 반면, 다른 한편으로는 다른 사람들의 자유를 증진시킬 수도 있다. 따라서 사회복지와 자유와의 관계를 좀 더 구체적으로 규명해야 할 필요가 있다(송근원, 김태성, 1995: 272-276).

첫째, 사회복지정책이 사람들의 자유를 침해한다는 논리 가운데 가장 중요한 것은 사회복지정책을 위한 목적으로 국민들에게 강제로 세금을 부과하는 것이 국민들의 재산권 행사의 자유를 저해한다는 것이다. 개인이 가진 사유재산권의 행사에 제한을 두는 것은 분명히 그 소유자의 자유를 저해하는 것이다. 그러나 어떤 사람이 행사하는 사유재산권의 자유가 동시에 다른 사람의 자유를 제한 혹은 침해할 수 있다(예를 들면, 좁은 길에서 큰 차를 몰고 다님으로써 사람들의 통행의 자유를 제한하는 것). 따라서 세금을 부과함으로써 특정한 사람이 가지고 있는 사유재산권 행사의 자유를 부분적으로 줄이는 반면, 사회복지정책을 통해 다른 사람의 자유를 그만큼 증가시킨다면 사회 전체적으로 볼 때 자유의 총량은 변하지 않을 것이다.

둘째, 사회복지정책에서 제공되는 재화와 서비스 같이 공공재적 성격을 가지고 있는 재화나 서비스는 그 보편적인 속성으로 인하여 이러한 재화를 이용하는 데 차별을 두지 않는다. 따라서 강제적으로 낸 세금의 액수와 그 재화의 이용을 통한 이득 사이에는 차이가 존재할 수 있고, 세금을 많이 낸 사람들이 적은 이득을 보게 될 경우에 그 차이만큼 불필요하게 그 사람의 자유를 제한했다고 볼 수 있다. 그러나 이러한 자유의 제한은 두 가지 측면에서 합리화될 수 있다. 하나는 사회복지 재화가 갖는 보편성(Uniformity) 때문에 집합적으로 사용될 수밖에 없고, 집합적인 형태로 강제로 제공되는 것이 개인의 자발적인 선택의 자유에 맡겨 둘 때보다 그 재화의 양과 질을 높일 수 있다. 예를 들어, 모든 사람이 보편적인 공공의료 서비스만을 받을 수 있게 한다면 의료 서비스의 양과 질은 민간부분의 서비스도 사용할 수 있는 선택의 자유를 줄 때보다 높아진다. 왜냐하면 나에게 돌아올 수 있는 서비스의 양과 질의 증대는 모든 사람을 대상으로 하여 평균적인 양과 질이 높아져야만 가능할 수 있기 때문이다. 따라서 이러한 경우에 사회구성원이 누릴 수 있는 적극적 자유의 수준이 집합적으로 높아지는 것이다.

또한 선택의 자유는 더 바람직한 자유를 위해서 제한될 수 있다. 사람들은 종종 선택의 자유라는 이름하에 개인적으로나 사회적으로 바람직하지 않은 방향으로 특정한 행위들을 하는 경향이 있는데, 이러한 경우에는 그 자유를 제한하는 것이 바람직하다. 어떤 사람이 가지고 있는 자살의 자유를 통제함으로써 그 사람이 다른 행위를 할 자유를 넓히는 것이다. 이른바 가치재(Merit good)를 국가가 제공하는 것이 바람직한 것도 개인적 혹은 사회적으로 가치 있는 재화를 필요 이하로 적게 공급하기 때문에 강제적으로 제공하는 것이다. 특히 사회가 복잡해질수록 자신의 자유를 넓힐 수 있는 진정한 선택이 무엇인지를 개인적으로 판단하기 어렵기 때문에 국가의 판단에 의하여 사회복지 재화를 제공하는 것이 사람들의 자유의 영역을 넓힐 수 있다.

셋째, 사회복지정책은 한편으로 사람들의 욕구를 해결함으로써 자유의 영역(적극적 자유)을 넓히기도 하지만, 다른 한편으로는 사람들로 하여금 사회복지정책에 예속되게 만듦으로써 자유를 제한하기도 한다. 즉, 사람들이 사회복지정책에 의존하면 할수록 그 사람의 자유는 그만큼 제한될 수 있다. 대부분의 경우에 사회복지급여를 받기 위해서는 요구되는 일정한 조건에 따라야 하기 때문에 그 사람의 자유는 제한될 수 있다.

사회복지정책의 역사라는 것은 사회복지급여에 대한 수급권 제한의 발전의 역사라고 볼 수 있다. 즉, 사회복지정책의 발전 초기에는 사회복지급여를 받기 위해서 많은 자유의 제한이 있었으나, 오늘날 고도로 발전된 복지국가에서는 사회복지급여에 대한 수급을 하나의 권리(사회권)로 인정함으로써 수혜자의 자유는 상당히 확대되었다.

한편, 사회복지급여의 형태 또한 수급자의 자유에 영향을 줄 수 있다. 즉, 현물로 급여하는 것이 현금으로 급여하는 것보다 수급자의 선택의 자유를 더 제한한다. 따라서 사회복지정책이 발전되지 않은 국가에서 현금보다 현물의 형태로 급여하는 것을 상대적으로 강조하고 있다. 물론 일반적으로 현물로 급여하는 것이 현금으로 급여하는 것보다 수급자의 자유를 더 많이 제한하지만, 현물급여가 수급자의 더 많은 자유를 확보할 수 있는 측면도 존재한다. 예를 들면, 아동의 영양을 증대하기 위한 목적으로 현물의 형태로 음식을 제공하는 것이 그 부모에게 현금을 지불함으로써 아동의 영양에 대한 자발적 선택을 하게 하는 경우보다 자유를 보다 더 확대하는 측면도 있다.

왜냐하면 만약 그 아동의 부모가 이 돈을 아동의 영양 증대에 사용하지 않고 사회적으로 바람직하지 않은 다른 용도로 사용한다면 그 아동은 영양결핍 상태에 처하게 되고, 결국 궁극적으로 얻을 수 있는 목표를 이루지 못한다는 측면에서 자유의 제한이 있을 수 있기 때문이다.

넷째, 사회복지정책은 기본적으로 평등가치의 구현을 목표로 하고 있는데, 이 목표를 추구하는 과정에서 어떤 사람의 자유가 필연적으로 제한될 수 있다. 사람들은 기본적으로 서로 다른 능력, 재능, 노력 등을 갖고 있기 때문에 부, 소득, 지위 등의 자원소유에서도 차이가 존재한다. 따라서 이 차이를 강제적으로 평등하게 만들기 위해서는 필연적으로 어떤 사람의 자원을 빼앗아 다른 사람에게 주어야 하는데, 이때 특정한 사람들의 소극적 자유가 제한될 수 있다. 반면에, 사람들의 자유는 스스로 인생을 통제할 능력이 커질수록 많아질 수 있다. 통제할 수 있는 영역은 크게 보면 두 가지인데, 하나는 자신이 통제할 수 있는 대상의 영역이고, 다른 하나는 자신의 의지대로 할 수 있는 물질적·비물질적 자원의 영역이다. 이러한 두 가지 영역에서 자유를 증진시킬 수 있도록 하는 요소들은 크게 보면 정치적 권리(Power), 부(Wealth), 그리고 지식(Knowledge) 등이다. 따라서 정치적 권리가 커져 자신이 결정할 수 있거나 혹은 영향을 줄 수 있는 대상이 커질수록 물질적 자원이 커지기 때문에 자유의지를 행사할 영역이 넓어진다. 또한 지식이 많아져서 자신의 자유를 제한하는 것에 대한 해결방법을 많이 알게 될수록 자유는 커진다. 그러므로 권력, 부, 지식의 불평등은 바로 자유의 불평등을 낳기 때문에 이러한 자유의 전제조건들(Prerequisites)을 평등하게 만들어 사람들이 통제할 수 있는 영역을 확대한다면 개인적으로나 사회 전체적으로 볼 때 자유는 커지는 것이다. 사회복지정책이 발달되지 않은 시대에는 권력, 부, 지식의 분배가 상당 부분 주어진 것으로 보는 경향이 있어서 주어진 자원 내에서의 자유를 당연한 것으로 여겼다. 그러나 오늘날과 같이 사회복지정책이 발전된 상황에서는 권력, 부, 지식 등이 단지 주어진 것이 아니라 '사회적'으로 결정될 수 있다고 보기 때문에 사회복지정책을 통하여 인간이 통제할 수 있는 영역을 넓혀 자유를 확장할 수 있다.

〈사례 3-1〉 자유라는 가치

北과의 경제 협력, '가치'와 '목표' 속에 추진돼야 한다

중학생 아들을 데리고 박근혜 전 대통령 탄핵 촛불 집회에 개근하다시피 한 친구 녀석은 아들과 헌법에 대해 얘기하기가 즐겁다며 웃었다. 젊은 시절 시위를 쫓아다닐 때에도 냉소했던 헌법을 이제는 신뢰할 수 있다고 했다.

헌법재판소가 밝힌 파면 사유는 권력을 남용한 데다 그것을 은폐함으로써 법치와 대의민주주의 원칙을 훼손했다는 것이다. 한 세대 전에만 해도 상상할 수 없었던 판결은 그간 국민의 민주의식과 정치환경이 얼마나 변화했는지를 보여 준다. 초법적인 제왕적 통치를 더 이상 묵인하지 않을 것이며, 헌법이 추구하는 민주주의 가치를 수호하겠다는 집단 의지가 표출된 결과다.

그런데 얼마 전에 만난 그 친구는 “촛불 집회를 부지런히 다닐 때 한없이 명확했던 것들이 요즘에는 허상처럼 느껴진다”며 한숨을 쉬었다. 독재 프로파간다의 확성기인 ‘북한의 괴벨스’ 현송월이 한국 언론에서는 매력적 연예인처럼 다뤄졌다. 촛불로 탄생한 정부 여당의 대표는 친족 암살과 요인 숙청을 거침없이 자행하는 북한 지도자를 보고 감격적이라 했다. 우리 사회가 공유하는 가치가 무엇인지에 대해 많은 이가 혼란스러워할 만하다.

물론 무엇이 됐든 전쟁보다 낫지만 국제 무대에서 김정은의 진정성을 보증서거나 독재 정권을 미화하거나 옹호하는 것처럼 비치는 것은 우리 국격(國格)에 치명적이다. 미 · 북 정상회담 결과가 어떻든 비핵화 실현 여부와 북한 정권의 진의는 상당한 시간이 흘러야 드러날 것이다. 그 과정에서 우리가 민주주의와 인권의 가치를 조금도 포기하지 않으면서 냉철하고 선량한 중재자 역할을 다할 수 있는지에 따라 세계 속 우리 위상도 결정된다. 한국 민주주의 역시 시험대에 선 셈이다.

지난 몇 달 거대한 예능 프로그램처럼 느껴질 정도로 감성적 접근이 이루어졌던 것은 아쉬운 측면도 있으나, 크게 보자면 남북 관계의 중요성을 국민에게 인식시키고 우리 정부의 존재감과 진정성을 세계에 알린 성과도 크다. 정치 기술 측면의 탁월함이라 할 만하다. 그러나 구체적 경제 협력이 논의되는 국면부터는 감성보다 이성이 요구된다.

무엇보다 우리가 그들에게 주는 게 그들의 본심(本心)을 바꿀 거라 기대하는 것은 금물이다. 독일 통일 전 수년간 직접 보조금, 정치범 석방에 대한 몸값, 동독 내 도로 건설 지원, 관대한 교역 조건과 저리 차관 등 다양한 명목으로 매년 20억 달러에 이르는 서독 재원이 동독으로 유출됐다. 그 덕분에 동독 주민은 동구권에서 가장 높은 생활수준을 누렸지만, 그것은 주민의 불만을 해소했기에 독재 체제의 안정에도 기여했다. 동독의 호네커 정권은 다른 동구권의 개혁 흐름을 조소(嘲笑)했고, 서독은 스탈린주의를 보조한다는 우방의 비난에 직면했다. 훗날 콜 총리는 동독에 호의를 베푸는 것이 좋은 결과를 가져올 것이라 믿은 것은 환상이었다고 회고했다.

그럼에도 사후적으로 서독이 국제 사회에서 손가락질받지 않는 것은 방향성을 견지했기 때문이다. 경제적 지원을 개방과 정치적 관계 개선에 연동했고, 민간인 교류와 정치범 석방에 직접 연계함으로써 동독 정부를 압박하며 인권 문제를 제기했다. 동독 주민들이 서독을 방문했을 때 사 들고 돌아온 소니 워크맨은 서독의 풍요와 자유를 묻혀 왔고, 이는 기득권층의 충성심을 약화시키지는 못했지만 보통 사람들의 정서를 바꾸는 데 상당히 기여했다고 평가받는다. 그 바탕에는 민주 국가와 독재 정권 간의 어떠한 형태의 국가연합도 난센스이며, 동독의 민주화가 선결돼야 한다는 원칙이 자리했다.

즉, 미래 경제 협력의 모든 걸음은 우리가 궁극적으로 추구하는 가치와 목표 속에서 설계돼야 하며, 매우 복잡한 방정식이기도 하다. 정권이 아닌 북한 주민에게 혜택이 돌아가는 협력이어야 한다. 그러나 그것이 곧 체제 유지를 돕는 것과 마찬가지이기 때문에 개방과 교류, 인권 문제를 경제적 지원이나 협력과 연계하는 것은 최소한의 장치다. 반면, 감당할 수 없는 요구를 퍼부어 북한 정권을 고립 상태로 되돌리지 않도록 속도와 상황도 고려해야 한다.

이제까지는 대화 국면을 끌어내기 위한 정치적 과정으로 이해된다. 그러나 북한 정권이 무엇을 요구하든 그것을 들어주기 위해 절치부심하겠다는 듯한 분위기가 계속되는 것은 국민의 불안을 부추기고 민주 국가로서 받을 평판을 해칠 뿐이다. 70년의 민주 발전 속에서 촛불로 정권을 바꾼 우리에게 세계 최악의 독재 정권이 내민 '우리 민족끼리'라는 수사는 더 이상 어떤 울림도 갖지 못한다. 그래야 촛불이다.

출처: 조선일보(2018).

3) 평등

(1) 평등의 개념

복지의 기본적 이념 가운데 가장 중요한 것 중 하나는 광범위한 의미의 평등이다. 그러나 사람에 따라서 평등의 개념을 달리 사용하고 있고, 이에 따라 많은 논란이 있는 것은 사실이다. 실제로 사회복지를 둘러싼 많은 논쟁은 바로 이러한 평등의 개념에 대한 논란에서 비롯된다고 해도 과언은 아니다.

우선 평등의 개념은 일반적으로 크게 수량적 평등(numerical equality), 비례적 평등(proportional equality), 그리고 기회의 평등(equal opportunity)으로 나누어진다(송근원, 김태성, 1995: 209-228). 이와 같은 평등의 개념 가운데 가장 적극적인 것은 수량적 평등이다. 이는 흔히 결과의 평등(equality of result)으로 불리는 것으로서 모든 사람을 똑같이 취급하여 사람들의 욕구나 능력의 차이에는 관계없이 사회적 자원을 똑같이 분배하는 것을 의미하는 개념이다. 그러나 수량적 평등의 개념이 의미하는 결과의 완전한 평등은 아직까지 인류역사상 어떠한 사회에서도 존재하지 않았으며 또한 현실적으로 존재할 수도 없다. 비록 결과의 완전한 평등은 아니더라도 많은 사회복지정책이 이러한 수량적 평등의 가치를 반영함으로써 결과의 평등을 부분적으로나마 목표로서 삼고 있는 것은 사실이다. 많은 사회복지정책이 소득재분배의 목표를 달성하기 위해서 빈자들에게 그들의 능력과 기여에 상관없이 사회적 자원을 할당해 줌으로써 부자들과의 소득 격차를 줄이려고 하고 있음을 예로 들 수 있다.

또 다른 평등의 개념 중 하나인 비례적 평등은 앞에서 살펴본 수량적 평등과는 달리 개인의 욕구, 노력, 능력, 기여에 따라 사회적 자원을 상이하게 배분하는 것을 평등의 개념으로 상징하는 것인데, 흔히 공평(equality)이라고 불린다. 따라서 결과의 평등과 비교한다면 상대적으로 많은 불평등이 존재할 수 있다. 그러나 수량적 평등의 비현실성을 고려한다면 자본주의 사회에서 실질적으로 가장 널리 사용되는 개념은 바로 이러한 공평의 개념이다.

사회복지정책이 수량적 평등의 가치를 강조하지만 또한 비례적 평등의 가치도 강조하고 있다. 예를 들어, 사회보험의 경우에는 보험료를 많이 낸 사람에게 많은 급여를 하는 것은 바로 공평의 가치를 반영하는 것이고, 역사적으로 가장 오래된 공적 부조정책의 기본원칙인 열등수급의 원칙(less eligibility) 역시 이러한 공평의 원칙을 강조한 것으로서 공적 부조 급여액이 근로를 통하여 얻을 수 있는 가장 낮은 임금액보다 높아서는 안 된다는 것이다.

세 번째 평등의 개념은 이른바 '기회의 평등'이다. 이것은 세 가지 평등 개념 가운데 상대적으로 가장 소극적인 것이라고 할 수 있는데, 이 개념에 의하면 결과가 평등한가 아닌가의 측면은 완전히 무시한 채 결과를 얻을 수 있는 과정상의 기회만은 똑같이 해 주자는 것이다. 따라서 과정상의 기회만 평등하다면 그로 인한 결과의 불평등은 아무런 상관이 없다는 것이다. 결과적으로 이러한 평등 개념을 취한다면 기회의 평등이라는 이름 아래 수많은 불평등의 존재를 합법화할 수 있게 된다. 사회복지정책들 중에서도 '기회의 평등'의 가치를 강조하는 것이 많다. 대표적인 것으로, 1960년대에 미국에서 이른바 '빈곤과의 전쟁' 시기에 강조했던 각종 빈곤층 대상 교육, 훈련 등을 들 수 있다. 그러나 이러한 '기회의 평등' 프로그램은 대부분 '결과의 평등'을 달성하는 데에는 실패한 것으로 평가되고 있다.

지금까지 평등의 개념을 크게 세 가지로 구분하여 내용을 간략하게 살펴보았다. 그러나 실제 사회복지정책과 관련한 구체적이고 세밀한 분석을 위해서는 앞에서 살펴본 평등의 개념을 보다 세부적이고 심도 있게 고찰할 필요가 있다. 이를 위해서 첫째, 누구를 평등하게 할 것인가, 둘째, 무엇을 평등하게 할 것인가, 셋째, 어떻게 평등하게 할 것인가를 구분하여 살펴볼 필요가 있다.

(2) 한정된 자원의 공정한 분배

'한정된 자원의 공정한 분배'의 윤리적 딜레마는 사회복지정책 및 프로그램을 기획하고 실행해 나가는 과정에서 중요한 문제이다. 한정된 사회적 자원에 비해 해결해야 하는 수요가 많기 때문에 예산은 언제나 부족할 수밖에 없으므로 제한된 자원을 더 효율적으로 운영하는 방식이 무엇보다도 중요하다. 사회복지사는 사회복지실천에서 공급할 수 있는 자원이 제한되어 있을 때, 이를 누구에게 어떻게 공정하고 효율적으로 분배해야 할지 갈등하는 상황에 처할 수 있다.

사회복지에서 공정한 분배와 관련되는 한정된 자원으로는 무엇이 있을 수 있을까? 사회복지 프로그램을 운영할 예산과 같은 재화뿐만 아니라, 사회복지사의 시간과 노력과 같은 서비스도 제한된 자원이 될 수 있다. 재화의 경우에는 한정된 예산을 가지고 사회복지 프로그램 대상자를 선정하는 우선순위를 정해야 한다거나, 한정된 의료자원을 분배해야 하는 등 윤리적 문제가 있을 수 있다. 심장이식이 필요한 환자는 많지만 이식해 줄 심장이 많지 않은 경우, 누구를 우선적으로 해야 하는가? 사회에 기여도가 많으며, 앞으로도 공헌을 많이 할 사람을 우선해야 하는가? 아니면 노인보다 살아갈 날이 더 많은 어린 사람을 우선해야 하는가? 심장이식으로 심장병의 완치가 가능한 사람이 우선되어야 하는가? 아니면 완치 여부보다 현재 심장이식을 하지 않을 경우 생명이 위급한 상태에 있는 사람을 우선해야 하는가? 한정된 자원을 가지고 공정한 분배를 하는 데에는 윤리기준이 필요하며, 사회복지사는 윤리적 분배기준을 결정해야 한다.

사회복지사의 시간도 사회복지실천에서는 매우 한정적이면서 중요한 자원이다. 한 명의 사회복지사가 담당할 수 있는 클라이언트의 수와 클라이언트 한 명당 보낼 수 있는 시간과 노력은 정해져 있다. 사회복지사가 가능한 한 많은 클라이언트에게 서비스를 제공하기 위해 한 명의 클라이언트에게 한 시간의 상담시간을 할당하고 있다. 만약 다른 이들보다 더 많은 문제를 해결해야 할 클라이언트가 있는 경우에는 어떻게 해야 하는가? 위급한 문제상황 때문에 상담시간이 더 필요한 경우, 사회복지사가 클라이언트에 따라 불평등하게 시간을 할당하는 것은 윤리적인가? 사회복지사의 시간은 한정되어 있기 때문에 한 사람에게 시간을 더 할당하면 다른 사람과의 상담시간은 줄어들 수밖에 없다. 하지만 클라이언트가 사회복지사의 도움을 필요로 할 때, 상담시간의 엄수 때문에 도움을 주지 못하는 것은 윤리적인 행동인가?

한정된 자원을 공평하게 분배하고 제공해야 하는 형평성의 기준을 찾는 것은 어려운 과제에 속한다. 미국의 사회복지사 윤리경영에서 사회복지사는 공개적이고 공정한 자원분배 절차를 옹호해야 하며, 모든 클라이언트의 욕구를 만족시키지 못할 때 차별적이지 않고 적절하고 일관성 있게 적용된 원칙에 따라 분배절차가 이루어져야 한다고 명시하고 있다. 하지만 공정한 자원분배 절차는 무엇을 뜻하는 것이며, 어떤 원칙을 일관성 있게 적용해야 할지 의문이 생기게 된다. 공정한 자원분배 절차에서 중요한 역할을 하는 배분의 기준은 사회적 정의나 공평성, 평등성과도 관련되어 있는 윤리적 문제이다. 그렇기 때문에 사회복지사는 어떤 분배기준을 선택해야 가장 공평하고 윤리적으로 한정된 자원을 분배할 수 있는지 충분히 검토해 보아야 한다.

① 분배의 기준

리머(Reamer, 1998)는 부족한 자원을 분배하기 위해 다음과 같이 평등, 욕구, 보상, 기여의 네 가지 기준을 제시하였다. 각각의 분배기준에 따라 한정된 자원을 할당받는 대상이 달라진다.

첫째, 평등의 기준은 모든 사람이 똑같은 양을 분배하는 것을 의미한다. 하지만 이 평등의 기준이 항상 적용되기는 어려운데, 자원이 너무 한정적이어서 평등한 분배가 불가능할 때가 바로 그러한 경우이다. 노인요양시설에 들어가고 싶어 하는 희망자는 수십 명인 데 반해 한 명만 수용할 수 있는 경우, 모든 사람에게 평등하게 기회가 분배되기는 어렵다. 게다가 평등하게 자원을 분배하는 것이 윤리적인 것만은 아니고 불평등을 유발할 수 있다. 장애를 가진 아동은 비장애 아동에 비해 학교생활에서 더 많은 보살핌과 관심이 필요하다. 점자 등을 이용하기 때문에 글을 읽고 해석하는 데 더 많은 시간이 필요한 시각장애 학생이 비장애인 학생과 동일한 시험시간을 갖는다면 차별이 될 수 있다.

둘째, 욕구의 기준은 사회복지사가 가장 선호하는 기준으로 사람들의 욕구의 정도에 따라 부족한 자원을 선별적으로 분배하는 것이다. 고소득층보다는 저소득층에게 사회복지정책의 혜택이 더 가도록 하는 것이 이에 속한다. 하지만 소득이 없는 실업자가 사회복지급여에 대한 욕구가 더 있는가? 아니면, 적은 소득이지만 부양해야 하는 가족이 여러 명인 경우가 사회복지급여에 대한 욕구가 더 많은 것인가? 이처럼 누가 더 필요한 욕구를 가졌는지 측정 여부에 대한 논의가 쟁점으로 남게 된다.

셋째, 보상의 기준은 긍정적 차별이라고도 하며, 과거 또는 현재에도 사회로부터 부당한 피해나 차별을 받고 억압받는 사회적으로 약자인 개인이나 집단을 기준으로 자원을 분배하는 것이다. 예를 들어, 기업의 장애인 의무고용, 여성에 대한 고용할당 등 사회적으로 취약하거나 불평등한 처우를 받는 집단에게 적극적 차별시정 조치가 이루어지는 경우가 있다. 그러나 누가 가장 사회적 약자이며 보상받아야 하는지를 결정하는 것은 어려울 수 있으며, 역차별의 논란이 있을 수 있다.

넷째, 기부의 기준은 사람들이 무엇을 기여했느냐에 따라 자원이 분배된다는 것이다. 예를 들어, 사회복지정책에서 노동연계 프로그램이 기부의 기준으로 자원이 분배되는 사례가 있다. 즉, 노동을 기여함으로써 사회복지 혜택을 받을 수 있는 것이다. 기부의 기준에는 노동뿐 아니라 사회적인 기여나 금전적 기여를 포함한다. 사회적 기여는 국가유공자에 대한 급여와 같이 사회적 · 경제적 기여를 한 경우를 말하며, 금전적 기여는 사회복지 서비스에 대해 클라이언트가 자기부담을 어느 정도 하는 것을 말한다.

② 한정된 예산과 정책 결정

사회에는 많은 문제가 존재한다. 그중에서 사회적으로 관심을 갖고 논쟁하도록 이슈화된 사회문제에 대해서만 새로운 정책이 형성된다. 교육복지 예산은 한정되어 있기 때문에 보편적 무상급식에 대한 예산이 늘어남에 따라 저소득층 지원에 대한 예산이 줄어들게 되었다. 이와 같이 특정 사회문제가 어떤 사건을 통해 크게 이슈화되는 경우, 다른 사회문제에 할당되던 예산이 삭감되고 대신 이슈화된 분야의 예산으로 옮겨지는 경우가 있다. 즉, 한정된 자원의 분배는 한 사람에게 자원이 분배되면 다른 한 사람이 받지 못하는 제로섬(zero-sum) 게임이라 할 수 있다.

자원의 분배에서 우선순위가 되려면 관련 사회문제가 이슈화되어야 하는데, 어떤 사회문제가 공공의 관심을 끌고, 공공정책상 논쟁의 중심이 되면 이슈화가 된다. 이 문제에 대해 많은 사람이 관심을 갖고, 정부가 문제해결에 적극적으로 나서야 한다는 인식이 생기게 되면 공공의제로 전환되고, 이를 정부 내에서 해결하기 위해 공식적으로 고려되기 시작하면 정책의제가 된다. 이런 과정을 통해 특정 사회문제에 대한 정책이 형성되고, 사회적인 자원이 분배된다. 사회복지사는 정책이 만들어지는 형성 과정을 잘 이해하고, 사회복지 문제를 이슈화함으로써 사회복지 서비스 대상에 속하는 사회적 약자가 정책결정 및 집행 과정에서 소외되지 않도록 적극적으로 참여하고 옹호하는 역할을 수행해야 한다. 사회복지사는 사회복지 문제로 고통당하는 클라이언트의 이익을 대변하고, 사회복지 문제를 이슈화하고 새로운 사회정책과 법령 등을 형성하는 정치적 과정에 참여해야 할 책임이 있다. 하지만 사회복지사는 클라이언트의 이익을 대변하는 옹호자로서의 역할이 다른 이들의 이익을 희생시키는 것이 아닌지 주의해서 볼 필요가 있다. 한정된 자원인 경우, 한 사람에게 자원이 할당되면 다른 이들의 자원이 줄어드는 것을 뜻하기 때문이다.

사회복지 서비스의 재원이 축소된 경우, 사회복지사는 상처받기 쉽고 억압받는 개인과 집단의 욕구에 우선순위를 두고 사회복지 서비스의 프로그램에 자원을 할당해야 한다. 오혜경(2005)은 사회복지실천의 행정가가 사회복지 프로그램과 관련해서 공정한 분배를 받을 수 있도록 윤리결정의 지침을 제시하였다. 다음의 지침은 가장 상처받기 쉬우며, 불이익을 받거나, 억압받는 사람들을 우선으로 사회복지 서비스나 자원을 분배해야 한다고 강조하고 있다.

- 가장 욕구가 높고 도움을 필요로 하는 클라이언트를 위한 사회복지 프로그램을 유지하고 서비스를 제공한다.
- 사회복지사는 가장 상처받기 쉽고 억압받는 개인과 집단의 이익을 대변해야 하기 때문이다.
- '비용-효과'가 아닌 클라이언트의 욕구에 기초한 서비스를 제공한다.

- 서비스 전달의 일원화를 개발함으로써 취약한 사회계층에게 제한된 자원과 선택 때문에 열등한 서비스를 제공할 위험이 있는 이중 모델을 지양해야 한다.
- 서비스 중단에 스스로 대처하지 못하는 정치적으로 힘이 없거나 능력이 부족한 클라이언트에 대한 서비스를 중단시키지 않는다.
- 욕구가 높은 사람을 위한 프로그램을 지원하기 위해 사회적 · 정치적 활동에 참여한다.

4) 정의

(1) 사회정의의 내용과 쟁점

사회정의의 관념은 개인들 간의 자원의 교환, 즉 분배에 관한 올바름을 반영하는 사회적 가치이다. 따라서 사회정의의 가치는 어느 한 사회가 공정하다고 여기는 개인들 간의 분배의 규범적 기준으로서 이익과 손실, 권리와 책임을 할당하는 기준을 의미한다. 우리가 정의로운 사회를 지향하듯이 일반적으로 사회정의는 이론의 여지가 없는 보편타당한 가치라고 볼 수 있다(심상용, 2016: 112-116).

그러나 분배의 공정한 규범적 기준에 관한 사회정의의 실제적인 함의가 무엇인지에 대해서는 논자들마다 다른 견해를 갖고 있다. 노직은 분배의 결과와 관계없이 거래, 즉 교환 자체가 공정하다면 사회정의로 보아야 한다고 주장했다(Nozick, 1974). 반면, 다른 논자들은 사회정의를 위해서는 거래의 공정성뿐 아니라 교환의 과정이나 분배의 결과도 고려해야 한다고 본다.

롤즈는 거래의 공정성은 기회의 평등의 바탕 위에서 이루어져야 정당하다고 보았다(Rawls, 1971). 모든 개인은 공정한 경쟁을 추구할 기본적인 자유를 실제로 누릴 수 있어야 한다는 것이다. 공동체주의자들은 사회정의는 추상적으로 정의할 수 있는 형이상학적인 개념이 아니라 특정 사회의 특수한 고안물로서 한 사회에서 합의된 고유의 분배기준이라고 본다.

사회정의는 한 사회의 공정한 분배의 기준으로서 제도적으로 확립되어야 하기 때문에 시민적 권리, 즉 시민권과 밀접한 관련이 있는 개념이다. 한 사회의 실체적인 사회정의가 모든 구성원에게 기본적인 권리로 확립되기 위해서는 규범적인 도덕체계로 확립되고, 나아가 법률과 국가정책의 원리로 반영되어야 한다. 물론 노직은 국가는 공정한 거래, 즉 교환을 계약상의 권리로 보장하는 재산권의 확립을 고유의 과제로 삼아야 하기 때문에 과도한 국가의 개입은 정의의 관점에서 위배된다고 보았다.

그러나 의무론자인 칸트는 베푸는 자의 이타심에 의존하는 자선의 의무를 불완전한 의무로 보듯이, 인간을 수단이 아닌 궁극적인 목적으로 처우한다는 목적성의 원칙을 도덕적 내용으로 삼고 있다. 롤즈는 정의의 의무를 기초의무 중 하나로 제시한 바 있다. 목적론에서도 밀(John Stuart Mill)은 정의의 관념을 질적으로 우월한 재화, 즉 필수재 중 가장 중요한 항목으로 간주해 시민적 권리는 완전한 의무라고 규정했다. 실제로 많은 논자는 기회의 평등을 보장하고 나아가 인간다운 시민적 삶을 영위하는 데 없어서는 안 되는 필수적인 요소를 시민적 권리로 확립할 필요가 있다고 본다.

대표적으로 마샬(Thomas Humphrey Marshall)은 국가와 시민 간의 사회적 계약의 관점에서 근대국가의 시민권을 설명했다. 그는 18세기에는 법적 시민권이 발전했고, 19세기에는 정치적 시민권이 확장됐다면, 20세기에는 사회적 시민권이 발전했다고 보았다. 법적 시민권이란 개인적 자유에 관한 권리, 즉 자유권을 말하며 주로 법률과 사법체계를 통해 확립된다. 정치적 시민권은 선거권과 피선거권 등 참정권을 의미한다. 사회적 시민권은 주로 사회복지제도와 교육제도 등 사회정책을 통해 확립되는데, 적정 수준의 사회보장과 문화적 생활을 영위할 권리를 말한다.

그는 최근 서구국가들은 복지국가를 달성해 포괄적인 시민권이 확립됐다고 보았다. 특히 사회적 시민권의 보장은 법적 시민권과 정치적 시민권의 완전성을 보증하는 역할을 한다고 강조했다. 사회복지제도가 불완전해 사회적 시민권이 부족하게 되면 구성원은 빈곤상태에 빠지고, 이들 빈곤층은 사회적 격리감을 느끼고, 여론 형성이나 정치 과정에 관여할 수 있는 권력자원이 결핍되어 법적 시민권과 정치적 시민권의 완전성을 보증하는 역할을 한다고 강조했다. 사회복지제도가 불완전해 사회적 시민권이 부족하게 되면 구성원은 빈곤상태에 빠지고, 이들 빈곤층은 사회적 격리감을 느끼며, 여론 형성이나 정치 과정에 관여할 수 있는 권력자원이 결핍되어 법적 시민권과 정치적 시민권을 온전히 행사할 수 없게 된다. 이처럼 사회적 시민권의 부족은 시민권 전체에 연쇄적으로 부정적인 영향을 끼친다.

사회복지 윤리의 전통적 패러다임시대 이래 사회정의의 가치는 사회복지 실천에서 매우 중요한 가치로 인정받아 왔다. 특히 현재의 전문직 윤리관이 개입대상과 개입목표 면에서 클라이언트 및 가족체계 등 미시적 체계 지향성과 치료모델에 제한되어 있다는 비판이 제기되고 있다.

이에 사회복지 윤리의 새로운 패러다임을 중심으로 미시체계뿐 아니라 지역사회와 국가도 개입대상으로 삼고, 환경 속의 개인의 관점에서 개입목표를 설정하기 위해서는 사회정의의 가치를 중심으로 새로운 윤리적 원칙을 확립하고 실천적인 이론과 모델을 구현해야 한다는 주장이 제기되고 있다. 특히 웨이크필드(Andrew Jeremy Wakefield)는 분배정의를 사회복지 전문직의 단 하나의 핵심가치로 제시했다. 그는 전문직 윤리관이 지배하고 있는 현재에는 분배정의를 구현할 수 있는 실천적인 토대가 약하지만, 치료모델과 미시적 실천 위주의 현재의 패러다임을 극복하고 사회정의의 관점을 토대로 분배정의를 구현할 수 있는 사회적 실천을 하는 거시적 체계를 지향해 나갈 필요가 있다고 보았다.

종합적으로, 여러 학자의 논의를 종합해 사회복지의 주요 가치를 14개로 정리한 리머에 의하면 평등한 기회 제공, 사회변화와 사회정의를 위한 헌신 등은 사회정의의 가치를 반영하고 있다고 평가했다. 미국사회복지사협회가 제시한 사회복지 전문직의 기본적인 가치에는 사회정의의 가치를 반영해 모든 구성원의 경제적 · 신체적 · 정신적 복리와 사회정의를 위해 헌신할 것을 제시하고 있다.

나아가 미국사회복지사협회의 윤리강령은 1996년에 개정을 통해 사회정의의 가치를 서비스에 이은 두 번째 주요 가치로 포함시켜 사회복지 전문직의 전통적인 사회정의의 가치의 중요성을 인정했다. 구체적으로 사회복지사는 사회적 부정의에 도전한다는 윤리적 원칙을 제시했다. 사회복지사는 취약하고 억압받는 자들을 위해 빈곤, 실업, 차별, 기타 여러 형태의 사회적 불평등과 문화적 · 인종적 다양성에 초점을 맞춘 사회개혁을 추구해야 하고, 정보, 서비스, 자원에 대한 접근, 기회의 균등, 의사결정에 대한 모든 사람의 실질적인 참여를 보장하고자 노력할 것을 지침으로 제시하고 있다.

그런데 사회복지 전문직이 사회정의의 가치를 전문적 실천의 윤리적 원칙으로 삼을 때 분배의 규범적 기준, 즉 공정함의 기준으로서의 평등관을 무엇으로 제시할 것인가 하는 것이 쟁점이 될 수 있다. 통상적으로 평등이란 차별이 없는 공정한 상태를 의미하지만 이론적으로 평등이란 사회적으로 확립한 분배의 기준이다. 그런데 평등관은 다양하기 때문에 획일적이고 절대적인 기준을 제시하기란 불가능하다. 결국 동등성과 차이의 기준을 무엇으로 삼을 것인가 하는 것이 핵심적인 논쟁의 주제가 될 수밖에 없다. 실적주의, 기회의 평등 및 조건의 평등, 결과의 평등은 서로 다른 정의관에 기반을 두고 있어 사회복지 전문직의 사회정의의 실천에서 매우 상이한 함의를 제공하고 있기 때문이다.

실적주의는 능력주의라고도 불리는데, 개인이 자유롭게 기여해 성취한 실적의 차이는 정당한 것으로 받아들여야 형평의 원칙에 부합하다고 본다. 실적(merit)이란 실적이나 공적에 대한 보상의 의미를 담고 있다. 실적주의는 각자의 자유로운 이익의 실현을 주장하는 입장이기 때문에 평등에 대해서는 상대적으로 부정적이다. 기회의 평등은 경쟁의 결과로 발생하는 차이를 정당한 몫으로 인정하려면 사회적으로 공정한 경쟁의 기회를 부여해야 한다는 입장이다.

롤즈는 출생 배경, 사회적 · 경제적 환경으로 인한 이득, 타고난 재능이나 능력 등 우연적 요인으로 인한 사회적 · 경제적 불평등을 기회의 평등의 제약요인으로 보았다. 특히 조건의 평등은 기회의 평등만으로 불리한 위치에 있는 사람들에게 공정한 경쟁의 기회가 부여되지 않는다는 문제의식에서 출발한다. 따라서 흑인, 여성, 장애인 등 불이익집단이 기회에 공정하게 접근할 수 있도록 소수집단 우대정책 등 긍정적 차별 같은 제도적인 보완이 필요하다고 본다. 결과의 평등은 수량적 평등 혹은 산술적 평등이라고도 불리는데, 개인에게 귀착되는 최종적인 분배의 몫의 차이를 줄여서 분배정의를 실현해야 한다는 입장이다. 평등주의자들은 획일적인 배분에는 반대하지만 사회통합, 경제적 효율성, 사회정의, 개인의 자아실현을 위해 불평등을 교정할 필요가 있다고 본다.

(2) 롤즈의 사회정의론

롤즈는 인간의 자율성에 절대적인 의미를 부여하는 칸트의 인간관을 바탕으로 질서정연한 사회에서의 사회계약에 참여하는 합리적인 개인들이 합의할 수 있는 절차적 정의를 제시하고자 했다. 합리적인 개인이란 반성적인 이성적 사유를 통해 선, 즉 도덕적 옳고 그름에 대해 합리적으로 판단할 수 있는 추상적인 인간관을 의미한다. 질서정연한 사회란 합리적인 개인들이 합의한 절차적 정의에 따라 사회계약에 의해 구성되고, 모든 사회제도는 합의한 정의관을 구현하기 위해 합리적으로 작동하는 가상의 사회를 말한다. 이처럼 롤즈는 합리적인 개인과 가상적인 사회계약을 가정해 모든 개인이 합의할 수 있는 보편타당한 분배적 정의관을 제시하려 했다. 그의 사회정의론은 공정으로서의 정의관을 제1원리로 삼고 이어 차등의 원칙을 제2원리로 제시했다(심상용, 2016: 116-119).

제1원칙인 공정으로서의 정의관은 아무도 자신의 현재 상태를 알지 못하는 가상의 상황을 가정하는 데에서 출발한다. 백지 상태에서의 사회적 합의를 상정하는 이유는 만일 개인이 자신의 현재 상태에 대해 알고 있다면 자신의 기득의 이해관계로부터 자유로울 수 없어 공정한 합의가 불가능할 것이기 때문이다. 이를 위해 그는 원초적 위치와 무지의 장막을 핵심적인 개념으로 제시했다. 원초적 위치와 무지의 장막이란 분배의 원리를 정하는 데 참여하는 개인은 자신의 사회적 지위나 계층의 지위, 소질, 능력, 지능, 체력, 자신의 가치관이나 심리적 성향, 즉 도덕관념에 대해서도 모르는 자유로운 상태에 있다는 것을 의미한다.

아무도 자신의 현재 상태를 알지 못하는 가상의 상황이라면 합리적인 개인들은 분배정의에 대한 공정한 계약에 참여할 수 있다. 합리적인 개인들은 위험-회피적이기 때문에 기회의 불평등으로 인해 야기될 불공정한 결과가 자신의 몫이 될 것을 우려할 것이다. 따라서 모든 사람은 기회의 평등의 원칙, 즉 다른 사람들의 자유를 침해하지 않는 한 동등한 기본적 자유의 권리를 지닌다는 평등의 원칙을 정의의 제1원칙으로 삼는 데 합의할 수 있다. 즉, 원초적 위치에 있는 위험-회피적인 합리적인 개인들에게는 출생 배경, 사회적 · 경제적 환경으로 인한 이득, 타고난 재능이나 능력 등 우연적 요인으로 인한 사회적 · 경제적 불평등은 정당화될 수 없으므로 모두가 공정한 기회의 균등한 제공, 즉 기회의 평등을 위한 사회계약에 참여할 수 있다는 것이다.

제2원칙으로서 차등의 원칙을 제시했다. 사회계약에 참여하는 개인들은 원초적인 위치에 있어 자신의 미래를 알 수 없기 때문에 모험적이지 않고 위험-회피적인 합리적인 판단을 내릴 것이다. 그런데 사회 전체의 소득분포는 저소득층의 비율이 높고 고소득층으로 갈수록 줄어드는 우하향의 소득함수를 나타낸다. 이처럼 합리적인 개인이라면 자신이 속할 가능성이 상당한 가장 취약한 계층의 존재에 대해 우려할 것이다. 따라서 합리적인 개인들은 가장 취약한 계층에게 혜택이 돌아가는 최소최대화 전략을 선택할 것이다. 결국 합리적인 개인들은 사회에서 가장 불리한 처지에 있는 사람들에게 이익이 되는 분배방식에 합의할 수 있다.

그런데 최소최대화 전략이 채택되기 위해서는 최소최대화 전략의 결과가 모든 사람에게 이익이 되는 조건, 즉 상위계층의 분배 몫도 감소되지 않아 어느 누구에게도 불이익이 되지 않는 조건이 갖추어져야 한다. 그 이유는 만일 최소최대화 전략을 채택한 결과 상위계층이나 중간계층에게 상당한 손실이 발생한다면 이들 계층에 소속될 확률을 기대하고 있는 합리적 개인들의 동의를 얻기 어려워 보편타당한 분배원리로 성립되기 어렵기 때문이다.

롤즈는 제1원칙과 제2원칙을 종합해 이를 구현할 수 있는 시민권의 내용을 제시한 바 있다. 우선, 그는 사회계약에 참여하는 합리적인 시민들은 자신을 이상적인 행정가나 입법자로 간주하기 때문에 합리적인 시민이 위임한 가치에 위배되는 국내 및 국제 정책을 펼치는 정부 공직자와 후보자들을 거부함으로써 활발한 정치참여의 기풍이 확립될 것으로 보았다. 이를 통해 시민의 자유와 시민권을 보장할 수 있는 정치적 · 사회적 기초가 마련된다고 보았다. 나아가, 기회의 평등을 위한 시민권의 세부 목록으로 강력한 상속세, 보육 및 교육의 공공화, 모든 시민에게 기본적인 건강보호제도의 제공, 투기, 모험적 투자, 신기술 개발의 효과 등 사회적 · 경제적 환경으로 인한 과도한 이득의 환수, 사회정책과 경제정책을 통한 공적 고용 등을 들었다. 또 취약계층의 복지 향상을 위한 소득과 부의 적정한 분배정책을 제시했다.

종합적으로, 롤즈는 모든 사람이 합의할 수 있는 분배적 정의관을 제시하고자 절차적 공정성을 바탕으로 논의를 전개했다.

- 공정으로서의 정의관은 기회의 평등을 평등의 기준으로 제시하고 있다. 이 점에서 롤즈는 기회의 평등에 무관심한 실적주의나 자유방임주의의 한계를 명백히 극복하고 있는 것이다.
- 기회의 평등, 나아가 조건의 평등을 실제적으로 구현하기 위한 매우 혁신적인 방안들을 제시하고 있다. 우연적 요인으로 인한 사회적 · 경제적 불평등을 완화하고 기회의 평등을 구현하는 정치적 · 경제적 · 사회적 노력은 아직도 완전히 달성되지 않은 과제로, 복지국가가 지향하고 있는 궁극적인 목표의 하나라고 할 수 있다.
- 기회 및 조건의 평등을 목표로 하지만 결과의 평등에는 한계를 제시해 사회복지정책에 대한 독특한 논점을 제공하고 있다. 보육, 교육, 건강 등 보편적인 사회서비스정책은 기회 및 조건의 평등의 구현을 위한 과

제로 제시하고 있고, 최소최대화 전략은 취약계층을 위한 재분배정책이 모든 구성원에게 이익이 되는 조건하에서 정당성을 갖는다는 기준을 제시해 과도한 재분배 정책의 한계를 제시하고 있다.

6. 보편적인 윤리(인간의 존엄성, 자유, 평등, 정의)와 사회복지 가치와의 관련성

오늘날 우리는 인간과 사회의 공동체 삶을 잘 유지하기 위해서 '법칙론적인 도덕철학'과 '좋은 삶에 관한 윤리학' 사이의 보완관계를 설정할 수 있으며, 보편적으로 인정되는 윤리규범의 필요성을 절실히 느끼고 있다. 그러나 이러한 보편적인 윤리는 외부에서 타율적으로 주어지는 것이 아니다. 이것은 스스로 선한 것을 구별할 줄 알며, 자율적 의지를 소유한 사회구성원이 자신들의 욕구를 모두 내놓고 토론을 통해 합리적으로 조정하는 과정을 거쳐 만들어진다. 보편윤리는 도덕규범의 타당성을 개별집단이나 정당의 정치, 사회적 목표가 지닌 역사적 위상과 관련해서 묻지 않고 인간성의 보편적 목적과 관련하여 이성적으로 정당화할 수 있는가와 관련해서 묻는다. 독일의 근대주의 철학자 '아펠'과 '하버마스'를 우리는 대표적 보편윤리학자 또는 담론윤리학자라고 말한다. 그들은 21세기의 새로운 이념으로 보편성에 바탕을 둔 '보편윤리'를 새로운 사회진보의 가능성을 가진 이론으로 구축하였다.

특별히 하버마스는 인간에 대한 무한한 믿음과 긍정적인 시각으로 인간을 가치 있고, 존엄한 대상이며, 주체적이고 상호연대적인 존재로 바라보았다. 이는 곧 사회복지 전문직이 인간에 대한 긍정적 가치를 내면화시키며 인간을 가치적 존재로 받아들이는 것과 같은 원리라 할 수 있다. 그리고 사회복지가 개인과 상황의 상호작용 문제를 발견하고 그것을 해결하기 위한 과정에 참여하여 클라이언트를 도와주는 중재자로서의 역할을 하는 것처럼, 하버마스도 인간 개인이 환경과 상호작용하고 영향을 주고받으면서, 발달하는 상호주관적 존재임을 강조하며 이 발달의 주요 역할이 의사소통임을 분명히 하였다.

사회복지 가치와 보편윤리와의 관계성을 이론적인 측면에서 정리하면 다음과 같다(이효선, 2016: 72-75).

첫째, 사회복지 가치 중 '인간존엄성'이란 인간을 가장 우선적으로 다루며 각 사람은 존중해야 할 본래적인 존엄성을 지닌 독특한 개인이라는 개념이다. 보편윤리의 '목적 자체로서의 인간관'과 같은 개념이라고 볼 수 있다. 보편윤리에서는 인간성을 우리 자신이나 타인에 있어서 단지 수단으로 대해서는 안 되며 항상 목적으로 대해야 한다고 말한다.

둘째, 사회복지 가치 중 하나인 '클라이언트의 자기결정권'은 모든 사람은 자신의 삶을 적극적으로 주도하는 자율적인 존재라는 사회복지 인간관을 반영하는 것으로, 클라이언트가 자신의 문제를 스스로 결정할 수 있도록 허용되어야 한다는 뜻이다. 이것은 보편윤리의 '의지와 자율'이라는 가치관과 추구하는 바가 같다고 할 수 있다. 즉, 하버마스가 근대(modernity)를 자신의 문제를 스스로 진단하고 해결할 수 있는 능력을 보유하고 있음을 의미하는 자기결정(selbstbestimmung)과 자기실현(selbstverwirklichung)의 개념으로 설명하고 있다. 이는 보편윤리학자인 그가 인간의 이성의 능력에 대해 얼마나 깊은 신뢰를 갖고 있는가를 보여 주는 단면이라 할 수 있다.

이러한 인간관은 인간이 이성을 갖고 있다는 전제를 갖고 있기에 그들의 집합체인 사회와의 조화를 위해 외부의 강제로서가 아닌 스스로 규칙을 정하고 결정할 수 있는 자율적인 사람들의 집단이라고 규정한다. 이와 유사하게, 사회복지실천에서도 클라이언트의 자기결정권 인정을 인간존엄의 가치와 더불어 크게 강조하고 있다. 이는 사회복지사가 클라이언트를 그저 무력하고 무능한 존재로 취급하지 말고, 현재 처한 상황 속에서 임시적(단기적)으로 도움을 받을 수밖에 없는 처지에 놓이게 된 존재로 수용하라는 것이다. 이 수용의 자세 속에는 클라이언트를 자신의 삶의 문제를 스스로 해결할 수 있는 힘을 지닌 한 주체자로서 받아들일 뿐 아니라, 그의 성장 가능한 잠재력에 대한 믿음이 전제되어 있다. 그렇기에 사회복지사는 클라이언트에게 자신의 가치와 의지를 강압적으로 행사하여 그들 스스로 결정할 수 있는 기회를 상실하게 해서는 안 되며, 단지 그들에게 도움을 줄 수 있는 각종 유용한 정보와 방법을 알려 줌으로써 클라이언트가 합리적인 자기결정을 할 수 있도록 가교의 역할을 담당하여야 한다.

셋째, 사회복지 가치인 사회연대성 원리는 이웃의 복지에 대한 관심과 배려를 요구하는 것으로, 곧 인간이 상호주관적으로 공유된 생활양식과 연관되어 있다는 것을 의미하는 보편윤리의 유대성의 원리와 그 맥을 같이한다고 볼 수 있다. 그것은 개인이 사회적 존재이며 서로 상호적 관계를 통해 사회공동체의 중요성을 인식하는 존재임을 의미한다. 이러한 보편윤리의 유대성의 원리와 사회복지의 가치인 사회연대성의 원리는 결국 개인은 상호의존적이며 서로 간에 사회적 책임을 진다는 원리로 해석할 수 있다.

앞에서 살펴본 바와 같이, 보편윤리는 '법칙론적인 도덕철학'과 '좋은 삶에 관한 윤리학' 사이의 보완관계를 설정함으로써 범지구적인 문제들에 직면하면서 세계 모든 시민에게 타당하게 적용될 수 있는 윤리를 말한다. 보편윤리학자인 아펠은 오늘날의 사회문제로 ① 세계 인구 문제, ② 생태학적 불균형 문제, ③ 경제 세계화 문제, ④ 다양한 문화가 한 사회 안에 공존하는 문제, ⑤ 세계 경제 질서 문제를 지적하며, 이 문제들은 결국 자본주의 사회의 계층 간 위화감과 갈등으로 귀결되는 문제라고 강조하였다. 그러므로 국가 간의 협력과 이해가 경제적 차원만이 아니라 윤리적 차원에서 이성의 합리성으로 문제를 해결하려는 보편윤리 원칙을 제시하였다.

그는 또한 담론윤리가 인간이 무엇을 해야 하는가의 척도를 제시하여야 하며, 어떠한 사태에 영향을 줄 수 있는지 알아야 한다고 했다. 인류의 문제를 놓고 매일같이 반복되는 회의, 토론 등은 비판적 세계 공론의 표현이며 각기 다른 정치 · 경제 체제 때문에 서로 다른 이익을 갖고 논쟁하고 있지만 결국 담론을 통해 시대를 올바르게 변화시키고, 경우에 따라서는 윤리에 따라 인류의 문제를 개혁하고 변화시켜서 생활에 영향력을 행사하여야 한다고 했다. 즉, 아펠은 국제적인 협력을 통한 인류의 문제 해결은 인종과 국가, 문화의 차이를 뛰어넘는 이해와 존중이 필요하며, 이것을 하버마스는 '이상적 담화 상황'이라고 설명하며 강대국과 약소국 간의 관계(특히 경제적 관계)에 있어서의 질서문제를 해결하기 위해서는 특히 약소국들 간의 '공론의 형성'이 중요하다고 주장하였다.

이렇듯 하버마스와 아펠의 담론윤리는 한 국가 내의 구성원 간의 문제뿐만 아니라, 국가와 국가 간의 문제, 세계 전체의 질서에 통용되는 윤리로서 인간의 존엄에 관심을 가지고 그들을 도우려는 사회복지의 기본적 가치 이념과 많은 상관성이 있다. 이러한 측면에서 보면 사회복지실천에서도 전 지구적인 문제를 철학적 이성이 주도하는 보편윤리의 가치 제시로 지구적인 위기 또는 사회적인 문제의 원인을 규명하고, 이에 대한 대응책을 구상하기 위한 규범적인 이념으로서 사용될 수 있을 것이다.

또한 보편윤리를 도출해 내는 담론 과정에서 나타나는 가치, 즉 의사소통이 가능하여 서로 이해할 수 있고, 인간 혹은 개인의 자율성과 진지함을 자율적 대화를 통하여 해결할 수 있다는 '자기이해'라는 새로운 개념을 사회복지적인 측면에서 받아들여서 활용할 필요가 있다.

이런 이치에서 보면 사회복지사는 다른 어느 전문직보다도 더 윤리적이고 가치지향적인 전문직일 수밖에 없다. 사회복지 가치와 이념은 이렇게 사회의 안정과 번영을 위하여 정의, 평등, 자유, 민주의 가치를 바탕으로 모든 사회구성원이 인간의 존엄성을 유지하면서 자기실현을 할 수 있도록 사회 전체가 공동으로 책임을 진다는 철학을 기본으로 하고 있다.

심화학습문제

1. 사회복지의 보편적 가치(인간존엄성, 자유, 평등, 정의) 간에는 어떤 관계성을 가지는가?
2. 분배적 정의론에 입각하여 평등을 실천하기 위해서는 어떠한 철학을 가져야 하는가?

제2부

사회복지 윤리와 철학의 미시적 접근

제4장 사회복지실천 현장에서 윤리적 의사결정

학습목표
1. 사회복지실천 현장에서 마주하게 되는 윤리적 딜레마 상황을 파악할 수 있다.
2. 윤리적 딜레마 상황에 적용가능한 윤리적 의사결정 모델을 학습하고 실제 사례에 적용할 수 있다.

핵심용어 윤리적 딜레마, 윤리적 의사결정

어떠한 전문직이든 일을 함에 있어서 윤리적 딜레마를 겪는 경우가 발생하게 된다. 사회복지사는 특히 클라이언트의 삶의 질 향상을 위해 가장 가까운 곳에서 개입하는 직업으로, 사회복지사의 결정이 클라이언트에게 바로 영향을 미칠 수 있어 더욱더 윤리적 딜레마 상황에 민감하게 된다.

사회복지사는 어떠한 결정이 클라이언트에게 좀 더 많은 이익을 주고 삶을 풍요롭게 할 수 있을지에 대한 고민을 지속하게 된다. 이 과정에서 클라이언트 체계와 클라이언트를 둘러싼 주변 환경 간의 이해관계 또는 사회복지사와 사회복지사가 속한 기관과의 이해관계 등이 발생하는 경우에 더욱더 윤리적 딜레마에 빠지게 된다.

윤리적 딜레마 상황이 발생하는 경우, 사회복지사는 본인이 편리하거나 본인에게 도움이 되는 쪽으로 결정하는 것이 아니라 클라이언트의 측면에서 어떠한 결정이 도움이 되는 결정인지를 판단하여야 한다. 이때에는 무엇보다 객관적인 결정이 필요하며, 결정 과정에 대하여 기록을 남기는 것이 중요하다. 윤리적 딜레마 상황이 발생한다는 것은 어느 관점에서 살펴보든지 바로 결정을 내리는 것이 힘든 것이고, 이로 인하여 결정 후에도 문제가 발생하게 될 수 있다. 그러한 경우, 사회복지사의 기록이 사회복지사를 보호할 수 있는 장치가 되기도 한다.

윤리적 의사결정을 내릴 때에는 사회복지사 윤리강령을 기준으로 삼거나, 관련 법이나 제도, 기관의 규칙을 기준으로 삼거나, 여러 학자가 이야기한 윤리적 의사결정 모델을 토대로 의사결정을 내릴 수 있다. 혼자서 의사결정을 내리기 힘들 때에는 관련 전문가들의 도움을 받을 수 있어야 하고, 무엇보다 클라이언트를 의사결정 과정에 참여하도록 하는 것이 중요하다.

1. 윤리적 딜레마와 윤리적 의사결정

1) 윤리적 딜레마

윤리적 딜레마란 사회복지사가 전문가로서 지켜야 하는 윤리적 의무와 책무가 서로 충돌함에 따라 어떠한 실천행동을 선택하는 것이 윤리적으로 올바른 것인지 판단하기 힘든 상태를 말한다(구금섭, 박지영, 김종철, 전대성, 허정철, 2014: 66). 윤리적 딜레마가 발생하는 유형은 권력이 불균형한 경우, 결과가 모호한 경우, 클라이언트 체계의 다중성, 의무의 상충, 가치의 상충으로 볼 수 있다(곽미정, 전미숙, 홍희석, 윤선영, 구성숙, 2016: 96).

권력이 불균형한 경우에는 클라이언트의 자기결정권이 보장되거나 의사결정에서의 참여가 제한될 수 있다. 결과가 모호한 경우에 특히 윤리적 딜레마가 많이 발생하게 되는데 단기 · 장기 결과가 모두 모호하고 불확실할 수 있다. 클라이언트 체계의 다중성이 발생하는 경우에는 누가 최우선 클라이언트가 되어야 하는지를 결정해야 한다. 이는 미혼모가 자녀를 출생하고 양육하기를 원하지만 보호자로서의 역할을 다하지 않을 때 미혼모를 클라이언트로 보고 자녀를 양육하도록 해야 하는가, 자녀를 클라이언트로 보고 자녀의 생존권을 보장하기 위하여 입양, 가정위탁 등 다른 대안을 찾아야 하는가 하는 문제로 나타날 수 있다. 의무의 상충과 가치의 상충의 경우에는 클라이언트나 사회복지사가 추구하는 서로 다른 의무 또는 서로 다른 중요한 가치들이 상충될 때 발생한다.

2) 윤리적 의사결정

표 4-1 윤리적 의사결정의 특성

- 개인적인 직관, 개인적 가치, 기관의 관행에 의존하지 않는 이성적인 작업이다.
- 순간적인 판단이 아니라 일련의 단계로 이루어지는 하나의 과정이다.
- 이성적 · 합리적 요인과 함께 개인적 가치가 반영되고 클라이언트가 자신이 선호하는 행동을 하게 함으로써 만족을 얻고자 하는 사회복지사의 심리적 요인도 영향을 미친다.
- 상충되는 가치와 의무 중 어느 한 방향을 선택하고 다른 대안을 배제함으로 인해 발생하는 문제를 줄이기 위한 하나의 절충방안이다.
- '결정절차'와 '결정원칙'이라는 두 가지의 핵심적인 요소로 이루어져 있다.
- 윤리적 의사결정이라고 해서 사례의 윤리적 측면만을 고찰하는 것이 아니라 과학적인 이론 등 비윤리적 측면을 동시에 포함하고 있다.
- 사회복지 분야에서 이루어지는 윤리적 결정이 합리적 · 체계적 기준과 절차에 의한 것이라 해도 그 과정에는 필연적으로 의사결정자가 가지는 자유재량의 요소가 있다.
- 한 명의 의사결정자가 독단적으로 진행하는 것이 아니라 영향을 미칠 수 있고, 또 영향을 받을 수 있는 모든 당사자가 전체적으로 참가한 결과이다.

출처: 김기덕(2002), 심상용(2016: 175-178) 재인용.

윤리적 의사결정이란 사회복지실천과정에서 마주하게 되는 윤리적 딜레마 상태를 해결하고자 하는 목적을 가지고 사회복지사가 선택할 수 있는 여러 대안 가운데 가장 윤리적인 것을 선택하는 행위이다(Reamer, 1999, 심상용, 2016 재인용). 윤리적인 것을 선택하는 데에는 윤리강령의 관련 조항을 참고할 수 있다. 하지만 윤리강령만으로 해결되지 않는 복잡하게 얽힌 상충하는 가치와 의무가 있는 경우에 사회복지사는 어떠한 결정을 내려야 하는지 쉽게 결정하기 어렵다. 이때에는 사회복지사의 직관이나 본능, 선호하는 가치를 통하여 선택하는 것이 아니라 객관적이고 이성적인 작업을 통하여 의사결정을 해야 한다. 이 때에는 여러 학자가 이야기한 윤리적 의사결정 모델에 따라서 우선순위를 살펴보고 동료나 수퍼바이저, 전문가집단의 조언을 구하며 무엇보다 클라이언트의 의견, 클라이언트가 선호하는 가치와 방향에 초점을 맞추어 결정을 내려야 한다. 이 과정에서 가장 중요한 것은 기록을 남기는 것이다.

2. 사회복지실천에서 윤리적 딜레마

1) 직접적인 실천 활동과 관련된 윤리적 딜레마

사회복지사가 개인, 가족 혹은 집단을 대상으로 직접적인 개입실천을 수행하여 나가는 과정에서 겪는 윤리적 딜레마이다. 클라이언트에 대한 비밀보장, 클라이언트의 자기결정권 보장, 온정주의 등의 윤리적 가치나 의무를 어느 정도까지 보장해야 하는가에 대한 갈등이다.

클라이언트의 자기결정권을 존중하고 보장한다는 것은 직접적 사회복지실천 활동에서 클라이언트의 문제가 무엇인지, 어떤 방향으로 변화하기를 원하는지, 어떠한 서비스를 받을 것인지 등 개입과정에 있어 클라이언트의 의사를 존중해 주는 것을 의미한다. 하지만 클라이언트의 지적능력이 낮거나 클라이언트의 행동이 법에 어긋나거나 자신이나 타인에게 해를 끼치게 되는 경우에는 제한을 할 수 있다. 이것은 비밀보장과도 연결이 된다.

전문적 관계에서 비밀보장은 가장 기본적인 윤리원칙이다. 클라이언트에 대해서 알게 된 정보나 클라이언트의 이야기를 다른 사람에게 전해서는 안 되고 정보도 공개해서는 안 된다는 것이다. 이 원칙에서 예외사항은 법적으로 가게 될 경우에 지켜지지 못하고, 교육 목적이나 수퍼바이저와의 회의 등 필요한 경우에는 클라이언트에게 사전 동의를 구한 후 공개해야 한다.

또한 클라이언트에게 사실을 있는 그대로 전달하는 것이 오히려 클라이언트에게 해가 된다고 판단될 때 또는 사회복지사의 판단이 클라이언트의 자기결정권보다 더 나은 상황이 될 것이라고 판단될 때 윤리적 딜레마가 발생하게 된다.

그 밖에도 법이나 기관이 정한 규정과 치료목표 사이에 갈등이 있는 경우, 클라이언트가 원하지 않는 서비스를 제공해야 할 경우, 클라이언트의 이익과 기관의 이익이 배치되는 경우, 비밀보장 준수와 사회적 규범 간에 마찰이 생기는 경우, 진실을 말해야 할 의무와 타인의 권익을 보호해야 할 의무가 상충하는 상황에서 나타난다.

2) 사회복지정책 및 프로그램 차원의 딜레마

간접적인 사회복지실천 활동인 사회복지정책 및 프로그램을 기획하고 실행해 나가는 과정에서도 윤리적 딜레마는 발생한다. 한정된 자원을 누구에게 어떻게, 얼마만큼 배분하는 것이 정당한 것인가에 대한 갈등인 한정된 자원의 공평한 배분이 그것이다. 사회복지사가 자원을 무제한으로 사용할 수 있다면 고민 없이 정책이나 프로그램을 기획하고 실행할 수 있을 것이다. 하지만 사회복지 예산과 자원은 한정되어 있고, 누구를 우선으로 정책과 프로그램을 시행할 것인가에 대한 문제가 늘 따라다니게 된다. 위기상황에 처한 클라이언트나 긴급지원이 필요한 클라이언트에게 자원이나 서비스를 먼저 지원하게 되는 경우에 공평한 배분이 어려운 경우가 발생하게 된다.

또한 정의와 효용성의 가치가 경쟁할 때, 예산 부족의 문제에 직면할 때, 사회복지사들은 공평한 배분도 중요하지만 효용성의 문제를 고려하지 않을 수 없다.

3) 사회복지조직 및 동료 사회복지사와 관련된 윤리적 딜레마

이 딜레마는 사회복지사가 사회복지조직의 일원으로, 즉 고용된 사람으로서 겪을 수 있는 것이다. 사회복지사들은 법을 잘 지키고 기관의 정책과 규정에 순응해야 한다고 생각한다. 하지만 이러한 법이나 정책, 규정이 전문적 사회복지 가치체계와 늘 조화를 이루는 것은 아니다.

사회복지사는 동료 사회복지사와 다른 전문가를 존중해야 하지만 동료가 클라이언트나 전문직에 해를 끼치는 행동을 했을 때 윤리적 딜레마를 겪게 된다. 동료의 비전문적인 실천이나 비윤리적인 행위를 공개하는 것이 사회복지사의 위상이나 기관의 위상을 떨어뜨릴 수 있지만 클라이언트의 보호 측면에서 모르는 척 넘어가기 힘든 경우가 발생한다.

또한 동료, 상사, 기관, 사회 등이 클라이언트에 대해 서로 다른 기대를 가질 때 무엇을 우선으로 행해야 하는지에 대하여 딜레마를 경험할 수 있다. 사회복지사는 소속된 기관의 비전과 정책에 따라 일을 하는데, 클라이언트의 문제해결을 위해 내린 결정이 기관과 다른 경우에 딜레마를 경험하게 된다.

관료제적인 사회복지조직의 경우, 조직의 운영과 목표달성에는 효과적이지만 조직 내에서 개인의 소외현상, 수단과 목적의 전도현상 등이 나타날 수 있다. 또한 전문성이 필요한 사회복지 업무에 오히려 전문성을 발휘하지 못하는 장애물로 작용할 수 있다.

3. 윤리적 딜레마의 일반적 지침

재스트로(Zastrow, 1995)는 사회복지사가 윤리적 딜레마 상황에 처하게 되었을 때 도움이 되는 지침으로 〈표 4-2〉의 다섯 가지를 제시하였다.

표 4-2 윤리적 딜레마의 일반적 지침

1	가치 갈등이 존재한다는 것을 인식	윤리적 문제는 모호하고 당사자들을 불편하게 만든다. 하지만 이러한 갈등이 존재한다는 것을 인식하고 사회의 법, 도덕, 사회규범에 비추어 올바른 판단을 내릴 수 있어야 한다.
2	자신의 가치를 밝히는 것	사회복지사는 클라이언트를 위해 자신의 가치를 밝혀야만 하고, 클라이언트 또한 사회복지사와 평등한 입장에서 자신의 가치를 밝힐 수 있어야 한다. 하지만 이러한 경우에 사회복지사의 가치가 클라이언트에게 영향을 줄 수 있으므로 어떻게 전달하는 것이 클라이언트에게 도움이 될 수 있을지를 전문적으로 판단하여야 한다.
3	클라이언트의 가치에 부합되는 해결책 모색	클라이언트가 가지고 있는 가치와 선호하는 자유를 보호받을 수 있도록 해야 한다.
4	클라이언트가 원하는 것을 하도록 허용	클라이언트가 타인의 요구를 침해하지 않는 한 그들의 요구를 충족시키고 원하는 것을 허용해야 한다. 각자마다 생활방식, 개인적 가치관 등이 다르기 때문에 모든 사람에게 동일하게 적용되는 지침이 존재할 수는 없다.
5	누가 가치 딜레마를 갖고 있는지를 아는 것	사회복지사는 본인이 담당한 사례에 지나치게 정서적으로 개입되지 않는 것이 중요하다. 사회복지사의 딜레마가 아니라 클라이언트의 딜레마인 것을 확인하고, 사회복지사는 객관적으로 클라이언트에게 도움이 되어야 한다.

출처: Zastrow(1995), 윤선오, 김우호, 서보준(2016: 39-40), 서혜석, 김덕진, 이명자(2017: 57-59) 재인용.

4. 윤리적 의사결정 모델

사회복지실천 현장에서 마주하게 되는 한 가지 이상의 가치나 윤리적 관점 중 하나를 우선으로 결정해야 하는 윤리적 갈등 상황에서 어떠한 의사결정을 내리는가는 사회복지사에게 부담이 된다. 이때 사회복지사가 윤리적 의사결정을 내리는 데 도움이 되는 의사결정 모델을 제시한 학자로는 로웬버그와 돌고프(Loewenberg & Dolgoff, 2008), 리머(Reamer, 1999), 콩그레스(congress, 1999), 매티슨(Mattison, 2000) 등이 있다.

1) 로웬버그와 돌고프의 의사결정 모델

(1) 일반결정 모델

로웬버그와 돌고프는 조직화된 사고의 단계 및 절차 구성, 윤리적 원칙과 우선순위 구성에 초점을 맞추어 일반결정 모델을 제시하였다. 사회복지사가 전문가로서 문제해결을 주도하고 의사결정을 하는 것에서 시작하여 이를 실행하고 결과에 대한 검토 및 평가, 추가적인 문제를 고려하는 것까지 결정과정에 포함하고 있다. 이 모델은 윤리적 딜레마 상황에서 의사결정을 내릴 때뿐 아니라 일반적인 의사결정에도 적용 가능하다(이순민, 2016: 70).

표 4-3 일반결정 모델의 단계

1단계	문제가 무엇인지, 문제를 야기하는 요인은 무엇인지를 확인한다.
2단계	클라이언트, 피해자, 지지체계, 다른 전문가 등 해당 문제와 관련된 사람과 단체는 어디인지 확인한다.
3단계	2단계에서 확인된 다양한 주체가 주어진 문제와 관련해서 어떤 가치를 지니고 있는지 확인한다.
4단계	문제해결 또는 완화 등과 같은 개입목표를 명확히 한다.
5단계	개입수단과 개입대상을 확인한다.
6단계	확정된 목표에 따라 설정된 각각의 개입방안의 효과성과 효율성을 평가한다.
7단계	누가 의사결정에 참여할 것인가를 결정한다.
8단계	개입방법을 선택한다.
9단계	선택된 개입방법을 수행한다.
10단계	실행 중인 개입방법을 검토하며, 의외의 결과가 나타나는지 주의를 기울인다.

11단계	결과를 평가하고 추가적인 문제들이 무엇인지 확인한다.

출처: 이순민(2016: 71).

(2) 윤리적 원칙 심사표

윤리적 원칙의 서열화를 통해 우선순위를 결정한다. 윤리적 원칙 심사표는 윤리적 원칙의 순위를 제시함으로써 어떤 가치나 윤리원칙이 우선해야 되는지를 결정할 수 있다. 이 경우, 상위의 원칙이 우선적으로 적용된다.

표 4-4 윤리적 원칙 심사표

윤리적 원칙 1	생명보호의 원칙	생명에 대한 보호가 우선적으로 적용되는 것으로, 다른 윤리적인 원칙보다 우선시하는 원칙이다.
윤리적 원칙 2	평등과 불평등의 원칙	동일한 환경에 처한 모든 사람은 동일한 방식의 처우를 받아야 하며, 이 원칙에 따라 사회복지사는 인종, 성격, 성별 등 다양한 요인에 의해 클라이언트를 차별하지 않아야 한다.
윤리적 원칙 3	자율성과 자유의 원칙	사회복지사는 실천과정에서 클라이언트의 자율성, 독립성, 자유를 촉진해야 한다. 하지만 개인의 자율성과 자유를 보장하는 것이 클라이언트 자신과 타인에게 해가 되는 경우, 사회복지사는 제1원칙을 우선순위로 하여 개입해야 할 의무가 있다. 또한 전문가의 입장에서 판단할 때 클라이언트가 옳지 않은 선택을 한다고 판단되는 경우, 클라이언트에게 지적인 능력이 결여된 경우에 자율성이 제한될 수 있다.
윤리적 원칙 4	최소 손실의 원칙	사회복지사는 클라이언트에게 위해가 되는 상황이 발생한 경우, 클라이언트에게 발생하는 손실을 최소화할 수 있는 방안을 선택하여야 한다.
윤리적 원칙 5	삶의 질의 원칙	사회복지사는 클라이언트 개인뿐 아니라 지역사회와 모든 사람의 삶의 질을 촉진하기 위한 실천을 해야 한다. 주어진 조건과 상황 속에서 최대한 클라이언트의 삶의 질을 향상시킬 수 있는 방안을 선택해야 한다.

윤리적 원칙 6	사생활 보호와 비밀보장의 원칙	사회복지사는 클라이언트의 사생활 보호와 비밀보장의 권리를 강화하기 위해 노력을 해야 한다. 특히 사회복지실천 현장에서 만나게 되는 클라이언트는 민감한 쟁점을 가지는 경우가 많아 이 원칙에 민감할 수밖에 없다. 반면, 클라이언트의 비밀보장이 앞의 원칙에 상충되는 경우에 제한될 수 있다.
윤리적 원칙 7	진실과 정보개방의 원칙	사회복지사는 진실된 말을 해야 하며 자신의 클라이언트 및 타인과 관련된 모든 정보에 대해서 충분하게 공개해야 한다. 전문적인 관계가 원활하게 되기 위해서는 신뢰를 요하며, 신뢰는 진실을 기본으로 한다. 또한 클라이언트가 스스로의 문제해결을 위한 결정을 내리는 데 필요한 정보를 사회복지사가 고의로 누락하거나 한쪽에 치우치는 정보를 제공해서는 안 된다.

출처: 권향임 외(2016: 37-38) 재인용.

(3) 윤리적 사정 심사표

로웬버그와 돌고프는 사회복지사가 실천 현장에서 윤리적 측면을 더욱 명료화할 수 있도록 윤리적 사정 심사표를 제공하였다. 윤리적 사정 심사표는 사회복지사가 바람직한 실천활동을 결정하는 과정에서 고려해야 하는 윤리적 측면들을 명확하게 해 준다. 윤리적 갈등 상황과 관련된 사회복지사 개인의 가치, 사회적 가치, 전문적 가치를 확인하고, 윤리적 대안 각각에 대한 수단, 윤리원칙, 효율성과 효과성, 장·단기적 윤리 측면을 검토한다.

표 4-5 윤리적 사정 심사표

a. 직면한 윤리적 딜레마와 관련된 자신의 개인적 가치는 무엇인가?
b. 윤리적 결정에 관련된 사회적 가치는 무엇인가?
c. 윤리적 결정에 관련된 전문적 가치와 윤리는 무엇인가?
d. 개인적·사회적·전문적 가치 간의 갈등을 최소화하기 위해 무엇을 할 수 있는가?
e. 윤리적 선택의 대안은 무엇인가?
f. 어떤 윤리적 선택의 대안이 클라이언트와 다른 사람들의 권리와 복지를 최대한 보장하는가?

g. 어떤 대안에 따른 행동이 사회의 권익을 최대한 보호하는가?
h. 클라이언트, 다른 사람들, 사회의 권익 간의 갈등을 최소화하기 위하여 무엇을 할 수 있는가?
I. 어떤 대안에 따른 행동이 최소 해악을 가져오는가?
j. 어떤 대안에 따른 행동이 어느 정도로 효율적 · 효과적 · 윤리적인가?
k. 장 · 단기적인 윤리적 결과를 모두 고려했는가?

출처: 이효선(2016: 195).

(4) 평가

로웬버그와 돌고프의 윤리적 의사결정 모델의 장점은 다음과 같다.

첫째, 윤리적 의사결정 과정에 대한 모델과 윤리적 원칙과 우선순위에 대한 모델을 각기 분리해 제시했다. 윤리적 의사결정 과정에 대한 모델이 결정 절차에 해당한다면, 윤리적 사정의 내용을 담고 있는 윤리적 원칙과 우선순위에 대한 모델은 원칙에 해당한다. 이들은 원칙과 결정 절차를 윤리적 의사결정 과정에 대한 모델 속에 통합적으로 제시하였다.

둘째, 윤리적 원칙 심사표는 상충하는 사회복지의 주요 가치 간의 서열화를 위한 원칙을 제시하고 있다. 생명보호의 원칙, 평등과 불평등의 원칙, 자율성과 자유의 원칙, 최소 손실의 원칙, 삶의 질의 원칙, 사생활 보호와 비밀보장의 원칙, 진실과 정보개방의 원칙으로 이루어진 일련의 서열화의 원칙에 대한 보편적 합의가 가능하다면, 상충하는 가치를 둘러싼 윤리적 딜레마를 해결하는 데 결정적인 기여를 하게 된다.

반면, 로웬버그와 돌고프의 윤리적 의사결정 모델의 단점은 다음과 같다.

첫째, 윤리적 의사결정 과정에 대한 모델이 복잡하고 실용성 면에서 부족하다. 일반결정 모델의 3단계에서 해당 문제와 관련된 사람과 단체로 확인된 클라이언트, 피해자, 지지체계, 다른 전문가 등에 대한 가치(즉, 사회적 가치, 전문적 가치, 클라이언트의 가치, 사회복지사의 개인적 가치 등)를 확인하도록 하고 있는데, 윤리적 사정 심사표의 1항(사회복지사 개인의 가치), 2항(사회적 가치), 3항(전문적 가치)에서 같은 내용을 반복하고 있다.

또한 윤리적 사정 심사표에는 클라이언트의 가치가 포함되어 있지 않다. 윤리적 의사결정 과정에 대한 모델의 단계에서 윤리적 원칙과 우선순위에 대한 모델을 적용하기 때문에 사실상 윤리적으로 바람직한 개입 목표가 선택되는데, 다시 6단계에서 결정된 개입 목표에 따라 실천적 대안 각각의 효과성과 효율성을 평가하고, 8단계에서 가장 적절한 실천적 대안을 선택하도록 해 판단을 반복하도록 하고 있다.

둘째, 로웬버그와 돌고프가 가장 중요한 가치로 제시한 생명보호의 원칙이 생물학적인 생명관에 바탕을 두고 있는지, 심리사회적 측면도 반영하고 있는지에 따라 해석이 달라질 수 있다. 안락사의 경우, 생물학적인 생명관에 바탕을 둔다면 3번째 원칙인 자율성과 자유의 원칙에도 불구하고 1번째 원칙인 생명보호의 원칙에 반해 온정적 개입이 허용된다. 하지만 심리사회적 측면을 반영한다면 의식을 회복할 수 없는 경우에 무의미한 연명보다는 품위 있는 죽음, 즉 존엄사를 선택하는 방안이 윤리적으로 정당화되기 때문에 생명 보호의 원칙에 위배되지 않는다(김기덕, 2002). 결국, 로웬버그와 돌고프가 제시한 원칙에 더하여 사회복지사, 클라이언트, 사회에서 가지고 있는 가치가 어떠한 배경에서 나타나게 되었는지가 함께 상호작용하여 결정을 내리게 되는 것이다(심상용, 2016: 233-236).

〈사례 4-1〉 존엄사

104세 과학자 안락사 원정, 베토벤 들으며 눈감다

치명적 질환이 없는데도, 고령이어서 삶의 의미가 없어졌다는 이유로 스스로 생을 마감하기로 한 호주의 최고령 과학자 데이비드 구달(104) 박사가 스위스 바젤에서 편안히 눈을 감았다. 스위스는 조력자살(안락사)을 허용하는 몇 안 되는 국가 중 하나다.

…(중략) …

구달의 안락사 과정을 도왔던 국제 안락사 추진 단체의 필립 니츠케 사무총장은 자신의 트위터에 "구달이 평화롭게 잠들었다"고 적었다. 구달의 안락사는 수면제를 투입하는 방식으로 진행됐다. 구달은 자신이 죽음의 순간 듣고 싶어 했던 베토벤 교향곡 9번의 마지막 악장인 〈환희의 송가(Ode to Joy)〉를 들으며 삶을 마감했다.

생태학자인 구달은 최근 ABC 방송 인터뷰에서 질병은 없지만 건강이 나빠지면 지금보다 더 불행해질 것 같다며, 104세라는 나이에 이르게 된 것을 매우 후회하고 있다고 말했다. 그는 스위스 바젤의 '이터널 스피릿'이라는 기관에서 스스로 생을 마감하겠다고 밝힌 바 있다.

AFP통신 등에 따르면 9일 바젤의 한 호텔에서 10여 명의 취재진을 맞은 구달 박사는 "더는 삶을 지속하고 싶지 않다. 내일 생을 마칠 기회를 얻게 돼 행복하다. 의료진의 도움에 감사한다."고 말했다. 구달 박사는 인터뷰 도중 갑자기 노래를 흥얼거리기도 하는 등 마지막을 앞둔 사람의 불안한 모습은 보이지 않았다.

생의 마지막 순간에 어떤 음악을 선택하게 될 것 같으냐는 질문에 구달 박사는 "그건 생각해 본 적이 없는데 고르라고 한다면 베토벤 교향곡 9번의 마지막 부분이 될 것 같다."고 말했다. 그는 이어 "호주에서 삶을 마치고 싶었지만 그렇게 되질 않았다. 호주가 스위스보다 한참 뒤떨어져 있다는 것에 대해 매우 유감으로 생각한다."며 안락사를 선택할 수 있는 권리를 줘야 한다고 말하기도 했다.

구달 박사는 자신에 대한 관심이 호주는 물론 다른 나라에서 안락사 입법을 다시 생각해 보는 계기가 되기를 바란다고 밝혔다. 또 "이유 불문하고 노인이 삶을 지속해야 하는 것으로부터 자유로워질 수 있게 하는 도구로 내가 기억되기를 바란다."고 말했다.

이터널 스피릿 설립자인 모리츠 갈은 취재진에 "마지막 순간 마음이 바뀌면 결정을 번복할 수 있는 옵션이 있다."고 말했지만 구달 박사는 "그런 일은 없을 것"이라고 말했다.

매년 80여 명이 이터널 스피릿을 찾고 있으며, 고령인데다 질병으로 심각한 고통을 겪는 사람이 대다수인 것으로 알려졌다. 이곳에서 안락사를 선택했던 사람들의 평균 연령은 72세였다. 가장 젊은 사람이 32세, 최고령자가 99세였다.

> 구달 박사의 선택을 받은 스위스는 수십 년 전부터 강제가 아닌 자의에 의해 생을 마감하려는 사람에게 안락사를 허용하고 있다. 다만, '조력자들이 안락사를 원하는 사람을 돕는 과정에서 이기적인 이득을 취해서는 안 된다'는 전제를 두고 있다.

출처: 한국일보(2018).

2) 리머의 의사결정 모델

(1) 의사결정 지침

표 4-6 윤리적 의사결정 지침

1. 기본적 삶의 조건(생명, 건강, 주거 등)은 정보에 대한 비밀보장보다 우선한다.
2. 개인의 기본적 삶의 조건은 다른 사람의 자유권보다 우선적으로 보호되어야 한다.
3. 개인의 자유권은 그 자신의 기본적 안녕에 대한 권리보다 우선한다.
4. 개인이 자발적으로 동의한 법, 규칙, 규정에 복종하는 것은 위반할 자유보다 우선한다.
5. 자발적으로 가입한 조직의 규칙, 법, 규정보다 특정 개인의 웰빙이 우선한다.
6. 주거, 교육, 공공부조와 같은 공적 선이 개인의 사유재산 보호보다 우선한다.

출처: 이효선(2016).

윤리적 의사결정 지침은 윤리적 의무가 충돌할 때 해결을 위한 의무의 위계, 상대적 중요도를 다룬 것이다.

첫 번째 원칙은 인간 생존에 필수적인 조건들에 대한 위해와 관련된 규칙은 비밀보장 등 다른 규칙보다 우선한다는 것이다. 비밀누설로 인해 클라이언트가 입을 수 있는 해악보다 생명을 해칠 수 있는 위협을 막는 것이 더 중요하다. 예를 들어, 클라이언트가 제3자의 생명을 위협할 경우에 사회복지사는 제3자를 보호하기 위해 비밀을 폭로하는 것을 정당화시켜 준다.

두 번째 원칙은 인간의 기본권을 위협하지만 않는다면 개인은 자기결정권과 자신이 원하는 대로 행동할 권리가 있다는 것을 시사한다. 예를 들어, 사회복지사는 클라이언트의 자녀 양육 방법이 자신의 방법과 다르다고 해도 클라이언트의 방법을 존중해야 하며, 클라이언트의 양육 방법이 아이의 기본 복지권을 위협한다면 부모의 자기결정권을 간섭하기 위한 조치를 취해야 한다.

세 번째 원칙은 자기 파괴적인 행동을 하는 클라이언트가 그것이 스스로의 기본적 안녕을 위협하는 것일지라도 다른 사람의 안녕을 해치지 않는다면 존중되어야 함을 의미한다. 즉, 개인의 자기결정권이 중요하다는 것을 의미한다. 하지만 사회복지사가 판단하였을 때 자기 생명이나 안전에 즉각적 위협이 될 정도의 행동이라면 제한을 할 수 있어야 한다.

네 번째 원칙은 사회복지사가 근무하는 기관의 원칙이 클라이언트와 낙태에 관해 논의하는 것을 금지하는 경우, 이러한 방침을 고의적으로 위반하는 것은 비윤리적이라는 것이다. 만약 사회복지사가 기관의 방침을 따를 수 없다면 다른 일자리를 찾거나 기관의 방침을 바꾸려는 노력을 해야 한다. 다시 말해, 사회복지사가 속한 기관의 정책을 고의적으로 위반하는 것은 비윤리적이라는 것이다.

다섯 번째 원칙은 법률이나 규칙, 규정을 준수해야 하는 의무는 절대적인 것이 아니며 한계가 있다는 것이다. 또한 자발적으로 가입한 전문가 단체의 규칙이 만일 개인의 복리를 위협한다면 개인의 안녕추구권이 우선한다는 것이다. 법을 위반하는 것이 클라이언트의 기본적 복리를 보호할 수 있다면 정당화될 수 있음을 제시한다.

여섯 번째 원칙은 빈곤한 사람들에게 원조를 제공하고, 기본적인 해악을 예방하기 위해 필요한 조세 및 강제 조치를 정당화해야 한다는 것이다. 예를 들어, 학대받는 아동이나 빈민, 집 없는 사람들, 의료 혜택을 못 받는 사람들, 장애인 등에게 기본적인 서비스를 제공하기 위해서 세금을 부과하는 조치들을 정당화시키는 것을 뜻한다.

(2) 의사결정 단계

리머는 윤리적 의사결정의 지침을 참조하며 〈표 4-7〉과 같이 7단계의 윤리적 의사결정 과정을 수행할 때 합리적이고 윤리적인 결론에 도달할 수 있다고 보았다.

표 4-7 리머의 의사결정 단계

1단계	갈등을 일으키는 사회복지실천 가치와 의무를 포함하여 윤리적 문제를 규명한다.
2단계	윤리적 결정에 의하여 영향을 받을 가능성이 있는 개인이나 집단, 조직을 규명한다.
3단계	실행 가능한 모든 행동 방침과 각각의 경우에 포함되는 참여자들, 그리고 각각의 경우의 잠재적 이익과 위험을 잠정적으로 규명한다.
4단계	관련 상황을 고려하여 각각의 행동방침을 찬성 또는 반대하는 이유와 근거를 철저하게 검토한다.
5단계	동료나 적당한 전문가(기관의 직원, 수퍼바이저, 기관의 행정가, 변호사, 윤리학자 등)와 상담한다.
6단계	결정을 내리고 의사결정 과정의 증거 서류를 첨부한다.
7단계	결정을 감시 · 평가하고, 결정에 관한 서류를 첨부한다.

출처: 윤성호, 이미라, 손지현(2016: 132).

(3) 평가

리머의 윤리적 의사결정 모델의 장점은 다음과 같다.

첫째, 윤리적 의사결정 지침과 의사결정 단계를 각각 분리하여 제시했다. 윤리적 의사결정 지침이 윤리적 사정 원칙에 해당한다면 윤리적 의사결정 단계는 결정 절차에 해당한다.

둘째, 리머의 윤리적 의사결정 단계는 실용성이 높은 윤리적 의사결정 절차를 제시하고 있다. 리머의 모델은 윤리적 쟁점에 대해 상충되는 가치를 확인하는 작업에서 출발한다. 가치 간의 갈등 형태로 윤리적 쟁점을 명료화하는 작업은 상충하는 가치를 내포하는 윤리적 딜레마의 본성을 손쉽게 파악하도록 돕기 때문에 합리적인 윤리적 의사결정을 내릴 수 있도록 한다.

반면, 리머의 윤리적 의사결정 모델의 단점은 다음과 같다.

사례와 관련된 다양한 가치를 종합적으로 고려하도록 고안되지 않아 윤리적 의사결정이 정치적인 과정이라는 특성을 충분히 반영하지 못하고 있다. 로웬버그와 돌고프의 모델은 사회복지사의 개인적 가치, 전문적 가치, 사회적 가치, 나아가 클라이언트의 가치까지 검토하도록 하고 있고, 이 가치들 간의 상충이 발생할 때 이를 최소화할 수 있는 방안을 마련하도록 한다. 반면, 리머는 상충하는 가치와 의무, 윤리강령의 적용 등에서 전문적 가치를 반영하고 있다고 볼 수 있고, 개인적 가치를 검토하도록 하고 있지만 특히 클라이언트의 가치를 확인하고 윤리적 의사결정에 반영하는 절차를 충분히 고려하고 있다고 보기는 어렵다(심상용, 2016: 238-240).

3) 콩그레스의 ETHIC 모델

(1) ETHIC 모델

이 모델은 윤리(ethic)의 영어 철자를 활용하여 의사결정의 과정을 단계별로 제시하고 있다.

첫 번째, E(Examine)의 내용을 살펴보면 사회복지 현장에서 직면하게 되는 상황은 개인의 가치 대 기관의 가치, 클라이언트의 가치 대 사회의 가치처럼 여러 가치 간의 대립으로 발생하게 된다는 것이다. 따라서 갈등을 해결하기 위해서는 윤리적 딜레마에 처한 상황과 관련된 다양한 가치를 검토하는 것이 필요하다.

두 번째, T(Think)는 갈등 상황과 관련하여 적용되는 지침들을 살펴보는 것이다. 대표적인 지침은 사회복지사 윤리강령이다. 하지만 사회복지사가 만나게 되는 다양한 윤리적 딜레마 상황에 적용하기에는 한계점을 가지고 있어 이를 보완하기 위해 관련된 법률과 판례를 확인할 수 있다.

세 번째, H(Hypothesize)에서는 E와 T단계를 통해 내릴 수 있는 다양한 결정에 대한 가설을 설정하는 것이다. 이러한 가설 설정을 통해 사회복지사와 클라이언트는 향후 발생할 수 있는 또 다른 상황들을 고려해 봄으로써 현재 결정에 도움을 받을 수 있다.

네 번째, I(Identify)에서는 앞서 설정했던 각각의 가설에 대해 혜택을 받는 사람과 피해를 받는 사람이 누구인가를 확인하는 것이다. 이러한 과정을 통해 피해를 받는 대상을 확인하고, 특히 상황에서 가장 취약한 사람에게 해가 되지 않는 결정을 하도록 노력해야 한다.

다섯 번째, C(Consult)에서는 사회복지사가 지금까지 내린 결정 사항에 대하여 수퍼바이저 및 동료에게 자문을 구하는 것이다. 이러한 노력들은 윤리적 딜레마 상황에만 몰입하여 다른 상황을 고려하지 못하는 것을 예방하게 하고, 사회복지사가 결정한 내용들이 최선의 선택임을 다른 체계로부터 확인받는 과정이라고 할 수 있다(윤성호, 이미라, 손지현, 2016: 133-134).

표 4-8 ETHIC 모델

조사(Examine)	윤리적 딜레마 상황과 관련된 사회복지사와 클라이언트의 가치, 사회적 가치, 기관적 가치, 전문적 가치를 파악한다.
사고(Think)	윤리적 딜레마 상황에 적용되는 윤리강령의 윤리기준, 관련법, 판례를 고려한다.
가설(Hypothesize)	각기 다른 결정의 잠재적 결과에 대한 가설을 세워 윤리적 결정을 위해 고려한다.
규명(Identify)	결정을 내렸을 때 이익을 얻을 사람과 해가 될 사람을 확인한다.
자문(Consult)	윤리적 선택을 위하여 수퍼바이저와 동료들에게 자문을 구한다.

출처: 이순민(2016: 76).

(2) 평가

콩그레스의 윤리적 의사결정 모델의 장점은 다음과 같다.

첫째, ETHIC 모델은 윤리적 의사결정 과정을 비교적 명료하게 제시해 사회복지 현장에서 적용성이 높다. 윤리강령, 법률이나 판례의 자원만 갖추면 누구나 ETHIC 모델을 사용할 수 있다.

둘째, 윤리적 의사결정이 사회복지사 개인의 독단적인 결정이 아니라 관련된 사람들이 참여한다는 점을 잘 반영하고 있다. ETHIC 모델은 사례와 관련해 사회복지사의 개인적 가치, 사회적 가치, 기관의 가치, 클라이언트의 가치, 전문적 가치를 모두 고려하도록 하고 있다. 윤리적 의사결정에 있어 전문적 가치뿐 아니라 클라이언트의 가치도 중요한 요인으로 고려하는 것이다. 또한 마지막 자문 절차를 통해 사회복지사 개인의 독단적인 결정의 위험을 통제하게 하고 있다.

셋째, 윤리적 의사결정에서 사회복지사가 클라이언트 개인뿐 아니라 관련된 사람들의 이익을 고려하도록 해 사회정의의 관점을 수용하고 있다. 전통적으로 전문직 윤리관은 사회복지사가 클라이언트의 이익만을 고려하도록 해 사회복지사를 클라이언트의 대리자 역할만 한다고 비판받아 왔다. 그러나 콩그레스는 사회정의의 관점과 관련해 취약한 사람의 권익이 침해되지 않도록 관련된 사람들의 이익과 손해를 고려할 것을 강조하고 있다.

반면, 콩그레스의 윤리적 의사결정 모델의 단점은 다음과 같다.

첫째, 윤리적 의사결정 과정에서 활용할 자원으로 윤리강령과 관련법이나 판례만을 제시하고 있다. 이는 사례에 적용되는 윤리강령의 관련 조항을 바탕으로 윤리적 판단을 내리는 방식이 쉬운 사례의 경우에만 적용될 수 있다.

둘째, 윤리강령에 대한 의존도가 매우 높은데 반해 윤리강령만으로 윤리적 딜레마를 해결할 수는 없는 한계가 있다(심상용, 2016: 220-221).

4) 매티슨의 모델

(1) 내용

매티슨의 의사결정 과정은 '사례와 관련된 정보 수집 → 실천적 측면과 윤리적 측면의 분리 → 가치 갈등 찾기 → 사례에 해당되는 윤리원칙 찾기 → 가능한 대안 찾기(이득과 비용분석) → 우선순위 평가를 통한 대안 선택 → 해결'의 단계로 구성된다. 특히 의사결정 단계마다 사회복지사 개인의 의사결정 수행에 주의를 기울여야 한다.

표 4-9 매티슨의 의사결정 과정

1단계	• 사례와 관련해 클라이언트의 상황을 판단하는 데 필요한 모든 정보와 관련 자료를 수집하고 평가
2단계	• 사례분석에 필요한 지식과 기술을 말하는 기술적인 측면과 사례와 관련된 사회복지실천의 기본가치와 이를 구현하는 윤리적인 요소로 나누는 것 • 기술적인 측면은 사회복지실천 이론과 모델을 적용하여 개입함에 있어 클라이언트의 육체적 · 정신적 · 재정적 측면의 문제해결에 기여할 영향에 대해 비교하고 예측하는 것 • 윤리적인 요소는 사회복지실천이론과 모델을 적용해 개입할 때 예상되는 윤리적인 고려사항이 무엇인지를 확인하는 것
3단계	• 상충하는 가치들 간의 갈등 형태로 명확히 제시하는 것 • 가치와 윤리적 의무뿐 아니라 법적인 측면에 대해서도 고려
4단계	• 상충하는 가치들과 연관되고, 이를 반영하는 윤리적 의무들을 윤리강령에서 확인하는 것
5단계	• 선택 가능한 각각의 행위에 대해 예상되는 이익과 손해를 판단하는 단계 • 각각의 행위에 따라 영향을 받을 수 있는 관련 당사자 모두를 판단의 대상에 포함시킴
6단계	• 상충하는 가치들의 우선순위 결정은 배제되는 다른 가치와 의무를 희생하면서도 특정한 가치와 의무를 선택해야 하는 근거를 윤리적으로 정당화하는 과업임
7단계	• 선택된 가치에 입각해 구체적인 개입활동을 시행하고, 일련의 결정 과정과 결과를 정당화하기 위한 작업을 준비

출처: 심상용(2016: 228-229) 재인용.

(2) 평가

매티슨의 윤리적 의사결정 모델의 장점은 다음과 같다.

첫째, 상충하는 가치들 간의 갈등을 명확히 할 것을 제시하고 있다. 3단계에서 사례와 관련된 윤리적인 측면을 상충하는 가치들 간의 갈등 형태로 명확히 하는 절차를 담고 있다. 상충하는 가치들 간의 갈등 형태로 윤리적 쟁점을 명료화하는 작업은 합리적인 윤리적 의사결정을 이끌어 낼 수 있다. 따라서 가치 갈등을 명료화하는 단계는 상충하는 가치들 간의 상충이 발생하는 윤리적 딜레마 상황에서 올바른 실천을 위한 윤리적 판단을 진행하는 데 적용 가능성이 높다고 할 수 있다.

둘째, 다른 모델들이 반영하지 못하고 있는 새로운 요소들을 제시하고 있다. 2단계에서 사례를 분석해 윤리적인 요소와 기술적인 측면을 구별하고 분리해 분석하도록 하고 있다. 기술적인 측면이란 사례분석에 필요한 과학적인 이론을 말한다.

반면, 매티슨의 윤리적 의사결정 모델의 단점은 다음과 같다.

의무론과 목적론을 적용해 분석한 결과를 종합하는 과정이 없다. 의무론적인 측면에서 보면 3단계에서 상충하는 가치들 간의 갈등을 명확히 하도록 하고, 6단계에서는 상충하는 가치들 중 우선순위를 결정하도록 하고 있다. 하지만 5단계에서는 선택 가능한 행위들의 예상되는 이익과 손해를 확인하는 절차로, 목적론을 적용하는 분석을 실시하도록 하고 있다. 다시 7단계에서는 상충하는 가치들 중 선택된 가치에 입각해 구체적인 개입활동을 실시하도록 하고 있다. 의무론과 목적론을 적용하여 종합하는 판단 절차가 없다고 볼 수 있고, 결국 마지막 7단계는 의무론적인 분석과 선택 과정이므로 목적론적인 5단계는 무의미하다고 볼 수 있다(심상용, 2016: 229-230).

5. 윤리적 의사결정 사례분석

1) 부모와 자녀가 분리된 가족에 대한 개입

(1) 사례

클라이언트 부부는 성장기에 불우한 가정환경으로 사랑을 받지 못하고 자랐으며, 둘 다 중학교를 중퇴하였다. 클라이언트 부부는 현재 중국집에서 배달일을 하고 있다. 클라이언트 아내는 중학교 중퇴 후에 다방일을 하면서 현재 남편을 만났으며, 최근 경제적인 어려움을 해소하고자 저질렀던 중고물품 인터넷 사기로 인해 1년간 복역 후 출소한 상태이다. 자녀는 삼남매가 있으나 클라이언트 아내가 교도소에 수감되며 아이들을 돌볼 수 없는 상황으로 현재 위탁가정에 입소되어 있는 상황이다. 그러나 클라이언트 아내가 출소하여 아이들을 데려와서 함께 살기를 원하고 있다. 하지만 가정위탁시설에 입소하기 이전 아이들은 영양결핍 상태를 나타내었고, 둘째의 경우에는 출생신고도 되어 있지 않았으며 언어능력도 또래 아이들보다 저하되어 있었다.

이 사례에서 주된 딜레마는 클라이언트 부부를 중심으로 결정을 내릴 것인가, 자녀를 중심으로 결정을 내릴 것인가 하는 것이다. 클라이언트 부부는 제대로 된 직업 없이 또한 부모가 될 준비 없이 삼남매를 출산하였고, 생활고로 인하여 자녀에 대한 방임도 발생하였다. 하지만 자녀와 함께 거주하고자 하는 욕구를 보이고 있다. 자녀는 위탁가정에 거주하고 있는데, 원가족보다 안정된 환경에서 생활을 하고 있을 수 있다. 미성년 자녀이므로 스스로의 판단능력이 완전하지는 않지만 부모와 다시 살기를 원하는지, 지금의 가정에서 지내기를 원하는지를 파악하여야 할 것이다.

(2) 로웬버그와 돌고프의 모델에 따른 의사결정 분석사례 적용

로웬버그와 돌고프는 사회복지의 주요 가치들을 서열화한 윤리적 원칙 심사표와 사례와 관련된 실천적 대안들을 윤리적으로 검토하는 윤리적 사정 심사표를 제시하였다. 여기서는 앞의 사례에 대하여 윤리적 의사결정과 관련한 일반결정 모델의 순서에 따라 적용해 보도록 하겠다. 일반결정 모델이 11단계까지이지만 개입방법을 수행하고 검토하고 평가하는 9단계 이후의 과정을 제외한 개입방법을 선택하게 되는 8단계까지 적용하도록 하겠다.

① 1단계(문제가 무엇인지, 문제를 야기하는 요인은 무엇인지 확인)

이 사례에서 문제는 클라이언트 자녀에 대한 거취와 클라이언트 부부가 자녀에 대한 양육을 올바르게 할 수 있는지에 대한 확신이 서지 않는다는 것이다. 클라이언트 부부는 중학교 중퇴 이후에 다방일, 배달일 등을 하여 왔고, 생활고로 인하여 인터넷 사기로 복역을 한 과거도 있다. 또한 자녀에 대하여 출생신고조차 하지 않는 등 방임이 지속되어 왔다. 이러한 상황에서 클라이언트 부부가 자녀와의 재결합을 원한다고 하여 무조건 원가족으로 돌려보내는 것이 옳은가에 대한 딜레마를 경험하게 된다.

② 2단계(클라이언트, 피해자, 지지체계, 다른 전문가 등 해당 문제와 관련된 사람과 단체는 어디인지 확인)

클라이언트 부부와 자녀인 삼남매, 위탁가정부모, 가정위탁지원센터, 종합복지관 등이 이 문제와 해결된 사람과 단체로 볼 수 있다.

③ 3단계(2단계에서 확인된 다양한 주체가 주어진 문제와 관련해서 어떤 가치를 지니고 있는지 확인)

클라이언트 부부에게는 자녀와 함께 살고 싶은 욕구가 있고, 자녀들에게는 안전하게 성장할 권리가 있다. 위탁가정부모와 가정위탁지원센터에서는 무엇보다 아동을 중심으로 가치를 고려하게 되어 있다. 종합복지관의 경우,

클라이언트 부부를 중심으로 이들이 원하는 욕구에 초점을 두고 있다.

④ 4단계(문제해결과 같은 개입목표의 명확화)

자녀에 대한 건강한 양육환경을 조성한다.

⑤ 5단계(개입수단과 개입대상 확인)

목표를 달성하기 위하여 두 가지 대안을 생각해 볼 수 있다. 자녀에 대한 건강한 양육환경이 위탁가정에서 보다 더 잘 제공받을 수 있다면 현 상황을 유지하며 친부모와의 관계를 어떻게 유지할 것인가에 대한 개입방안을 수립할 수 있다. 반면, 클라이언트 부부가 다시 자녀를 데려와서 양육하기 위해서는 경제적으로 안정화되어야 하고, 자녀 양육에 대한 교육프로그램 참여 등 양육에 대한 지원도 함께 이루어져야 한다.

⑥ 6단계(확정된 목표에 따라 설정된 개입방안의 효과성과 효율성 평가)

효율성의 측면에서 본다면 위탁가정에서 아동들이 계속 생활하는 것이 비용이 적게 들어갈 수 있다. 하지만 아동의 정서적인 측면까지 살펴본다면 친부모와 함께 생활을 하는 것이 보다 효과적일 것이다. 물론 이때에는 재결합한 이후에 이전과 같은 방임이 이루어지지 않는다는 것이 전제되어야 한다.

⑦ 7단계(누가 의사결정에 참여할 것인가를 결정)

결국 의사결정은 클라이언트 부부와 자녀가 해야 한다. 그중 자녀의 의견이 더 중요하게 반영되어야 한다.

⑧ 8단계(개입방법 선택)

자녀가 친부모와 함께 살기를 원할 때에는 클라이언트 부부에 대한 자녀 양육 교육 및 가족 전체에 대한 경제적인 지원 등이 필요하다. 만약 자녀가 위탁가정에서 계속 지내기를 원하는 경우에는 친부모와의 관계에 대한 재정립이 필요하다.

2) 지적장애 남성과 베트남 여성 부부에 대한 개입

(1) 사례

클라이언트는 지적장애 3급으로 국제결혼을 통해 베트남 부인과 함께 생활해 왔으나 클라이언트의 부인이 한국에 온지 3개월 만에 뇌출혈로 쓰러지게 되었고, 대형병원에 입원하여 중대뇌동맥폐색으로 시술을 받았다. 추후 심장이 좋지 않다는 의사의 소견이 있어 재입원하여 승모판 협착 수술을 받았다. 이후 재활이 필요해 재활병원에 입원하여 재활치료를 받았고, 부인의 병간호를 위해 클라이언트는 근 1년간 근로가 이루어지지 못해 소득의 중단으로 인한 의료비 체납(약 520만 원) 및 생활고가 발생되었다.

부인이 재활병원에 있을 때에는 전적으로 클라이언트가 간병에 매달렸으며, 체납으로 인해 병원에서 퇴원한 후 시립병원으로 병원을 옮겨 병원비와 공동간병인을 지원받고 있다. 그러나 초기 입원 당시 지원의 시기가 3개월로 정해져 있어 지원이 끝나게 되면 클라이언트가 또다시 부인을 간병해야 하는 상황이다. 부인의 여동생을 한국으로 데리고 와 간병을 하게 하였으나, 동생이 한국에 정착하고 싶은 마음이 커 무단으로 병원을 이탈하여 연락이 닿지 않은 상황이 발생되었고, 차후 발견되어 추방당하기도 했다.

이 사례의 클라이언트는 지적장애인이다. 국제결혼을 통해 이루어진 가정으로, 부인이 한국에 온지 3개월 만에 뇌출혈로 쓰러졌고 클라이언트의 가족은 부인의 회생가능성이 없다고 판단하여 고국으로 보낼 것을 종용하고 있다. 하지만 자기결정의 원칙에 따라 이에 대한 모든 선택은 클라이언트가 스스로 결정할 수 있도록 충분한 시간을 가지고 지속적인 상담진행이 필요할 것이다.

특히, 경제적인 부분이 가장 큰 비중을 차지하고 있어 클라이언트가 사회복지기관에 의존적으로 변하지 않도록 역할 부여를 상황에 맞추어 부여해 줌으로써 역량을 강화해 줄 필요가 있다. 또한 클라이언트 부인의 경우에는 간병을 위해 친동생이 한국에 왔지만 무단이탈하여 추방당하는 과정을 겪기도 하여 다문화가족지원센터의 협조를 통해 통역사를 파견하여 정서적 안정을 얻을 수 있도록 지원하는 방안도 고려되어야 할 것이다.

(2) 콩그레스의 ETHIC 모델에 따른 의사결정 분석사례 적용

콩그레스의 ETHIC 모델은 주로 윤리적 의사결정 절차에 초점을 맞춘 것으로, 가치확인, 윤리적 · 법적 기준확인, 가설설정, 자문의 과정으로 구성되어 있다. 따라서 각 단계에 따라 앞의 사례에 대한 윤리적 의사결정을 진행하여 보도록 하겠다.

① E(조사)

이 사례에서 클라이언트의 가치는 부인을 계속 돌보는 것이다. 하지만 가족의 가치는 클라이언트의 부인을 본국으로 돌려보내는 것을 원하고 있고, 사회적 가치에서 볼 때에도 외국인에 대하여 계속적인 지원이 이루어져야 하는가에 대한 합의가 이루어지지 않고 있다.

② T(사고)

한국사회복지사협회의 윤리강령에 따르면 “사회복지사는 클라이언트의 종교, 인종, 성, 연령, 국적, 결혼상태, 성 취향, 경제적 지위, 정치적 신념, 정신 · 신체적 장애, 기타 개인적 선호, 특징, 조건, 지위를 이유로 차별 대우를 하지 않는다”고 되어 있다. 반면, 「국적법」에 따르면 “(한국 국적) 배우자와 혼인한 상태로 대한민국에 2년 이상 계속하여 주소가 있는 자”가 귀화를 신청하여 국적을 취득할 수 있다. 이 사례에서 클라이언트의 부인은 한국 국적을 취득하기 이전이고 한국인과 결혼한 외국인의 신분에 있다.

③ H(가설)

클라이언트가 계속하여 부인에 대한 간병과 의료비 지원을 할 것인가와 부인을 고국으로 돌려보내는 두 가지 가설을 세워 볼 수 있다. 클라이언트는 지적장애인이고 안정된 직장이 없는 상황이며, 부인에 대한 간병을 직접 하여 수입이 없다. 이 경우, 가족이나 사회복지기관의 지원을 통하여 병원비 충당과 간병을 지속해 나갈 수밖에 없는 상황이 발생하게 된다. 반면, 국제결혼을 하여 한국에 온 여성에 대하여 중병을 이유로 다시 고국으로 돌려보내는 것에 대한 윤리적인 문제가 발생하기도 한다.

④ I(규명)

클라이언트가 계속 부인에 대한 지원을 하게 될 경우 부인은 한국에서 의료지원을 받을 수 있지만 클라이언트와 가족의 부담과 함께 여러 기관에서 경제적인 지원이 이루어질 수밖에 없는 상황이다. 반면, 부인을 고국으로 돌려보내게 될 경우 윤리적인 문제가 발생하지만 클라이언트와 가족의 경제적인 부담을 덜 수 있다.

⑤ C(자문)

지적장애인인 클라이언트와 외국인 여성인 부인 모두 온전히 자기결정권을 주장하기 힘든 상황으로 볼 수 있다. 그렇기 때문에 가족의 의견과 여러 전문가의 의견, 관련 기관들의 연합 사례회의 등을 통하여 결정을 내리는 과정이 필요하다.

심화학습문제

1. 윤리적 딜레마 상황은 누가 판단할 수 있는가?
2. 윤리적 의사결정을 내릴 때 판단 주체는 누가 될 것인가?
3. 사례에서 적용하지 않은 다른 의사결정 모델을 활용하였을 때에도 같은 결론에 도달할 것인가?

제5장 사회복지사 윤리강령

학습목표	1. 윤리강령의 개념과 기능을 이해할 수 있다. 2. 사회복지실천에서 윤리적 민감성의 중요성을 이해할 수 있다. 3. 한국과 미국의 사회복지사 윤리강령을 비교 설명할 수 있다.
핵심용어	사회복지사 윤리강령, 윤리적 민감성, 실천 현장의 윤리

1. 윤리강령의 개념과 기능

윤리강령(code of ethics)은 특정 직종의 전문직으로서의 사명과 원칙 및 행동규범을 제정한 것이다. 윤리강령의 제정은 전문적 지위의 추구와 전문직으로서의 발달을 도모하기 위해서이다. 따라서 윤리강령은 특정 직종의 전문성을 상징하는 표식이 되며, 전문직으로서의 여부를 판단하는 데 있어서 중요한 기준이 된다.

특히, 윤리강령은 실천행위 전반에 걸쳐 전문직이 지켜야 할 가치기준을 제시하며, 세부적으로는 전문직이 실천 대상자에게 행하는 윤리적 행위와 비윤리적 행위에 대해 판단할 수 있는 기준을 제시한다. 윤리강령은 특정 직종의 전문가들이 공통적으로 합의한 내용을 다루고 있기에 사회윤리적인 측면에서 효력이 있지만 법적 제재의 효력은 없다.

전문직을 표방하는 사회복지직에도 윤리강령이 존재하며, 가장 광범위하게 언급되는 대표적인 사회복지사 윤리강령은 미국사회복지사협회 윤리강령(NASW Code of Ethics)이다. 여기서는 사회복지사 윤리강령을 "사회복지 자체의 기준과 더 넓은 문화의 변화를 반영하기 위해서 주기적으로 개정되는 문서"로 정의한다(서미경 외, 2015). 이 장에서는 사회복지사 윤리강령을 사회복지실천과정에서 윤리적으로 준수해야 하는 것으로 제정된 행동기준과 원칙으로 정의한다.

사회복지 전문직들의 합의를 통해서 제정된 사회복지사 윤리강령은 다양한 측면에서 그 기능을 발휘하는데, 대표적으로 로웬버그와 돌고프(Lowenberg & Dolgoff, 2008)는 다음과 같이 윤리강령의 기능을 논의하였다.

첫째, 사회복지사 윤리강령은 실천 현장의 윤리적 쟁점이나 윤리적 딜레마가 발생하였을 때, 이를 해결하기 위한 지침을 제공한다. 사회복지사의 실천업무 중 윤리적으로 어떤 업무가 어떻게 문제가 되는지의 판단에 있어서 윤리강령이 지침이 될 수 있다. 또한 윤리적인 갈등 상황에서 사회복지사가 자신의 가치에 부합하는 결정을 하는 데 있어서 윤리강령이 판단기준을 제공할 수 있다.

둘째, 사회복지사 윤리강령은 정직하지 않고 무능력한 실천가들로부터 많은 사람을 보호하는 기능을 한다. 사회복지사의 인성이나 능력에 따라서 지식과 기술의 정도가 부족할 수 있고, 그 활용이 부적절할 수도 있다. 또한 사람을 대상으로 하는 원조 전문직의 특성상 충분한 지식과 기술로 실천행위가 수행되었다고 하더라도 기대하지 못한 결과가 양산될 수 있다. 그렇기 때문에 잘못된 실천을 제공하거나 제공했다고 의심받는 경우가 생길 수 있다. 실천업무의 전 과정에서 지켜야 하는 행동기준과 원칙을 윤리강령이 담고 있기 때문에 이를 참고한다면 잘못을 최소화할 수 있고, 의심으로부터 벗어날 수 있다.

셋째, 사회복지사 윤리강령은 사회복지실천이 정부의 통제로부터 벗어나 전문직의 자율성을 추구하고 이를 보호하는 기능을 가진다. 많은 사회복지실천이 정부의 재정지원을 받아 수행되기 때문에 정부의 조정과 통제를 받기 쉽다. 그런데 사회복지 전문직이 추구하는 가치가 정부의 조정 및 통제와 상충될 때, 정부의 통제에 구속되기보다는 사회복지 전문직의 가치추구를 위한 근거를 사회복지사 윤리강령이 제공해 준다.

넷째, 사회복지사 윤리강령은 전문가 동료들이 조화롭게 상호작용할 수 있는 기준을 제시한다. 사회복지사는 클라이언트와의 관계에서 지켜야 할 윤리적 원칙 준수가 일차적이지만, 전문직 내부의 여러 동료와 일하고, 지역사회의 다양한 전문직과 협력하면서 일해야 하는 직업이기에 동료 전문가들과의 관계에서 지켜야 할 윤리적 원칙에 대해서도 민감할 필요가 있다. 윤리강령은 동료와 전문적 관계를 유지하면서 조화롭게 협력하여 윤리적인 조직문화를 만들어 갈 수 있는 지침을 제공해 준다.

다섯째, 사회복지사 윤리강령은 소송으로부터 전문가를 보호해 줄 수 있는 근거를 제공한다. 윤리강령을 따르는 실천가들이 실천 오류로 인해 제기된 소송에서 일정한 보호를 받도록 한다. 서비스와 관련된 소송은 한국보다 미국에서 훨씬 빈번하고, 소송의 이유도 다양하다. 윤리강령이 소송으로부터 전문가를 보호한다는 것은 전문가에게 유리하게 작용한다는 의미라기보다는 사회복지 전문가가 윤리강령에 입각한 실천을 했을 때 실천상의 오류를 방지해서 옳은 실천을 한 것인지, 그른 실천을 한 것인지를 판단할 수 있는 근거를 제시해 준다는 의미이다. 따라서 사회복지사가 윤리강령의 내용에 따라서 실천했다면 '승소'로서 재판은 종결될 것이다.

서구의 윤리강령에 대한 논의를 반영한 한국의 사회복지사 윤리강령의 기능은 다음과 같다(양옥경 외, 2010).

첫째, 사회복지실천 현장에서 윤리적 갈등 시 지침과 원칙을 제공한다.

둘째, 자기규제를 통해 클라이언트를 보호한다.

셋째, 스스로 자기규제를 가짐으로써 사회복지 전문직의 전문성을 확보하고 외부 통제로부터 전문직을 보호한다.

넷째, 일반 대중에게 전문가로서의 사회복지 기본업무 및 자세를 알리는 일차적 수단으로 기능한다.

다섯째, 선언적 선서를 통해 사회복지 전문가의 윤리적 민감성을 고양시키고 윤리적으로 무장시킨다.

표 5-1 서구와 한국의 사회복지사 윤리강령 기능

서구의 사회복지사 윤리강령 기능 (Lowenberg & Dolgoff, 2008)	한국의 사회복지사 윤리강령 기능 (양옥경 외, 2010)
• 윤리적 딜레마 해결 • 클라이언트 보호 • 전문직의 자율성 보호 • 전문직 내부의 조화로운 협력 • 전문가 보호	• 윤리적 갈등 시 지침과 원칙 제공 • 클라이언트 보호 • 전문성 확보와 전문직 보호 • 사회복지 업무와 자세에 대한 홍보 • 윤리적 민감성 고양

2. 사회복지사의 윤리적 민감성

윤리적 민감성(ethical sensitivity)은 윤리적 유능성을 갖추기 위한 가장 기본적이면서도 중요한 전문직의 한 요소이다. 1983년에 처음으로 윤리적 민감성이라는 개념을 제시한 레스트(James Rest)는 "윤리에 관한 이슈를 지각하고 이를 윤리적 의사결정 과정에서 고려할 수 있는 능력"으로 윤리적 민감성을 정의했다(Rest, 1983, 주석진, 조성심, 2012 재인용). 윤리적 민감성은 또한 감정이입 능력인 동시에 관점을 정립하는 강력한 인지적 요소 및 지적 능력으로 정의된다(최명민, 2005). 종합적으로, 윤리적 민감성이란 윤리적 문제가 발생하는 상황과 클라이언트에 대해 인식하고, 감정이입하여 윤리적으로 바람직한 의사결정이 이루어질 수 있도록 지원하는 능력이라고 할 수 있다. 따라서 윤리적 민감성이 부족하다면 윤리적 문제의 존재 자체도 인식하지 못하여 더 큰 문제를 결과할 수 있으며, 문제를 인식했다고 하더라도 윤리적으로 옳은 판단과 결정에 대한 해결이 불가능할 수 있다. 그러므로 사회복지사는 자신의 윤리적 민감성을 점검하고, 클라이언트의 윤리적 이슈를 놓치지 않고, 윤리적 의사결정이 올바르게 이루어질 수 있도록 주기적 수퍼비전을 받는 것이 필요하다.

사회복지실천에서 윤리적 민감성은 사회복지사의 중요한 자질로 특히 강조되고 있는데 그 이유로는, 첫째, 사회복지실천의 3대 구성요소인 지식, 기술, 가치 중 가치가 윤리적 측면을 포괄하기에 윤리적 민감성은 실천의 필수요소이다. 둘째, 사회복지실천은 권리옹호나 권리보장에서 취약한 사회적 약자나 소수자들을 주요 대상으로 하는 전문직이기에 이들 취약계층을 대상으로 한 실천에서 윤리적 차원을 간과할 수 없다. 셋째, 사회복지실천 업무의 특성상 윤리적 갈등이 포함된 많은 사례로 사회복지사의 윤리적 민감성은 늘 도전을 받게 된다.

윤리적 민감성이 사회복지사의 중요한 자질이라면, 윤리적 민감성은 어떻게 함양될 수 있는가? '민감성'이라는 개념 자체가 육감적이고 선천적인 느낌을 주는 관계로 타고난 자질이라는 인식이 강했고, 후천적으로 인지적 학습이나 훈련을 통해서 개선될 수 있는 것이냐에 대한 논란이 존재해 왔다. 그러나 국내외의 연구들에 의하면 윤리적 민감성은 교육이나 훈련에 의해 향상될 수 있는 것으로 증명되었고, 우리나라의 정신보건사회복지사를 대상으로 한 연구에서 윤리성 훈련이 윤리적 민감성을 향상시킨다는 결과가 보고되었다(최명민, 2005). 따라서 윤리적 민감성은 타고 나는 것이라기보다는 습득하고 개선될 수 있는 기술이며, 도덕적 문제와 관련된 경험 및 상황에 대한 반복된 노출을 통해 습득 가능한 것이라고 논의되고 있다(Clarkeburn, 2002).

윤리적 민감성의 훈련과 교육에서 포함되어야 할 요소로는 사회복지사 자신의 덕성과 덕목, 영성을 이해하는 훈련(Abramson, 1996), 소크라테스식 산문법을 통한 심도 있는 탐색, 자기이해, 최근의 연구 및 성과에 대한 학습, 그리고 집단토의 등이 제시되었다(Speicher, 1998). 우리나라에서는 최명민(2005)이 총 3단계의 교육으로 1단계-윤리이슈, 윤리강령, 대처방안, 2단계-자기탐색, 3단계-실제사례를 적용한 토론과 수퍼비전으로 구성된 훈련 프로그램을 제시했다(〈표 5-2〉 참조).

표 5-2 윤리적 민감성 훈련 프로그램 예시

단계	회기 및 제목	목표	내용
윤리이슈, 윤리강령, 대처방안	1회: 해당 실천 분야의 윤리적 이슈	실천분야의 윤리적 이슈와 내용 이해	• 비밀보장, 자기결정, 전문적 관계, 전문적 가치와 개인적 가치, 충실성의 상충 등 직접 서비스 관련 윤리적 이슈
	2회: 윤리강령 및 대처방안	지난 시간의 윤리적 이슈의 원칙과 대처 방안 이해	• 윤리강령 • 윤리적 이슈를 다루는 원칙과 과정에 대한 다양한 모델
자기탐색	3회: 자기인식	가치, 윤리관, 영성 등 점검을 통한 자기이해 향상	• 자기인식의 필요성 • 나의 가치의 우선순위 및 신념 • 내 삶의 경험과 나의 편견 • 나의 윤리적 측면
	4회: 전문가로서의 자기인식	전문가로서 자신의 다양한 측면 이해	• 일을 통해 추구하는 가치 • 유능한 사회복지사 이미지 • 전문가 윤리의 생태도
사례 적용 토론	5회: 실제 사례 윤리분석	실제 사례를 통해 윤리적 이슈를 발견하고 자기인식 능력을 향상	• 사례를 통해 명시적인 윤리적 이슈 탐색 및 자기인식 • 사례를 통해 내재된 윤리적 이슈 탐색 및 자기인식 • 사례를 통해 탐색한 윤리와 가치 이슈에 대한 대안 모색
	6회: 실제 사례 윤리분석		

출처: 최명민(2005).

한편, 사회복지사의 윤리적 민감성에 대한 측정은 다양한 방식이 존재하는데, 개념적 어려움과 함께 측정방식의 어려움으로 논의가 활발하지는 않다. 현재까지 논의에서 구조화된 지필방식보다는 상황판단검사 방식이 주로 선호되고, 한국에서는 2008년에 최명민이 개발한 SWEST(Social Workers' Ethical Sensitivity Test)가 윤리적 민감성 측정도구로 보편적으로 많이 사용되고 있다. 이 도구는 질적인 상황판단과 지필검사가 함께 사용되는 방법으로, 사회복지실천과정에서 발생할 수 있는 윤리적 이슈와 관련된 세 가지 사례를 제시하고 이슈의 인식 정도에 따라 네 단계로 나누어 0점부터 3점까지 채점하도록 구성되어 있다(최명민, 2008). SWEST가 제시하는 세 가지 윤리적 이슈는 '자기결정 및 비밀보장' '공정성 및 이중관계' '고지된 동의 및 상충관계'로, 사회복지 현장에서 보편적으로 많이 경험하게 되는 윤리적 딜레마의 주된 쟁점으로 〈표 5-3〉과 같은 사례가 이용된다.

표 5-3 윤리적 이슈와 관련된 사례

윤리적 이슈	사례 내용
자기결정 및 비밀보장	모 방송국으로부터 C알코올상담센터에 '알코올중독에서 회복된 사람들에 대한 다큐멘터리 프로그램'의 촬영섭외가 들어왔다. 방송국에서는 알코올중독으로부터 회복되는 과정과 결과를 보여 주기 위해 회복된 회원들뿐 아니라 그 가족을 모자이크나 음성 변조 없이 그대로 촬영하기를 희망한다. 귀하께서 C기관의 사회복지사라면 이 상황에서 어떤 문제나 측면들을 고려해야 한다고 생각하십니까?
공정성 및 이중관계	B는 아동상담 담당 사회복지사이다. 어느 날 B의 명성을 듣고 찾아왔다는 H씨와 그 딸을 면담하던 도중, 사회복지사 B는 H씨가 자신의 자녀를 가르치고 있는 담임교사의 가까운 친척인 것을 알게 되었다. H씨는 그 담임교사에게 B를 소개받았다면서 자신의 딸을 특별히 신경 써서 상담해 달라고 부탁한다. 귀하께서 사회복지사 B라면 이 상황에서 어떤 문제나 측면들을 고려해야 한다고 생각하십니까?
고지된 동의 및 상충관계	한 노인요양원의 사회사업실에서는 보호자가 없는 거동이 불편한 노인들의 생활비를 맡아 관리하고 있다. 어느 날 실장이 사회복지사 K에게 환자 건강관리를 위해서 체력단련기계를 구입하기로 임원회의에서 결정하여 환자들에게 동의를 받았으니 환자들의 통장에서 소정의 금액을 출금하라고 지시하였다. 그러나 사회복지사 K가 보기에 환자들은 사실상 그 기계의 용도를 제대로 이해하지 못했거나, 이 기계를 사용하기에 무리가 있는 경우도 있다고 판단된다. 귀하께서 이 지시를 받은 사회복지사 K라면 이 상황에서 어떤 문제나 측면들을 고려해야 한다고 생각하십니까?

출처: 최명민(2008).

사회복지사의 윤리를 강조해 온 전통에도 불구하고, 윤리적 민감성에 대한 연구는 사회복지실천의 세 가지 중요 요소인 지식 및 기술 영역에 비해 매우 저조한 것이 현실이다. 1990년대 이후 윤리와 관련된 이슈에 대한 관심이 교육과 연구 분야에서 시작되었고, 주로 의료 및 정신보건 영역에 집중되어 한정된 윤리적 이슈에 국한되어 왔다. 사회복지사의 윤리적 민감성에는 개인 및 기관의 조직적 요소가 영향을 미치는 것으로 조사되었다. 개인적 요소로는 연령, 학력, 실무경력과 근무연수가 높은 집단이 그렇지 못한 집단에 비해 윤리적 책임행동의 수준과 윤리적 민감성이 높은 것으로 나타났다(김경희, 2001; 장홍숙, 2009). 개인적 요인 못지않게 조직의 문화 및 업무 특성도 윤리적 민감성에 영향을 미치는데 배려주의적인 조직문화에서 윤리적 민감성이 높게 나타나는 반면, 개인의 욕구충족을 위해 타인을 속이거나 조롱하는 욕구가 높을수록 윤리적 민감성은 낮게 나타났다(신후경, 2009; 장홍숙, 2009). 사회복지 윤리와 철학 교과목을 이수한 실무자가 그렇지 않은 대상에 비해 윤리적 민감성이 높은 것으로 나타난 것으로 보아 윤리교육이 윤리적 민감성을 높이는 데 효과가 있다는 사실이 입증되었다(최명민, 2008, 2009).

3. 사회복지사업의 윤리원칙

사회복지사업은 개인의 욕구충족과 삶의 질 향상을 목적으로 다양한 서비스를 제공하는 활동으로 이해된다. 사회복지사업의 영역 속에 포함되는 활동을 보다 정확하게 「사회복지사업법」을 통해 살펴보면, 사회복지사업이란 「국민기초생활보장법」「아동복지법」「노인복지법」「장애인복지법」 등을 포함한 관련법의 목적에 따른 보호·선도(善導) 또는 복지에 관한 사업과 사회복지상담, 직업지원, 무료 숙박, 지역사회복지, 의료복지, 재가복지(在家福祉), 사회복지관 운영, 정신질환자 및 한센병력자의 사회복귀에 관한 사업 등 각종 복지사업과 이와 관련된 자원봉사활동 및 복지시설의 운영 또는 지원을 목적으로 하는 사업으로 정의된다(2018. 4. 25 시행).

앞의 정의를 통해서 볼 때 사회복지사업은 빈곤한 취약계층 혹은 아동, 청소년, 한부모가정, 장애인 등이 주요한 사업의 대상이 되며, 사회복지사업이 행해지는 영역은 공공부조와 사회복지서비스 영역으로 분류되며, 사회복지사업수행의 주체로서 공공과 민간이 함께 참여하는 것으로 이해할 수 있다. 사회복지사업이 인권옹호나 권리보장에서 취약한 위치에 있는 주변화된 계층을 대상으로 한다는 점, 사업의 본질적 목적이 이윤추구가 되는 일반기업과는 달리 취약계층의 역량강화와 복지증진이라는 점, 공공과 민간이 함께 서비스 제공 주체로서 조화와 협력이 중요하다는 점에서 사회복지사업 수행에서의 윤리 준수는 더욱 중요한 과제라고 할 수 있다.

사회복지사업의 윤리원칙과 관련하여 국제사회복지사협회(International Federation of Social Workers: IFSW)와 한국사회복지협의회가 채택한 윤리선언이 있다. 사회복지사업 윤리선언은 직접적인 사회복지실천 현장에서 사회복지실천가가 준수해야 할 윤리적 기준과 행동지침에 대해서 기술하기보다는 거시적 관점에서 사회복지사업 전반이 추구해야 할 가치와 방향성을 제시하고 있다.

국제사회복지사협회는 세계 사회복지계를 대표하는 3개 기관[1] 중 하나로, 전 세계 90개국에 74만 5천 명의 사회복지 전문가들이 회원으로 가입해 있으며, 국제전문사회복지기관으로서 사회복지사의 권익증진 및 전문기술 교류 활성화를 위한 다양한 활동을 지원하고 있다. 국제사회복지사협회(IFSW)의 윤리강령이 채택하고 있는 '사회사업의 윤리원칙에 관한 국제선언'은 1994년에 스리랑카의 콜롬보에서 개최된 국제사회복지사협회 총회에서 채택된 것이다. 총 12항목의 선언을 담고 있으며, 문화적 · 사회적 현장에 적용할 수 있는 사회사업의 기본원칙 제시를 선언의 목적으로 하고 있다. 또한

1) 세계 사회복지계를 대표하는 3개의 국제단체로는 국제사회복지사협회 외에 국제사회복지협의회(International Council on Social Welfare: ICSW), 국제사회복지교육협회(International Association of Schools of Social Work: IASSW)가 있다.

구체적 윤리기준은 각 국가의 법적·문화적 특성과 정부의 특성에 따라 차이가 있을 수 있음을 밝히고 있다.

표 5-4 국제 사회사업원칙 윤리선언

사회복지사는 다음의 기본원칙을 준수함으로써 인간 발전에 기여하여야 한다.

1. 모든 인간은 독특한 가치를 지니며, 이는 인간에 대한 윤리적인 고려를 가능하게 한다.
2. 개인은 타인의 권리를 침해하지 않는 범위 내에서 자기실현의 권리를 가지며, 사회복지에 기여할 의무가 있다.
3. 각 사회는 형태와 상관없이 구성원의 이익을 최대한 제공하도록 역할을 해야 한다.
4. 사회복지사는 사회정의의 원칙에 기여해야 한다.
5. 사회복지사는 객관적이고 교육받은 지식과 기술로 개인, 집단, 지역사회와 사회를 발전시키고 개인과 사회 간의 갈등해결을 위하여 원조할 책임이 있다.
6. 사회복지사는 도움과 조언을 원하는 모든 이에게 성별, 나이, 장애, 피부색, 사회계층, 인종, 종교, 언어, 정치적 신조, 성적 경향에 관계없이 원조를 하여야 한다.
7. 사회복지사는 유엔인권선언과 국제헌장에 나타난 개인과 집단의 기본적 인권을 존중한다.
8. 사회복지사는 그의 전문직 활동에서 사생활, 비밀, 책임이 있는 정보 사용에 주의해야 한다.
9. 사회복지사는 클라이언트와 협력하여 그들의 최선의 이익을 얻도록 활동하며, 관련된 타인의 이익에도 관심을 보여야 한다. 클라이언트의 참여는 가능한 한 많이 보장해야 하며, 활동 과정의 손익을 사전에 알려 주어야 한다.
10. 사회복지사는 일반적으로 클라이언트의 삶에 영향을 주게 되는 활동을 하는 데 있어서 그와 협력하여 책임 있게 행동해야 한다.
11. 사회복지사는 테러, 고통, 혹은 야만적 수단으로 인간을 억압하는 개인, 집단, 정치적 세력 혹은 권력 구조와 직접적이고 간접적으로 관련이 되어서는 안 된다.
12. 사회복지사는 국제사회복지사협회의 윤리적 원칙에 대한 국제선언과 각국의 전문가협회가 채택한 사회복지사 국제윤리기준에 적절한 관심을 두어 윤리적인 의사결정을 하고 이를 준수해야 한다.

출처: 고수현(2012) 재인용.

한국의 사회복지사업 윤리선언은 1999년에 한국사회복지협의회[2)]에 의해 채택되었다. 10개의 항목으로 사회복지사업 운영에 있어서 준수해야 할 윤리를 선언하고 있다.

한편, 최근 한국의 사회복지사업에서는 '윤리경영'이 기관의 최우선 가치이자 주요한 실천방식으로 관심을 받고 있다.[3)] 한국사회복지협의회(2018)에 의하면, 윤리경영이란 청렴과 투명성 추구를 비전으로 하고, 책임성, 청렴성, 투명성이라는 세 가지 가치를 바탕으로 이를 구현하기 위한 윤리경영체계 강화, 청렴의식 제고, 사전예방적 활동이라는 전략과 구체적 실행과제를 수행해 나가는 시스템이라고 할 수 있다. 윤리경영에 대한 실천의지로서 한국사회복지협의회는 기관 자체적으로 임직원이 지켜야 할 올바른 행동과 가치판단의 기준으로 윤리헌장을 제정하여 실천에 대한 의지를 다짐하고 있다.

표 5-5 한국 사회복지사업 윤리선언

사회복지는 모든 국민이 건강하고 안정된 생활을 영위하기 위하여 민주주의 가치를 바탕으로 복지공동체를 이루는 데 있다. 이러한 가치를 실현하기 위해 사회복지사업을 운영하는 데 지켜야 할 윤리를 다음과 같이 선언한다.

1. 사회복지사업은 사회복지 대상자의 인권옹호와 인간으로서의 고귀한 가치구현을 추구하여야 한다.
2. 사회복지사업은 사회복지 대상자의 욕구를 충족시킬 수 있도록 전문적 복지서비스를 제공하여야 한다.
3. 사회복지사업은 사회복지에 관한 전문적 지식과 윤리관을 갖춘 사회복지종사자에 의해 수행되어야 한다.
4. 사회복지사업은 사회복지종사자 간의 상호 협력과 존중을 바탕으로 이루어져야 한다.

---

2) 한국사회복지협의회는 「사회복지사업법」에 의거, 1952년에 설립된 사회복지 공익법인으로서 민간 사회복지 증진을 위한 협의조정, 정책개발, 조사연구, 교육훈련, 자원봉사활동의 진흥, 정보화 사업, 사회적 취약계층을 위한 사업수행을 통해 우리나라의 사회복지 증진과 발전에 기여하고 있는 기관이다.

3) 사회복지 조직이나 기관의 윤리경영에 대한 구체적 내용은 '제7장 간접서비스 영역에서 윤리적 쟁점'을 참고하기 바란다.

5. 사회복지사업은 지역사회구성원의 적극적인 관심과 참여를 기반으로 추진되어야 한다.
6. 사회복지사업은 사회복지시설의 설치 · 운영에 있어서 사회복지 대상자의 편의 특성 욕구에 부응해야 한다.
7. 사회복지사업은 합리적으로 운영되어야 하고 국민에게 공개하도록 한다.
8. 사회복지사업은 국민의 삶의 질 향상을 위한 국가의 책임 있는 제도와 지원을 바탕으로 이루져야 한다.
9. 사회복지사업은 복지공동체를 구축하여 모든 국민이 더불어 사는 복지사회를 건설하는 데 기여하여야 한다.
10. 사회복지사업은 변화하는 세계사의 흐름에 능동적으로 부응하기 위하여 국제교류와 협력 증진에 이바지하여야 한다.

출처: 한국사회복지협의회(2018a).

4. 사회복지실천 현장의 윤리

사회복지실천 현장의 윤리는 사회복지사업의 윤리선언처럼 제정과 선언이라는 공식적인 절차를 거쳐 마련된 양식은 따로 없다. 사회복지사업의 윤리선언이 거시적 측면에서 기관과 조직이 혹은 기관과 조직의 사회복지사가 사회복지사업을 수행해 나가는 데 있어서 준수해야 할 가치 및 방향성에 대해서 포괄적으로 규정하고 있는 것에 반해, 사회복지실천 현장의 윤리는 실천현장의 다양성으로 인해 하나의 규정으로 담기에는 그 내용이 방대하다.

사회복지실천 현장은 실천대상의 수준 및 실천방법에 따라 미시적 · 중간적 · 거시적 수준의 실천 현장으로, 기관의 목적과 기능에 따라 일차 현장과 이차 현장으로, 서비스 제공방식에 따라 이용시설과 생활시설로 다양하게 구분된다. 앞서 주로 거시적 측면을 포괄하는 사회복지사업의 윤리원칙을 다루었기에 이 절에서는 미시적 · 중간적 수준에서의 실천대상과 실천방법에 초점을 둔 개별사회복지실천과 집단사회복지실천의 현장윤리에 대해 논의한다. 개별사회복지실천은 개인 및 가족을 대상으로, 집단사회복지실천은 다양한 문제집단을 대상으로 직접적이고 임상적인 실천이 이루어지는 개입 방식이라고 할 수 있다.

우선, 클라이언트와 면대면 상담 및 개입을 통해 실천이 이루어지는 직접적이고 임상적인 개별사회복지실천 현장에 공통적으로 적용되는 윤리원칙은 주로 사회복지사의 수퍼비전, 교육 및 훈련, 기록 및 보관, 클라이언트에 대한 의뢰와 관련된 내용을 다루고 있는데, 그 내용은 다음과 같다(김상균 외, 2013; Lowenberg & Dolgoff, 2008).

첫째, 수퍼비전을 제공할 시에는 적절한 전문적 지식과 기술을 가져야 하며, 자신의 지식과 능력의 범위 안에서 수행해야 한다. 수퍼비전이나 자문을 제공하는 사회복지사는 명확하고 적절한 경계에 대한 책임을 가진다. 또한 사회복지사는 필요할 때 반드시 자문을 구하고 수퍼비전을 받아야 한다.

둘째, 교육 및 훈련의 원칙으로, 사회복지사는 교육가 또는 현장지도자로서의 업무를 적절하게 수행하기 위한 전문적인 최신 정보와 기술을 가져야 하며, 이를 자신의 지식과 능력의 범위 안에서 수행해야 한다. 또한 피교육자나 훈련생이 서비스를 제공할 시에는 이러한 사실을 클라이언트에게 고지하는 합리적인 절차를 밟아야 한다.

셋째, 기록의 원칙으로, 정확하고 충분한 문서의 기록이 될 수 있도록 해야 하는데, 이는 서비스 전달을 용이하게 하고, 서비스의 지속성을 보장한다. 클라이언트의 사생활 보호를 위해 기록은 서비스의 전달에 직접적으로 관련 있는 정보를 포함하는 것이 중요하다. 또한 기록된 문서는 미래에 접근이 보장될 수 있도록 보관되고, 법률이나 계약에 따른 보관기간 중 기록이 관리되어야 한다.

넷째, 클라이언트에 대한 의뢰의 원칙으로, 클라이언트가 새로운 서비스를 받기 위해서 사회복지사와 접촉을 요구할 때에는 특별한 주의가 필요하다. 우선 클라이언트의 욕구가 무엇인지를 충분히 고려하는 것이 필요하며, 혼란과 갈등을 피하기 위하여 다른 서비스 제공자와 클라이언트와의 현재의 관계가 어떠한 것이며, 새로운 서비스 제공자와 관계를 가지는 일이 어떠한 이익과 손실이 있는가 등을 클라이언트와 충분히 논의하여야 한다. 또한 다른 기관이나 동료에 의해 의뢰받은 새로운 클라이언트가 있다면 사회복지사는 이전의 서비스 제공자와 상의하는 것이 클라이언트의 최선의 이익을 위한 것인지 클라이언트와 논의하여야 한다.

집단사회복지실천을 수행하는 사회복지사는 공통의 문제를 가지고 있는 다양한 개인으로 구성된 집단을 대상으로 하기에 집단 개입에 있어서 주의해야 할 독특하고 전문적인 실천윤리가 강조된다. 여기서는 미국의 집단지도전문가협회(Association for Specialists in Group Work: ASGW)가 1989년에 제정한 16개 영역에서의 윤리지침을 소개한다(ASGW, 1992).

표 5-6 집단지도자 윤리기준 16개 영역

1. 오리엔테이션	2. 집단원 선별
3. 비밀유지	4. 자발적 · 비자발적 참여
5. 집단이탈	6. 강압, 압력
7. 지도자의 가치관 주입	8. 합당한 치료
9. 다중관계	10. 기법 사용
11. 목표설정	12. 자문
13. 집단종결	14. 평가, 추수상담
15. 의뢰	16. 전문가 발달

출처: The Association for Specialists in Group Work(1992).

① 오리엔테이션: 오리엔테이션에 포함될 내용은 정보 제공, 집단지도자의 자격, 집단 목적 및 절차, 심리적 모험의 가능성, 집단원의 심리적 안전보호, 집단원의 약물복용 제재, 개인상담과의 병행, 상담료이며, 집단지도자는 이를 유인물로 제작하여 집단원과 함께 검토한다.

② 집단원 선별: 집단의 목적에 부합하고, 집단 과정을 방해하지 않으며, 집단경험으로 자신의 안녕이 위협받지 않을 집단원이 선별되어야 하고, 선별 과정에서는 집단의 성격, 발생 가능한 문제, 집단의 규정, 비밀유지에 관한 사항을 설명해야 한다.

③ 비밀유지: 집단지도자는 비밀유지의 의미, 이유, 집단의 특성상 비밀유지의 한계에 대해 설명해 줌으로써 집단원을 보호해야 한다.

④ 자발적 · 비자발적 참여: 집단지도자는 집단원의 참여가 반드시 자발적으로 이루어져야 한다는 점을 명심하고, 집단원에게 적극적이고 자발적인 집단참여의 중요성을 설명해야 한다.

⑤ 집단이탈: 집단원은 자신이 원하면 집단참여를 중도에 포기하고 집단을 떠날 권리가 있으며, 집단지도자는 집단원이 효율적 방법으로 집단참여를 마무리할 수 있도록 조치를 취해야 한다.

⑥ 강압, 압력: 집단지도자는 신체적 위협, 협박, 강요, 또래의 압력 등에서 합리적인 방법으로 집단원의 권리를 보호해야 한다.

⑦ 지도자의 가치관 주입: 집단지도자는 자신의 가치관을 집단원에게 주입해서는 안 되며, 이를 위해 자신의 가치관이나 욕구가 집단실천 작업에 미칠 수 있는 잠재적 영향을 잘 인식하고 있어야 한다.

⑧ 합당한 치료: 집단지도자는 타당한 방법으로 집단원 개개인의 문제와 욕구에 합당하게 치료될 수 있도록 최선을 다해야 한다. 집단원의 성별, 연령, 문화 등의 차이를 인정하고 존중하며, 모든 집단원이 동등하게 대우받을 권리가 있음을 인식하고 실천해야 한다.

⑨ 다중관계: 집단원이 집단에 참여하는 데 방해되거나 집단지도자의 객관성 유지와 전문적 판단에 손상을 줄 수 있는 관계로, 집단지도자가 집단원과의 사이에서 집단참여 목적과는 다른 제2의 관계를 형성해서는 안 된다.

⑩ 기법 사용: 집단지도자는 집단 과정을 개념화할 수 있고, 설명할 수 있으며, 이를 특정 이론과 연관 지을 수 있어야 한다. 또한 집단에 유용한 기법을 지속적으로 연구 · 개발해야 하며, 훈련받지 않은 기법을 집단에 적용해서는 안 된다.

⑪ 목표설정: 집단원이 개인적 목표를 설정하도록 도와야 하며, 집단 진행 과정에서 목표달성 정도를 평가하고, 필요하다면 목표를 수정하도록

도와야 한다.

⑫ 자문: 집단지도자는 윤리적 문제가 발생하거나 어려움에 봉착할 경우, 다른 전문가에게 자문을 요청해야 하며, 자문의 경우 집단과 관련된 내용은 전문적 자문과 교육목적으로만 논의되어야 한다.

⑬ 집단종결: 집단지도자는 참여 목적에 따라 가장 효과적인 시기에 집단을 종결하고, 집단원이 심리적인 독립을 이룰 수 있도록 도와야 한다.

⑭ 평가, 추수상담: 집단지도자는 자신의 집단에 대해 지속적인 평가를 하고, 추수상담 절차를 계획하기 위해 모든 노력을 기울여야 한다.

⑮ 의뢰: 집단지도자는 자신의 능력을 벗어날 정도로 특별한 도움이 필요한 집단원을 적절한 시기에 다른 전문가에게 의뢰하고, 의뢰를 위한 지역사회의 자원에 대해 잘 알고 있어야 한다.

⑯ 전문가 발달: 집단지도자는 전문 지식과 집단운영에 필요한 기술과 기법을 다양한 교육과 연수 기회를 통해 지속적으로 개발하면서 자신의 진로에서 전문가 발달이 끊임없이 지속적이고 발달적인 과정이라는 점을 인식해야 한다.

〈표 5-7〉은 집단지도자가 실천에 있어서 자신의 윤리적 혹은 법적 측면의 지식을 점검할 수 있도록 만들어진 점검표이다. 인종적 · 민족적으로 다양한 집단에 개입하는 미국의 집단실천 현장을 대상으로 했기에 우리 문화나 상황에 적절하게 적용되지 않는 항목도 있지만 점점 다문화적 요소가 증가되는 우리 사회의 복지 현장에 시사하는 점이 크다. 총 20개의 항목 중 미국 상황에 적절한 윤리원칙의 규정이나 절차에 대한 내용은 삭제하고, 14개의 항목으로 정리하여 소개한다.

표 5-7 집단사회복지실천: 윤리적 · 법적 고려사항

	진실 (Truth)	거짓 (False)	내용
1	T	F	집단지도자는 클라이언트의 욕구를 충족시키는 데 있어서 상호 양립하고 도움이 될 수 있는 참가자를 선택해야 한다.
2	T	F	개별상담과 집단상담에는 차이가 없다.
3	T	F	집단지도자는 전문적 윤리강령과 법에 따른 윤리적 결정을 해야 하지만 동시에 지도자 자신의 윤리와 도덕성을 충족시켜야 한다.
4	T	F	집단지도자는 윤리적으로 행동해야 하며, 집단에서 윤리적 분위기를 조성해야 한다.
5	T	F	다른 유형의 집단은 다른 집단능력을 필요로 한다.
6	T	F	집단지도자로서의 유능함은 상담에서 법적 이슈보다는 윤리적 이슈에 있다.
7	T	F	집단지도자를 대상으로 실천적 오류에 대한 소송이 진행된 적이 거의 없다. 따라서 집단상담을 포함한 법적 소송도 상대적으로 드물다.
8	T	F	자기노출은 강력한 개입방법일 수 있고, 집단지도자는 그것의 한계를 인식할 필요가 있다.
9	T	F	잠재적 집단 구성원에 대한 선별검사는 누구를 포함하고 배제할지를 결정하는 것을 포함한다.
10	T	F	고지된 동의를 보장하는 것은 예비집단과제이자 초기 회기에서 다시 언급될 필요가 있는 이슈이다.
11	T	F	법적으로 아동의 권리는 부모에게 소속되어 있고, 부모를 통하여 행사될 필요가 있다.
12	T	F	집단지도자는 비밀누설이 발생하지 않을 것이라는 것을 명확히 해야 한다.
13	T	F	집단회기 기록은 개별 집단 구성원의 이름이나 이들을 알 수 있는 어떤 정보도 언급되어서는 안 된다.
14	T	F	치료적 경계가 어디까지인지에 대한 하나의 옳은 답은 없다.

답: T-1, 3, 4, 5, 7, 8, 9, 10, 11, 13, 14 / F-2, 6, 12

출처: Caquzzi, Gross, & Stauffer(2010).

5. 한국과 미국의 사회복지사 윤리강령 비교

1) 한국 사회복지사 윤리강령

한국 사회복지사 윤리강령은 기존의 개별사회사업협회에서 1967년에 명칭을 변경한 한국사회복지사협회[4]에 의해 1982년 1월 처음으로 제정되었다. 이후 1988년 1차 개정을 통해 전문과 8개 조항을 포함한 내용이 공포되었다. 1992년 2차 개정으로 이때는 전문과 10개 조항을 포함한 강령이 채택되었으며, '사회복지사 윤리강령'이라는 명칭으로 처음 공포되었다. 2001년에 이루어진 3차 개정에서는 10개 조항을 전문직 직무의 내용에 따라 세분화하여 46개 조항으로 확장하였고, 이것이 현재 사용되는 한국 사회복지사 윤리강령이다.

1988년에 이루어진 1차 개정에서는 인간존엄성과 사회정의의 실천을 강조하였다. 1992년에 이루어진 2차 개정에서는 사회복지 전문직으로서 클라이언트, 동료, 기관, 전체 사회에 대한 의무와 역할 규정에 대한 윤리적 기준을 제시하였다. 그러나 제시된 기준이 전문적 실천 현장에 적용되기에는 구체적 지침이 부족하다는 지적이 있었다. 가장 최근인 2001년에 이루어진 3차 개정에서는 실천적 행동강령으로서의 기능을 할 수 있도록 윤리위원회 구성, 차별대우 조건 다양화, 수퍼바이저와의 관계 강조, 사회복지사의 경제적 이득 취득 제한, 재교육을 포함한 협회의 활동 강조에 중심을 두었다. 이후 다양한 사회적 변화와 더불어 윤리강령에 대한 개정의 필요성이 2005년에 제기되고, 2007년에는 개정 논의가 전개되기도 하였으나 아직 실효성 있는 성

---

4) 한국사회복지사협회는 「사회복지사업법」 제46조에 의한 법정단체로서 사회복지에 관한 전문지식과 기술을 개발·보급하고 사회복지사의 자질 향상을 위한 교육 및 사회복지사 복지 증진을 위한 목적으로 설립되었다. 사회복지사자격을 취득할 때 한국사회복지사협회에 가입하게 되어 있으며, 자격 유지를 위해 회비 납부와 보수교육 이수가 필요하다.

과는 얻지 못하고 있다(서미경 외, 2015; 오윤수 외, 2014).

현재 한국 사회복지사 윤리강령은 크게 세 부분으로 구성되어 있는데, 전문, 6장으로 구성된 윤리기준, 사회복지사 선서가 그것이다.

첫째, 전문은 기본이념에 대한 선언과 실천적 가치에 대한 규정을 담고 있다. 기본이념은 인본주의, 평등주의 사상, 인간의 존엄성과 가치 존중, 천부의 자유권과 생존권의 보장, 사회정의, 평등과 자유, 민주주의 가치 실현을 언급하고 있다. 실천적 가치는 클라이언트의 주체성과 자기결정권 보장, 사회복지사의 사명실천을 위한 전문적 지식과 기술 개발 노력을 준수할 것을 제시한다.

둘째, 윤리강령의 핵심이 되는 윤리적 기준은 총 6장으로 구성되어 있는데, 사회복지사의 기본적 윤리기준, 사회복지사의 클라이언트에 대한 윤리기준, 사회복지사의 동료에 대한 윤리기준, 사회복지사의 사회에 대한 윤리기준, 사회복지사의 기관에 대한 윤리기준, 사회복지 윤리위원회의 구성과 운영이 포함되어 있다. 각각의 윤리기준에 대한 구체적 내용은 다음과 같다.

- 사회복지사의 기본적 윤리기준
  전문가의 자세로서 전문적 품위와 자질 유지, 클라이언트의 다양성을 인정하고 차별 대우하지 않는 태도를 강조한다. 전문성 개발을 위한 노력에는 지식과 기술 개발을 위한 최선, 연구 과정에서의 클라이언트 보호, 제반교육에 대한 적극적 참여를 제시한다. 경제적 이득과 관련해서는 클라이언트의 경제적인 여건보다는 서비스 제공의 의무를 우선적으로 강조하고 있고, 서비스 이용 비용과 서비스 과정에서의 부당 이득에 대한 문제를 제시한다.
- 사회복지사의 클라이언트에 대한 윤리기준
  클라이언트의 권익옹호를 우선시하고, 존엄성을 존중해 주며, 자기결정권 및 사생활 존중, 알 권리 보호, 정보 제공에 대한 동의, 부적절한 성관계 금지, 클라이언트를 동반자로 인정하는 등의 조항을 언급한다.

그리고 동료의 클라이언트와의 관계에 대해서는 동료 혹은 다른 기관의 클라이언트와 전문적 관계를 금지하고, 동료의 클라이언트를 맡게 되는 경우 정당한 서비스를 제공해야 한다는 내용들을 제시한다.

- 사회복지사의 동료에 대한 윤리기준
  동료에 대해서는 존중하고 신뢰해야 하며, 전문직의 권익을 위해 협력해야 함을 언급한다. 구성원이 행한 비윤리적 행위에 대해서는 적절한 조치를 해야 한다. 수퍼바이저는 개인적 이익을 추구하기 위해 자신의 지위를 이용해서는 안 된다는 기준을 제시한다.
- 사회복지사의 사회에 대한 윤리기준
  사회복지사는 자신의 업무만을 수행하는 것이 아니라 사회의 총체적 복지 증진을 위해 사회적 활동을 수행해야 한다. 윤리강령에 의하면 사회복지사는 인권 존중과 인간 평등을 위해 노력하고, 사회적 약자를 위한 활동을 해야 하며, 사회정책의 수립과 집행을 요구하고, 지역사회 문제해결에 참여해야 한다. 그러나 추상적 개념을 많이 사용하고 있다는 한계점이 있다.
- 사회복지사의 기관에 대한 윤리기준
  사회복지사들은 기관에 소속되어 업무를 수행하기 때문에 소속된 기관과 올바른 관계를 정립하고 이에 대한 기준도 필요하다. 윤리강령에 의하면 사회복지사는 기관의 정책과 목표 달성을 위해 노력해야 하고, 기관의 부당한 정책이나 요구에 적절히 대응하며, 소속기관의 활동에 적극 참여하여 기관의 성장 발전을 위해 노력해야 한다. 즉, 기관의 구성원인 사회복지사가 기관의 목적 달성을 위해 노력해야 함을 강조하고 있다.
- 사회복지 윤리위원회의 구성과 운영
  한국사회복지사협회는 사회복지 윤리위원회의 구성으로 사회복지 윤리실천에 대한 질적인 향상을 도모하고, 윤리강령을 위배하거나 침해한 행위는 공식적 절차를 통해 대처하는 책임을 지닌다. 사회복지 윤리위원회의 구성과 운영은 미국 사회복지사 윤리강령에서는 언급되지 않고, 한국 사회복지사 윤리강령에만 언급되고 있는 내용이다.

셋째, 한국 사회복지사 윤리강령의 마지막 부분은 사회복지사 선서이다. 이 선서 역시 한국 사회복지사 윤리강령에만 포함되어 있다. 모든 사람의 인간다운 삶의 보장을 목표로 취약계층에 대한 인권과 권익 보장, 윤리강령의 준수, 사회복지사로서의 헌신을 선서하고 있다. 매년 3월 30일은 '사회복지사의 날'로, 이 날을 기념하기 위한 행사에서 사회복지사 선서를 함께 제창함으로써 사회복지사의 사명의식을 매년 새롭게 다지고 있다.

사회복지사 선서문

나는 모든 사람들이 인간다운 삶을 누릴 수 있도록
인간존엄성과 사회정의의 신념을 바탕으로
개인 · 가족 · 집단 · 조직 · 지역사회 · 전체 사회와 함께한다.
나는 언제나 소외되고 고통받는 사람들의 편에 서서
저들의 인권과 권익을 지키며,
사회의 불의와 부정을 거부하고, 개인이익보다 공공이익을 앞세운다.
나는 사회복지사 윤리강령을 준수함으로써 도덕성과 책임성을 갖춘
사회복지사로 헌신한다.
나는 나의 자유의지에 따라 명예를 걸고 이를 엄숙하게 선서합니다.

사회적 변화의 다양성과 시대적 가치관의 변화를 반영하는 윤리강령에 대한 개정의 필요성이 제기되고, 한때 개정 논의가 진행되기도 하였으나 아직까지 지난 2001년에 이루어진 3차 개정에 머물고 있다. 이러한 가운데 윤리강령에 대해 개선점으로 다음과 같은 사항들이 지적되고 있다(김기덕, 최소연, 권자영, 2017).

첫째, 사회복지 현장의 윤리적 딜레마 상황에서 적용할 수 있는 지침과 원칙을 제공하기에는 구체성이 부족하므로 좀 더 세부적이고 구체적인 윤리지침이 제공될 필요가 있다. 이와 더불어 현장의 윤리적 딜레마와 관련하여 사회복지 윤리위원회의 역할이 보다 활성화되는 것이 필요하다.

둘째, 전문가의 자기규제를 통해 클라이언트를 보호하기 위한 목적으로 현장에서 윤리강령의 활용성이 저조하다. 현장의 사회복지사들의 윤리강령에 대한 이해 수준이 상이하며, 윤리강령의 윤리기준이 현장의 실천과 구체적으로 연결되지 못하고 있다.

셋째, 사회 변화 상황에서 요구되는 윤리적인 지침을 담고 있지 못하는 한계가 있다. 사회복지 환경의 변화에 따라 요구되고 강조되어야 하는 내용이 포함되어야 할 필요가 있다.

2) 미국 사회복지사 윤리강령

미국의 사회복지 전문직 발전의 선봉에 있는 미국사회복지사협회(National Association of Social Worker)는 한국보다 훨씬 앞서 윤리강령을 제정하였고, 그동안 수차례의 개정을 통해 발전된 윤리강령 기준을 제시하고 있다. 비공식적이지만 처음으로 미국사회복지사협회 대의원회에서 사회사업 윤리강령을 채택한 것은 1947년이었고, 1960년에 비로소 공식적으로 사회사업 윤리강령이 채택되었다. 이후 1967년 1차 개정을 시작으로 2018년 2월까지 총 8차에 걸친 개정으로 현재에 이르고 있다.

1967년 1차 개정에는 클라이언트에 대한 차별금지조항이 신설되었다. 1979년 2차 개정에는 사회복지사의 윤리적 관행 시행 기준이 좀 더 세분화되고 구체적으로 규정되었다. 1990년 개정에는 수수료 관련 조항이 일부 변경되고, 동료에 관한 윤리적 의무조항 중 동료사회복지사의 클라이언트를 상대로 한 실천을 금지하는 내용이 삭제되었다. 1993년 개정에서는 문제 있는 동료에 대한 책임과 사회복지사의 이중관계 금지내용이 추가되었다. 1996년에 2년간의 긴 준비과정을 통해서 이전과는 큰 차이를 보이는 새로운 개정이 이루어졌다. 사회복지 전문직의 윤리와 관련하여 새로운 내용과 용어들(예를 들어, 문화적 역량과 사회적 다양성, 이익상충과 이중관계, 언어비하 등)이 등장하며, 윤리기준이나 윤리적 딜레마 상황에 대한 구체적 사례가 자세하게 소개되고 있다. 또한 고지된 동의, 사생활 보호와 비밀보장을 제시하면서 전자미디어, 컴퓨터, 전화기, 팩스, 텔레비전, 라디오 등 새로운 형태의 매체에 대한 주의사항을 다루고 있다. 1999년에는 한 줄의 문장 삭제로 개정이 이루어지는데, 클라이언트에 대한 윤리적 책임을 다룬 '비밀보호' 조항 중 사회복지사가 클라이언트의 비밀을 지킬 것이라는 일반적인 기대가 적용되지 않는 상황에서 "법이나 규정에 의해 클라이언트의 동의 없이 정보를 공개해야 하는 경우"라는 구절이 삭제된 것이다. 이 같은 변화는 이 규정이 사회복지사로 하여금 법 규정을 준수하기 위해서 클라이언트의 이익을 훼손하거나 위태롭게 할 수 있는 경우에 대한 우려 때문이다. 2008년 개정에서는 기존의 강령에 젠더와 젠더표현(gender and gender expression)과 이민자 체류신분(immigration status)이라는 두 개의 새로운 범주가 추가되어, NASW 윤리강령 전체에 걸쳐 차별에 관한 규정을 다루는 모든 기준에 동일하게 삽입되었다.

마지막으로, 최근 2018년 2월에 이루어진 개정은 사회복지 전문직이 지난 20년 동안 경험한 급격한 기술진보에 맞서 새로운 형태의 사회복지실천 윤리강령을 명확하게 해야 할 필요에서 이루어진 것이다. 따라서 윤리강령 대부분의 개정내용에는 기술사용(use of technology)과 관련한 문제가 포함된다(김기덕 외, 2017; 김성호, 2018; 이순민, 2016; NASW, 2018)

미국의 사회복지사 윤리강령은 크게 네 부분으로 구성되어 있는데 서문, 윤리강령의 목적, 윤리원칙, 윤리기준이 그것이다. 전반적으로 미국 사회복지사 윤리강령은 한국 사회복지사 윤리강령에 비해, 보다 세부적이고 구체적인 원칙과 행동지침을 풍부하게 제시하고 있다. 또한 한국의 사회복지사 윤리강령과는 달리, 윤리강령의 목적 자체가 제시되어 있고, 윤리적 딜레마를 해결하기 위한 실용성에 초점을 맞추고 있는 것(윤리강령의 3번째 목적 참조)도 현재 윤리강령의 특징이다. 6개의 핵심가치와 이를 구현하기 위한 여섯 가지 윤리원칙의 제시도 현재 미국의 윤리강령의 특징이자 한국의 윤리강령과 차별성을 가지는 점이기도 하다.

미국 사회복지사 윤리강령의 각 부분에 대한 세부내용과 2018년 이루어진 개정 내용은 다음과 같다(김성호, 2018; NASW, 2018).

첫째, 서문에는 사회복지 전문직의 주요 사명으로 인간의 복지향상과 모든 사람의 기본적인 욕구충족을 돕는 것과 클라이언트의 역량강화를 특별히 강조하고 있다. 사회정의와 사회변화에 대한 헌신, 문화적 · 인종적 다양성에 대한 민감성의 제고 또한 강조되고 있다.

둘째, 윤리강령의 목적에는 다음과 같은 여섯 가지 목적이 제시되고 있다.

- 핵심가치 제시
- 핵심가치를 반영하는 윤리원칙과 기준 수립
- 윤리적 모호성을 위한 판단기준 제시
- 사회복지 전문직의 책임에 대한 윤리적 기준 제공
- 윤리적 기준에 맞게 사회복지사들에 대한 새로운 사회화
- 비윤리적 행동에 대한 평가 기준 명시

2018년 개정에서는 목적의 뒷부분에 '사회복지사가 직접 의사소통을 하든지, 기술 사용을 통해서 하든지 윤리강령의 모든 윤리기준이 적용되기 때문에 사회복지사에게 새로운 윤리기준을 교육하기 위한 것'임을 추가로 강조하고 있다.

셋째, 윤리원칙은 사회복지의 6개의 핵심가치—서비스, 사회정의, 인간의 존엄성과 가치, 인간관계의 중요성, 성실, 능력—를 근거로 하여 제시되고 있다.

- 핵심가치 1(서비스): 사회복지사의 일차적 목표는 욕구가 있는 사람을 돕고 사회적 문제를 해결하는 것이다.
- 핵심가치 2(사회정의): 사회복지사는 사회적 불의에 도전한다.
- 핵심가치 3(인간의 존엄성과 가치): 사회복지사는 인간의 타고난 존엄성과

가치를 존중해야 한다.

- 핵심가치 4(인간관계의 중요성): 사회복지사는 인간관계의 주된 중요성을 인정해야 한다.
- 핵심가치 5(성실): 사회복지사는 신뢰할 수 있는 방식으로 행동한다.
- 핵심가치 6(능력): 사회복지사는 능력 내에서 실천하고 자신의 전문성을 개발하고 향상시킨다.

넷째, 윤리기준은 한국 사회복지사 윤리강령의 윤리적 기준과 기본 구성이 총 6장으로 유사하지만, 각 기준의 윤리적 책임이 보다 구체적으로 명시되어 있고, 기준에 따라 강제지침 혹은 권장지침으로 세분화시켜 행동지침을 제시하고 있다. 구체적 내용은 다음과 같다.

- 클라이언트에 대한 사회복지사의 윤리적 책임
  총 17개의 기준에 대한 윤리적 책임을 제시하고 있다. 클라이언트의 복리에 대한 책임, 자기결정, 고지된 동의, 능력, 문화적 능력과 사회적 다양성, 이익갈등, 사생활보호와 비밀보장, 기록에 대한 접근, 성적관계, 신체적 접촉, 성희롱, 인격 무시 언어, 서비스 비용, 의사결정 능력이 부족한 클라이언트, 서비스 중단, 서비스 의뢰, 서비스 종결과 관련하여 사회복지사가 클라이언트와의 관계에서 발생할 수 있는 세부적 사항을 자세하게 규정하고 있다.
  2018년 개정에서 '기술(technology)과 관련하여 가장 많은 수정과 보완이 이루어진 영역이다. 컴퓨터, 텔레비전, 라디오, 전화, 팩시밀리(음성 녹음, 비디오 촬영) 등과 같은 과거에 주로 사용되던 기술사용에 관한 부분이 삭제되고, 뉴미디어(전자우편, 온라인 게시, 온라인 채팅, 스마트폰, 문자메시지, SNS 등)와 같은 기술을 사용할 때 지켜야 할 윤리규정을 섹션별로 상세히 제시하고 있다.
- 동료에 대한 사회복지사의 윤리적 책임

총 10개의 기준, 즉 동료에 대한 존경, 비밀보장, 다학문간 협동, 동료가 관련된 불화, 자문, 성적관계, 성희롱, 동료의 손상, 동료의 결함과 무능력, 비윤리적 행위에 대한 사회복지사의 역할, 행동지침이 제시되어 있다. 그러나 수퍼바이저와의 관계에 대해서는 자세히 다루고 있지 않다. 사회복지사는 기술을 사용하는 행위를 포함하여 동료의 비윤리적 행동을 억제, 예방, 고발 및 교정할 수 있는 적절한 조치를 취해야 하는 것으로 2018년 개정이 이루어졌다.

- 실천 현장에서의 사회복지사의 윤리적 책임

총 10개 기준에 대한 윤리적 책임을 제시하고 있는데, 기관의 직원교육과 관련된 전반사항에 대한 것으로 구체적 기준은 다음과 같다. 수퍼비전과 자문, 교육 및 훈련, 업무평가, 클라이언트 기록, 서비스요금 청구, 클라이언트 의뢰, 행정, 평생교육과 직원개발, 고용주에 대한 의무, 노사분쟁에 대한 윤리적 책임을 명시하고 있다.

2018년 주된 개정 내용은 사회복지사가 SNS 또는 기타 전자매체를 사용하는 동안 발생할 수 있는 이중 관계에 개입되어서는 안 되며, 전자서류와 문서기록의 정확성에 대한 것이다.

- 전문가로서의 사회복지사의 윤리적 책임

총 8개의 기준을 제시하고 있는데, 사회복지 전문직 종사자로서 갖추어야 할 능력과 공적의 인정 외에 금지되어야 할 행동인 차별, 사적 행위, 거짓/사기/기만, 결함, 허위 진술, 간청, 공적인 인정을 강조하고 있다.

- 사회복지 전문직에 대한 사회복지사의 윤리적 책임

총 2개의 기준이 제시되어 있는데, 전문직의 성실성을 유지하여 높은 수준의 실천이 지속적으로 이루어질 수 있도록 하는 책임과 평가와 조사활동에서 발생할 수 있는 다양한 윤리적 상황에 대한 책임과 행동지침을 제시하고 있다.

전자기술을 사용하여 평가 또는 연구를 수행할 때 조사 참여자가 이에 대한 정보에 입각한 동의를 제공해야 하며, 사회복지사는 연구 참여자가 기술을 사용할 수 있는지 평가해야 하는 것으로 2018년 개정이 이루어졌다.

- 포괄적인 사회에 대한 사회복지사의 윤리적 책임

  총 4개의 기준을 제시하고 있다. 사회복지, 대중의 참여, 공공의 긴급사태, 사회적/정치적 행동 등 사회 전체의 복지 증진과 사회정책과 제도 마련을 위한 사회복지사의 노력에 대해 밝히고 있다.

심화학습문제

1. 사회복지 전문직의 발달에서 사회복지 윤리강령의 역할은 무엇인가?
2. 예비 사회복지사로서 개인의 윤리적 민감성을 향상시킬 수 있는 방안은 무엇인가?
3. 미국 사회복지사의 윤리강령과 비교해 볼 때, 한국 사회복지사 윤리강령의 개선 방향은 어떠한가?

제6장 직접서비스 영역에서 윤리적 쟁점

학습목표

1. 자기결정의 개념을 이해하고 온정주의 개입의 정당성을 설명할 수 있다.
2. 비밀보장과 알 권리 개념을 설명할 수 있다.
3. 전문적 관계의 원칙을 이해하고, 이중관계의 문제를 설명할 수 있다.
4. 아동, 장애인, 노인, 여성을 대상으로 한 실천 현장의 윤리적 이슈를 설명할 수 있다.

핵심용어 자기결정, 비밀보장, 알 권리, 전문적 관계, 이중관계

1. 윤리적 쟁점

1) 자기결정과 온정주의

자기결정(self-determination)이란 사회복지 전문직의 중요한 윤리 중 하나로, 클라이언트가 자신의 권리와 요구를 인식하고 어떠한 외부의 강요 없이 스스로 선택하고 결정할 수 있도록 하는 원칙이다(서강훈, 2014; Barker, 2003). 자기결정은 클라이언트의 본질적인 권리이자 최고의 가치로 존중받아야 하는 것으로 일찍이 그 중요성이 강조된 바가 있으며(Biestek, 1992), 1990년대 이후에 사회복지실천 패러다임이 병리모델에서 역량강화모델로

전환되면서 무력한 클라이언트에게 권한을 부여하는 방식으로 자기결정권 존중이 새롭게 부각되었다(서미경 외, 2015).

자기결정 원칙은 사회복지 전문직에서 중요한 원칙이지만 실천 현장에서 클라이언트의 자기결정권 존중이 바람직하게 실천되는 것은 어렵고 한계가 많을 수 있다. 그러므로 클라이언트의 자기결정권이 존중되기 위해서 우선적으로 전제되어야 할 조건들이 있다(김기덕 외, 2017). 첫째, 클라이언트에게 문제해결을 위한 다양한 대안과 각각의 대안이 가지는 장점과 단점 등 클라이언트가 자기결정을 하는 데 필요로 하는 모든 정보에 대한 충분한 제공이 이루어지고 이에 대한 검토를 바탕으로 한 결정이어야 완전한 의미에서의 자율적인 자기결정이라고 할 수 있다. 둘째, 클라이언트의 자기결정 이면에 불충분한 정보의 제공이나 제시된 대안의 미비로 클라이언트의 선택의 폭이 제한될 수밖에 없는 상황들이 있었는지 검토해야 한다. 이러한 점들이 충분히 고려될 때, 진정한 의미에서 클라이언트의 자율성이 보장되었는지를 평가할 수 있다.

그러나 앞과 같은 조건들이 전제된다고 할지라도 클라이언트 개인의 성향이나 기능상의 문제로, 또는 사회복지사의 의무와 상충하기 때문에 클라이언트의 자기결정이 존중되기 어려울 수도 있다(서미경 외, 2015). 결정능력이 부족한 클라이언트의 경우, 즉 지적 수준이 현저히 낮은 사례나 도움이 절실하지만 거절하거나, 스스로 목숨을 끊기로 결정한 사례 등은 클라이언트의 자기결정을 보장하는 것이 어려운 사례들이다. 이렇듯 자기결정 능력에 한계가 있는 클라이언트에게 사회복지사가 의무로 개입하게 될 때, 클라이언트의 자기결정권 원칙은 사회복지사의 온정주의 이념과 맞부딪히게 된다.

온정주의(paternalism)의 어원은 'parents(부모)'인데, 온정주의는 부모가 자녀에 대한 사랑과 돌봄으로 자녀의 삶에 개입하듯이 클라이언트의 삶에 개입하는 것을 의미한다. 혹은 "(자신의 자유와 자율성을) 억압당하는 사람이 자신의 복지, 행복, 욕구, 이익, 가치 등을 배타적으로 위한다는 근거로 해서 정당화될 수 있는 개인의 자유로운 행위에 대한 간섭"으로 정의된다(김기덕 외,

2017). 앞의 정의를 통해서 볼 때, 온정주의는 타인에 대한 돌봄, 다시 말하면 자기결정 능력에 한계가 있는 클라이언트에 대한 보호와 돌봄이라는 긍정적 측면을 가질 수도 있지만, 클라이언트에 대한 간섭과 자율성 침해라는 부정적 측면이 함께 포함되는 것을 알 수 있다. 그러므로 온정주의적 개입을 하게 될 때, 사회복지사는 그러한 결정이 클라이언트를 위한 최선의 결정인지를 되묻고 조심스러워야 한다.

일반적으로 온정주의 개입이 정당하기 위해서는 다음의 세 가지 전제가 필요하다(Carpenter, 2006; Wynn, 2006; 서미경 외, 2015 재인용). 첫째, 클라이언트가 인지능력, 지능, 정신적 문제, 연령 등의 한계로 스스로 중요한 결정을 하지 못한다는 것이 전제되어야 한다. 둘째, 클라이언트의 자기결정이 자신이나 타인의 안전과 생명을 위협할 수 있어 그들의 안전보호를 위한 개입이 필요하다는 것이 전제되어야 한다. 셋째, 일시적인 온정주의 개입으로 클라이언트의 삶에 긍정적인 효과가 보장된다면 자율성 제한이 정당하다는 것이다.

궁극적으로 자기결정은 클라이언트의 책임이 되어야 한다. 사회복지사는 실천 현장에서 온정주의가 쉽게 정당화되지 않도록 앞의 전제들을 성실하게 검증하는 의지가 중요하며, 클라이언트가 자기결정 능력을 향상시키고 결정 권리를 누릴 수 있도록 지원하는 것이 필요하다.

2) 비밀보장과 알 권리

비밀보장(confidentiality)은 개인의 사생활보호 가치에서 나오는 원칙으로, 사회복지사가 실천과정에서 클라이언트로부터 획득한 정보를 클라이언트의 동의 없이 누구에게도 공개 및 누설할 수 없는 것을 의미한다. 비밀보장이 준수될 수 있다는 믿음 하에 클라이언트는 자신의 문제를 전문가에게 솔직히 이야기하고 문제해결을 위해 노력할 수 있다. 만약 비밀보장에 대한 믿음이 확보되지 않는다면 클라이언트는 사회복지사를 신뢰할 수 없고, 자신의 사생활 이야기를 솔직히 개방하기가 힘들 것이다. 따라서 비밀보장의 원칙은 실천과정에서 사회복지사와 클라이언트와의 신뢰관계 형성과 클라이언트 문제개입에서 가장 기본적이면서 중요한 전제가 된다. 비밀보장은 한국사회복지사 윤리강령에도 중요한 윤리원칙으로 다루어지고 있는데, 문서, 사진, 컴퓨터 파일 등의 형태로 된 클라이언트의 정보에 대해 비밀보장의 한계, 정보를 얻어야 하는 목적 및 활용에 대해 구체적으로 알려야 하며, 정보공개 시에는 동의를 얻어야 하는 것으로 규정하고 있다.

그런데 복합적이고 다양한 상황이 발생하는 실천 현장에서 비밀보장의 원칙은 수시로 위협받게 된다. 다학제간 팀 접근을 위한 전문가들 간의 정보공유, 책무성을 위한 성과의 평가, 재정지원을 하는 제3자의 요청 혹은 동료들과의 비공식적인 자리에서의 이야기 속에서, 전화나 방문손님 등에 의해서 정보 노출이 발생할 수 있다. 리머에 의하면 비밀보장이 위협받는 딜레마 상황은, 첫째, 클라이언트나 혹은 타인의 안전이 위협받는 상황, 둘째, 법의 명령이 있는 상황, 셋째, 부모나 후견인이 아동에 관한 정보를 알고 싶어 하는 상황이다(Reamer, 1999).

이런 상황에서 클라이언트의 비밀보장과 비밀을 지키지 않는 것 사이에서 어떤 결정이 더 바람직한지에 대한 충분한 논의가 있어야 할 것이며, 바람직한 결정을 위해서 사회복지사의 윤리적 민감성이 요구된다.

클라이언트의 사생활보호를 위한 비밀보장의 원칙과 배치되는 원칙으로 클라이언트의 알 권리(right to know)가 있다. 온라인상에서 방대한 정보가 공유되고, 정보기술이 급속하게 발달하고 있는 정보화 사회에서 개인의 알 권리는 그 중요성이 부각되고 있다. 사회복지 현장에서 클라이언트의 알 권리는 제한적으로 인정되어 왔고, 고지된 동의의 형태로 구체적으로 실천된다고 할 수 있다. 고지된 동의(informed consent)란 사회복지사가 클라이언트의 동의 없이 그와 관련된 정보를 타인에게 제공해서는 안 된다는 것을 의미한다. 앞서 논의된 클라이언트의 자기결정이 자율적으로 지켜지기 위해서는 정확하고 충분한 정보 제공을 통해 클라이언트의 알 권리를 보장하는 것이 우선적이다. 클라이언트가 선택할 수 있는 서비스나 프로그램에 대한 상세한 설명, 서비스 수혜와 함께 발생할 수 있는 결과와 부작용 등 서비스를 거부할 수 있는 권리까지 클라이언트는 알 권리가 있다. 특히 클라이언트가 이해할 수 있는 언어로 설명하고, 전문용어의 사용을 자제하며, 클라이언트의 눈높이에 맞는 설명으로 알 권리를 보장하는 것이 중요하다.

3) 전문적 관계와 이중관계

사회복지사와 클라이언트 간의 전문적 관계는 '치료적 관계' '원조관계' '치료적 동맹' '협력적 작업관계' 등 다양한 용어로 언급되고 있으며, 클라이언트와 환경 간에 적합한 적응을 위해 개인의 능력과 지역사회의 자원을 적절히 동원하고 활용할 수 있도록 돕는 관계이다(Biestek, 1992). 클라이언트와 사회복지사와의 관계는 일반적인 사적 인간관계와는 다른 전문적 원조관계로서 관계의 목적과 역할이 분명하고 목표가 달성되면 관계가 종료되는 시간제한적 관계로서 적절한 경계가 유지되어야 한다. 그런데 전문적 관계의 목적과 역할이 불분명하고, 경계가 모호해지는 관계상의 윤리적 문제가 발생하게 되고, 이를 이중관계라고 한다.

이중관계란 클라이언트와 사회복지사가 전문적 원조관계 외의 또 다른 관계를 이중적으로 맺는 것을 의미한다. 이중관계는 크게 세 가지 유형으로 범주화할 수 있는데(Borys & Pope, 1989; Corey et al., 1993, 서미경 외, 2015 재인용), 첫째는 성적 관계로, 진행 중인 클라이언트 혹은 사례가 종결된 클라이언트와 데이트하거나 성적 관계를 가지는 것, 둘째는 대가성 관계로 클라이언트의 직업상 제공하는 서비스를 받거나 클라이언트에게 후원을 요구하는 것, 그리고 사회복지사가 제공하는 서비스에 대한 공식적인 비용 이외의 물질적 대가를 받는 것을 의미한다. 셋째는 개인적 관계로, 현재 혹은 종결된 클라이언트와 사적 만남을 가지거나 서로의 개인적 행사에 초대하는 것, 그리고 친구(넓은 범주의 지인 포함)나 친척(혹은 가족)에게 사회복지 서비스를 제공하는 것이 포함된다.

이중관계는 전문적 관계를 유지하는 데 역할 혼란을 초래하는 등 악영향을 미치게 된다. 왜냐하면 이중관계에서 사회복지사는 클라이언트와의 관계에서 객관성을 유지하기 어렵고, 클라이언트의 문제에 대해서 부정확한 사정을 하게 되거나, 한정된 자원 사용에 있어서 객관성을 잃거나 편파적인 개입을 하게 되는 등 위험을 초래하게 된다. 결국 이중관계는 클라이언트에게 불이익을 초래하게 된다.

윤리강령에서는 이중관계의 위험성에 대해 경고하고 있지만, 실제 어느 사회복지사도 이중관계로부터 자유로울 수는 없다. 연구에 따르면(김진숙, 장연진, 2012; 박미은, 서미경, 김영란, 2001), 사회복지사가 다른 이중관계에 비해 성적 관계를 경험한 비율은 현저히 낮은 것으로 보고된다. 많이 경험할 수 있는 이중관계로는 클라이언트에게 기관의 행사에 참여하도록 종용하는 것, 클라이언트에게 개인적 연락처를 알려 주는 것, 클라이언트가 개인적 행사에 초대하면 이에 응하는 것, 클라이언트가 운영하는 상점을 단골로 이용하는 것으로 나타났다. 성적 관계를 제외한 다른 대부분의 이중관계를 조사대상자의 10~20% 이상이 경험한 것으로 나타났다. 2001년의 조사보다 2012년 조사 결과, 전반적인 경험비율이 낮아진 것을 볼 수 있다. 그런데 개인적 관계 중 '개인 연락처를 알려 준다'와 '클라이언트가 운영하는 상점에 단골이 되기 쉽다'는 문항은 오히려 경험비율이 증가하였다. 이러한 결과는 지역사회 중심 서비스에서 사례관리가 강조되면서 증가한 것으로 해석된다.

사회복지사는 정기적으로 클라이언트와의 관계를 동료 사회복지사와 논의함으로써 전문적 관계의 경계를 잘 유지하고 있는지 확인해야 한다. 특히 사회복지사의 정신적 · 심리적 취약성으로 인해 경계위반이 발생하기 쉽기 때문에 자신의 욕구를 잘 살펴보는 것이 필요하다.

2. 아동복지 분야의 윤리적인 실천이슈

1) 아동학대

아동을 정의할 때 사용되는 나이 기준은 각기 다르지만 「아동복지법」에서는 만 18세 미만을 아동으로 보고 있다. 아동은 성인의 보살핌과 보호 아래 살아가게 된다. 하지만 "보호자를 포함한 성인이 아동의 건강 또는 복지를 해치거나 정상적 발달을 저해할 수 있는 신체적 · 정신적 · 성적 폭력이나 가혹행위를 하는 것과 아동의 보호자가 아동을 유기하거나 방임하는" 아동학대(「아동복지법」 제3조)가 발생하기도 한다.

아동에게 가해지는 여러 형태의 학대와 관련된 문제가 사회적인 이슈가 되고 있다. 또한 학대와 훈육과 관련하여 여러 논란이 일고 있다. 아동에게 처벌을 가하는 동일한 행위를 하더라도 문화적 맥락에 따라 일부 문화에서는 아동에 대한 신체적 학대로 보지 않는 경우도 있다. 우리나라도 아동학대에 대한 인식이 변화하여, 아동에 대한 신체적 처벌이 가해지는 경우 훈육보다는 학대로 보는 경우가 많지만 최근까지 신체적인 처벌이 가정에서건 학교에서건 용인되고 있다.

아동학대는 주로 신체적 학대, 정서적 학대, 성적 학대, 방임으로 나누어서 논의된다. 먼저 신체적 학대에 대하여 살펴보겠다. 신체적 학대는 성인이 아동에게 신체적으로 해를 끼친 행위와 신체적으로 해를 입도록 한 우연한 사고를 포함한 모든 행위를 포함한다. 특히 12개월이 되지 않은 아동을 체벌하는 행위는 어떤 상황에서도 신체적 학대로 간주한다. 정서적 학대는 아동에게 하는 언어적 위협과 정신적 위협, 억압, 감금, 기타의 모든 괴롭히는 행위를 일컫는다. 정서적 학대는 신체적 학대와 달리 학대 행위가 눈에 두드러지게 나타나지 않거나 학대 결과가 당장 심각하게 나타나지 않아 지나치게 되는 경우도 있다. 하지만 정서적 학대 역시 아동의 성장과 발달에 큰 영향을 미치게 된다.

성적 학대는 아동이 꼬임이나 힘에 의해서 자기보다 나이가 많은 사람의 성적 욕구를 충족시키도록 강요하는 것을 말한다. 친족내 성학대는 가족·친인척과 아동 사이에 발생하는 성적 학대이고, 친족외 성학대는 아는 사람이나 낯선 사람과 아동 사이에 발생하는 성적 학대이다. 모든 아동학대의 가해자가 가족인 비율이 높은데, 성학대도 마찬가지로 친족내 성학대가 친족외 성학대보다 많이 일어난다. 방임은 아동을 보호할 책임이 있는 사람이 아동이 건전하게 신체적·정서적·사회적으로 발달하는 데 필요한 자원을 제공하지 않는 것으로 물리적 방임, 교육적 방임, 의료적 방임, 정서적 방임이 있다.

아동의 일상생활과 밀접한 관련이 있는 자가 그 직무상 아동학대를 알게 된 때에는 즉시 아동보호전문기관 또는 수사기관에 신고하도록 하는 의무조항이 「아동복지법」 제26조와 「아동학대범죄의 처벌 등에 관한 특례법」 제10조 안에 명시되어 있다. 아동학대의 경우, 실제 발생한 비율이 신고된 비율보다 더 높을 가능성이 크다. 아동학대를 신고하지 않는 이유는 은밀하게 발생하고, 성인이 아동에 대해 힘을 가지고 있어 학대아동은 이야기하기를 꺼리기 때문이다.

사회복지사가 학교, 지역아동센터, 병원, 일시보호소 등에서 아동학대 사례를 발견하였을 때, 증거가 명확한 경우에는 진단서 등을 통해 학대 신고에 어려움이 없으나, 의심사례의 경우에는 구체적인 경계가 모호하여 아동을 보호하는 방법에 대하여 딜레마가 발생한다. 더구나 가해자의 80% 이상이 부모인 가운데 아동 스스로 부모와 분리되는 것을 원하지 않는 경우가 있다. 특히 아동학대가 발생한 경우에 비밀보장에 있어서 학대를 보고하는 것이 아동의 안전을 보장할 수 있을지, 상황을 더 악화시켜서 아동을 더 해롭게 하는 것인지에 대한 판단 사이에서 갈등을 겪게 된다.

〈사례 6-1〉은 지체장애를 가진 어머니와 함께 살고 있는 아동이 어머니의 남자 친구로부터 성적 학대를 당한 사례이다. 이 사례를 보면 아동학대의 전형적인 특성이 나타난다. 아동학대가 밝혀진 것이 아동 스스로 신고를 한 것이 아니라 학교 교사를 통해서 발고된 것을 알 수 있다. 아동은 가해자인 어머니의 남자 친구와의 접촉을 피하기 위해서 집에서 분리되어 생활하고 있지만 어머니와 함께 살기 위해 집으로 돌아가고 싶어 한다. 아동이 집으로 돌아갔을 때 성적 학대의 재발가능성이 매우 높은 상황에서 아동의 자기결정권 보호를 위하여 집으로 돌려보내야 할지 아동의 안전을 위하여 쉼터에 계속 머물도록 하여야 할지에 대한 딜레마를 경험하게 된다.

〈사례 6-1〉 아동에 대한 성적 학대

C아동의 아버지는 3세 때 사망하여 이후 지체장애 2급인 어머니가 C아동을 혼자서 양육하고 있었다. 어머니는 지체장애 2급이지만 저신장으로 인하여 장애등급을 받은 것으로 일상생활을 하는 데에는 지장이 없다. 하지만 취업이 어려워 기초생활보장 수급자로 생계급여를 받아 생활하고 있었다. 어머니에게 남자 친구가 생기며 아동의 집에서 어머니, 남자 친구, 아동이 함께 자는 일이 많았다. 어머니의 남자 친구는 어머니가 함께 자는 방 안에서 C아동에 대한 성적 학대를 하였고, 이는 C아동의 학교 교사를 통하여 발고되었다. 성적 학대 사건을 알게 된 이후에도 어머니는 계속하여 남자 친구와 관계를 지속하기를 원하였고, C아동은 가정에서 분리되어 쉼터에서 생활하고 있지만 아동은 어머니와 함께 생활하기 위하여 집에 복귀하기를 강하게 원하고 있다.

출처: 한인영, 김진숙, 문현주(2014).

2) 입양

입양은 보호가 필요한 아동에게 건강한 가정을 영구적으로 제공하여 신체적 · 정신적 · 사회적으로 건강하게 보호 · 육성될 수 있도록 하는 목적으로 진행된다. 입양이란 생물학적으로 아무런 관계가 없는 성인과 아동이 한 가정의 테두리 안에서 법적 · 사회적으로 부모와 자녀로서의 관계를 형성하고,

입양된 아동은 친자녀와 동일한 혜택과 자격을 갖게 되는 법적인 절차를 말한다(표갑수, 1998). 다시 말해, 친부모로부터 아동의 현재와 미래에 대한 모든 권리와 의무가 소멸되고, 혈연관계가 아닌 법적·행정적 권한에 의해 부모 자녀 관계를 형성하는 사회적·법적 과정을 의미하는 것이다.

이러한 입양은 입양되는 입양아동과 입양을 하는 입양부모, 그리고 입양아를 포기하는 생부모로 구성된다(배태순, 1993). 입양은 입양아동과 입양부모 사이의 가족관계 유무에 따라 친족입양과 비친족입양으로, 입양이 기관을 통해 이루어지는지, 아니면 개인적으로 이루어지는지에 따라 기관입양과 독립입양으로, 입양 사실의 공개 여부와 친부모와의 접촉 유무에 따라 비밀입양과 개방입양으로 나눌 수 있다. 가장 최선은 원가정에서 아동을 보호하는 것이므로 원가정 보호 후 입양을 선택해야 한다. 이 경우 친부모와 비슷한 환경으로 입양이 될 수 있도록 해야 하고 아동을 우선으로 해야 한다. 입양의 필요 여부는 가능한 한 빨리 결정하는 것이 좋다.

입양아동이 새로운 가족에 적응하는 데에는 입양아동의 연령이 어릴수록, 행동문제가 적을수록, 입양부모가 난임으로 인해 자녀를 원할수록, 입양에 대한 지역사회의 태도가 긍정적일수록 적응이 높은 것으로 나타났다.

입양아동은 원가정 또는 친부모로부터 분리를 경험하게 되고, 자신에게 친부모와 입양부모가 있다는 사실을 수용해야 한다. 또한 '유전학적 당혹감'을 경험하게 되는데, 이는 친부모로부터 떨어져서 성장하는 사람들은 누구나 갖는 욕구로, 인간으로서 완전하게 느끼기 위해서 자신의 배경, 가계와 개인력에 대해서 알고자 하는 것이다. 특히 국내입양이 아니고 해외입양이 된 경우에 이러한 경험을 더욱 하게 된다. 입양아동은 성장하면서 입양인으로 정체감을 형성하기 위해 다양한 심리적 어려움을 경험할 수 있다. 입양아동은 초등학교 입학 전까지는 부적응이 거의 나타나지 않지만 초등학교에 들어가서는 입양의 의미에 대하여 재해석이 진행되고, 청소년기가 되면 정체성에 강한 의문을 가지게 되기도 한다. 또한 흔하지는 않지만 입양한 아동을 다시 파양하는 경우도 발생한다. 이 경우, 입양아동은 친부모에게 버림받고 입양부모에게 버림받음으로써 더 큰 상처를 얻게 된다.

앞에서도 제시하였듯, 난임으로 인해 자녀를 원할수록 입양아동과 가족의 적응이 높아진다. 하지만 〈사례 6-2〉에서 나타나듯, 입양 후 입양부모가 친자녀를 출산하게 되는 경우에 입양아동에 대한 관심도가 낮아지는 경우가 발생한다. 이 과정에서 입양아동에 대한 학대가 발생하는 경우도 있다. 입양부모가 입양자녀와 친자녀 사이에 갈등을 겪게 되는 것이 입양아동에게 그대로 전달되어 정서적 학대가 발생할 수 있다. 이러한 경우, 입양을 주관한 기관 또는 아동상담기관에서는 상담하는 과정에서 입양가정에 계속 있는 것이 나을지, 파양을 하는 것이 입양아동에게 이로울지에 대한 선택의 딜레마에 빠지게 된다.

〈사례 6-2〉 입양아동에 대한 파양

평범한 가정에서 입양아를 양육하며 생활하던 중 임신이 되어 친자를 출산하게 되었고, 친자출산 직후 아이가 동생을 시샘한다는 이유로 아이의 양육을 등한시하게 되었다. 친자출산 후에 양부모는 자신들도 모르게 아이의 예뻤던 모습들이 이유 없이 미워졌다. 점차적으로 매사에 친자와 입양아에 대한 차별로 발전하게 됨에 따라 양부모 자신들도 양심의 가책을 느끼며 괴로워하였으나 그렇다고 마음과 행동이 쉽게 바뀌지 않아 어쩌지 못하는 상황이 되었다. 양육을 포기하는 일이란 이해할 수도, 용서할 수도 없는 일이라고 생각되어 고민하며 생활하고 있던 중 이러한 상황을 보다 못한 아동의 양 큰아버지가 아동을 위해서라도 더 늦기 전에 파양을 하라고 권유하였다. 아이를 입양했던 기관의 담당자와 수차례의 상담과정을 거쳤으나 결국 입양아의 양육을 포기하게 되어 파양 절차를 밟게 되었다.

출처: 장혜규(2009).

3. 장애인복지 분야의 윤리적인 실천이슈

1) 여성장애인

여성장애인은 여성과 장애라는 이중고를 가지며 모든 기회와 참여에서 차별과 억압의 대상으로 사회 일반의 주변부로 철저히 소외되어 살아왔다. 가부장제의 권력관계로 여성에게 가해지는 정치적 · 사회적 · 문화적 차별과 폭력이 여성장애인에게 존재하고, 또한 장애인이어서 가해지는 사회적 배제와 소외가 가중되어 여성장애인은 사회 최약자로서 위치해 왔던 것이다.

장애와 여성이라는 복합적 구조가 가족 내에서 사회적 관계형성의 차단과 폭력의 대상으로 성역할이 규정되고, 아이를 낳고 키울 수 있는 권리와 선택이 자유롭지 못했으며, 교육의 진입에서 차단당해 왔다. 이는 노동시장진입의 자격도 갖추기 힘들게 되어 빈곤한 삶으로 이어지게 되었다. 또한 끊임없이 가정폭력, 성폭력의 대상이 되고, 지역사회 안에서 독립적 인간으로 살아가는 데에도 많은 어려움을 겪었다.

하지만 「장애인 차별금지 및 권리구제 등에 관한 법률」 제33조에 다음과 같이 명문화하여 여성장애인의 권리를 지켜 주도록 하고 있다.

① 국가 및 지방자치단체는 모든 생활 영역에서 장애를 가진 여성임을 이유로 차별을 하여서는 아니 된다.
② 누구든지 장애여성에 대하여 임신 · 출산 · 양육 · 가사 등에 있어서 장애를 이유로 그 역할을 강제 또는 박탈하여서는 아니 된다.
③ 사용자는 남성근로자 또는 장애인이 아닌 여성근로자에 비하여 장애여성 근로자를 불리하게 대우하여서는 아니 되며, 직장보육서비스 이용 등에 있어서 정당한 편의제공을 거부하여서는 아니 된다.

표 6-1 여성장애인의 권리

1. 자기결정과 선택이 존중되어 자신의 삶을 통제하고 관리하며, 지역사회에서 자립생활을 할 권리가 있다.
2. 모든 공공이용시설과 기관에는 여성장애인의 성인지적 관점이 반영된 시설이 갖추어져 있어 접근이 용이하여야 한다.
3. 모든 교육의 기회에서 거부되거나, 차별받지 않으며, 교육과정에서는 합리적 배려와 조치를 받을 권리가 있다.
4. 아이를 낳고 키울 수 있는 선택이 자유롭고, 사회적으로 모성과 양육에 대한 지원과 보호를 받을 권리가 있다.
5. 여성장애인 스스로가 모든 사회 · 문화 · 정치 일반에 리더로 활동할 권리가 있고, 사회는 의식적으로 여성장애인이 사회 중심에 설 수 있도록 기회를 창출해야 한다.
6. 여성장애인은 사회경제발전에 참여할 수 있는 노동력을 가지고 있으며, 동등한 고용기회의 보장과 알맞은 임금과 노동환경을 제공받을 권리가 있다.
7. 여성장애인은 성적 결정권을 가진 주체적 인간으로서 모든 폭력을 거부하며, 사회에서 안전하고 건강하게 살 권리가 있다.
8. 여성장애인은 문화를 향유하고 생산할 권리가 있다.
9. 여성장애인은 장애 유형과 정도에 따라 적절한 사회적 서비스와 지원을 받을 권리가 있다.
10. 여성장애인은 가족과 사회에서 절대적 지지와 옹호를 받을 권리가 있다.

출처: 한국여성장애인연합.

여성은 임신과 출산에서 고유한 영역을 가지고 있다. 하지만 여성장애인은 아직도 임신, 출산, 양육의 과정에서 사회의 관심에서조차 배제되고 있다. 임신, 출산, 양육에 대한 적극적인 사회적 지원과 제도가 마련되지 않아 비장애 여성에 비하여 훨씬 열악한 상황에 놓이게 된다. 이로 인해 임신, 출산 후 건강 악화, 자녀 양육 부담, 가사 노동의 어려움 등 가정생활과 관련해서도 큰 어려움을 겪게 된다. 여성장애인의 모성권이 보장되기 위해서는 임신, 출산, 양육에 대한 책임이 개인에게 강제되어서는 안 되며, 여성장애인 스스로에게 그에 대한 선택권이 주어져야 한다. 또한 여성장애인의 장애 유형과 정도에 맞게 임신, 출산, 양육의 과정에서 적절한 사회적 서비스와 지원이 마련되어야 할 것이다. 결국 여성장애인의 모성권에 관한 정부주도의 근본적인 사회제도를 마련하는 것이 무엇보다 중요하다.

〈사례 6-3〉을 보더라도 소아마비 장애여성이 20대 후반까지는 집 안에서만 생활을 하다가 세상에 나오게 된 것을 볼 수 있다. 장애를 이유로 교육권에서 차별받지 않아야 하지만 기존 성인 장애인들은 집 안에서만 거주한 경우를 자주 볼 수 있다. 특히 여성장애인의 경우에 더욱더 공교육을 받거나 외부활동을 하는 것을 가족이 제한하는 것을 볼 수 있다. 이 여성의 경우에는 결혼하여 자녀를 출산하였지만 이혼한 상태이고, 원가족과 생활하며 딸을 양육하고 있다. 이때도 엄마인 클라이언트의 의견보다는 조부모의 간섭이 더 심한 것을 볼 수 있다. 여성장애인의 임신, 출산, 양육에서 어떻게 권리를 보장하고 지원할 수 있을지에 대한 고민이 필요하다.

〈사례 6-3〉 여성장애인 모성권

클라이언트는 소아마비 장애를 지닌 34세의 여성으로, 첫돌 무렵에 갑작스런 발열로 소아마비가 찾아왔다. 그녀는 20대 후반까지 집에서만 생활하다가 불과 몇 년 전부터 세상구경을 하게 되었고, 전남편을 만나 2년여의 연애 끝에 결혼했다가 1년 반가량의 결혼생활을 청산했다. 이혼한 후 현재는 3살 딸을 데리고 부모님과 함께 살고 있다. 가족은 여성장애인을 완전한 성인, 인격체로서 인정하려 들지 않는다. 아이 양육문제에 있어서도 엄마의 의견보다는 부모님이나 언니의 의견을 우선시하고 있으며, 그녀가 개인적인 사회활동을 함에 있어서도 많은 간섭과 제약을 받고 있다.

출처: 한국여성장애인연합.

2) 지적장애인

지적장애란 지적기능성과 개념적 · 사회적 · 실제적 적응기술로 표현되는 적응행동 영역에서 유의하게 제한성을 보이는 것이다. 지적능력의 제한이라고 하는 것은 자신을 둘러싼 환경과 사건을 이해하고, 무엇을 해야 할지 판단할 수 있는 보다 광범위한 능력인 지능이 평균보다 심각하게 낮은 것을 의미한다. 적응행동이란 일상생활 능력뿐 아니라 삶의 변화 및 환경적 요구에 반응하는 능력에 영향을 미치는 다양한 기술을 의미한다. 이러한 적응행동의 경우에는 표준화된 검사도구를 통해 측정하거나 면담이나 관련된 기록에 대한 체계적 검토 후에 평가를 해야 한다. 적응행동은 고정된 것이 아니라 사회적 요구나 환경적 요구에 따라 생애주기별로 달라질 수 있다.

장애인에게 자립생활이란 일상적인 생활 속에서 자신의 삶에 대한 권한을 가지고 타인에 대한 의존을 최소화하면서 지역사회의 구성원으로 자신의 주체적인 삶을 영위해 가는 것을 의미한다. 지적장애인에게도 스스로 주체적인 삶을 살기 위한 자립생활이 적용된다. 지적장애인이 자립생활을 하기 위하여는 먼저 의사결정을 스스로 할 수 있도록 하는 훈련과 지원이 필요하다. 또한 주거생활과 가정생활을 비롯한 일상생활과 관련된 기술로서 독립적인 삶을 살기 위한 자기관리 기술 습득이 필요하다. 무엇보다 자립을 위해서는 직업생활이 필요하다. 이를 위해 직업평가를 통해 흥미와 적성을 발견하고 성장시키는 것이 필요하다. 재정관리도 스스로 할 수 있도록 경제관념을 심어 줄 수 있어야 할 것이다.

하지만 지적장애인은 반복적인 학습을 통하여 어떠한 내용에 대한 습득은 가능하지만 새로운 맥락이나 과제에 일반화하는 것에는 어려움이 있고, 주의기억과 이해 등의 복잡한 지적 과정에도 어려움이 있다. 또한 언어적 지체가 두드러지게 나타나는데, 특히 사물이나 개념을 추상화하고 일반화하는 데 쓰이는 표상언어가 발달하지 않는다. 지적장애인은 목표달성을 위한 목표, 방법, 수단과의 관계를 정확하게 파악하지 못하여 합리적인 실천에 어려움이 있다. 행위의 연속이 합리적인 통찰에 근거하지 않고 각각의 행위가 단편적이어서 일관성이 없다. 이로 인해 같은 질문에 대하여도 매번 답변이 달라지거나 본인의 행위나 경험에 대하여 표현하는 데 어려움을 나타내기도 한다.

지적장애인은 장애 자체의 한계로 인해 타인과의 의사소통 능력이 부족하고, 어떤 일을 독립적으로 수행하기보다 의존적이고 능동적이며, 주체적인 삶을 살기보다 수동적이고 타율적인 삶에 익숙하다. 지적장애인과 함께 일하는 사회복지사는 돌봄과 보호의 역할이 커지게 되고, 의사결정에서 사회복지사의 주관과 결정이 크게 작용할 가능성이 크다. 이것은 사회복지사로 하여금 보호와 자립에 대한 딜레마, 자율성 및 자기결정권, 비밀보장, 고지된 동의 등의 윤리적 딜레마에 직면하게 한다. 그러므로 지적장애인에게 사회복지를 실천하는 사회복지사가 민감성을 가지지 않는다면 이러한 윤리적 이슈를 간과할 위험이 크고 바람직한 실천으로 이어질 수 없다.

〈사례 6-4〉는 지적장애인의 폭력으로 인해 직원이 위협을 느낄 때 어떻게 개입할지에 대한 딜레마를 나타내고 있다. 지적장애의 특성을 고려하더라도 직원이 생명의 위협을 느낄 때에는 자율성을 제한하고 강제성을 띠어야 하는가에 대한 고민을 하게 된다. 이때는 생명보호의 원칙을 우선시하여 자율성을 제한할 수 있다. 이런 부분이 비단 직원과 이용자와의 관계뿐 아니라 지적장애인이 사회생활을 하게 되면 여러 문제로 나타날 수 있어 이에 대한 기준을 세우는 것이 필요하다.

〈사례 6-4〉 지적장애인 폭력에 대한 개입

"폭력을 행사하는 장애인에게 직원들이 맞거나 이럴 경우, 직원으로서 많이 고민을 하게 돼요. 때로는 목을 조르는 친구들도 있어요. 장애 특성이 있기 때문에 이해는 되지만 생명의 위협을 느낄 정도까지 가게 되는 직원이 있을 때에도 어떤 식으로 대응을 해야 되는지 모르니깐 그냥 넘어가게 되거든요. 어느 정도 인지력 있으신 분은 약간의 (교육이) 들어가는데 인지가 약간 떨어지는 분들의 경우에는 그냥 넘어가게 되고, 이런 부분들이 직원으로서 고민이 되는 부분이에요." … (중략) … "장애인이기 때문에 장애인이지만 사회구성원으로 보면 그들도 어느 정도 책임이 있다고 생각이 들거든요. 사회

속에서 어느 정도 배려를 받는 부분도 솔직히 있잖아요. 하지만 기본 평등을 어느 정도 가르쳐 줘야 하는데 이런 훈련이 없는 거예요. 어느 정도까지 배려를 해 줘야 하고, 어느 순간 책임을 이야기해 줘야 하고, 안 되는 것들에 대해서 통제를 해 줘야 하는 것들이 되게 어려워요."

출처: 김경희, 김미옥(2012).

4. 노인복지 분야의 윤리적인 실천이슈

1) 노인학대

급속한 고령화와 더불어 노인학대를 경험하는 노인이 증가하고 있을 뿐만 아니라, 인권의 관점에서 노인학대에 대한 인식이 높아지고 있다. 2014년 전국노인실태조사에 따르면 65세 이상 노인의 9.9%가 학대를 경험한 것으로 나타나고 있다. 학대의 종류 중에는 정서적 학대의 경험률이 7.3%로 가장 높게 나타났고, 방임 4.3%, 경제적 학대 0.3%, 신체적 학대 0.2%로 나타났다. 이를 2015년 노인인구에 반영해 보면, 약 65만 명이 학대를 경험하고, 정서적 학대는 약 48만 명, 방임은 약 28만 명, 경제적 학대는 약 2만 명, 신체적 학대는 약 1만 3천 명으로 추정된다(정경희, 2017). 노인학대 발생률에 비해 2015년 전국 29개소 노인보호전문기관에 신고된 노인학대 건수는 3,818건에 지나지 않는다. 이는 전년도 3,532건에 비해 8.1% 증가한 비율이지만 실제 학대가 발생했을 것으로 추정되는 노인 규모에 비해 턱없이 적게 신고된 것이다(중앙노인보호전문기관, 2016).

「노인복지법」에서는 노인학대 신고의무자를 직업군별로 규정하여 제시하고 있다. 그러나 신고의무자에 의한 신고율은 아동학대의 29.0%보다 낮은 18.5%에 머물고 있다. 또한 학대를 당하는 피해 노인들도 대부분 무대응, 신세한탄, 이웃에 도움 요청 등으로 전문기관에 지원을 요청하는 것은 매우 낮은 것으로 나타났다(중앙노인보호전문기관, 2016).

〈사례 6-5〉에서 A할머니는 B아들로부터 정서적 · 신체적 학대를 5년 넘는 기간 동안 견디면서 살아왔지만, 술을 마시지 않으면 착한 아들이기에 아들에 대한 처벌을 원하지 않는 것으로 나타났다. 현재 A할머니는 큰아들의 신고로 전문기관의 도움을 받을 수 있는 상황이 되었지만, 대부분의 학대피해 노인들은 5년 동안 A할머니가 아무런 대응 없이 견뎌온 것처럼 학대사실을 외부에 노출함으로써 가해자인 자식이 곤란한 상황에 놓이고, 또한 법적 처벌까지 받는 것을 원하지 않기에 이를 은폐하려는 경향이 강한 것으로 나타났다.

만약 당신이 A할머니가 아들로부터 학대를 당하고 있다는 사실을 알게 된 사회복지사라면 어떤 결정을 내릴 것인가? A할머니는 학대피해자이지만 성인으로서 자신의 사생활을 보호하고, 비밀을 보장받을 권리를 가지며, 학대사실을 알리고 싶어 하지 않는 자기결정에 대해 존중받을 권리도 함께 가진다. 그러나 A할머니의 결정을 존중한다면 할머니의 복지와 안전은 지속적으로 위협받게 된다. 이러한 상황에서 사회복지사의 A할머니의 학대피해에 대한 신고는 정당화될 수 있는가? 사회복지사는 노인학대와 관련하여 학대피해자의 사생활보호와 비밀보장, 자기결정에 대한 존중, 안전과 보호라는 가치 사이에서 다양한 윤리적 갈등을 겪을 수 있다.

〈사례 6-5〉 은폐와 처벌

"술만 마시면 때려… 그래도 착해" 학대 자식 감싸는 노인들

"술을 마시면 난폭해지는 성격이지만 평소에는 얼마나 나한테 잘하고 착한데, 그놈의 술이 문제지. 처벌? 자식한테 그러면 안 되지. 그런 거 원하지 않아." 5년 넘도록 정서적 · 신체적으로 학대를 받아 온 백발의 노인 A(73 · 여 · 청주시)씨는 끝까지 아들 B(36)씨를 두둔했다. 아들은 술을 무척이나 좋아했다. 변변한 직업을 구하지 못해 이 일 저 일 전전하던 아들은 젊은 시절부터 스트레스를 술로 풀기 시작했다. 마흔이 다 되어 가는 나이에 늦둥이로 얻은 자식의 그런 모습이 안쓰러웠던 A씨는 술을 마시고 행패를 부려도 B씨에게 내색조차 하지 못했다. 술을 마시지 않으면 살갑게 구는 아들이었기에 언젠가는 고쳐질 것이라고 생각하며 참아 왔다. 하지만 매일이다시피 술을 마시고, 술만 마시면 주먹부터 나가는 아들은 어느 때부터 일상생활을 전혀 할 수 없는 알코올중독자가 되어 있었다. 보다 못한 B씨의 형은 결국, 더 이상은 동생과 함께 살 수 없다며 노인복지전문기관에 신고했다. A씨는 "술을 마시기 시작하면 일주일에서 열흘까지 밥도 안 먹고 몸을 못 가눌 때까지 줄곧 술만 마신다."며 "술이 떨어지면 술을 사 오라고 욕을 하면서 때리는데 술을 마시지 않으면 또 괜찮아진다."고 말끝을 흐렸다.

출처: 연합뉴스(2017).

2) 존엄사

우리 사회에서 존엄사에 대한 논의는 1997년의 보라매병원 사건[1]으로 처음 대두되었다가 2009년의 김할머니 사례[2]에서 본격적인 사회적 논쟁이 일어났고, 2018년에 「호스피스 · 완화의료 및 임종과정에 있는 환자의 연명의료결정에 관한 법률」이 발효되면서 존엄사에 대한 법적 인정이 이루어졌다고 할 수 있다. 이 법률은 회생가능성이 없고, 급속적인 증상 악화로 사망이 임박하며, 치료해도 회복이 불가능한 환자를 대상으로 해서 심폐소생술, 혈액투석, 항암제 투여, 인공호흡기 착용의 네 가지 연명의료 중단을 합법화한다는 내용을 핵심으로 하고 있다. 법률의 제정과는 별개로 사회적으로 존엄사에 대한 인식은 낮은 수준이라고 할 수 있다.

1) 뇌 수술 환자에 대한 연명의료중단과 퇴원을 요구한 가족과 이에 퇴원조치를 해 준 의사에게 살인방조죄가 적용된 사건이다.

2) 존엄사를 위해 연명의료 중단을 주장하는 가족이 병원을 상대로 소송을 걸어 대법원이 가족의 손을 들어주고, 김할머니는 퇴원한 후 연명의료 조치 없이 20여 일을 더 생존해 있었던 것으로 알려진 사례이다.

존엄사는 회복불가능한 단계에 이른 환자가 생명연장만을 목적으로 하는 기계호흡이나 심폐소생술 등을 중단하고 질병에 의한 자연스러운 죽음을 받아들이는 것을 뜻한다. 흔히 '안락사'와 유사한 의미로 알고 있기도 한데, '안락사'는 불치의 질병 등으로 고통받고 있는 환자의 고통을 덜어 주기 위해 인위적으로 죽음을 앞당기는 것을 뜻하며, 약물 등을 사용해서 직접 사망을 유발하는 '적극적 안락사'와 환자의 생명을 유지하기 위해 필요한 인공호흡기나 심폐소생술 등 생명연장 장치 또는 수액이나 영양 공급을 중단해서 죽음의 시기를 앞당기는 '소극적 안락사'로 구분된다. 존엄사는 소극적 안락사와 거의 유사한 개념이기 때문에 존엄사와 소극적 안락사를 동일시하는 의견도 많다(윤영호, 2014).

의학의 발전으로 인해 죽음에 대한 경계가 모호해지면서 치명적인 질병을 가진 환자가 혼수상태에서 생명연장장치에 의존해 생명을 지속하는 사례들이 많아지면서 고통을 경감하고 품위를 손상하지 않으면서 자연스럽게 '품위 있는 죽음'을 선택하도록 하는 것이 바람직하다는 의미에서 존엄사의 필요성이 강조된다. 그러나 존엄사에 대한 인정은 여러 윤리적 문제의 발생 가능성을 가진다. 그나마 환자가 의식이 있을 때 회복불가능한 경우, 연명치료를 받지 않겠다는 뜻을 확실한 방법으로 밝혔다면 별 문제가 되지 않는다. 앞으로 19세 이상의 성인은 국립연명의료관리기관에 사전연명의료의향서를 등록해서 자신의 신체에 행해질 수 있는 연명의료조치에 대한 결정을 미리 밝힐 수 있다.

그러나 그런 뜻을 미처 밝히지 않았거나 의학적으로 죽음이 임박하지 않은 시점에 의사나 가족이 회복불가능을 이유로 연명치료를 중단하게 되는 경우에 여러 윤리적 문제가 발생할 수 있다. 예를 들어, 자기결정 능력이 부족한 장애인이나 무연고자의 연명의료중단의 결정은 어떻게 해야 하는 것인지, 환자 대신 가족이 연명의료결정을 하는 것은 환자의 생명권 및 자기결정권을 침해하는 것이 아닌지, 또한 가족의 연명의료중단 결정이 환자의 생명중시보다는 유산상속이나 의료비 지불 등의 경제적 이유가 암묵적으로 크게 작용하여 오히려 존엄사가 악용될 여지가 있다면 어떻게 해야 하는지 등의 문제가 발생할 수 있다.

존엄사의 인정이 생명을 경시하는 행위이며, 더 오래 살고 싶은 욕망과 가족에게 부담이 되지 말아야 한다는 고민 사이에서 존엄사를 '사회적 살인'이라고 주장하거나, 비생산적인 사람을 쓸데없는 존재라고 규정지어 버림으로써 인간의 존엄을 말살하는 행위라는 비판도 있다(오윤수 외, 2014). 존엄사가 품위 있는 죽음으로 귀결될 수 있도록 연명의료에 대한 선택 및 결정과 관련하여, 더 나아가 죽음의 질 향상을 위하여 사회적 논의와 검토가 더욱 활성화되어야 할 것이다.

〈사례 6-6〉 인정과 우려

품위 있는 죽음, 시기상조일까⋯ 유산상속 문제로 악용될 수도

얼마 전 회복 가능성이 없는 말기 환자의 무의미한 연명치료를 중단할 수 있는 '존엄사법'이 발의되면서 찬반 논란이 이어지고 있다. 여론조사 결과, 환자 및 가족 10명 중 7명이 연명치료 중단에 찬성하는 등 사회적 공감대도 일정 부분 형성됐지만 종교계와 일부 의료계의 반발 탓에 입법 여부는 불투명한 상태다. 상속문제 등에 악용될 소지도 있어 관련 대책도 마련할 필요가 있다.

⋯ (중략) ⋯

사실, 대형병원들의 경우 연명치료 중단을 내심 반기지만 이를 대외적으로 밝히지는 못하고 있는 실정이다. 한 대학병원 관계자는 "말기 환자의 연명치료에 많은 인력과 시간이 투입돼 재정면에서 부정적인 영향을 끼치는 게 사실"이라며 "냉정하게 이야기했을 때 연명치료를 중단하면 병상 및 인력 활용도를 높일 수 있지만 사람의 목숨을 단순히 수익적인 면에서 판단할 수는 없는 노릇"이라고 밝혔다.

종교계에선 가족의 동의만으로도 연명치료를 중단할 경우 존엄사가 남용될 수 있다며 우려하고 있다. 한국기독교생명윤리협회 관계자는 "생명은 어느 단계에 있든 존엄과 가치를 가진 존재"라며 "절대적으로 회복불가능한 상태가 아니면 연명치료 중단을 허용하는 것은 불가하다"고 말했다. 상속이나 치료비 부담 등 경제적 이유로 악용될 수 있다는 우려도 나왔다. 한국환자단체연합회 관계자는 "가족이 입원료가 비싼 중환자실에 한 달 이상 입원해 있다면 경제적 부담 탓에 이기적으로 생각할 수밖에 없다."며 "또 유산이나 치료비 등 경제적인 이유만으로 환자의 의사는 배제한 채 가족끼리 연명치료 중단을 합의하는 사례가 지금도 비일비재하다."고 말했다. 이어 "환자 본인과 의사가 직접 연명의료 계획서를 작성하는 경우를 제외하고는 제3의 공식기관에서 이를 심의해야만 한다."고 덧붙였다.

출처: 조세일보(2015).

5. 여성복지 분야의 윤리적인 실천이슈

1) 성폭력

최근 우리 사회에서는 한 여성 검사의 성추행 피해 사실에 대한 공개적 폭로를 시작으로 그동안 드러내지 못했던 많은 여성의 성폭력 피해 사실이 언론 상에 확산되는 미투(me too)운동의 열풍이 뜨겁게 일고 있다. 성폭력은 성을 매개로 하여 유형, 무형으로 여성에게 가해지는 폭력적 행위로 강간이나 강제추행과 같은 직접적 · 물리적 위협을 포함한 것으로부터 성희롱, 언어성폭력, 스토킹에 이르기까지 다양한 양상을 포함한다(송다영, 김미주, 최희경, 장수정, 2011).

미투운동의 확산은 우리 사회에서 성폭력이 상상 이상으로 만연되어 있고, 누구나 성폭력의 피해자가 될 수 있으나 실제 자신의 성폭력 사실을 밝히고 신고하는 것은 엄청나게 어렵고 힘든 일이라는 상황을 다시 한번 인식시켜 주었다. 여성가족부에서 2016년에 19세 이상 65세 미만 성인 남녀 7,200명을 대상으로 한 전국성폭력 실태조사에 따르면, 평생 한 번이라도 신체적 성폭력을 경험한 비율은 여성이 21.3%, 남성이 1.2%로 나타났으며, 성기노출과 같은 성폭력은 여성의 30.4%가 경험한 것으로 나타났다. 여성에 대한 신체적 성폭력은 가해자가 아는 사람일수록 심각했는데, 폭행/협박을 동반한 성추행(70.0%), 강간(77.7%), 강간미수(60.1%)는 가해자의 3분의 2 이상이 아는 사람이었다. 여성의 1.5%가 피해경험이 있는 스토킹도 82.3%가 아는 사람이었다. 피해를 당했을 때, 여성이 이웃 및 친구에게 도움을 요청(82.6%)한 비율은 높으나 경찰에 신고하거나(2.2%), 상담소나 보호시설에 알리는 것(0.1%)은 아주 적은 수치에 불과했다(여성가족부, 2017). 이처럼 여성이 일상생활에서 경험하는 성폭력 피해는 상당히 광범위하고 다양하다고 할 수 있다.

성폭력 피해를 입은 여성에게 사회복지사는 다양한 지원을 제공해 줄 수 있지만, 특히 성폭력으로 임신한 피해자에게는 어떻게 지원을 하는 것이 바람직한가는 어려운 문제이다. 성폭력 피해여성의 입장에서는 성폭력의 결과로서 발생하는 원치 않는 임신과 출산을 했을 경우에 미혼모라는 사회적 낙인을 피해 낙태를 결정할 수도 있고, 그럼에도 태아를 한 생명으로 보호하고 인간의 존엄성을 지키고자 출산을 선택할 수도 있을 것이다. 어떤 선택도 쉽지 않다. 사회복지는 인간의 존엄성을 기본가치로 전제하고 있기에 이러한 원칙에 충실해야겠지만 태아의 존엄성을 보장하는 이면에 출산과 양육이 성폭력 피해여성의 인간으로서의 삶을 위협할 수도 있을 것이다.

실제 우리나라의 「모자보건법」은 성폭력으로 인한 원치 않은 임신의 경우에는 인공임신중절을 위한 정당한 사유가 될 수 있는 것으로, 성폭력으로 인한 낙태를 합법화하고 있다. 그러나 제도적 미비로 인해 낙태를 결정한다고 하더라도 이것이 합법화되려면 임신에 의한 성폭력이라는 것을 입증하는 것이 필요한데, 피해자의 주장만으로는 입증의 객관성이 떨어진다는 이유로 법적으로 수용이 힘든 상황이고, 여타의 입증이 쉽지 않은 문제가 있다. 이러한 제도적 장치의 한계로 피해여성은 불법 낙태를 결정하거나, 원치 않는 선택을 할 수도 있다. 사회복지사는 클라이언트의 자기결정을 존중할 의무가 있지만, 이와 같은 상황 속에서 클라이언트가 자율적이고 바람직한 결정을 할 수 있도록 지원하는 데 있어서 갈등이 가중될 수 있다.

〈사례 6-7〉 성폭행으로 인한 낙태

합법인데 실상은? … 성폭행 낙태 문제 많다

성폭행으로 인한 낙태가 합법이지만 사회적 인식과 제도적 미비 탓에 피해 여성들이 심각한 고통을 받고 있고, 심지어 비극에 이르는 사례도 많아 개선책이 절실하다는 지적이 나오고 있다.

… (중략) …

성폭력으로 임신한 피해자들이 겪는 가장 큰 어려움은 임신이 성폭력에 의한 것임을 입증해야 하는 것이다. 현실적으로 피해자들의 진술과 가해자의 자백, 증인의 증언이 입증하는 변수가 될 수 있지만 우리 사회에서 자신이 성폭력 가해자라고 자백하며 인공유산을 돕겠다는 가해자는 없다. 또한 누군가가 목격하고 증인이 되어 줄 가능성도 전혀 없다. 그렇다면 피해자가 주장하는 방법 밖에 없는데, 객관성을 인정할 수 없다는 이유로 잘 신뢰하지 않는다는 점이 문제다. 또한 성폭행에 대한 형사 고소를 진행해야만 성폭력 피해지원을 받을 수 있고, 사후 법정 진술이나 피고소에 대한 부담 때문에 의사들도 시술을 꺼리는 경우도 많은 것으로 알려졌다.

국회 여성가족위원장인 민주당 김상희 의원은 "피해자들은 낙태 시술을 받기 위해 원치 않는 형사고소를 해야 하거나 상담을 강요당하기도 하며, 번번이 병원에서 시술을 거부당하는 등 삼중고에 시달리고 있다."며 "특히 미성년자의 경우 보호자의 동의 요건에 대한 부담으로 수술 시기가 늦어지는 등 미흡한 제도와 절차 탓에 여성들은 성폭력과 별개로 또 다른 2차 피해에 직면하고 있다."고 지적했다.

… (하략)

출처: 뉴시스(2016).

2) 부부간의 성역할 갈등

성역할이란 특정한 문화에서 남성과 여성에게 기대되는 성에 적합한 행동특성을 말한다. 대부분의 사회에서 성역할은 남성과 여성의 특성으로 이분화되어 성역할의 구분은 개인의 생활에 영향을 미친다. 전통 사회에서 남성은 가정경제의 주요한 수입원으로서 가장의 책임을 맡는 동시에 가족 구조 내에서 의사결정을 하는 주요한 권력자로서 역할을 하였고, 이에 비해 여성은 가사노동을 담당하고 자녀를 케어하는 돌봄자의 역할을 하는 것이 주된 임무로 규정된 것이 전통적인 성역할 규범이었다. 그러나 오늘날 산업화와 도시화로의 변화, 여성의 경제적 지위 상승 등으로 전통적인 성역할 구분과 태도는 점점 변화되고 있는 것을 볼 수 있다. 성별에 따른 역할을 구분하지 않고, 남성과 여성이 동등하게 성별에 따른 역할을 융통성 있게 가정 내에서, 사회에서 역할수행을 기대하는 '양성적' 개념이 강조되고 있다(황은, 2004).

부부간의 성역할 태도 및 갈등의 단초가 되는 것은 대부분 가사노동 분담인 것으로 조사되었고, 성역할 태도가 결혼만족도에 영향을 미치는 중요요인이 되는 것으로 논의되며, 성역할 갈등이 높을수록 결혼만족도가 낮은 것으로 보고되었다(이철인, 2010; 전혜성, 서미아, 2012).

실천 현장에서 부부간의 성역할 문제에 사회복지사가 개입하게 될 때, 어떻게 개입하는 것이 바람직한지에 대한 논란이 있을 수 있다. 성역할 문제에 있어서 사회복지사의 딜레마는 전통적 성역할 규범을 따르는 부부의 경우 이것이 사회복지사가 생각하는 건강한 가족의 목표에 부합하지 않을 때 클라이언트 부부의 성역할 규범을 수용해야 할지 혹은 부부의 성역할 태도 변화를 시도해야 하는지에 대한 문제가 있다. 예를 들어, 남편은 아내가 가사일에 대한 책임을 다하지 않는다고 불평하고, 아내는 남편이 가사일을 돕지 않는다고 불평하는 부부가 개입을 요구할 때 이에 대해 두 가지 상반된 실천이 있을 수 있다(이은주, 2010).

첫째는 사회복지사의 가치유보의 입장으로, 클라이언트가 제시하지 않는 한 부부의 성역할 문제에 개입하지 않는 것이다. 사회복지사가 양성적 성역할을 선호한다고 하더라도, 자신의 가치를 클라이언트에게 주장하는 것은 윤리적으로 옳지 않다. 사회복지사는 아내가 가사일을 더 잘하고, 남편은 가사일을 더 많이 돕는 방향으로 타협과 동의를 이끌어 내는 방향으로 개입할 수 있다.

앞과 반대되는 실천으로는 사회복지사가 자신의 가치를 표명하는 것으로, 부부의 전통적 성역할 태도와 규범에 도전하지 않고 비심판적 태도로 수용하는 것은 가부장적인 전통적 성역할을 강화하는 결과를 초래하므로 여성주의적 관점에서 사회복지사의 가치를 주장하는 것이 더 윤리적이라는 의견이다. 사회복지사의 여성주의적 관점을 주장하는 입장에서는 가사일은 아내의 일이 아니라 부부 상호 간의 균등한 책임이며, 남편이 가사일을 돕는 것이 아니라 균등하게 분담하는 방향으로의 변화를 추구할 것이다. 그러나 이 경우에 사회복지사와 다른 가치를 가진 부부라면 혼란을 느낄 수 있을 것이다.

〈사례 6-8 〉 가사분담

남성 "가사 공평분담 해야" 43%… 실천은 16%

한국의 남성들은 집안일을 부부가 공평하게 분담해야 한다고 생각하면서도 실제로는 부인에게 전담시키다시피 하는 것으로 나타났다. 또 한국 남성들의 가사노동 시간은 경제협력개발기구(OECD) 회원국 가운데 가장 짧았다.

7일 통계청이 발표한 '2015 일 · 가정 양립 지표'를 보면, 2014년 현재 13세 이상 남성을 대상으로 집안일 분담에 대한 '견해'를 물어보니, 응답자의 42.7%가 '공평하게 분담해야 한다'고 밝혔다. 아직까지는 '부인이 전적으로 책임져야 한다'(7.0%)를 포함해 '부인이 주도해야 한다'(54.6%)는 응답이 훨씬 많지만,

'공평 분담' 응답 비율이 계속 높아지고 있다. 2006년 조사에서 26.1%였던 '공평 분담' 응답 비율이 2010년 31.2%, 2014년엔 42.7%로 나왔다.

하지만 실제로 집안일을 공평하게 분담하는 경우는 드물었다. 마음과 행동이 따로 가고 있는 것이다. 19살 이상 함께 살고 있는 부부를 대상으로 조사한 결과, '집안일을 공평하게 분담하고 있다'고 밝힌 남성 비율은 16.4%에 그쳤다. 반면 '부인이 주도하고 있다'는 비율은 80.5%나 됐다. 함께 사는 부부 10쌍 중 8쌍은 부인이 가사일을 전담하거나 주로 하고 있다는 얘기다.

… (하략)

출처: 한겨레신문(2015).

심화학습문제

1. 자기결정, 비밀보장, 이중관계와 관련된 사례들을 공유하고 토론해 보자.
2. 존엄사 합법화에 의해 발생할 수 있는 윤리적 문제들은 무엇인가?
3. 사회복지사로서 성역할 관점을 달리하는 클라이언트에게 어떻게 개입할 수 있는가?

제3부

사회복지 윤리와 철학의 거시적 접근

제7장 간접서비스 영역에서 윤리적 쟁점

학습목표	1. 간접서비스 영역에서 발생하는 윤리적 쟁점을 파악할 수 있다. 2. 사회복지조직에서 염두해야 하는 윤리경영과 UN글로벌콤팩트에 대하여 이해할 수 있다.
핵심용어	한정된 자원, 윤리경영, UN글로벌콤팩트

간접서비스 영역에서의 윤리적 쟁점은 한정된 자원 배분의 어려움, 사회복지에 대한 정부와 민간의 책임 규정 문제 등이 있다. 직접서비스 영역과 마찬가지로 간접서비스 영역에 종사하는 사회복지사는 윤리적 의무에 대해 민감할 필요가 있다. 간접서비스에서 마주하게 되는 윤리적 쟁점은 직접서비스에서 마주하게 되는 윤리적 쟁점보다 더 많은 클라이언트에게 영향을 줄 수 있다.

또한 2000년대 후반부터 대두된 사회복지기관의 윤리경영을 살펴보고 UN에서 정한 글로벌콤팩트에 대한 내용도 함께 살펴보도록 하겠다. 윤리경영이라고 하는 것은 주로 영리기업에서 이야기되어 왔지만 비영리기관인 사회복지조직도 재정지원자, 규제자, 서비스 이용자들의 이해관계가 얽혀 있고, 무엇보다 클라이언트의 삶의 질 향상에 직접적으로 영향을 줄 수 있다는 측면에서 윤리경영을 중요하게 살펴보아야 한다. 2012년에 한국사회복지사협회가 UN글로벌콤팩트에 가입하면서 사회복지시설과 사회복지사의 윤리적인 책임성을 제고하고 있다.

1. 한정된 자원의 배분

사회복지사와 사회복지기관은 수행하는 프로그램이나 서비스에서 자원 부족에 직면하는 경우가 많다. 재정 빈곤, 예산 삭감, 서비스에 대한 요구의 증대 등은 부족하거나 한정된 자원의 배분에 관한 결정을 어렵게 한다. 사회복지 현장에서는 공급이 수요보다 적은 경우가 많아 한정된 자원을 가지고 누구를 우선순위로 제공할 것인가와 관련된 문제가 늘 있다. 한정된 자원의 배분 문제는 사회 정의와 사회복지사의 윤리적 의무와 관련이 있기 때문에 윤리적 차원의 접근이 필요하다. 이때 고려할 수 있는 배분적 정의의 기준으로는 평등, 욕구, 보상, 기여가 있다(Reamer, 1999, 심상용, 2016 재인용).

① 평등에 따른 배분
- 모든 사람에게 동일한 양을 제공하는 것
- 자원 자체가 한정적이어서 평등한 배분이 불가능한 경우가 발생함
- 동일한 배분이 불평등을 야기할 수 있음

② 욕구에 따른 배분
- 욕구의 수준에 따라 자원을 나누는 것(사회복지사가 가장 선호하는 기준임)
- 누가 어떤 욕구를 얼마나 가지고 있는지 측정하는 것이 어려움

③ 보상에 따른 배분(사회적 약자에게 자원을 배분)
- 기업의 장애인 의무고용
- 누가 사회적 약자인가에 대한 합의점 도출이 어려움

④ 기여에 따른 배분
- 자활사업 같은 노동연계 프로그램(노동에 대한 기여를 전제조건으로

함) (윤성호, 이미라, 손지현, 2016: 115-116)

한정된 자원에는 물적인 자원뿐 아니라 인적 자원도 포함된다. 사회복지 현장에서 대표적인 인적 자원으로는 사회복지사가 있다. 사회복지사의 급여는 국민들이 낸 세금에서 받는 보조금에서 충당된다. 사회복지사가 근무하는 시간 동안 어떤 클라이언트를 주로 만나는지 또한 고민을 해 볼 수 있다. 한 명의 클라이언트에게 많은 시간을 할애하면 또 다른 클라이언트는 서비스를 받지 못하는 경우가 발생한다.

사회복지사가 전화상담을 하거나 가정방문을 하여 클라이언트를 만나느라 복지관에 찾아온 클라이언트에게 상담이나 서비스를 제공하지 못하는 경우 또는 복지관에 온 클라이언트를 만나느라 전화상담을 원하는 클라이언트에게 제때 상담을 하지 못하는 경우 등이 발생하게 된다. 이때 과연 무엇을 우선적으로 해야 하는가 등도 고민해 보아야 한다. 미국 사회복지사 윤리강령에서는 사회복지사의 공정한 자원 배분과 함께 자원 보장을 위한 사회적·정치적 행동에 대하여 제시하고 있다.

표 7-1 미국 사회복지사 윤리강령

3.07 행정

ⓑ 사회복지사는 공개적이고 공정한 자원 배당절차를 옹호해야 한다. 모든 클라이언트의 욕구가 충족될 수 없을 때에는 적절하며 일관되게 적용되는 원칙에 입각한 비차별적인 자원할당절차를 개발해야 한다.

6.01 사회복지

사회복지사는 한 지역으로부터 전 세계적 차원에 이르기까지 사회의 일반적인 복지를 향상시키고 인간과 지역사회 및 환경을 개선해야 한다. 사회복지사는 인간의 기본적 욕구 충족에 기여하는 생활 조건의 향상을 옹호하며, 사회정의 실현에 도움이 되는 사회적, 경제적, 정치적 및 문화적 가치와 제도를 증진시켜야 한다.

6.04 사회적 · 정치적 행동

ⓐ 사회복지사는 모든 사람이 인간의 기본적 욕구를 충족하는 데 필요한 자원, 고용, 서비스 및 기회에 동등하게 접근할 수 있도록 보장하는 사회적 · 정치적 행동에 관여해야 한다. 사회복지사는 실천에 미치는 정치적 영역의 영향을 인식해야 하며, 인간의 기본적 욕구를 충족하고 사회적 정의를 증진시키며 사회환경을 개선하기 위한 정책과 법률 개정을 옹호해야 한다.

ⓑ 사회복지사는 특히 취약하고 불리한 상황에 처한 사람들, 억압, 착취당하는 사람과 집단을 비롯하여 모든 사람의 선택과 기회를 확대시키기 위해 노력해야 한다.

2. 정부와 민간의 책임분담

사회복지의 재원과 전달체계는 정부부문과 민간부문의 역할분담에 의해 이루어진다. 이때 주된 책임이 정부에게 있는가, 민간에게 있는가가 윤리적 쟁점이 될 수 있다. 취약계층에 대한 사회복지 서비스 제공에 대한 정부의 의무는 법에 명시되어 있다. 하지만 사회복지의 주된 책임을 정부와 민간 중 누가 맡아야 하는가는 이른바 보편주의와 선별주의의 논쟁이 지속되어 왔다. 늘 선거철이 되면 보편적 복지를 주장하고 나서지만 막상 보편적 복지를 시행할 때에는 국민적인 합의가 어려워 선별적인 정책을 펼치는 경우가 많다. 보편주의는 정부가 복지에 대한 주된 책임을 지고 공급을 주도하고 민간에서 보완해야 한다는 입장이고, 선별주의는 모든 국민을 대상으로 주는 것이 아니고 자산이나 기여 수준 등을 조사하여 차별적으로 복지를 제공하는 것으로 정부 책임은 축소되고 상대적으로 민간에 대한 의존도가 높아진다.

보편주의와 선별주의는 각각 장단점을 가지고 있다. 보편주의의 경우, 모든 국민에게 일정 수준을 보장해 주기는 하지만 취약계층을 우대하지 않아 이들의 특별한 욕구충족이나 불평등 감소는 어렵게 되기도 한다. 반면, 선별주의는 취약계층의 특별한 욕구충족에는 효과적이지만 낙인효과를 주기도 한다.

3. 사회복지 윤리경영

사회복지조직 예산의 대부분은 세금과 후원금으로 이루어진다. 이에 따라 태생적으로 도덕성이 요구되는 사회복지시설에서 윤리경영은 그 자체로 본질이고 목표이다. 사회복지조직은 투명하고 원칙 있는 재무관리와 사회적 책임에 대한 끊임없는 인식과 윤리경영에 대한 노력이 요구된다고 할 수 있다(한국사회복지사협회, 2016: 65).

1) 윤리경영의 개념

윤리와 경영의 합성어인 윤리경영이란 기업을 운영함에 있어 기업윤리를 각자의 조직적 상황에 적용하여 경영하는 것을 의미한다. 윤리경영의 소극적 의미는 준법 경영으로 남에게 해를 끼치지 않는 범위 내에서의 자유로운 경영을 의미하며, 적극적 의미에서의 윤리경영은 주주, 이해 관계자와 신뢰를 유지하며 사회의 기대, 요구, 책임에 부응하는 경영을 말한다(한국사회복지사협회, 2008). 소극적 의미로 윤리경영을 적용했을 때에는 법적인 요구 조건 내에서의 경영의 의미가 강하기 때문에 진정한 의미의 윤리적인 경영을 지향하는 것이 제한될 수 있다. 따라서 적극적 의미의 윤리경영을 지향하는 것이 바람직하다고 할 수 있다(김기덕 외, 2015: 179).

기업이 윤리경영을 지향하는 것과 관련하여 라이덴바흐와 로빈(Reidenbach & Robin, 1991)은 기업의 도덕성 발달 단계를 5단계로 제시하였다(〈표 7-2〉 참조).

표 7-2 기업의 도덕성 발달 단계

1단계(무도덕 단계)	주요 이해관계자는 기업주와 경영자들이라고만 생각하며 기업의 이익 극대화가 최대의 관심인 단계
2단계(준법 단계)	법을 준수하는 상황에서 기업의 이익 극대화에 몰입하므로 윤리적인 사안은 고려되지 않는 단계
3단계(대응 단계)	지역사회의 봉사를 통해 기업의 대외적인 홍보를 하는 것이 기업의 이익을 증대한다고 인식하는 단계
4단계(윤리관 태동 단계)	윤리와 이익의 균형을 이루는 단계로, 윤리강령을 공표하고 기업의 신조를 발표하는 윤리관의 태동 단계
5단계(윤리적 선진 단계)	윤리적인 기업의 운영으로 윤리원칙에 의해 행동을 하는 단계

출처: Reidenbach & Robin(1991), 김기덕 외(2014: 180) 재인용.

2) 윤리경영의 중요성

조직이 윤리경영을 공표하고 실행하는 이유는 여러 가지가 있겠지만 궁극적으로는 윤리경영을 통한 기업의 지속가능한 경영을 지향하는 것이다. 따라서 윤리경영은 다음과 같은 이유에서 중요성을 갖는다고 할 수 있다(Davidson, 1994, 임창희, 2006, 김기덕 외, 2015: 181-183 재인용).

첫째, 기업의 경쟁력을 제고할 수 있다. 각기 다른 회사에서 출시된 생산품과 서비스가 동일할 경우에 소비자는 과연 어떤 제품을 구입하거나 어떤 서비스를 이용하겠는가 하는 것이다. 아마도 소비자는 내적으로 투명한 운영과 외적으로 깨끗한 이미지의 기업 제품을 이용할 확률이 높다. 그런 의미에서 윤리경영은 기업의 경쟁력을 제고하는 기능을 한다.

둘째, 사회적 가치를 창조하는 기업이 될 수 있다. 기업이 속한 지역사회 내의 개발이나 교육적인 지원을 통해 상생하는 기업, 더불어 함께 행복한 기업과 같이 윤리경영을 통해 기업이 이윤의 극대화뿐 아니라 기업이 추구하는 가치와 접목하므로 사회적 가치를 창조하게 된다.

셋째, 사회의 일원인 기업 시민이 될 수 있다. 시민 의식이 높은 국가일수록 성숙한 국가이며 선진국이다. 그런 의미에서 윤리경영을 통해 기업이 사회적인 책임 의식을 갖고 사회에 자발적으로 솔선하므로 기업의 이미지를 제고할 수 있다.

넷째, 근로 생활의 질(Quality of Working Life: QWL)을 향상시킬 수 있다. 업무와 관련된 제반 생활을 질적으로 보증하는 것은 조직 내부 인력에 대한 윤리적인 책임이다. 기업이 이윤의 극대화에 초점을 둔 경우에 구성원은 도구가 되며, 기업 이익의 수단이 될 수 있다. 그런 의미에서 윤리경영을 통해 구성원의 근로 생활의 질을 보증할 수 있다.

다섯째, 환경 친화적인 기업 경영을 할 수 있다. 어떤 조직이든 생태학적인 측면에서 환경과 분리되어 존재할 수 없다. 유전자 조작을 한다든가, 유해한 제품을 생산하는 것은 법적인 조건을 충족했을지라도 윤리적인 기업이 될 수 없다. 윤리경영은 조직 내부뿐 아니라 조직이 외부 환경과의 관계에 있어서도 윤리경영을 지향하는 것이므로 환경 친화적인 기업 경영을 유지하게 된다.

여섯째, 건전한 기업 지배 구조를 가질 수 있다. 윤리경영과 관련하여 기업의 투명성, 건전성, 정직성 등을 떠올릴 수 있다. 기업이 내적으로나 외적으로 투명 경영을 지향하므로 윤리경영을 통해 건강한 기업의 지배 구조를 갖게 된다. 특히 대기업의 지배 구조 속에서 중소기업에 대하여 상생 경영을 지향하게 된다.

일곱째, 자유시장 경제체제를 유지 · 발전시킬 수 있다. 자유시장 경제체제로 인한 불평등 이슈와 불공정 문제에 적절히 대응을 할 수 있어야 한다. 최근 대기업의 골목 상권 침범과 관련된 문제가 이슈화되면서 상생 경영이 강조되고 있다. 대기업과 중소기업의 상생 경영과 시장의 질서와 관련하여 윤리경영은 조직 내적으로나 외적으로의 사회적 책임을 지향하므로 자유시장 경제체제로 인한 불평등의 문제를 해결하기 위한 기업의 사회적인 책임과 노력을 지향할 수 있다.

3) 윤리경영의 실천요소

(1) 최고경영자의 윤리경영 실천의지

기관장의 윤리경영 실천의지는 윤리경영 실천요소로서 매우 중요한 의미를 갖는다. 기관의 최고경영자는 그들이 갖는 영향력으로 인해 조직 내부에 윤리적 환경을 확립하는 데 중요한 역할을 하게 된다. 직원들에게 목표를 달성하는 데 공헌하도록 하고, 기관 내 가치를 확립하는 데 있어서 윤리경영은 기관장이 가지고 있는 리더십의 한 요소로 볼 수 있다. 그러므로 기관장은 윤리경영의 확고한 의지를 구성원에게 표명해야 한다. 의지표명을 통해 기관 구성원에게 윤리경영에 대한 믿음을 주고 기관장 스스로도 윤리경영의 모범적 실천을 할 수 있도록 하는 동기가 된다.

(2) 윤리강령 운영의 적합성

윤리강령은 기관 구성원의 윤리적 행동지침을 기관의 사명에 따라 구체화한 것이다. 윤리강령을 제정함으로써 기관의 윤리시스템을 체계화하고 직원의 윤리적 행동을 촉진할 수 있다. 윤리강령은 직원에게 윤리적으로 구체적인 업무 행동지침을 제공하고, 윤리규범을 실천하기 위해 어떻게 일을 해야 하는지를 제시한다. 따라서 윤리강령에는 기관과 기관 구성원이 이해관계자별로 지녀야 하는 의무와 책임을 구체적으로 제시해야 한다(강양훈, 2004).

(3) 윤리교육의 활성화 정도

윤리강령 및 규범, 윤리프로그램 실행체계 등이 공식화되어 있을지라도 효율적인 윤리경영을 실시하기 위해서는 직원에 대한 지속적인 교육과 훈련이 필요하다. 특히 신규직원의 경우에는 윤리경영과 관련한 별도 교육이 필요하다. 윤리교육이 효과성을 높이기 위해서는 직무별로 프로그램을 구성하는 것이 좋다. 직무별로 윤리적 딜레마 상황에서 의사결정에 영향을 주고 받게 되는 이해당사자들이 다르기 때문이다. 또한 구성원의 직위에 따라 차별화된 교육프로그램을 구성하는 것이 윤리교육의 효과성을 높일 수 있다(한국사회복지사협회, 2016: 70).

4) 윤리경영 저해요소

(1) 사회복지 관련 법적 · 제도적 한계

사회복지의 양적 · 질적 발전에 비하여 현장의 욕구를 법과 제도가 따라가지 못하는 한계점이 있다. 「사회복지사업법」 또는 사회복지기관에 영향을 주는 법이 제대로 마련되어 있지 않은 경우 한정된 예산으로 사업을 진행해 나가야 하는 사회복지기관에서는 윤리경영을 실천하기가 어렵다.

(2) 사회복지기관의 다양한 위탁 운영구조

사회복지기관 운영의 대부분이 정부의 위탁사무이다. 이러한 위탁사무로 인하여 위탁기관선정 및 재위탁 과정에서 나타나는 불합리성, 특히 사회복지기관 종사자들의 처우 및 고용 불안정과 같은 문제가 윤리경영을 저해하는 요소로 볼 수 있다. 정부의 부족한 재원을 위탁받은 법인에서 충당하도록 하고 있지만 많은 위탁법인이 충분한 재원을 출연하지 않고 있는 현실이다. 사회복지기관의 재정구조가 정부 보조금, 후원금, 기부금, 재단전입금으로 나누어지며, 그중 정부 보조금의 비중이 가장 높다. 하지만 정부 보조금 수준이 낮아 직원급여를 충당하기에도 쉽지 않은 경우가 있어 이러한 재정자원의 부족은 사회복지사의 열악한 처우로 이어지며 기관의 비윤리적 행동에 영향을 주기도 한다.

(3) 사회복지기관에 대한 사회의 인식 부재

아직까지 사회복지사와 사회복지기관에 대해서 남을 위해 봉사하는 사람과 그 사람들이 모여 있는 곳이라는 사회적 인식이 높다. 하지만 사회복지기관은 전문가집단이 모여 클라이언트의 행복을 위해 그들의 욕구를 해결하는 전문기관이다. 사회복지기관을 운영하거나 사회복지기관에 취업하기 위해서는 사회복지사 국가자격증을 취득해야 한다. 그러나 사회복지 전문직에 대한 사회적 인식이 아직까지 변화되고 있지 않다. 이러한 그릇된 사회적 인식으로 인해 사회복지종사자들의 처우개선을 저해하고 비윤리적인 행위가 발생하기도 한다(황명구, 홍영준, 2014: 292-293).

5) 윤리경영 책무

(1) 세금과 후원금

- 재무관리가 투명하고 원칙적이어야 함
- 서류 완비는 물론이고, 실질적 예산운영에 있어 윤리적이고 최선의 책임을 다해야 함
- 기관장에게는 직무책임에 대한 자기성찰과 책임성 있는 윤리경영이 요구됨

(2) 직원

- 직원 채용 원칙과 최선의 근무환경 조성은 생산성 향상으로 가는 인간존중 윤리의 기본임
- 인사채용의 투명성, 인사관리의 공정성, 기관운영 정보 공유, 직원의 역량개발, 인격적 대우, 기관 및 법인의 합리적 경영, 최선의 근무환경 조성이 요구됨

(3) 서비스

- 사회복지 서비스에 대한 윤리적 결정과 책임은 사회복지사에게 있음
- 기관장은 윤리적 실천을 할 수 있도록 사회복지사를 교육하고 윤리적 실천환경과 문화를 조성하여야 함

(4) 사회관계

- 1차는 지역사회 단위 관계이고, 2차는 국가 또는 지구촌임
- 사회복지사 선서: "사회복지사는 모든 사람이 인간다운 삶을 누릴 수 있도록 인간존엄성과 사회정의의 신념을 바탕으로 개인 · 가족 · 집단 · 조직 · 지역사회, 전체 사회(인류사회)와 함께한다."
- 사회복지사가 윤리강령의 사회적 관계에서의 책임을 다하도록 연대하고 참여하며 윤리적 실천을 할 수 있도록 촉진하고 격려하여야 함

(5) 거버넌스 참여

- 넓은 의미의 거버넌스는 사회 변화를 의도하는 공익을 목적으로 하는 민간기관과 정부의 협력을 거버넌스로 볼 수 있음
- 사회복지기관이 사회적 책임을 다하기 위해 지역사회에서 도덕적으로 인정받고 존경받는 윤리성 확보가 필요함(한국사회복지사협회, 2008)

6) 윤리경영 원칙

사회복지조직이 윤리경영을 위한 철학과 비전을 채택하고 이를 실천하기 위해서는 다음과 같은 원칙을 준수해야 한다. 기관과 직원 모두가 윤리강령과 규범을 준수하여야 하지만 기관 윤리경영의 성패는 법인과 기관장의 윤리 관념과 실천에 달려 있다. 사회복지조직의 윤리경영을 위한 제반 원칙은 다음과 같다(한국사회복지사협회, 2008: 215-217, 한국사회복지사협회, 2016: 71-72 재인용).

(1) 법인이 지켜야 할 원칙

- 법인 이사회 구성과 운영이 윤리적이어야 하고 규정을 준수해야 한다.
- 법인은 운영 기관의 주요 인사에 윤리기준을 우선시한다.
- 법인은 법인 운영에 스스로 윤리기준을 적용한다.

- 법인은 운영 기관이 윤리경영을 하도록 지도 · 감독한다.

(2) **기관이 지켜야 할 원칙**

- 기관은 윤리경영을 위한 윤리경영 체계를 구축하고 철저히 이행한다.
- 기관은 사회복지사 윤리강령이 기관 내에서 엄격히 수행되도록 최선의 노력을 한다.
- 기관은 윤리강령과 업무수행 방침을 정확하고 분명하게 제정한다.
- 기관은 윤리경영에 대해 기관 관계자, 관계기관(이용자, 후원자, 지역 주민, 관할 관청 등)에 적극 알린다.
- 기관은 윤리강령을 추진하고 실천 과정에서 발생하는 업무를 담당할 윤리위원회를 설치한다.
- 기관은 윤리경영 규정 안에 인권, 환경, 정보, 회계, 인사, 봉사자, 후원자에 대한 사항을 포함한다.
- 기관은 직원의 윤리적 민감성을 높이기 위해 지속적으로 투자한다.

(3) **기관장이 지켜야 할 원칙**

- 기관장은 윤리경영을 위한 경영 이념을 채택하고 그 의지를 기관 내외에 분명하게 표명한다.
- 기관장은 기관의 윤리기준이 구현되도록 효과적인 방법을 강구하고 실천한다.
- 기관장은 직원과 직원 간에 민주적인 의사소통 시스템이 작동하도록 민주적 리더십을 수련하고 수행한다.
- 윤리강령과 윤리경영 규범 준수에 솔선한다.
- 기관장은 공사를 엄격하게 구분한다.
- 윤리적 스트레스를 주기보다는 윤리적 실천이 이득이 되고 전문가적인 일임을 느끼게 해 준다.
- 정기적으로 윤리 교육과 수퍼비전을 제공하고, 윤리적 실천에 관한 토

론을 개방적으로 하여 윤리경영 문화를 정착시킨다.

7) 윤리경영 참여사례

(1) 윤리경영 선도사업

한국사회복지사협회에서는 2007년부터 윤리경영 선도사업을 실시하며 다음과 같은 활동을 중심으로 윤리경영을 지향하였다.

- 조직의 미션과 비전의 정립
- 윤리의식 제고를 위한 직원교육
- 기관의 윤리헌장 제정
- 윤리경영 선포식
- 고객소리함, 비리척결을 위한 내부 고발 시스템 실시
- 조직 내 윤리적 사안과 관련된 윤리위원회 활동

(2) 서대문장애인종합복지관

〈표 7-3〉은 서대문장애인종합복지관에서 윤리경영 실시의 일환으로 제시한 윤리강령과 실천지침이다. 서대문장애인종합복지관은 홈페이지에 '윤리경영활동은 서대문장애인종합복지관이 윤리경영을 기관 운영에 도입함으로써 보다 투명하고 윤리적인 지역복지관이 되기 위해 기획했습니다. 우리 복지관은 본 사업을 통해 지역사회에 윤리경영을 전파 홍보하여 서대문구 지역 주민들의 인식을 개선하도록 노력할 것입니다. 우리 복지관의 윤리경영의 역사, 그 흔적들을 이곳에 담아낼 것입니다. 많이 방문하셔서 지지와 격려를 보내 주시기 바랍니다'라는 문구와 함께 윤리강령과 실천지침, 종사자 개인의 윤리과업을 게시해 놓았다.

실천지침에는 직원의 기본자세, 업무에 임하는 자세, 직장생활의 태도, 장애인의 권익옹호, 직원에 대한 복지관의 역할, 포상 및 징계에 관한 내용이

들어 있다.

표 7-3 서대문장애인종합복지관 윤리강령 및 실천지침

윤리강령

- 장애인의 인권을 옹호하는 복지관
- 개인정보의 처리에 관한 동의 여부, 동의 범위 등을 선택하고 결정할 권리
- 개인정보의 처리 여부를 확인하고 개인정보에 대하여 열람(사본 발급 포함)을 요구할 권리
- 개인정보의 처리 정지, 정정 · 삭제 및 파기를 요구할 권리
- 개인정보의 처리로 인하여 발생한 피해를 신속하고 공정한 절차에 따라 구제받을 권리

실천지침

제1조(목적)

- 본 실천지침의 목적은 서대문장애인종합복지관(이하 '복지관'이라 한다) 소속 직원(이하 '직원'이라 한다)이 장애인복지관 이용자의 권익옹호와 지역사회의 참여유도, 전문가로서의 전문성 향상을 위해 윤리강령을 올바르게 이해하고 실천할 수 있도록 지침을 제공하고 업무수행과정에서 발생할 수 있는 윤리적 갈등 상황에 대해 의사결정과 행동의 판단기준을 제공함에 있다.

제2조(직원의 기본자세)

- 직원은 장애인 및 지역사회구성원(주민, 기관, 단체)에게 친절한 서비스 제공과 전문가로서의 역할 수행을 최우선으로 하고, 장애인의 권익을 옹호하여 장애인의 삶의 질 향상을 위해 최선을 다해야 한다.

제3조(직원의 기본자세)

- 직원은 항상 문제의식과 창의적인 사고를 가져야 하며 복지관의 전문성, 신뢰성, 청렴성 확보를 위해 노력해야 한다.

제4조(업무에 임하는 자세)

- 직원은 전문적인 가치와 판단을 가져야 하며 조직의 화합을 위하여 노력해야 한다.

제5조(업무에 임하는 자세)

- 발생되는 공공의 이익을 효율적으로 사용하고 나누어야 한다.

- 직원은 모든 업무에 있어 문제의식과 창의적인 사고와 열정을 가지고 다음의 목표를 달성하기 위해 성실하게 업무를 수행해야 한다.
- 이용자가 만족하는 서비스를 제공하기 위하여 복지관 운영의 효율성과 효과성을 향상시키고 업무를 개선해 나간다.
- 이용자의 복지향상과 직원의 전문성 함양을 위해 자기계발에 힘쓴다.

제6조(직장생활의 태도)
- 직원은 상호 인격적으로 존중하며 신뢰를 바탕으로 행동한다.
- 상사는 자신의 권한과 권력을 부당하게 남용하지 않는다.
- 직원들은 서로 조화로운 관계를 유지하며 타 부서와의 긴밀한 협조를 통하여 최상의 서비스를 제공한다.
- 바른 언행과 품위를 유지하고 복지관의 복무규정을 성실히 준수해야 한다.

제7조(직장생활의 태도)
- 직원은 직원으로서의 책임의식을 가지고 성실히 근무한다.
- 복지관의 경영이념 · 목표 · 가치에 공감하고, 윤리강령 준행 및 복지관의 규정과 업무방침을 성실하게 수행한다.
- 본인의 의사결정과 행동으로 인해 발생 가능한 위험을 예측 · 관리하고 발생된 문제에 대해 책임의식을 가진다.
- 업무의 효과와 효율을 높이기 위하여 정보와 지식을 적극 공유한다.

제8조(직장생활의 태도)
- 직원은 올바른 품행과 공정한 행동으로 복지관의 신뢰환경 조성에 최선을 다한다.
- 업무에 있어 공사를 명확히 구분하며, 자신의 직위를 이용하여 개인의 이익을 도모하지 않는다.
- 복지관 유 · 무형의 물품을 개인적인 용도로 사용하지 않는다.
- 이해관계자의 관계에서 금품 · 특혜 · 편의 · 향응의 수수 등 일체의 부정행위를 하지 않는다.
- 복지관의 이익에 반하는 사회적 · 경제적 활동을 하지 않고 사회의 질서나 안전에 기여한다.

제9조(직장생활의 태도)
- 직장 내에서의 성적 차별을 금지하고 건전한 근무 분위기를 위해 노력해야 한다.
- 직원은 성희롱이 개인의 인권을 침해하고 직장의 분위기를 저해하는 위법 행위임을 인식하고 일체의 성적 차별을 하지 않는다.

- 음담패설을 금하고 회식 때 술시중이나 가무 등을 강요하지 않는다.
- 직장에서 인터넷 음란사이트에 접속하지 않는다.
- 직원에게 불쾌감을 줄 수 있는 언어적 · 신체적 행위를 금지한다.

제10조(직장생활의 태도)
- 직장 내에서는 동료직원과의 전문적 · 우호적 관계를 유지한다.
- 직원 간 금전대차, 보증 등 일체의 금전거래를 하지 않는다.
- 직원 간 일체의 금품 등을 제공하지 않는다.
- 조직 융화와 복지관의 발전을 저해할 수 있는 사조직이나 모임을 결성하지 않는다.

제11조(직장생활의 태도)
- 직원은 모든 업무에 있어 문제의식과 창의적인 사고와 열정을 가지고 다음의 목표를 달성하기 위해 성실하게 업무를 수행해야 한다.
- 비밀보장의 원칙에 따라 이용자의 정보를 적극적으로 보호하며, 공공장소나 반 공공장소에서 이용자와 관련한 정보를 유출하지 않는다.
- 복지관에서 지급받았거나 업무수행 과정에서 생성된 정보자산의 관리에 최선을 다한다.
- 이를 업무목적 외의 용도로 이용하거나 고의 또는 과실로 외부에 유출하지 않는다.
- 정보보호 관련 법규 및 규정을 숙지하고 준수한다.
- 정당한 권한 없이 직장의 정보시스템을 이용하지 않는다.

제12조(장애인의 권익옹호)
- 인간 존엄성의 가치에 입각하여 이용자의 다양성과 차이를 존중하며, 이용자의 권익을 최우선으로 해야 한다.
- 장애인의 권익을 위한 사항을 성실히 알리고, 이용자의 알 권리와 선택을 존중한다.
- 이용자의 안전을 위해 이용상 주의가 필요한 사항은 충분히 이해할 수 있도록 성실히 알린다.
- 항상 장애인의 편에서 생각하고 의견을 존중하며 이용자와의 약속은 반드시 지킨다.
- 공공의 이익을 위해 최선을 다한다.
- 장애인이 자기결정권을 행사할 수 있도록 환경을 조성하며 장애인의 자기결정권을 존중한다.
- 장애인을 보호하고 비밀을 보장한다.
- 이용자에 대한 윤리적 갈등 상황 발생 시 윤리적 기준에 따라 판단한다.
- 장애인의 복지관 이용 및 서비스 제공에 있어 학연, 지연, 혈연, 외모, 연령, 성별, 종교 등의 이유로 차별하지 않는다.

제13조(직원에 대한 복지관의 역할)
- 복지관은 직원이 전문지식을 가지고 윤리적으로 실천할 수 있도록 지원한다.
- 복지관은 공정한 절차를 통해 직원을 선발, 배치하고 훈련 개발, 더 나아가 직원들의 역량강화를 지원한다.
- 복지관은 최선의 복지서비스를 제공하기 위해 직원의 업무 능력을 향상시킬 수 있는 기회를 공평하게 제공한다.
- 복지관은 승진과 보상에 있어 학연, 지연, 혈연, 외모, 연령, 성별, 종교와 무관한 공정한 절차를 통해 결정한다.
- 그 절차와 결과를 직원들에게 공개한다.
- 적절한 업무분장을 통해 업무수행을 할 수 있도록 한다.
- 복지관은 효율적으로 일할 수 있는 시스템을 갖춘다.

제14조(포상 및 징계)
- 윤리경영 정립에 기여한 직원에 대하여 인사고과에 반영하는 등 그에 상응한 포상을 수여한다.
- 기관장은 실천지침에 위반되는 행위를 한 직원에 대하여 시정, 징계 등 필요한 조치를 취할 수 있으며, 해당사항은 아래와 같다.
- 실천지침에 위반된 행동을 하거나 이를 묵인한 경우
- 실천지침에 위반된 사항을 보고하지 않은 경우
- 실천지침을 위반한 사실을 보고한 직원에게 보복조치를 한 경우

출처: 서대문장애인종합복지관.

4. UN글로벌콤팩트

UN글로벌콤팩트는 세계 최대의 자발적 기업 시민 이니셔티브(initiative)로서, 100여 개 이상의 국가, 수천여 회원들로 이루어져 있으며, 무엇보다도 기업과 세계시장의 사회적 합리성을 제시하고 발전시키는 데 목적을 두고 있다. UN글로벌콤팩트에 가입한 기업은 세계적 원칙에 기반을 둔 기업전략 및 사회신념을 통해 세계 경제와 사회가 더욱 안정되고 정당하며 포괄적으로 번영하고 번성하도록 기여한다는 신념을 공유하고 있다.

UN글로벌콤팩트는 두 개의 목표를 가지고 있다. 세계 경영관행에 10대 원칙을 일반화하는 것과 지속가능발전목표(Sustainable Development Goals: SDG)와 같은 UN 아젠다의 이행을 촉진시키는 것이다. 이와 같은 목표를 실현하기 위하여 UN글로벌콤팩트는 정책적인 교류, 교육, 지역적 네트워크와 파트너십 프로젝트와 같은 여러 기회를 통해 회원사 간 상호 지식 공유와 배움의 기회를 마련하고 있다(http://www.unglobalcompact.kr/).

UN글로벌콤팩트에 참여하기 위해서는 각 기업 및 단체가 이사회의 승인을 받아 UN글로벌콤팩트와 그 원칙들을 지지한다는 내용을 포함한 CEO 명의의 서한을 UN 사무총장 앞으로 발송하면 된다.

우리나라 사회복지기관은 한국사회복지사협회를 비롯하여 진해장애인복지관, (사)내부장애인협회, (사)한국노숙인복지시설협회, 경상북도종합자원봉사센터, 서울시복지재단, 한국국제협력단, 국민연금공단, 사회복지법인 열매나눔재단, 청소년폭력예방재단, 근로복지공단, 한국국제봉사기구(사) 등이 가입되어 있다.

표 7-4 UN글로벌콤팩트 참여의 이점

- 국제적인 기준과 기업의 사회적 책임을 추구함으로써 세계 경제를 지속가능하고 포용적으로 만들기 위한 리더십을 행사할 수 있다.
- 세계화, 기업 시민, 지속가능발전 등 동시대적 문제점에 대해 실질적인 해법 모색 방안이다.
- 민감한 세계 현안 협의에 대해 주도적인 위치를 확보할 수 있고, 상시적인 위기관리가 가능하다.
- UN의 세계적인 영향력에 접근성을 확보하고, 정부, 기업, 노동, 시민단체 등과의 지속적인 만남이 가능하다.
- 기업 및 브랜드 가치, 직원의 사기와 생산성, 경영 효율성 등을 높일 수 있다.
- UN 글로벌 콤팩트 회원들과 지식과 경험을 공유할 수 있다.

출처: UN글로벌콤팩트.

1) 여성 역량강화 원칙

'여성 역량강화 원칙(women's empowerment principles)'은 UN여성기구와 UN글로벌콤팩트에서 발족시킨 공동 이니셔티브로, 2016년 5월을 기준으로 전 세계 약 1,200여 명(국내 55개사)의 CEO들이 성명서에 서명하여 이 원칙에 대한 지지를 다짐하고 있다. 이 원칙은 직장, 시장 및 지역사회에서 양성 평등과 여성 역량 강화를 추구하고자 하는 기업에게 이를 이행하는 데 필요한 방안 및 가이드라인을 제공할 뿐 아니라, 전 세계 기업의 우수사례를 함께 공유하고 있다. 이는 기업의 지속가능한 개발이라는 차원에서 여성의 역량강화를 이행하기 위한 실천방안을 찾아내는 것을 목표로 한다.

표 7-5 여성 역량강화 원칙과 평가방법

원칙	내용	평가방법
양성 평등을 위한 고위급 기업 리더십을 구축한다.	• 양성 평등과 인권 보장을 위해 고위급 경영진의 지원과 직접적인 최상위 정책을 보장한다. • 양성 평등을 중요한 목표로 삼고, 목표 달성 과정을 담당자 업무 평가의 한 요소로 포함한다. • 기업 내 · 외부 이해관계자가 양성 평등을 위한 기업 정책, 프로그램, 이행 계획을 개발하는 과정에 참여하도록 한다. • 모든 정책이 남녀에게 다른 영향을 미치는 요소를 감안한 성인지적 정책이 되도록 한다. 이러한 기업 문화가 평등과 포용성을 증진할 것이다.	• 양성 평등 증진과 차별 철폐 및 공정성에 대한 기업선언이 기업의 웹 사이트, 채용자료, 지속가능성 보고서에 명시되어 있는가? • 기업의 양성 평등 정책과 계획을 옹호하기 위해 지정된 이사, 진급의 책임자가 있는가? • 여성 참여와 포용의 중요성에 관한 남성 리더를 포함한 직원 교육 프로그램이 있는가? • 기업의 연간 보고서 혹은 지속가능 보고서에 양성 평등의 목표 달성을 위한 경영진의 선언이 포함되어 있는가?
	• 동일 가치의 노동에 대한 동일 임금과 혜택을 제공하며, 남녀 모두에게 최저 생활 임금을 보장한다. • 직장 내 정책과 활동에서 성 차별을 철폐한다.	• 기업의 최고 경영진 및 이사진에 대한 성별 분석이 있는가? • 기업이 성별, 직종, 직급 등의 기준에 따른 근로자들의 승진 경로를 추적하고 분석하고 있는가?

직장 내에서 여성과 남성을 동등하게 대우하고, 인권을 존중하며 차별을 철폐한다.	• 성인지 고용 및 근속 정책을 이행하고, 여성이 경영진, 임원진에 활발하게 충원 임명되도록 한다. • 모든 비즈니스 분야의 모든 단계에서 여성의 의사결정 및 거버넌스 참여 비율을 30% 또는 그 이상이 되도록 보장한다 . • 탄력 근무제를 도입하고, 휴직과 복직 시 동일 임금과 지위를 보장한다. • 공공 서비스, 자원, 정보를 여성과 남성 모두에게 제공함으로써 자녀 및 피부양자를 돌볼 수 있도록 지원한다.	• 공정한 임금에 대한 검토가 정기적으로 이루어지는가? • 30% 또는 그 이상의 충분한 수의 여성 근로자들이 고용되며, 면접 기회가 주어지는가? 충분한 수의 여성 면접관이 확보되었는가? • 남성 근로자와 비교하여 직종과 직급에 따른 여성 근로자의 근속 비율은 얼마인가? • 여성과 남성 근로자 간 상이하고 구체적인 필요를 수용할 수 있는 탄력 근무제가 있는가? • 성차별, 성희롱, 성폭력에 대한 불만을 신고할 수 있는 접근 가능한 채널이 있는가?
모든 여성과 남성 근로자에게 보건, 안전, 복지를 보장한다.	• 여성과 남성이 받는 영향이 다르다는 것을 감안하여 안전한 근무 환경을 제공하고 위험 물질에 노출되지 않도록 보장한다. • 언어폭력 및 신체 학대 등 모든 종류의 성폭력에 대해 어떠한 예외도 허용하지 않는 강력한 정책을 세우며, 성범죄를 예방한다. 건강 보험이나 가정 폭력 피해자를 위한 서비스를 포함한 다른 필수 서비스를 제공하고, 모든 근로자가 동등하게 접근 가능하도록 보장한다. • 여성과 남성 근로자들이 자신과 가족의 의료 진찰 및 상담을 위해 병가를 낼 권리를 존중한다. • 근로자들의 의견을 반영하여 여성 근로자들이 회사 혹은 일과 관련 있는 장소로 이동할 경우, 안전 등의 보안 문제가 있는지 확인한다. • 안전 요원과 매니저들이 여성에 대한 폭력의 가능성을 사전에 인지하도록 훈련하며, 인신 매매, 노동 착취, 성적 착취에 관한 법규 및 기업 정책에 대해 이해한다.	• 업무 현장의 안전 장비 및 기타 설비가 여성과 남성 모두에게 적절한 크기인가? • 남녀 분리된 화장실과 필요하다면 분리된 탈의실이 있는가? 업무 현장의 조명이 적절한가? • 기업에서 지원하는 보건 시설에 여성 전문의가 있는가?

여성을 위한 교육과 직업 훈련 및 전문 인력 개발을 장려한다.	• 모든 비즈니스 분야의 모든 단계에서 여성의 발전을 돕는 직장 내 정책과 프로그램에 투자하고, 여성들이 전통적으로 활동하지 않는 직업 분야에도 진출할 수 있도록 장려한다. • 문맹 퇴치 수업, 직업 훈련, IT 훈련 등 기업이 지원하는 교육 및 직업 훈련 프로그램에 참여하도록 동등한 기회를 보장한다. • 공식적 또는 비공식적인 네트워킹과 멘토링 기회를 동등하게 제공한다. • 여성뿐 아니라 남성에 대한 포용성이 가져오는 긍정적 영향력과 여성 역량강화에 대한 기업 사례를 제시한다.	• 훈련 및 전문성 개발의 기회가 여성과 남성 근로자에게 동등하게 배분되고 있는가? • 여성 및 남성 근로자가 직종과 직위를 기준으로 연간 몇 시간의 훈련에 참여하는가? • 훈련 및 교육 프로그램의 일정을 계획할 때, 근로자의 가정에서의 역할이 고려되는가?
여성 역량 강화를 위한 사업 개발, 공급망 및 마케팅 활용을 실행한다.	• 소기업을 포함한 여성 소유의 기업 및 여성 기업가와의 관계를 확장한다. • 신용 대출 장벽에 대해 여성 친화적인 해결책을 지원한다. • 비즈니스 파트너와 동종 기업에 양성 평등과 포용성 증진에 대한 노력을 존중해 줄 것을 요청한다. • 모든 마케팅과 기업 홍보 자료에서 여성 존엄성을 존중한다. • 기업의 제품과 서비스, 시설 등이 인신매매, 노동 착취 또는 성적 착취에 이용되지 않도록 한다.	• 여성 기업 공급자 숫자에 대한 하한선을 정하기 위해 기존 공급망에 대한 조사를 수행하고 있는가? • 양성 평등의 정책과 프로그램을 가지고 있는 공급 기업은 얼마나 되는가? • 여성 기업과 다른 공급자와의 비율이 어느 정도인가? • 마케팅과 홍보물에 형상화된 여성과 소녀의 이미지에 대한 불만을 어떻게 기록하고 어떤 조치를 취하는가?
지역 사회의 이니셔티브와 정책을 통해 양성 평등을 추진한다.	• 기업이 양성 평등과 여성 역량 강화에 대한 의지를 보여 주고, 리더십을 발휘한다. • 양성 평등을 지지하기 위해 개별적으로 또는 파트너십을 통해 영향력을 극대화한다. 또한 포용성 증진을 위해 비즈니스 파트너, 공급자, 지역사회 리더와 함께 협력한다.	• 기업이 지역사회 내 양성 평등을 증진하기 위한 어떤 이니셔티브를 지지하고 있는가? 또한 얼마나 많은 여성과 소녀, 남성과 소년에게 이러한 이니셔티브가 영향을 미쳤는가? • 기업이 포커스 그룹 인터뷰 또는 서면으로 작성된 피드백 등을 통해 참여자에 대한 조사를 시행하고 있는가?

	• 차별과 착취를 철폐하고 여성과 소녀에게 기회를 주기 위해 지역사회의 이해 관계자, 공무원 등과 함께 협력한다. • 지역사회 내에서의 여성 리더십과 그 공헌을 인지하고 향상시키며, 지역사회의 모든 협의 과정에서 충분히 여성의 대표성을 보장한다. • 자선 활동이나 지원 프로그램을 통해 기업이 지향하는 포용성 증진, 양성 평등, 그리고 인권 보장을 지지한다.	• 지역사회 참여 활동을 평가하는 기준과 정책을 지역사회의 피드백을 바탕으로 기업 스스로 다시 검토하고 있는 지역사회에서 여성의 기여가 인정되고 공표되고 있는가?
양성 평등 달성을 위한 과정을 측정하고 공시한다.	• 양성 평등 촉진을 위한 기업 정책과 이행계획을 공시한다. • 모든 직급에서 여성에 대한 포용성 정도를 측정할 수 있는 벤치 마크를 구축한다. • 성별로 구분된 자료를 사용하여 대내외적으로 측정하고 보고한다 • 지속적인 의무보고에 성 역할 표시를 통합시킨다.	• 여성 진출을 확인할 수 있는 지표를 측정하는 것이 회사가 옳은 방향으로 나아가고 있는 점을 증명해 주는가? • 기업의 평가 분석, 실행에 대한 논의를 위한 어떤 기회가 있는가?

출처: UN글로벌콤팩트.

2) 아동권리 보호를 위한 비즈니스 원칙

유니세프(UNICEF)와 세이브더칠드런(Save the Children), UN글로벌콤팩트에 의해 공동 개발된 '아동권리 보호를 위한 비즈니스 원칙(children's rights and business principles)'은 기업이 직장, 시장, 지역사회에서 아동의 권리를 존중하고 지지할 수 있도록 안내하기 위해 발족한 이니셔티브이다. 이 원칙은 기업과 아동을 위한 기존의 기준, 이니셔티브, 그리고 우수사례를 기반으로 개발되었으며, 아동에게 긍정적인 영향을 최대화하고 부정적인 영향을 최소화하는 것을 목표로 삼고 있다. 또한 이 이니셔티브는 기업의 운영에서 아동의 권리를 존중하고 지지한 사례를 함께 공유하기를 장려하고 있다.

표 7-6 아동권리 보호를 위한 비즈니스 원칙

1. 모든 기업은 아동권리 존중의 책임을 다하며, 아동 인권을 지지하는 데 충실해야 한다.
2. 모든 기업은 기업 활동이나 비즈니스 관계에 있어 아동노동을 철폐하는 데 기여해야 한다.
3. 모든 기업은 연소근로자, 부모, 그리고 양육자들을 위해 적당한 일자리를 제공해야 한다.
4. 모든 기업은 기업 활동과 회사 시설에서 아동의 보호와 안전을 보장해야 한다.
5. 모든 기업은 제품과 서비스의 안전함을 보장하고, 이를 통해 아동인권 지지를 위해 노력해야 한다.
6. 모든 기업은 아동인권을 존중하고 지지하기 위한 마케팅과 광고를 사용한다.
7. 모든 기업은 환경, 토지 취득 및 이용에 있어 아동의 권리를 존중하고 지지해야 한다.
8. 모든 기업은 안보조치에 관한 아동의 권리를 존중하고 지지해야 한다.
9. 모든 기업은 위급상황으로 영향 받는 어린이들을 보호하도록 도와야 한다.
10. 모든 기업은 아동 권리를 보호하고 실현하기 위한 지역 사회와 정부의 노력을 보강해야 한다.

출처: UN글로벌콤팩트.

3) UN글로벌콤팩트 10대 원칙

인권, 노동규칙, 환경과 반부패에 관한 UN글로벌콤팩트의 원칙은 세계적인 협의 과정과 함께 세계인권선언, 국제노동기구(ILO) 선언, 리우선언, UN 부패방지협약에서 유래되었다(김기덕 외, 2015).

표 7-7 UN글로벌콤팩트 10대 원칙

인권
- 원칙 1: 기업은 국제적으로 선언된 인권 보호를 지지하고 존중해야 한다.
- 원칙 2: 기업은 인권 침해에 연루되지 않도록 적극 노력한다.

노동규칙
- 원칙 3: 기업은 결사의 자유와 단체교섭권의 실질적인 인정을 지지하고,
- 원칙 4: 모든 형태의 강제노동을 배제하며,
- 원칙 5: 아동노동을 효율적으로 철폐하고,

• 원칙 6: 고용 및 업무에서 차별을 철폐한다.

환경

• 원칙 7: 기업은 환경문제에 대한 예방적 접근을 지지하고,
• 원칙 8: 환경적 책임을 증진하는 조치를 수행하며,
• 원칙 9: 환경친화적 기술의 개발과 확산을 촉진한다.

반부패

• 원칙 10: 기업은 부당취득 및 뇌물 등을 포함하는 모든 형태의 부패에 반대한다.

출처: UN글로벌콤팩트.

심화학습문제

1. 사회복지 예산은 늘 한정되어 있다. 따라서 신규 클라이언트에게 서비스를 제공하기 위하여 기존에 서비스를 받고 있던 클라이언트의 서비스를 중지해야 하는 경우가 있다. 이 경우에는 어떻게 하는 것이 좋을까?
2. UN글로벌콤팩트의 여성 역량강화 원칙이 사회복지기관에서 잘 지켜지고 있는가?

제8장 사회복지조직 관련 윤리적 쟁점

학습목표
1. 사회복지조직에 속한 전문가로서 조직에서 발생할 수 있는 윤리적 딜레마 상황에 대하여 파악할 수 있다.
2. 사회복지사의 인권에 대하여 이해할 수 있다.

핵심용어 수퍼바이저, 내부갈등, 내부고발, 사회복지사 인권

사회복지사는 누구나 사회복지기관에 속하여 일을 해야 한다. 이 과정에서 사회복지사 개인의 가치 또는 전문직 가치가 기관과 일치하지 않을 경우 윤리적 딜레마를 경험하게 된다. 더구나 본인이 속한 기관이 비윤리적인 행위를 하고 있을 때, 그것을 외부로 알리느냐 그렇지 않느냐에 대한 딜레마를 경험하게 되는 경우가 많다.

〈사례 8-1〉 종합사회복지관 횡령 의혹

2억 원대 횡령 의혹 서울 종합사회복지관서 '추가 편취' 의혹 불거져

비자금 장부를 운영하고, 횡령한 의혹을 받고 있는 서울의 한 종합사회복지관에서 또 다른 방식으로 돈을 빼돌린 의혹이 불거졌다.

… (중략) …

A종합사회복지관에 근무했던 제보자 B씨는 재직 중 각종 사업수행 과정서 돈을 빼돌리는 현장을 목격했다고 주장했다.

B씨는 "당시 희망저금통 사업을 맡아서 진행했는데, 학교에 나눠 준 저금통을 수거해 오면 이를 은행에서 지폐 등으로 환전해 부장에게 전달했다."며 "이 과정에서 전달한 액수와 실제로 입금된 금액 간에 차이가 있었다."고 당시 상황을 고발했다.

지난 2014년에 제작한 결과보고서에는 402만 5,410원으로 보고돼 있으나, B씨가 자체적으로 정리해 놓은 파일에는 433만 5,900원으로 기록돼 있었다.

B씨는 "이처럼 현금이 들어오는 사업의 경우 (담당자가) 정산해서 보고한 금액과 실제 서류와 금액 차가 나는 경우가 종종 있어 혹시나 싶은 마음에 각 학교별 합계액을 따로 적어 놨는데, 이 액수와 서류상 액수가 다른 것을 확인했다."며 "아동 급식사업의 경우도 (급식을 먹지 않아) 중단한 아동도 포함돼 사업비를 부풀려 받는 경우도 있었다."고 폭로했다.

또 "바자회나 일일호프 티켓판매 대금도 현금으로 차장이나 부장에게 전달됐으나, 누가 얼마를 모았는지 전혀 알 수 없는 구조였기 때문에 횡령했을 의혹이 매우 높다."고 주장했다.

2014년 당시를 기록한 '비자금 파일'은 확인되지 않았으나, '마이 메모' 파일의 '2017년 6~7월' 기록을 보면 '이웃사랑 바자회' 항목으로 30만 원을 빼돌린 것으로 추측되는 내역이 있어 B씨의 증언에 신빙성을 실어 주고 있다.

B씨는 "2014년 당시에도 담당자가 지출서류를 만들어 결재받지 않았다. 부장이 지정한 업체에서 사전에 조정한 단가로 (부장이) 만들어 온 서류에 사인만 하는 방식으로 진행했다."고 말해 2015~2017년 '마이 메모' 기록 전인 2014년에도 횡령이 있었던 것 아닌가라는 추측을 낳고 있다.

당시에는 왜 문제제기를 하지 않았냐는 질문에 B씨는 "직원들 사이에서도 '돈을 빼돌리는 것 같다'는 소문이 돌고 있었고, 그 실체를 확인까지 했으나 액수가 소액인데다 이걸 어떻게 알려야 할지 몰라 관련 증거만 남겨 두고 묻을 수밖에 없었다."며 "나뿐만 아니라 당시 팀장급 몇 명을 제외하면 대부분 (A종합사회복지관이) 첫 직장이어서 내부사정을 몰랐고, 그렇게들 하는 줄로만 알았다. 하지만 (A종합사회복지관에서의 횡령 의혹이) 게재된 기사를 읽은

후 '또다시 가만히 있으면 안 되겠다' 싶어 웰페어뉴스와 서울시 등에 제보하기로 마음먹었다."고 말했다.

B씨와 비슷한 시기에 A종합사회복지관에 근무했다는 또 다른 퇴직자는 "B씨와 같이 횡령 의혹을 직접 목격한 적은 없으나 바자회나 일일호프를 하면서 1장당 1만 원짜리 티켓을 30여 장씩 배분받아 팔아야 했다."며 "부당한 것은 알고 있었으나 다른 기관에서도 관행처럼 해 오는 일이어서 수긍했고, (할당량을 못 채운다고 해도) 자기 돈을 채워 넣어야 할 정도의 분위기는 아니었기 때문에 의구심은 있었으나 정말 그럴 거라고는 생각조차 못했다."며 철저한 조사를 촉구했다.

… (하략)

출처: 웰페어뉴스(2018).

〈사례 8-1〉처럼 기관에서 행해지는 일들에 대해서 잘못된 것이라는 것을 알고는 있지만 어떻게 대처해야 하는지 몰라서 넘어가는 일들이 비일비재할 것이다. 또한 행동의 옳고 그름을 떠나 어떠한 행동이 반복되고 익숙해지면 옳고 그름을 판단하는 기준에 무뎌지는 경향이 있다. 사회복지사는 이러한 일에 익숙해지지 않도록 끊임없는 자기점검이 필요하다.

1. 법률과 규칙의 준수

사회복지 전문직의 가치나 윤리적 의무에 부합하지 않는 법률과 규칙을 대하게 될 때 딜레마에 빠지게 된다. 이 경우 사회복지사는 사회복지 전문직 가치를 준수할 것인지, 부당한 법률과 규칙을 따를 것인지에 대하여 결정을 내려야 한다.

법률이 사회복지 전문직이 추구하는 전문직 가치와 윤리적 의무에 부합하지 않고 취약한 집단의 권익신장에 어려움을 초래한다면 관련 제도의 개선을 추구할 필요가 있다(Reamer, 1999, 심상용, 2016 재인용). 특히 전문직 가치나 윤리적 의무에 위반되는 기관의 부당한 규칙과 관련하여서는 전문직 가치나 윤리적 의무를 우선시하는 것이 좋다.

사회복지법인이 종교기관인 경우에는 명문화되어 있지는 않지만 법인인 교회에 출석하거나 십일조 등의 헌금을 요구하는 경우도 있고, 직원회의 시간에 108배를 드리도록 강요하는 경우도 발생하곤 한다. 이 경우, 조직의 일원인 사회복지사는 본인에게 해가 되는 경우가 발생할까 봐 타의로 행사에 참여하는 경우도 발생한다. 또한 기관에서 바자회나 일일호프를 하는 경우 후원금 모집을 위한 행사임에도 직원들에게 일정 부분 할당하여 판매하도록 하는 경우가 비일비재하게 나타나고 있다.

2. 동료관계와 윤리적 갈등

사회복지조직에서 일하는 사회복지사들은 동료 사회복지사와 수퍼바이저뿐 아니라 치료사, 상담사 등과 같은 다른 전문직과 관계를 맺는 과정에서 윤리적 갈등을 겪게 된다. 사회복지사 개인의 가치 또는 전문직 가치와 윤리에 반하는 행위를 하는 동료, 수퍼바이저를 볼 때 어떻게 대처해야 하는가에 대한 갈등을 겪게 된다. 또한 다른 전문직의 경우에는 사회복지 전문직 가치와 그들이 표방하는 전문직 가치가 상충하는 경우에 갈등을 경험하게 된다.

1) 동료 사회복지사와의 관계

한국과 미국의 사회복지사 윤리강령에서 각각 동료와의 관계에 대한 윤리기준을 제시하고 있다. 한국 사회복지사 윤리강령의 동료에 대한 윤리기준에는 동료에 대한 신뢰성, 전문적 권익증진을 위한 협력, 동료의 윤리적 행위 촉진, 클라이언트의 이익 보호, 동료의 비윤리적 행위의 조치, 동료 간의 민주적인 직무관계 등 6개 항목으로 구성되어 있다. 미국 사회복지사 윤리강령은 동료에 대한 사회복지사의 윤리적 책임에 대하여 동료가 관련된 분쟁, 동료의 손상, 동료의 능력 부족, 동료의 비윤리적 행위에 대한 윤리강령을 제시하고 있다.

표 8-1 동료 사회복지사 관련 한국 사회복지사 윤리강령

Ⅲ. 사회복지사의 동료에 대한 윤리기준

1. 동료

1) 사회복지사는 존중과 신뢰로서 동료를 대하며, 전문가로서의 지위와 인격을 훼손하는 언행을 하지 않는다.
2) 사회복지사는 사회복지 전문직의 이익과 권익을 증진시키기 위해 동료와 협력해야 한다.
3) 사회복지사는 동료의 윤리적이고 전문적인 행위를 촉진시켜야 하며, 이에 반하는 경우에는 제반 법률규정이나 윤리기준에 따라 대처해야 한다.
4) 사회복지사가 전문적인 판단과 실천이 미흡하여 문제를 야기시켰을 때에는 적절한 조치를 취하여 클라이언트의 이익을 보호해야 한다.
5) 사회복지사는 전문직 내 다른 구성원이 행한 비윤리적 행위에 대해 제반 법률규정이나 윤리기준에 따라 조치를 취해야 한다.
6) 사회복지사는 동료 및 타 전문직 동료의 직무 가치와 내용을 인정 · 이해하며, 상호간에 민주적인 직무관계를 이루도록 노력해야 한다.

표 8-2 동료 사회복지사 관련 미국 사회복지사 윤리강령

2.04 동료가 관련된 분쟁

ⓐ 사회복지사는 자신의 지위 획득이나 이익을 위해서 동료와 고용자 간의 분쟁을 이용해서는 안 된다.

ⓑ 사회복지사는 동료와의 분쟁에서 클라이언트를 이용하거나 동료 간의 갈등에 대한 부적절한 논쟁에 클라이언트를 끌어들여서는 안 된다.

2.08 동료의 손상

ⓐ 사회복지실천 동료의 손상이 개인적 문제, 심리사회적 고통, 약물남용 또는 정신건강상의 문제에 기인하여 효과적인 업무실천에 방해가 됨을 직접 알게 된 사회복지사는 가능하다면 그 동료와 함께 의논을 하고 치료를 받을 수 있도록 동료를 지원해야 한다.

ⓑ 사회복지실천 동료의 손상이 업무실천 효과를 방해하고 그 동료가 손상에 대해 적절한 조치를 취하지 않는다고 판단하는 사회복지사는 고용주, 기관, NASW, 인가규제 단체 및 다른 전문직 단체가 수립한 적절한 경로를 통해 조치를 취해야 한다.

2.09 동료의 능력 부족

ⓐ 사회복지실천 동료의 무능력에 대한 직접적인 정보를 가지고 있는 사회복지사는 가능한 그 동료와 의논하여 구체적 대책을 강구할 수 있도록 동료를 지원해야 한다.
ⓑ 사회복지실천 동료가 무능력한데 이에 대해서 적절한 수단을 강구하지 않는다고 판단하는 사회복지사는 고용주, 기관, NASW, 인가규제 단체 및 기타 전문직 단체가 수립한 적절한 경로를 통해 조치를 취해야 한다.

2.10 동료의 비윤리적 행위

ⓐ 사회복지사는 동료의 기술을 이용한 행위를 포함하는 비윤리적 행위를 저지하고, 예방하고, 적발하고 시정하도록 적절한 대책을 강구해야 한다.
ⓑ 사회복지사는 동료의 비윤리적 행위에 관한 문제를 다루기 위해 수립된 정책이나 절차를 이해하고 있어야 한다. 사회복지사는 윤리적 고충처리를 다루는 국가, 주, 지방의 수속절차 등에 정통해야 한다. 여기에는 NASW, 인가규제 단체, 고용주, 기관 및 다른 전문직 단체들이 제정한 정책이나 절차 등이 포함된다.
ⓒ 동료가 비윤리적 행위를 한다고 판단하는 사회복지사는 가능하다면, 그리고 그러한 논의가 생산적인 경우에 그 동료와 그 문제에 관해 논의하여 해결을 추구해야 한다.
ⓓ 동료가 비윤리적 행위를 한다고 판단하는 사회복지사는 필요에 따라 적절한 공식 경로를 밟아서(가령, 주의 인가기관이나 규제기관, NASW 조사위원회, 기타 전문가 윤리위원회와 접촉하는 일) 행동을 취해야 한다.
ⓔ 사회복지사는 비윤리적 행위를 했다고 부당하게 고발당한 동료를 변호하며 원조해 주어야 한다.

리머(1992)와 로웬버그(1987)는 동료 사회복지사가 클라이언트에게 부실한 서비스를 제공하거나, 기관에서 금지하는 활동을 하거나, 클라이언트와 비공개적인 금전적 거래가 있거나, 클라이언트와 이중 관계를 갖는 경우와 같이 비윤리적 혹은 비전문적 행위에 관여하고 사회복지사로서의 전문적 의무를 다하지 못하고 있는 것을 알았다면 어떻게 윤리적으로 대처해야 하는가에 대하여 〈표 8-3〉과 같이 제시하였다(이순민, 2016: 223-224).

표 8-3 동료의 비윤리적 행위 대처 방안

리머(1992)	로웬버그(1987)
• 동료 사회복지사의 결함에 대한 자료를 모으고 확인 • 결함을 야기했을 원인에 대한 짐작 • 동료 사회복지사와 결함의 증거를 가지고 건설적으로 논의 • 도움을 청하거나 다른 가능한 대안을 검토하도록 동료 사회복지사 격려 • 사회복지사의 문제 제기 실패에 대한 결과를 강조 • 필요한 경우 지역 규제단체 또는 사회복지협회의 조사위원회에 통지 • 재활 계획을 세우거나 정당한 표준 절차를 거쳐 적절한 제재를 부과 • 사회복지사의 경과를 관찰하고 평가 • 자격증과 고용상태와 같은 사회복지사의 위치를 검토하고 적절하게 변경	• 비윤리적 행위를 중단시킴 • 위법한 사회복지사를 처벌 • 비윤리적인 실천가를 찾아내어 잠재적인 클라이언트나 고용주가 이러한 실천가를 피하고, 보다 윤리적인 실천가에게 의존할 수 있도록 함 • 비윤리적으로 행동하면 제재가 가해질 수 있다는 것을 실천가에게 경고하여 다른 사회복지사들이 이러한 행위에 연루되지 않도록 예방 • 사회복지전문직은 비윤리적인 행위를 허용하지 않는다는 것을 공개적으로 선포함으로써 전문직 '명성'을 보호

2) 수퍼바이저와의 관계

사회복지실천은 다른 전문직보다 훨씬 다양한 기관에서 행해지며, 다양한 자격과 훈련을 바탕으로 한 전문가가 전문적인 서비스를 제공한다. 그러므로 그 분야의 전문 지식과 경험이 있는 전문가에게 수퍼비전을 받음으로써 실천 현장에서의 지식과 기술을 배우는 것이 필요하다.

수퍼바이저는 지도감독 및 자문의 역할, 교육과 훈련의 역할, 서비스 제공 및 분배의 역할을 한다. 수퍼비전에 있어 수퍼바이저와 수퍼바이지, 실습생 등 참여자 간 권력의 불균형, 수퍼비전 과정의 치료적 속성으로 문제가 발생하게 된다. 수퍼바이저와 수퍼바이지 간의 역할 갈등으로는 수퍼바이지와의 성적 관계, 수퍼바이지들에게 불공정한 업무 분배 등이 발생한다.

수퍼바이저의 역할은 사회복지기관의 중간적 위치에서 기관이 할당하는 범주 내에서 기관의 기능을 수행하고 직원의 전문성을 개발하는 것이다. 수퍼바이저는 실천이 잘 이행되도록 책임을 지고 클라이언트에게 서비스를 제공할 수 있도록 사회복지사를 지원함으로써 기관의 기능이 잘 수행되도록 해야 한다. 그리고 사회복지사가 수퍼비전을 통해 사회복지 기술을 최대한 개발할 수 있도록 격려해야 한다. 수퍼바이저가 실습생을 교육함에 있어 윤리의식 및 윤리실천을 어느 정도 지도하고 장려하고 있는지도 중요하다.

한국과 미국의 사회복지사 윤리강령에서는 수퍼바이저에 대한 윤리기준도 제시하고 있다. 한국 사회복지사 윤리강령에 나타난 수퍼바이저에 대한 윤리기준에는 수퍼바이저 지위 이용 금지, 공정한 책임 수행 및 수퍼바이지 평가에 대한 공유, 수퍼바이지와 수퍼바이저의 책임, 인격적 · 성적 수치심 제공 금지 등 4개 항목이 있다. 미국 사회복지사 윤리강령은 수퍼바이저에 대한 윤리적 책임에 대하여 성적관계, 성희롱, 수퍼비전과 컨설테이션(자문), 교육 및 훈련, 업무평가에 대해 윤리강령을 제시하고 있다.

표 8-4 수퍼바이저 관련 한국 사회복지사 윤리강령

Ⅲ. 사회복지사의 동료에 대한 윤리기준

2. 수퍼바이저

1) 수퍼바이저는 개인적인 이익의 추구를 위해 자신의 지위를 이용해서는 안 된다.
2) 수퍼바이저는 전문적 기준에 의해 공정하게 책임을 수행하며, 사회복지사 · 수련생 및 실습생에 대한 평가는 저들과 공유해야 한다.
3) 사회복지사는 수퍼바이저의 전문적 지도와 조언을 존중해야 하며, 수퍼바이저는 사회복지사의 전문적 업무수행을 도와야 한다.
4) 수퍼바이저는 사회복지사 · 수련생 및 실습생에 대해 인격적 · 성적으로 수치심을 주는 행위를 해서는 안 된다.

표 8-5 수퍼바이저 관련 미국 사회복지사 윤리강령

2.06 성적 관계

ⓐ 수퍼바이저나 교육자로서 기능하는 사회복지사는 수퍼비전을 받는 사람이나 학생, 훈련생, 또는 자신의 전문적 권위를 행사하는 다른 동료와 성적 행위나 성적 접촉에 관여해서는 안 된다.

ⓑ 사회복지사는 이익갈등이 일어날 수 있는 동료와의 성적 관계를 피해야 한다. 동료와 성적 관계에 빠지거나 빠질 우려가 있는 사회복지사는 필요에 따라서 이익갈등을 피하기 위해 전문적 책임을 이전할 의무가 있다.

2.07 성희롱

사회복지사는 수퍼비전을 받는 사람, 학생, 훈련생, 또는 동료를 성적으로 희롱해서는 안 된다. 성희롱이란 성적 유혹, 성적 권유, 성적 행위의 요구 또는 성적 성격을 띤 기타 언어적, 문서상, 전자통신상의 행위 및 신체적 행위이다.

3.01 수퍼비전과 컨설테이션

ⓐ 수퍼비전이나 컨설테이션을 제공하는 사회복지사는 필요한 지식과 기술을 갖추고 있어야 하며, 자신의 지식이나 능력의 범위 내에서만 제공해야 한다.
ⓑ 수퍼비전과 컨설테이션을 제공하는 사회복지사는 명백하고 적절하며 문화적으로 민감한 경계를 설정할 책임이 있다.
ⓒ 사회복지사는 SNS 사이트 또는 기타 전자매체를 사용하는 동안 발생할 수 있는 이중관계를 포함하여 수퍼바이저와의 잠재적인 위험 또는 착취의 위험이 있는 이중 또는 다중관계에 개입해서는 안 된다.
ⓓ 수퍼비전을 제공하는 사회복지사는 공정하고 정중하게 수퍼비전을 받는 사람의 업적을 평가해야 한다.

3.02 교육 및 훈련

ⓐ 교육자로서, 학생의 실습지도자로서 또는 훈련자의 역할을 담당하는 사회복지사는 자신의 지식과 능력의 범위 내에서만 지도를 해야 하며, 전문직에서 활용되는 가장 최근의 정보와 지식에 기반을 두고 지도를 해야 한다.
ⓑ 교육자, 학생실습지도자의 역할을 담당하는 사회복지사는 공정하고 정중하게 학생의 성적을 평가해야 한다.
ⓒ 교육자, 학생실습지도자의 역할을 담당하는 사회복지사는 학생이 서비스를 제공할 때 이를 클라이언트에게 일상적으로 통보하는 합리적인 조치를 취해야 한다.
ⓓ 학생을 위한 교육자 또는 현장 강사로 활동하는 사회복지사는 SNS나 다른 전자 미디어를 사용하는 동안 발생할 수 있는 이중관계를 포함하여 착취 위험에 노출될 수 있는 학생과의 이중 또는 다중관계에 개입해서는 안 된다.

3.03 업무평가

타인의 업무를 평가하는 책임을 진 사회복지사는 공정하고 사려 깊게, 명문화된 기준에 입각하여 그 책임을 수행해야 한다.

(1) 수퍼비전과 관련된 윤리적 쟁점

수퍼비전과 관련한 윤리적 쟁점은 다음과 같다(Itzhaky, 2000, 김기덕 외, 2015: 290-291 재인용).

- 클라이언트의 욕구보다 과도하게 사회복지사에게 초점을 맞추어 수퍼비전을 제공하는 경우
- 검열이나 통제를 위해 수퍼비전이 사용되며, 전문적 개발을 위하여 활용되지 않는 경우
- 수퍼비전의 효과성을 평가하기 위한 명료한 기준이 존재하지 않는 경우
- 수퍼바이저와 사회복지사와의 관계에 있어 수퍼바이저의 권력 오용의 가능성이 있는 경우

수퍼바이저가 수퍼바이지의 성장에만 초점을 두게 된다면 클라이언트의 문제를 해결하기 위한 전문적인 개입보다 수퍼바이지의 성장을 위한 도구로 클라이언트를 이용하게 되는 경우가 발생한다는 것이다. 또한 수퍼바이저는 위계상 상위에 위치하고 있는데, 이 위치와 권한은 기관에서 부여받은 것임에도 권한을 오용하는 경우가 발생한다.

사회복지시설이 '관장-부장-과장-팀장-선임-사회복지사'의 위계를 갖고 있는 경우 수퍼비전이 조직적으로 진행된다. 하지만 이러한 위계구조를 가지기 위해서는 조직의 규모가 일정 수준 이상 되어야 할 것이다. 사회복지사가 소수인 지역아동센터나 노인요양원 등에서 수퍼바이저와 수퍼바이지의 지위가 명확하지 않은 경우가 발생하기도 한다. 이런 소규모 시설에서는 실습생에 대한 수퍼비전도 제대로 이루어지기가 어려운 경우가 발생한다.

또한 상급자라고 하여 모두 수퍼바이저 자격을 가지고 있다고 볼 수 있는가에 대하여도 논란의 여지가 있다. 사회복지사 2급 자격을 가지고 기관에서 일한 경력이 오래된 팀장이 대학원을 졸업하고 사회복지사 1급 자격을 취득한 후 기관에 입사한 신입 사회복지사에 대한 수퍼비전을 주는 것이 타당

한가에 대하여 생각해 볼 수 있다.

사회복지 전공생들의 현장실습과 관련하여 한국사회복지사협회에서는 '사회복지사 1급 자격증을 소지한 자로서 3년 이상 또는 사회복지사 2급 자격증을 소지한 자로서 5년 이상 사회복지사업의 실무경험이 있는 자가 실습을 지도하여야 한다.'고 규정하고 있다. 반면, 직원간의 관계에서 수퍼바이저의 자격에 대한 규정은 정해져 있지 않다.

(2) 윤리적인 수퍼비전을 위한 지침

수퍼비전과 관련된 윤리적 쟁점에서 벗어나기 위해서는 먼저 기관 내에 수퍼비전을 제공할 수 있는 적절한 요건을 갖춘 수퍼바이저가 존재해야 한다. 또한 수퍼바이저가 수퍼바이지를 지도하는 공식적인 수퍼비전 제도가 기관 안에 갖추어 있고, 수퍼비전이 정규적으로 제공되고, 수퍼바이저로서의 기능과 역할이 잘 이루어져야 한다. 리머(2000)는 기관에서 행해지는 수퍼비전의 윤리성을 평가하는 윤리 감사척도를 제시하였다(〈표 8-6〉 참조). 이 척도를 통해 사회복지조직 내에서 이루어지는 수퍼바이저와 수퍼바이지의 윤리적 관계를 이해할 수 있다(이순민, 2016: 233-234).

표 8-6 수퍼비전에 대한 윤리 감사척도

- 수퍼바이지로 하여금 고지된 동의를 얻어 내도록 정보 제공
- 철저한 치료와 개입 계획을 발전시키고 실행하려는 수퍼바이지의 노력 관찰
- 정보의 부적절한 노출과 같은 클라이언트와의 모든 접촉에서 수퍼바이지의 실수를 지적하고 반응함
- 수퍼바이지의 클라이언트가 언제 다른 곳으로 의뢰되어야 하는지, 치료의 종결은 언제해야 하는지 등에 관해 알고 있음
- 수퍼바이지가 언제 자문을 구해야 하는지를 알고 있음
- 수퍼바이지의 역량이 부족하고, 잘못을 저지르고, 비윤리적인 행위를 했다는 것을 수퍼바이지가 기꺼이 말할 수 있도록 그 능력과 자발성의 모니터링
- 수퍼바이지가 자신의 클라이언트와 적절한 경계를 유지하는지 모니터링
- 신체적인 위험으로부터 제3자 보호

- 필요 이상으로 길게 진행되는 치료와 태만한 치료 계획을 감지하거나 중지
- 특정 클라이언트의 치료를 위해서 외부 전문가 활용
- 수퍼바이지와 정기적 만남
- 수퍼바이지의 기록, 결정, 행동을 검토하고 인정
- 수퍼바이지의 결근에 적절한 반응
- 수퍼비전 제공에 대해 문서화
- 수퍼바이지와의 관계에서 적절한 경계 유지
- 수퍼바이지에게 시기적절하고 도움이 되는 성과 평가와 피드백 제공
- 수퍼비전 동의서 문서화
- 수퍼바이지의 윤리적 관심과 윤리적 쟁점의 민감성을 높이기 위한 수퍼바이지의 노력에 반응
- 수퍼바이지가 그들의 전문적인 책임성을 충족시킬 수 있도록 충분한 시간과 적절한 업무량 제시
- 적절한 수퍼비전을 제공하기 위하여 그들의 업무에 있어 충분한 시간 제공

출처: Reamer(2000), 이순민(2016: 234-235) 재인용

수퍼바이저는 기관 내의 수퍼바이지뿐 아니라 실습생에게도 윤리적이고 책임 있는 수퍼비전을 제공해야 한다. 마찬가지로, 사회복지실습을 하고 있는 실습생도 윤리적이고 책임 있는 전문적 실천을 행해야 한다. 실습교육의 중간단계에 진행되는 '중간평가'에서는 실습생이 평가하는 '실습과정'과 '실습생 자신에 대한 평가'뿐 아니라 기관 및 실습지도자에 대한 건의가 담겨 있어 실습지도자에 대한 평가적 내용을 일부 수렴할 수 있어야 한다. 그 외에도 중간평가 시 실습지도자 스스로 '실습지도자로서의 윤리적 측면'에 대한 평가를 진행할 필요가 있다. 특히 실습교육을 하면서 실습생에 대하여 성적 차별, 형평성, 성희롱 등과 관련한 윤리적 태도를 잘 준수하였는지 점검해야 한다.

표 8-7 실습생을 위한 윤리지침

- 실습생은 클라이언트의 비밀보장이라는 원칙을 지켜야 한다.
- 실습생은 실습생으로서의 자격과 한계를 인정해야 한다.
- 실습생은 실습생이라는 신분을 명백히 밝혀야 한다.

- 실습생은 기록 작성 및 유지를 소홀히 해서는 안 된다.
- 실습생은 수퍼바이저, 클라이언트, 그 외의 다른 전문적 관계에 있는 이들과 이중관계를 맺어서는 안 된다.
- 실습생은 클라이언트와 성적 행위나 성추행을 해서는 안 된다.
- 실습생은 실천 과정에서 자기 인식과 모니터링을 계속해야 한다.
- 실습생은 수퍼바이저와 윤리 토의를 가져야 한다.

출처: 양옥경 외(2010).

3) 다른 전문직과의 관계

사회복지사는 여러 전문직과 함께 일하기도 하는데, 특히 2차 현장에서 일하는 사회복지사는 다른 전문직이 주를 이루는 기관에서 일하는 경우가 많다. 1차 현장에서 일을 하는 사회복지사도 클라이언트를 둘러싼 주변 환경체계에 개입하는 과정에서 다른 전문직을 만나 클라이언트의 상황을 대변하거나 옹호하는 활동을 하기도 한다.

다른 전문직과 팀을 이루어서 개입을 하게 되는 경우에 다른 전문직에서 추구하는 가치와 사회복지 전문직 가치 간에 차이가 발생하기도 하고, 사회복지사의 위치가 타 전문가의 주변에 있는 경우가 발생하여 역할의 모호성이나 역할 긴장이 나타나기도 한다. 특히 비밀보장의 측면에 있어서 다른 전문직에게 클라이언트의 상황에 대하여 어디까지 정보 공유를 할 것인가에 대해서도 사회복지사 스스로 또는 동료와 함께 기준을 세워야 할 것이다.

다른 전문직과의 관계에서 협력을 잘하기 위해서는 다른 전문직이 가지고 있는 가치와 윤리강령 등에 대한 이해가 있어야 한다. 또한 사회복지사의 업무나 사회복지 윤리에 대한 이해가 부족한 전문직과 협업을 하게 되는 경우에 이들에 대한 교육을 통하여 인식개선이 필요할 것이다. 사회복지사와 다른 전문직과의 관계에서 갈등이 나타날 때 그에 대한 부담을 클라이언트가 지게 되는 경우가 발생하기 때문이다. 무엇보다 클라이언트의 이익을 생각하며 다른 전문직과의 간극을 좁혀 나가는 작업이 필요할 것이다.

3. 조직의 내부갈등과 윤리

한국 사회복지사 윤리강령에서는 기관에 대한 윤리기준을 제시하고 있고, 미국 사회복지사 윤리강령에서는 사회복지사가 고용주에 대하여 가져야 할 의무사항에 대하여 일곱 가지 지침을 제시하고 있다.

표 8-8 조직 관련 한국 사회복지사 윤리강령

V. 사회복지사의 기관에 대한 윤리기준

1) 사회복지사는 기관의 정책과 사업 목표의 달성, 서비스의 효율성과 효과성의 증진을 위해 노력함으로써 클라이언트에게 이익이 되도록 해야 한다.
2) 사회복지사는 기관의 부당한 정책이나 요구에 대하여 전문직의 가치와 지식을 근거로 이에 대응하고 즉시 사회복지 윤리위원회에 보고해야 한다.
3) 사회복지사는 소속기관 활동에 적극 참여함으로써 기관의 성장발전을 위해 노력해야 한다.

표 8-9 조직 관련 미국 사회복지사 윤리강령

3.09 고용주에 대한 의무

ⓐ 사회복지사는 일반적으로 고용주나 고용기관에 대한 서약에 충실해야 한다.
ⓑ 사회복지사는 고용기관의 정책과 절차 및 서비스의 효율과 효과를 개선하기 위해 노력해야 한다.
ⓒ 사회복지사는 고용주가 NASW 윤리강령에 공포된 사회복지사의 윤리적 책임과 이것이 사회복지실천에서 갖는 함축된 의미를 인식하도록 합리적 조치를 취해야 한다.
ⓓ 사회복지사는 고용기관의 정책, 운용절차, 규칙이나 행정명령이 윤리적인 사회복지실천에 방해가 되도록 허용해서는 안 된다. 사회복지사는 고용기관의 활동이 NASW 윤리강령과 확실히 일치하도록 합리적 조치를 취해야 한다.
ⓔ 사회복지사는 고용기관의 업무할당이나 고용정책, 실천에서 차별을 예방하고 제거하기 위한 행동을 취해야 한다.
ⓕ 사회복지사는 공정한 인사정책을 시행하는 기관에만 취업을 하며, 이러한 기관에만 학생의 현장실습 배치를 주선해야 한다.
ⓖ 사회복지사는 고용기관의 자원의 현명한 집사로서 적절하고 현명하게 자원을 보관하며, 결코 그 자금을 부적절하거나 의도하지 않은 목적에 사용해서는 안 된다.

사회복지조직 안에서 다양한 내부갈등이 생길 수 있고, 이를 조직 안에서 해결하지 못하는 경우에 내부고발을 통하여 외부로 알려지게 되는 경우도 발생한다. 또한 근로자와 사용자와의 관계에서 타 직업과 달리 노동조합이 활성화되어 있지 않아 「근로기준법」 안의 내용이 잘 지켜지지 않는 경우도 있다. 중간관리자의 경우, 일선 사회복지사와 기관장과의 사이에서 어느 한 쪽에 치우치지 않게 중심을 잘 잡고 있어야 조직의 내부갈등을 예방할 수 있을 것이다. 그럼에도 불구하고 노사갈등이 생기는 경우가 발생하게 되는데, 이때 노사갈등에 대하여 지녀야 할 태도에 대하여도 살펴보도록 하겠다.

1) 내부고발

내부고발이란 '조직 내부의 변화를 유도할 공식적 권한을 갖지 않은 조직의 전직, 현직 구성원이 내부의 불법적 · 비도덕적 일이나 부당한 일을 목격하고 이것을 바로잡기 위해 내 · 외부의 조직 또는 사람에게 이를 알리는 행위'를 말한다(박광국, 주효진, 김옥일, 2001, 이원준, 2017: 205 재인용). 다른 조직도 크게 다르지는 않지만 특히 사회복지조직에서 일하는 사회복지사가 겪는 가장 큰 어려운 결정 중의 하나는 조직의 비리나 비윤리적인 사건을 고발하는 것이다. 동료의 비윤리적인 것뿐 아니라 기관이 현재 행하고 있는 실천이 법에 저촉되거나 예산을 낭비하는 경우가 있다. 때로는 조직목표나 정책에 거스르는 실천을 하는 경우도 있다.

윤리적인 측면에서는 조직의 비윤리적인 부분을 알리고 고치는 것이 이상적이지만 내부고발자인 자신은 기관과 전문가집단으로부터 배제당할 수 있다. 또한 기관의 비리나 동료의 부정행위의 경우 상황이 애매하고 근거가 부족한 경우가 많다. 내부고발을 결정할 때에는 여러 가지 사항을 종합적으로 점검해야 한다.

부정행위의 심각성과 그로 인한 위해를 고려하고, 신빙성 있는 증거를 확보하여야 한다. 또한 고발이 동료와 기관에 끼칠 영향을 고려하고, 자신이

고발하려는 동기가 개인적인 감정인지 아니면 공익을 위해서인지를 판단하고 다른 대안의 가능성 등을 고려해 보아야 한다. 이때 내부고발의 정당성을 인정받으려면 기관 외부로 바로 알리는 것이 아니라 당사자인 동료와 함께 논의하여 스스로 책임을 지도록 하는 것이 필요하다. 만약 당사자가 책임을 지지 않는다고 하더라도 기관 내에 정해진 공식적인 통로를 통하여 조직 안에서 처리를 할 수 있도록 하여야 한다. 만약 이러한 과정을 통해서도 해결되지 않아 내부고발을 선택하였을 때에는 관련된 변수, 대상, 사안에 대한 명확한 정의와 내부고발자 자신의 권리에 대한 이해, 행동에 대한 면밀한 계획의 확립 등을 먼저 준비한 후 실시하여야 한다.

2) 조직 관리

사회복지조직 관련 윤리적 쟁점에는 기관장 또는 법인의 조직관리가 포함된다. 사회복지조직에 「근로기준법」이 어느 수준까지 적용되는가와 기관 구성원이 사회복지 노동조합에 가입하거나 또는 기관 내에 노사협의체가 있는가 등이다. 사회복지조직의 미션과 비전, 가치가 노동조합의 활동과 충돌하는 부분이 있어 대부분의 기관에 노조활동보다는 노사협의체나 직원고충처리위원회를 구성하여 역할을 하고 있다. 하지만 운영 법인의 비윤리성과 「근로기준법」 위반이 사회복지조직에서 발생하고 있다.

(1) 근로자와 사용자

사회복지조직에서 근로자와 사용자를 어떻게 구분할 수 있는지를 먼저 살펴보도록 하겠다.

① 근로자

- 직업의 종류와 관계없이 임금을 목적으로 사업이나 사업장에 근로를 제공하는 자(「근로기준법」 제2조)

- 사회복지조직의 직원은 모두 근로자에 해당된다.

② 사용자

- 사업주 또는 사업 경영 담당자, 그 밖에 근로자에 관한 사항에 대하여 사업주를 위하여 행위하는 자(「근로기준법」 제2조)
- 사회복지조직의 장(시설장)은 법인에서 임명되고 정부 보조금으로 인건비를 지급받지만 시설을 대표하고 인사권을 갖고 있기 때문에 사용자로 볼 수 있다.
- 사회복지조직을 운영 · 관리하는 사회복지 법인도 사용자로 볼 수 있다.

(2) 중간관리자

중간관리자는 클라이언트의 삶의 질 향상뿐 아니라 직원인 사회복지사의 삶의 질 향상도 염두에 두어야 한다. 특히 클라이언트의 요구가 직원의 요구와 갈등하는 상황에 놓일 때, 윤리강령에 의거하여 행동해야 한다. 중간관리자는 기관의 이익과 직원의 이익 사이에서 갈등하는 경우도 발생하게 된다. 관리자는 큰 체계에서의 광범위한 관점에서 상황을 이해함으로써 직원인 사회복지사와 기관 사이에서 중재자의 역할을 해야 한다. 또한 중간관리자는 직원들의 능력에 알맞은 업무를 할당할 수 있어야 한다. 중간관리자의 직원 활용에 있어 업무를 할당하는 기준은 다음과 같다(오혜경, 2005).

- 평등의 원칙: 직위, 직급, 급여가 같은 직원은 모두 똑같은 책임을 지고, 똑같은 업무가 할당되어야 한다.
- 클라이언트의 욕구: 사회복지사의 중요한 책임은 클라이언트의 복지를 증진시키는 것이기 때문에 클라이언트의 욕구에 맞는 전문적이고 효과적인 서비스를 제공할 수 있는 사회복지사에게 업무가 할당되어야 한다.
- 사회복지사의 욕구: 신체적 · 정신적 한계로 인하여 사회복지사의 업무 할당을 일시적으로 감소할 필요가 생기는 경우, 중간관리자는 직원의

업무량을 조절할 수 있다.

- 사회복지사의 능력이나 힘: 중간관리자는 신입 사회복지사나 실습생인 경우에 업무 할당을 줄여 줄 수 있다. 또한 사회복지사의 능력을 개별적으로 사정하여 업무를 할당할 수 있다.

(3) 사회복지조직의 노사갈등 사례

사회복지조직에서 노사갈등이 발생하는 이유는 탈 윤리경영과 관련이 되거나 「근로기준법」을 적용하지 못하는 상황과 관련이 있다. 특히 정부 보조금으로 인건비와 사업비의 대부분을 충당하고 있는 사회복지조직에서는 「근로기준법」을 완벽하게 준수하며 법적인 복리후생을 제공하는 것이 어려울 수 있다. 하지만 클라이언트의 삶의 질 향상을 위하여 노력하는 사회복지조직이라는 부분에 대하여 구성원의 공감이 형성되는 경우, 노사갈등 없이 원활하게 사업을 수행하는 기관이 많다.

반면, 일부 위탁 법인에서 파행적인 운영이나 비윤리적인 경영을 하게 될 경우 노사갈등이 나타나고 이로 인해서 운영진 · 직원 · 법인이 교체되는 경우도 있다.

〈사례 8-2〉 사회복지법인 갑질 문화

사회복지법인의 갑질 문화 개선해야

근래의 일이다. 울산의 한 방송은 수일에 걸쳐 지역 내 사회복지법인 대표이사가 법인과 시설을 운영하면서 소속 직원들에게 저지른 이른바 '갑질'로 볼 만한 사례를 연속 보도하면서 '갑질'이 울산 사회복지계의 이슈로 떠올랐다. 급기야 울산사회복지사협회와 울산사회복지협의회는 공공과 해당 사회복지법인 대표이사에게 언론보도의 내용이 사실이라는 전제로 '갑질' 중단과 함께 전반적인 개선요구를 담은 공동 성명서를 발표했다. 특히 사실관계에 대한 철저한 조사와 그 결과 여부에 따라 사회복지사들의 노동권 및 생존권을 보호해 줄 것을 강력히 요구했다. 아울러 사회복지사들의 희생만 강요하는 사회복지 전달시스템에 대한 전반적인 개선도 요구했다.

… (중략) …

인간중심 철학의 가치를 실천하는 사회복지 법인과 시설에서 갑질이 있었다니 쉽게 수긍이 가지 않는 대목이다. 사회복지법인에서 발생하는 갑질의 근본 원인은 법인대표자의 리더십과 조직문화에서 찾을 수 있다. 먼저 대표자 개인 특성이다. 사회복지법인의 대표이사나 시설장이 갖고 있는 철학과 가치는 곧 그 조직문화를 만드는 가장 큰 밑바탕이 된다. 권위적이고 독선적 성향의 리더가 지배하는 조직은 경제조직뿐만 아니라 사회복지조직에서도 쉽게 갑질 문화를 만들어 낸다. 왜냐하면 그들은 조직의 근본 지향점이나 구성원에 대한 인간적 처우보다는 자신의 통제 욕구 해소에만 몰두하기 때문이다. 이런 경우 리더가 바뀌지 않으면 조직의 변화도 기대할 수 없다.

두번째 조직문화이다. 조직문화란 조직 내에서 오랜 시간 동안 형성되어 온 조직구성원의 가치관이나 행동양식을 말한다. 조직문화는 구성원의 행동과 사회복지법인의 활동을 지배하는 중요개념으로 규정, 관습 등 여러 가지 요소를 형성하고 이는 복지시설에서의 사회복지사들의 활동에 큰 영향을 준다. 갑질의 원인 중 목표 지향적 조직문화도 한 원인으로 꼽을 수 있다. 사회복지의 속성상 많은 인적·물적 자원을 후원받을 때 더 많은 서비스를 제공할 수 있다. 이 경우 오로지 다량의 자원획득에만 충실한 나머지 후원금의 모금과정이 정당한지에 관해 고민을 하지 않는 경우 갑질은 언제든 발생될 여지가 있다. 그리고 조직의 의사소통이 일방적이며 조직구성원의 의견을 청취하지 않는 경우에도 갑질은 쉽게 일어난다.

갑질이 만연한 조직문화를 해결하기 위해서는 민주적 조직문화로의 변화가 필수적이다. 사람 존중을 목표로 하는 사회복지조직이 정작 사회복지사 등 구성원을 존중하지 않는 것은 모순이고 언제 무너질지 모르는 사상누각의 전형이라고 하겠다.

갑질 문화를 없애고 바람직한 사회복지조직으로 변화하기 위한 방안으로 다음 몇 가지를 제시한다. 첫째, 사회복지법인 운영에 있어 핵심가치를 인간

존엄에 두고 있는지 확인, 점검해야 한다. 사회복지조직은 이윤 추구나 성과 목표 달성에 목을 매는 조직이 아님을 깨달아야 한다. 둘째, 후원금 모금 방식을 구성원도 동의하고 공감하는지 의견을 청취하고 언제든 다른 의견을 낼 수 있는 민주적 의사소통 문화를 만들어야 한다. 그러기 위해서는 관료적 위계질서보다는 개별 사회복지사에게 권한을 분배하는 수평적 조직으로의 변화가 필수적이다. 셋째, 사회복지조직은 군대 조직처럼 모든 조직구성원이 일사분란하게 움직이는 수직조직이 아니다. 장애인, 노인, 빈곤계층 등 다양한 사람의 살아가는 문제를 다룰 때에는 가치가 내재되어 있어 어떤 관점과 철학을 가지느냐에 따라 목표와 과정이 달라질 수 있는 한계를 인식할 필요가 있다. 끝으로 사회복지법인이란 명칭을 쓰지만 내부적으로 종교적 가치를 우선에 두고 설치된 종교형 사회복지법인들은 사회복지시설 운영에 있어 지나치게 종교 교리를 강요하는 부분이 있는지 점검할 필요가 있다. 교회, 성당, 그리고 법당 등에서는 교리가 우선돼야 할지 모르나 사회복지시설은 종교 교리보다 인권을 더 우선하는 복지철학이 최고가 돼야 함을 잊지 말아야 한다. 이번 갑질 논란이 울산사회복지계 전반의 조직문화를 개선하고 사회복지의 철학과 가치를 스스로 점검하고 성찰하는 계기가 되길 바란다.

출처: 경상일보(2018).

(4) 노사갈등에 대한 태도

사회복지사들은 대부분 대학이나 대학원을 졸업한 후 일선 업무에 종사한다. 그후 일정한 경력을 쌓은 뒤 부서의 책임자나 기관장과 같은 관리자의 지위를 맡게 된다. 지위의 변화에 따라 노사갈등에 대하여 가지게 되는 태도도 달라질 수 있다. 미국사회복지사협회의 윤리강령에서는 사회복지사들이 노동조합에 가입할 수 있고, 파업이나 준법투쟁을 할 수는 있지만 클라이언트에게 미치는 영향을 검토해야 한다고 제시하고 있다.

사회복지사들의 열악한 급여와 노동조건 등으로 사회복지사 개인의 복지가 위태로운 경우에 파업을 진행할 수 있지만 이는 결국 클라이언트의 욕구를 돌보지 않는 것으로 비윤리적이라고 보는 입장이 있다. 반면, 사회복지사가 파업을 통해 만족할 만한 결과를 얻게 될 경우 이전보다 클라이언트에게 높은 질의 서비스를 제공할 수 있어 윤리적이라고 보는 견해도 존재한다.

한국 사회복지사 윤리강령에서는 직장에서 노사갈등이나 파업에 관해 기관의 부당한 정책이나 요구에 대하여 전문직의 가치와 지식을 근거로 대응하고 즉시 사회복지 윤리위원회에 보고해야 한다고 규정하고 있다. 사회복지사가 노사갈등으로 인하여 부득이하게 클라이언트에게 서비스를 제공하지 못하게 되는 경우가 발생하므로 어떠한 행동을 취하기 이전에 클라이언트에게 미칠 수 있는 영향을 반드시 검토하여야 한다. 만약 파업 등의 형태가 진행된다면 클라이언트가 그 기간 동안 방치되지 않도록 즉시 클라이언트에게 알리고 필요한 경우 의뢰를 통하여 클라이언트에게 서비스의 지속성을 보장해 주어야 할 것이다.

표 8-10 노사갈등 관련 미국 사회복지사협회 윤리강령

3.10 노사 분쟁

ⓐ 사회복지사는 클라이언트에 대한 서비스나 근무 환경을 개선하기 위해 노동조합의 결성이나 참가를 포함하는 조직화된 활동에 관여할 수 있다.

ⓑ 노사분쟁, 준법투쟁, 파업 등에 관련된 사회복지사의 행동은 전문직의 가치, 윤리적 원칙 및 윤리기준에 의해서 주도되어야 한다. 현실적으로 사회복지사들 간에 파업이나 준법투쟁 중의 전문가로서의 일차적 의무에 관해서 의견의 차이가 존재하는 것은 당연하다. 사회복지사는 활동 방향을 결정하기 전에 관련 이슈들과 그것이 클라이언트에게 미칠 수 있는 영향을 신중하게 검토해야 한다.

4. 사회복지사의 인권

인권이라고 하는 것은 '인간으로서 태어난 이상 당연히 갖는 권리'이다. 사회복지사는 클라이언트의 삶의 질 향상에 대한 개입과 인권보호뿐 아니라 자신의 인권이나 열악한 노동환경과 부당한 처우에 대하여도 목소리를 낼 수 있어야 한다. 하지만 이 과정에서 사회복지사의 인권과 클라이언트의 이익이 상충하는 경우에 윤리적 딜레마 상황을 경험하기도 한다. 〈표 8-11〉의 사회복지사 인권목록은 세계인권선언에서 제시하고 있는 내용들을 참고로 하여 만들어진 것이다.

표 8-11 사회복지사 인권목록

(1) 자신의 생명을 유지할 수 있는가	건강권 사회복지사는 직무를 수행하는 과정에서 자신의 생명에 대한 위협을 받거나 이를 유지하기 어려운 상황이 되는 것에 대해 문제를 제기하고 이를 수정할 수 있어야 하며, 그렇게 하지 못하는 경우에 관련 단체에 도움을 요청하여 문제를 시정하거나 보호받을 수 있도록 해야 한다.
(2) 신체적 · 정신적으로 건강을 유지할 수 있는 환경인가	노동 조건, 건강권 사회복지사는 직무를 수행하는 과정에서 일시적으로 또는 누적적으로 벌어지는 스트레스 상황과 갈등 경험, 또는 육체적 노동으로 인하여 신체적 · 정신적 건강을 유지할 수 없는 환경에 놓이지 않아야 한다. 이런 환경에 놓일 경우에 개인은 이를 개선할 수 있도록 공적 자원 체계와 사적 자원 체계를 동원하여야 한다. 스스로 문제를 해결해 나갈 수 없을 경우, 동료와 관련 기관은 이를 민감하게 수용하여 적절한 조치를 통해 건강 유지를 할 수 있도록 돕고 관련 조건을 개선해야 한다.
(3) 기본적인 자유(이동, 폭력, 혼인, 출산, 육아)가 보장되는가	자유와 평등 의식 사회복지사는 직무를 수행하는 과정에서 일시적으로 또는 지속적으로 폭력적인 상황 또는 힘에 의해 예속되지 아니하여야 하고, 인간의 기본적 이득을 충족하고 확보하도록 충분히 보장 받아야 한다. 만일 이러한 자유가 확보되지 않을 경우, 사회복지사는 기관장(원장, 법인 이사장)이나 지자체 또는 정부를 상대로 이러한 권리를 요구할 수 있다. 스스로가 문제를 해결하기 어려운 상황이라면 동료와 외부 기관에 이러한 문제에 대한 시정을 요구할 수 있다.

(4) 사상과 양심의 자유가 보장되는가	인권 침해 문제해결 사회복지사는 직무를 수행하는 과정에서 클라이언트와 동료, 상사, 기관장, 지자체 단체장과 사적인 이해관계로 연결되지 않으며 자신의 사상과 양심과 자유를 자신의 의지에 따라 지키고 누릴 권리가 있다. 만약 특정한 사상과 관점을 강요당하거나 요구받으면 그 자리에서 이를 시정할 수 있도록 요구할 수 있어야 한다. 그것이 자신과 나아가 다른 모든 사회복지사를 보호하는 일임을 명심해야 한다. 따라서 사회복지사는 정직과 신의에 의해서 활동하며 진실성에 기반한 실천 과정에서 부딪히는 다양한 비도덕적 · 비윤리적 행동에 대해서 시정을 요구하고 기관 내에서 해결되지 않을 경우에는 관련 기관에 문제를 제기하고 시정할 수 있도록 해야 한다.
(5) 감정적 억압과 고통을 받지 아니 한가	감정 노동과 소진 사회복지사는 직무를 수행하는 과정에서 클라이언트와 동료, 상관으로부터 감정적으로 손상을 입고 고통스러움을 받는 상황에 놓이지 않아야 한다. 일시적으로 그런 일이 있더라도 관련 상황을 치유하기 위한 과정에 참여할 수 있어야 한다.
(6) 사유와 자기계발의 자유가 촉진될 수 있는가	근로 조건(종교 자유와 직무 교육) 사회복지사는 직무를 수행하는 과정에서 경험할 수 있는 다양한 판단과 해석에 필요한 진실성 있는 숙고가 필요한 업무를 수행하는 사람이다. 따라서 관련된 철학적 사유가 촉진될 수 있어야 하고, 이를 위한 자기계발을 할 수 있도록 스스로를 촉진시켜야 하며, 전문 기관과 동료들도 상호지지 해야 한다.
(7) 다양한 교류와 결속에 참여하도록 하는가	정책 현안, 의사소통 사회복지사는 직무를 수행하는 과정에서 자신의 업무를 전문적으로 개발하거나 자신의 권리를 보호하기 위해서 관련된 사람, 조직, 네트워크와 다양하게 교류하고 결속할 수 있어야 한다. 사회복지사의 이러한 활동을 제약하거나 비합리적인 이유를 들어 불이익을 가하는 경우에는 정당한 절차로 문제제기 할 수 있어야 한다.
(8) 자기존엄성을 유지할 수 있는가	노동 환경 사회복지사는 조직 내부와 지역 사회 내에서 존중받고 차별받지 않아야 한다. 만약 정당한 과정 없이 비합리적인 이유로 존중하지 않고 차별할 경우에는 이에 대해 항의할 수 있어야 한다.

(9) 사회전반의 가치를 학습하고 실천하도록 보장되는가	노동 환경 사회복지사는 개인만이 아니라 다양한 직종, 이해관계, 다양한 환경과 생태계 속에서 살아가는 존재임을 인식하고 그 안에서의 조화와 협력에 기여할 수 있는 균형 있는 인간상을 지향해야 한다.
(10) 휴식과 놀이의 권리가 보장되고 있는가	근무 조건 사회복지사는 직무를 수행하는 과정에서 자신의 판단에 따라 휴식과 여가를 선택할 수 있어야 한다. 그리고 이를 요구할 수 있어야 하며 기관은 이를 위해 지원할 수 있어야 한다.
(11) 정치적 참여와 자기결정권이 보장되는가	정치, 종교적 자기결정 사회복지사는 정치적 단체에 가입하고 그것에 대한 결정을 스스로 하며 이에 대해 직무와 관련하여 요구받거나 강압받을 수 없다. 이에 자신의 정치적 입장과 자유 의지가 침해당하지 않도록 보호할 의무가 있다.
(12) 개인정보의 보호와 이직 등의 권리가 보장되는가	고용 시장, 취업 규칙 등 사회복지사는 조직 내부에서 자신의 정보를 보호하려는 모든 행동에 제지를 받아서는 안 된다. 또한 이직을 위한 모든 행동을 지원받을 수 있으며 이에 대해 문제 제기를 할 수 없다.

출처: 김종해(2013), 이순민(2016: 213-214) 재인용.

심화학습문제

1. 본인이 일하는 기관에서 외부에 드러나지 않고 기관 안에서도 소수의 사람만 알고 있는 비리를 알게 되는 경우 어떻게 대처할 것인가?
2. 클라이언트에 대한 개입 중 사회복지사의 인권이 침해된 경우 어떻게 대처할 것인가?

제9장 사회복지 연구, 조사 및 평가와 윤리

학습목표
1. 사회복지 연구, 조사 과정에서 발생하는 윤리적 쟁점과 점검 사항을 파악할 수 있다.
2. 사회복지시설 평가, 프로그램 평가와 관련한 윤리적 쟁점을 파악할 수 있다.

핵심용어 비밀보장, 고지된 동의, 평가

〈사례 9-1〉 스탠포드 감옥실험

1971년 미국 스탠포드대학교의 짐바르도(Philip Zimbardo) 교수는 '감옥 같은 억압된 환경 속에서 사람들은 어떻게 행동하는가?'라는 주제로 지극히 평범한 대학 졸업 이상의 지원자 24명을 대상으로 감옥 상황을 연출한 대학 지하실험실에서 무작위 할당으로 절반은 죄수, 절반은 교도관의 역할을 하면서 2주 동안 관찰하는 실험을 하였다. 실험이 시작되고 교도관 역할을 맡은 참가자들은 폭력적인 태도로 죄수를 구타하고 학대하기 시작하였고, 이들로부터 구타를 당한 죄수 역할의 참가자들이 심한 불안과 우울을 보여 6일 만에 중단되었다.

출처: 강종수(2016: 42).

사회복지 연구와 조사에서 윤리가 필요한 이유는 존엄성과 기본권을 가진 인간을 대상으로 하기 때문이다. 연구대상자의 신체적 · 심리적 위험을 피하기 위해, 이런 위험 회피가 연구대상자와 중요한 지식에 잠재적으로 혜택을 준다는 것을 보증하기 위해, 참여의 자발성을 보증하기 위해, 연구의 위험과 혜택이 사회 각 집단에 공평하게 공유되는 것을 보증하기 위해, 아동과 정신장애인 등 위험과 혜택을 온전하게 받아들일 수 없는 취약계층을 보호하기 위해 연구윤리가 필요하다(원석조, 2017: 28).

사회복지분야에서 욕구조사, 임상적 실천 및 프로그램에 대한 평가, 기관운영 전반에 대한 평가 등의 중요성이 강조되면서 사회복지사들이 조사와 평가활동에 참여하는 정도가 증가하고 있다.

1. 사회복지 연구와 조사

사회복지실천의 과학적 기반에 의한 개입효과를 입증하기 위하여 클라이언트를 대상으로 다양한 연구와 조사를 실시하고 있다. 증거기반실천이 사회복지에 들어오게 되면서 최선의 임상적인 근거를 입증하기 위하여 연구와 조사의 필요성이 강조되기도 하였다. 또한 정부의 보조금 지원으로 운영되고 있는 사회복지조직에서는 책임성과 효과성을 입증하기 위하여 여러 가지 연구와 조사를 실시하기도 한다.

1) 사회복지 연구와 조사 과정의 윤리

사회복지 연구와 조사는 '조사 주제 선정 → 연구 참여자 선정 → 관찰과 자료수집 → 조사결과 분석 → 보고'의 과정으로 진행된다. 사회복지 연구와 조사는 의학이나 과학의 연구 · 조사와 달리 신체적 위험은 없지만 조사 참여단계나 결과 발표에 따라 심리적 · 정서적 · 사회적 위험이 발생할 수 있다.

이에 따라 한국 사회복지사 윤리강령에 연구 · 조사와 관련된 내용이 사회복지사의 전문성 개발을 위한 항목에 일부 포함되어 있다. 클라이언트에게 최상의 서비스를 제공하기 위해 지식과 기술을 개발하고 이를 활용하고 전파할 것, 클라이언트를 대상으로 하는 연구에서 클라이언트의 권리를 보장하기 위해 자발적이고 고지된 동의를 얻을 것을 권하고 있다. 또한 연구 과정에서 얻은 정보는 비밀보장의 원칙에 의해 다루어져야 하고, 클라이언트가 얻게 되는 신체적 · 정신적 불편이나 위험, 위해로부터 보호되어야 한다는 것, 이를 이유로 서비스 제공을 소홀히 해서는 안 된다는 것이 포함되어 있다.

미국 사회복지사협회의 윤리강령에서도 연구 · 조사와 관련하여 17개 항목이 포함되어 있다. 사회복지사는 전문 지식의 발달을 위해 연구 · 조사 활동을 촉진할 것을 권하며, 아울러 과학적인 방법으로 연구결과를 활용할 것을 권하고 있다. 무엇보다도 연구 · 조사와 관련하여 중요한 것은 연구 과정에 참여하는 클라이언트의 권익옹호인데, 윤리강령에 연구와 관련된 동의와 연구를 거부할 수 있는 클라이언트의 권리, 클라이언트의 동의를 구할 수 없을 경우에 어떻게 해야 하는지와 더 나아가서 연구 조사와 관련된 비밀보장 및 연구결과에 대한 정확한 보고의 윤리 등 세부적이고 구체적인 윤리적 지침과 방향을 제시하고 있다.

표 9-1 조사평가 관련 미국 사회복지사 윤리강령

5.02 평가와 조사

ⓐ 사회복지사는 정책, 프로그램의 실행 및 실천개입을 감시, 평가해야 한다.

ⓑ 사회복지사는 지식의 발달에 이바지하도록 평가와 조사를 증진, 촉진시켜야 한다.

ⓒ 사회복지사는 사회복지실천에 관련되는 새로운 지식을 비판적으로 검토하며 평가와 조사연구에서 얻은 입증자료를 전문직 실천에 충분히 활용해야 한다.

ⓓ 평가와 조사에 종사하는 사회복지사는 일어날 수 있는 결과들을 신중하게 고려하며 평가 및 조사 참가자의 보호를 위해 개발된 지침을 따라야 한다. 적절한 제도적 검토위원회의 자문을 구해야 한다.

ⓔ 평가와 조사에 종사하는 사회복지사는 참가자들로부터 충분한 정보에 근거한 문서화된 동의를 받아야 한다. 이때, 참가 거부에 대한 암시적 또는 현실적 손해나 불이익이 없고, 부당한 참가권유가 없어야 하며, 참가자의 행복, 프라이버시, 존엄성이 고려되어야 한다. 정보에 근거한 동의에는 참가의 성격, 한도, 기간과 더불어 조사 참가 시의 위험요소나 보상에 관한 정보 등이 포함되어야 한다.

ⓕ 전자 기술을 사용하여 평가 또는 연구를 수행할 때 조사 참여자가 이에 대한 정보에 입각한 동의를 제공하도록 해야 한다. 사회복지사는 조사 참여자가 기술을 사용할 수 있는지 평가해야 하며, 필요하다면 평가 또는 연구에 참여하기 위해 합리적인 대안을 제시해야 한다.

ⓖ 연구 참여자가 고지된 동의를 제공할 능력이 없을 때는, 연구 참여자에게 적절한 설명을 제공해야 하고, 그들이 할 수 있는 정도에서 참여자의 동의를 얻고, 적절한 대변인으로부터 구두동의서를 얻어야 한다.

ⓗ 사회복지사는 특정 형태의 자연적 관찰이나 공문서 조사와 같은 동의의 절차를 밟지 않은 평가나 조사를 설계 및 실시해서는 절대로 안 된다. 그러나 그 조사에 대한 엄격하고 신뢰할 만한 검토결과가 예상되는 과학적, 교육적 또는 응용적 가치 때문에 정당하다고 판명되거나, 또는 동의 절차를 반드시 요구하지 않으면서 동등하게 효과적인 대안적 방법이 없는 경우에는 예외이다.

ⓘ 사회복지사는 평가나 조사 참가자에게 언제나 불이익 없이 동의를 철회할 권리가 있음을 알려 주어야 한다.

ⓙ 사회복지사는 평가나 조사 참가자가 적절한 지지적 서비스를 이용할 수 있도록 합리적 조치를 취해야 한다.

ⓚ 평가와 조사에 종사하는 사회복지사는 부당한 신체적 · 정신적 디스트레스, 위해, 위험, 박탈 등으로부터 참가자들을 보호해야 한다.

ⓛ 서비스 평가에 관여하는 사회복지사는 수집된 정보를 전문직의 목적을 위해서, 그리고 이 정보에 관해 전문적 관심을 갖는 사람들과만 논의해야 한다.

ⓜ 평가와 조사에 종사하는 사회복지사는 참가자와 그들에게서 얻은 자료의 익명성과 비밀을 보장해야 한다. 사회복지사는 비밀보장의 한계, 비밀을 보장하기 위해 취해진 조치, 그리고 조사 자료가 포함된 기록들이 폐기될 시기 등을 참가자에게 알려야 한다.

ⓝ 평가와 조사의 결과를 보고하는 사회복지사는 공개를 허락하는 정당한 동의가 없는 한 신상정보를 생략함으로써 참가자의 비밀을 보호해야 한다.

ⓞ 사회복지사는 평가와 조사연구의 결과를 정확하게 보고해야 한다. 결코 그 결과를 꾸미거나 왜곡해서는 안 되며, 출판 후에 인쇄된 자료에서 잘못이 발견되었을 때에는 표준적 출판 방법을 이용하여 시정조치를 취해야 한다.

ⓟ 평가와 조사에 종사하는 사회복지사는 참가자와의 이익갈등이나 이중관계에 유의하고 이를 피해야 하며, 현실적으로 갈등이 일어나거나 일어나려고 할 때에는 참가자에게 그 사정을 알려야 한다. 그리고 참가자의 이익이 최우선되도록 문제해결 수단을 강구해야 한다.
ⓠ 사회복지사는 책임감 있는 조사연구에 관해 자신과 학생 및 동료들을 교육해야 한다.

(1) 조사 주제 및 연구 참여자의 선정

조사 주제의 선정과 관련하여 발생하는 윤리적 쟁점은 연구내용이 사회적으로 허용될 수 있는 것인가이다. 연구내용이 인간에게 피해를 주는 것이어서는 안 된다. 한편, 사회적으로 허용되는 윤리적 기준은 시대에 따라 변화할 수 있다(장정순, 2016: 32).

같은 조사문제라고 하더라도 연구 참여자가 누구냐에 따라 연구에 참여함으로써 입을 수 있는 위해와 이득이 달라질 수 있다. 예를 들어, 가정폭력에 대하여 조사를 한다고 했을 때 가해자를 조사하는지, 피해자를 조사하는지, 제3의 가족구성원을 조사하는지에 따라서 또는 연령, 성별, 지적 능력, 심리적 상황, 문화상황이 다른 대상을 조사하는지에 따라서 다른 영향을 받을 수 있다.

조사 주제를 선정하고 연구 참여자를 선정하는 과정에서 가능한 한 위해를 최소화하고 이득은 최대화할 수 있는 주제와 참여자를 선정해야 할 것이다. 이때의 이득은 연구자 자신의 이득과 연구 참여자의 이득 모두를 고려해야 한다.

(2) 관찰 및 자료수집의 과정

조사 주제와 연구 참여자를 선정한 후에 주제에 맞게 관찰 또는 자료수집을 시행하게 된다. 이때 연구 참여자의 자발적 참여와 충분한 설명에 의한 사전 동의가 반드시 필요하다. 또한 관찰과 자료수집의 정확성을 위하여 녹음이나 녹화를 할 때에도 이에 대하여 연구 참여자들의 동의가 필요하다. 연구 참여자에게 녹음이나 촬영을 해야 할 경우, 동의 과정이나 연구가 진행되는 동안 녹음이나 녹화가 된다는 사실을 불편하게 여기지 않도록 하고 혹시라도 불편할 경우에는 언제라도 녹음이나 녹화의 중단을 요청할 수 있다는 사실도 알려 주어야 하며, 그 기록을 파기하도록 요구할 수 있는 권리가 있음을 알려야 한다.

하지만 연구주제에 따라서 연구 참여자들이 본인이 연구대상이 된다는 것을 알게 되었을 때 평소와 다른 반응을 보이기도 한다. 특히 본인 스스로 자기보고식 검사나 설문을 하게 될 때에는 스스로의 상황에 대하여 솔직하게 이야기하기보다 사회에서 바람직하게 여기는 응답을 작성하는 경우가 발생한다. 이 경우, 연구 참여자의 반응, 행동, 대답 등에서 진실성이 떨어지므로 자연스러운 관찰과 자료수집을 위하여 조사자로서의 신분을 감추거나 속임수를 이용하는 경우도 발생한다. 이때 관찰과 자료수집 과정이 끝난 후 연구 참여자들에게 사후에라도 연구 진행 과정에 대하여 충분히 설명함으로써 자신의 자료나 응답을 철회할 수 있는 기회를 주어야 한다. 또한 실험집단과 통제집단을 구성하는 과정에서 통제집단에 서비스를 유보하는 것으로 인한 윤리적 문제가 발생할 수 있다.

(3) 조사결과의 분석과 보고

관찰과 자료수집이 끝나게 되면, 연구자는 연구자료를 분석하게 된다. 이때 연구자는 연구 과제에 적합한 조사기법과 분석방법을 사용해야 하며, 연구자가 기대하는 특정한 결론에 이르게 하기 위해 조사기법과 분석방법을 자의적으로 선택해서는 안 된다. 특히 조사결과를 왜곡하지 않도록 유의해야 한다. 연구자가 원하는 결과가 나오지 않았다고 하여 임의로 자료를 조작해서는 안 된다.

조사결과를 발표할 때에는 연구의 목적, 연구시기, 연구장소, 연구 대상자 선정과 표집 과정, 관찰과 자료수집의 방법, 질문의 내용, 조사결과 분석의 과정에 대하여 밝혀야 한다. 또한 연구결과를 보고할 때에는 긍정적인 부분

뿐 아니라 연구의 한계를 밝혀 일반화의 한계를 제시해야 한다. 어떠한 개입에 대한 연구에서 효과성이 없는 것으로 나타났다면 그대로 보고하여 새로운 개입을 찾을 수 있도록 하는 것도 중요한 실천적 함의를 가질 수 있을 것이다.

2) 사회복지 연구와 조사의 윤리적 쟁점

사회복지 연구와 조사는 사회복지의 대상이 되는 클라이언트들, 즉 사람을 대상으로 하게 된다. 클라이언트가 되는 대상들은 주로 사회적인 소외 계층이나 약자가 주를 이루고 있어 이들에 대한 보호가 연구와 조사 과정에서 철저하게 지켜져야 할 것이다. 연구 참여자들에 대한 보호를 위해서는 비밀보장, 고지된 동의, 자발적 참여, 연구 참여로 인한 피해, 연구 참여로 인한 보상, 연구자료의 보존과 폐기 등에 대하여 민감성을 가지고 접근해야 한다. 리머(2000)는 이에 대하여 연구와 조사에 대한 윤리 감사척도를 제시하기도 하였다.

표 9-2 연구와 조사에 대한 윤리 감사척도

- 연구수행과 프로그램, 정책, 그리고 서비스 평가
- 최근에 생긴 사회복지 관련 지식의 경향을 따르며, 전문적 실천에서의 연구와 조사 증거 활용
- 조사연구 참여자를 보호하기 위한 지침 개발과 수행
- 조사연구 참여자의 자발적인 고지된 동의 문서 확보
- 불이익 없이 언제든지 조사연구 참여를 취소할 수 있다는 권리에 대해 알리기
- 조사연구 참여자가 지원 서비스들의 접근을 적절하게 가질 수 있도록 하는 단계의 획득
- 부당한 신체의 또는 정신의 고통, 손상, 위험, 박탈로부터 조사연구 참여자를 보호
- 전문적인 목적만을 위해 이 정보와 전문적으로 관계된 사람들과만 수집된 정보 논의하기
- 법과 규정이 허용하는 범위 내에서 참여자들과 그들의 자료의 익명성과 기밀성을 보호하기

- 정식으로 허가하는 권한을 획득한 경우를 제외하고 신상을 증명하는 정보를 생략함으로써 조사 참여자의 기밀성 보호하기
- 발견한 조사연구의 결과를 정확하게 보고하기
- 조사연구 참여자들과 관계자들의 이익과 이중관계의 대립 피하기

출처: Reamer(2000).

(1) 비밀보장

연구자는 연구 참여자의 비밀보장을 반드시 지켜야 한다. 이때에는 연구 참여자에 대한 익명성도 포함이 된다. 익명성은 연구 참여자가 신원을 밝히지 않고 응답할 수 있도록 하는 것으로, 연구자 자신도 연구 참여자에 대한 구체적인 정보를 확인할 수 없으며 어떤 응답을 했는지 모르는 경우를 말한다. 즉, 연구 참여자가 제공한 정보와 연구 참여자를 분리할 수 있어야 한다. 비밀보장은 익명성과 다른 방법으로 연구 참여자의 신원을 보장하는 것이다(최세영, 김준환, 모선희, 문현주, 박주현, 임수정, 2017: 38). 연구자가 어떤 자료가 어느 연구 참여자를 설명하는지 알고 있다 해도, 다른 사람에게 이를 공개하지 않고 보관하기로 합의한 상황을 말한다. 연구 참여자의 신분과 연구 참여자에 대한 개인적인 정보들이 노출되지 않도록 철저하게 비밀을 보장해야 한다. 이러한 익명성과 비밀보장은 윤리적인 측면에서도 지켜져야 하지만 이것이 담보가 되면 연구 참여자가 연구・조사에 있어 응답을 성실히 하는 데에도 도움을 줄 수 있다.

하지만 익명성과 비밀보장을 지키기 어려운 경우가 발생한다. 연구 참여자가 응답을 했는지 확인하거나 또는 응답이 불충분한 설문지에 대해 신원을 확인하게 되는 경우에는 익명성을 보장할 수 없게 된다. 특히 우편을 통해 자료를 수집한 경우에는 설문지의 회수율을 확보하기 위해 누가 설문지를 반송했고, 누가 반송하지 않았는지를 확인해야 한다. 이때 연구 참여자의 익명성을 보장할 수 없게 되며, 비밀보장만을 확보하게 된다. 또한 연구결과를 보고하는 과정에서 연구 참여자에 대한 정보를 어느 정도 제시하게 된

다. 특히 작은 지역사회나 특정한 현장에서 연구 참여자를 선정하였을 경우에는 연구 보고서에서 참여자의 가명을 사용하더라도 이해당사자들은 참여자의 신분을 파악할 수 있는 경우도 있다(권지성, 주소희, 김진숙, 2007, 이순민, 2016: 269-270 재인용).

(2) 고지된 동의

고지된 동의라고 하는 것은 연구 참여자에게 연구와 관련된 정보를 충분히 제공하고, 참여 여부에 대해 자발적으로 결정할 수 있도록 충분한 기회를 제공하며, 연구 참여자로부터 연구 참여에 대한 분명한 동의를 받아야 한다는 것이다. 동의를 위해 설명이 필요한 사항은 연구 목적, 예상되는 기간 및 절차, 연구에 참여하거나 중간에 그만둘 수 있는 권리, 연구 참여를 거부하거나 그만두었을 때 예상되는 결과, 참여 자발성에 영향을 미칠 것으로 예상되는 잠재적 위험, 고통 또는 해로운 영향, 연구에 참여함으로써 얻을 수 있을 것으로 예상되는 이득, 비밀보장의 한계, 참여에 대한 보상 등이 있다.

연구에 참여하거나 응답했다고 해서 연구 참여에 동의하는 것으로 받아들이거나 설문지 표지에 있는 설명문만으로 연구에 대한 정보를 제공하고 있다고 생각해서는 안 된다. 특히 연구 참여자가 미성년자인 아동이나 심신 미약 등의 이유로 동의 능력이 없는 경우에는 부모나 법정 대리인의 서면 동의를 받아야 한다. 단, 연구가 연구 참여자에게 고통을 주거나 해를 끼치지 않을 것으로 판단되는 경우, 국가의 법률 또는 기관의 규칙에 의해 허용되는 경우 등에는 연구 참여자로부터 동의를 받지 않아도 된다. 예를 들어, 연구의 내용이 공공장소에서 자연 관찰하는 것일 경우, 그리고 그 기록이 개인의 정체를 밝히거나 해를 끼치는 데 사용될 것으로 예상되지 않을 경우 등이 있다.

표 9-3 조사연구 동의서 설명문(연구 참여자용)

안녕하세요.

저는 (소속기관 및 연구자) ○○○ 복지관에 근무하는 ×××입니다. 지적장애여성을 대상으로 가정생활경험에 대한 인터뷰를 진행하고 있습니다.

연구에 참여를 원하는 지적장애여성분이 본 연구의 인터뷰 대상자로 참여하게 됩니다. 인터뷰 진행시간은 1회 60분 정도 소요되며, 총 3회에 걸쳐 진행됩니다. 인터뷰 진행 중 휴식을 원하는 경우에는 언제든지 쉴 수 있습니다. 인터뷰 장소는 참여하시는 여러분이 원하는 곳에서 이루어집니다. 인터뷰에 참여하게 되면 다음과 같은 질문을 받게 됩니다.

- "가정생활경험에 대하여 이야기해 주세요." "남편과는 어떻게 만났나요?" "가족과 무엇을 주로 하나요?" 등

인터뷰 내용은 녹음하여 분석에 사용되며 저 말고 다른 사람은 듣거나 보지 못합니다. 녹음된 파일은 문서로 옮기고 바로 삭제할 것입니다. 여러분의 보호자와 기관 선생님에게도 저에게 이야기한 내용은 전달하지 않을 것입니다. 인터뷰 과정에서 질문에 대답하기 싫거나 불편할 수 있습니다. 인터뷰 중간 어느 과정에서나 참여를 그만둘 수 있습니다. 연구에 참여하시게 되면 매 인터뷰 진행 후 2만 원 상당의 문화상품권을 드립니다.

인터뷰를 3번 하고 나서도 이야기한 것을 지우고 싶으면 인터뷰한 내용은 폐기하게 됩니다.

본 연구에 참여하는 것에 동의하시면 보호자와 함께 아래 동의서를 작성해 주십시오. 동의서 작성 후 인터뷰를 진행하게 됩니다.

본 연구에 대해 궁금한 사항은 연구책임자(홍길동: 010-○○○○-○○○○)에게 언제든지 문의할 수 있습니다. 또한, 이 연구의 윤리적 측면과 관련한 조사나 감독 등을 위해 생명윤리위원회가 연구와 관련된 자료를 볼 수 있으며 본 동의서 작성 시 이러한 내용에도 동의하게 되는 것입니다. 연구와 관련된 윤리적인 측면이나 연구대상자 권리와 관련하여 궁금한 사항은 생명윤리위원회(○○○-○○○○-○○○○)에 문의하여 주시기 바랍니다.

표 9-4 조사연구 동의서 설명문(보호자용)

안녕하십니까?

저는 (소속기관 및 연구자) ○○○ 복지관에 근무하는 ×××입니다. 지적장애여성을 대상으로 가정생활경험에 대한 인터뷰를 진행하고 있습니다.

본 연구를 통하여 지적장애여성의 가정생활경험에 관하여 가정을 이루게 된 배경, 가정생활에 대한 생각과 감정 등을 이해함으로써 필요한 개입전략을 모색하는 데 도움을 줄 수 있을 것으로 기대합니다. 인터뷰에 참여하게 되면 다음과 같은 질문을 받게 됩니다.

- "가정생활경험에 대하여 이야기해 주세요." "남편과는 어떻게 만났나요?" "가족과 무엇을 주로 하나요?" 등

○○시내 장애인복지관과 직업재활시설 중 의뢰된 지적장애여성 6명이 본 연구의 인터뷰 대상자로 참여하게 됩니다. 인터뷰 진행시간은 1회 60분 정도 소요되며, 총 3회에 걸쳐 진행되고 인터뷰 내용은 녹취를 하게 됩니다. 녹취된 파일은 문서화하는 작업이 완료되는 즉시 폐기될 것입니다. 인터뷰 장소는 지적장애여성이 이용하고 있는 복지관을 비롯하여 원하는 곳에서 이루어집니다. 인터뷰 진행 중 휴식을 원하는 경우에는 언제든지 중단하고 휴식을 취하고 준비가 된 이후 다시 인터뷰를 이어가게 됩니다.

인터뷰 내용은 녹취하여 분석에 사용되며 연구자 이외에는 노출이 되지 않을 것입니다. 따라서 보호자나 기관 담당자에게도 인터뷰 내용은 인터뷰에 참여한 지적장애여성이 동의하지 않는 경우 알려 드리지 않습니다. 단, 인터뷰 과정 중 지적장애여성이 심각한 문제에 노출되었던 경험이 있는 경우에는 이에 대한 개입을 위하여 보호자에게 알려 드리고 참여한 여성이 적절한 치료를 받을 수 있도록 관련 기관을 안내해 드리도록 하겠습니다. 인터뷰 과정에서 질문에 대답을 하는 데 지적장애여성이 부담을 느끼거나 불편할 수 있습니다. 인터뷰 중간 어느 과정에서나 참여를 그만둘 수 있고, 그에 따른 불이익은 없습니다. 연구에 참여하게 되면 매 인터뷰 진행 후 2만 원 상당의 문화상품권을 인터뷰에 응한 지적장애여성에게 지급하게 됩니다.

본 연구의 내용은 ○○○ 복지관 사례연구보고서로 제출할 예정입니다. 연구결과 제출과 발표 시 개인정보에 대한 비밀을 보장하여 드러나지 않도록 조치가 취해질 것입니다. 연구 참여 도중이나 연구 참여를 완료한 후 어느 시점에서나 참여하신 내용에 대한 보고서 작성 활용에 동의를 철회하시는 경우에는 녹취한 자료는 폐기될 것입니다.

본 연구에 참여하는 것에 동의하시면 동의서를 작성해 주시고, 작성한 동의서는 연구 참여자와 보호자, 연구자가 함께 기명날인한 후 각각 1부씩 보관하게 됩니다.

본 연구에 대해 궁금한 사항은 연구책임자(홍길동: 010-○○○○-○○○○)에게 언제든지 문의할 수 있습니다. 또한 이 연구의 윤리적 측면과 관련한 조사나 감독 등을 위해 생명윤리위원회가 연구와 관련된 자료를 볼 수 있으며, 본 동의서 작성 시 이러한 내용에도 동의하게 되는 것입니다. 연구와 관련된 윤리적인 측면이나 연구대상자 권리와 관련하여 궁금한 사항은 생명윤리위원회(○○○-○○○○-○○○○)에 문의하여 주시기 바랍니다.

(3) 자발적 참여

자발적 참여란 사회복지 연구와 조사에 있어 연구 참여자의 자기결정권에 따라 참여 여부가 결정되어야 한다는 것이다. 연구 내용에 연구 참여자의 사생활을 침해하는 내용이 상당하게 들어 있기 때문이다. 연구 참여자가 자발적으로 참여해야 하지만 강압이나 인센티브 같은 외부 요인으로 인해 조사에 참여하는 경우가 생길 수 있다. 외적 보상 또는 권유로 인해 조사에 참여하게 될 경우, 조사과정과 결과분석과정에 심각한 윤리적 문제를 야기할 수 있다(강영걸, 정주석, 김정우, 신정인, 2014: 51).

특히 기관 내에서 연구 조사가 진행되는 경우에 연구 참여자가 연구에 참여하지 않으면 기존에 받고 있던 서비스를 제공받지 못할 것에 대한 염려로 참여하게 되는 경우가 발생하기도 한다. 이때 참여하는 클라이언트는 사회복지사의 눈치를 보지 않고 자율적으로 참여할 수 있어야 한다. 또한 이들이 참여를 거부하거나 그만둘 경우에 직면할 해로운 결과로부터 보호하는 조치가 필요하다. 연구에 참여하지 않는 경우에도 불이익은 없으며, 연구 참여자는 언제라도 연구 참여를 중단할 수 있는 권리를 갖는다는 것을 명확하게 설명해야 한다.

(4) 연구 참여로 인한 피해

연구 참여자는 연구 참여로 인한 피해로부터 보호받을 권리가 있다. 연구 참여로 인한 피해 혹은 해로움으로부터 이들을 보호하는 것도 연구윤리의 중요한 측면이다. 사회복지 조사연구의 대상이 되는 클라이언트는 조사 과정에서 정신적 또는 육체적인 피해에 대하여 보호받을 권리가 있다. 특히 사회복지 조사연구의 경우, 조사 과정에서 본인이 떠올리기 싫은 기억을 다시 떠올리는 과정을 통해 정신적 · 심리적 피해를 입을 수 있다. 이러한 피해를 방지하기 위하여 생명윤리위원회를 통하여 연구계획단계에서 '위해 가능성'을 심사받고 있다. 하지만 사전심사의 절차만으로 문제가 해결되지는 않으므로 연구자의 의식적 주의가 중요하다(김영종, 2009: 448).

응답자의 생각과는 다른 것을 강요하는 듯한 질문, 개인정보가 노출될 가능성이 있는 질문 등도 연구 참여자에게 위해를 끼칠 수 있다. 연구 참여로 인한 피해는 연구에 투입된 시간과 기회 비용, 그로 인한 관계의 변화 등 다양한 형태로 나타날 수 있다. 연구자는 연구 참여자가 입을 수 있는 손상 및 피해와 연구로 인해 얻을 수 있는 혜택을 비교해 보고 위험 가능성이 연구를 통해서 얻을 수 있는 사회적 이익보다 크지 않도록 해야 한다. 이를 위해 다음의 내용들을 검토해 볼 수 있다(이순민, 2016: 267-268).

- 연구 목적이 인간을 연구 대상으로 할 만한 가치와 필요성을 가지고 있는가?
- 연구 방법이 설정된 목표에 적합한가?
- 연구 참여자가 적합한가?
- 연구 참여자가 받을 고통이나 위험 요소가 연구의 기대 성과보다 큰 것은 아닌가?
- 인권 침해가 있더라도 연구결과가 장기적으로 연구 참여자 집단의 복지 향상에 기여하는가?

이러한 질문을 통하여 연구의 혜택이 더 큰 것으로 나타나면 연구 참여자에 대한 피해를 상쇄함으로써 연구 실행을 정당화할 수 있지만 그 반대의 경우에는 연구 진행에 대하여 다시 고려할 필요가 있다. 연구 참여로 인한 피해를 방지하기 위해 연구자는 연구 참여자의 인격, 사생활을 침해받지 않을 개인의 권리와 자기 결정권을 존중해야 한다. 또한 연구 참여자의 안전과 복지를 보장하기 위한 조치를 취하고, 위험에 노출되지 않도록 해야 한다. 연구자는 연구 참여자에게 심리적 · 신체적 손상을 주어서는 안 되며, 예상하지 못한 피해 반응을 연구 참여자가 보일 경우에는 연구를 즉시 중단하여야 한다.

〈사례 9-2〉 연구 참여로 인한 피해

미국의 존스홉킨스 병원에서 있었던 일이다. 1990년대에는 빈곤층 소수민족을 대상으로 실험을 실시했고 2001년에는 천식과 관련된 실험을 했는데, 많은 실험대상자에게 실험의 실제 내용과 진짜 목적을 숨기고 알려 주지 않았다. 그런데 실험 과정에서 실험대상자 가운데 일부가 사망하고, 일부는 심각한 부작용을 경험하는 예상치 못한 문제가 발생했고, 그 사실이 언론에 공개되면서 이 실험의 비윤리적 측면이 크게 부각되었다.

출처: Sekaram(2003; 51-52), 강영걸 외(2014: 52) 재인용.

(5) 연구 참여에 대한 보상

연구 참여가 끝난 후 연구 참여자들에게 보상을 제공하게 된다. 이때 너무 과하거나 부적절한 보상은 피하여야 한다. 보상을 제공하는 것이 합리적으로 보이지만 적정 수준 이상의 보상이 제공될 경우에는 문제가 될 수 있다. 보상이 너무 크거나 과도할 경우, 보상을 얻기 위해 정보를 꾸며 낼 위험이 있기 때문이다(황성동, 2015: 370).

보상에서 고려해야 할 것은 물질적인 보상도 필요하지만 연구 참여에 대한 의미를 느낄 수 있도록 배려하고, 시간을 내어 소중한 의견을 제공해 준 데 대해 감사하는 마음을 담아야 한다. 설문지 앞에 안내문을 통하여 '여러분의 의견은 어떠한 연구 목적을 달성하는 데 쓰여지게 된다'는 문구를 넣는 것도 이와 관련된 맥락으로 볼 수 있다.

(6) 연구자료의 보존과 폐기

연구자는 연구의 분석을 위하여 자료수집과정이 끝난 뒤에도 계속하여 자료를 보존하게 된다. 이때 자료 접근 권한이 없는 제3자가 연구자료에 접근하지 못하도록 철저하게 통제해야 한다. 컴퓨터 파일 자료에는 비밀번호를 걸어 놓거나, 설문지나 출력된 인쇄물인 경우에는 자물쇠가 달린 캐비닛에 문서 자료를 넣어 두는 것도 좋은 방법이 될 수 있다.

연구가 종결되고, 결과 보고까지 끝난 경우에는 연구 참여자의 개인정보가 들어 있는 연구자료를 폐기해야 한다. 「개인정보보호법 시행령」에 따라 종이 설문지의 경우에는 파쇄나 소각을 진행하고, 코딩된 컴퓨터 자료의 경우에는 영구 삭제하는 것이 필요하다. 그렇지 않을 경우, 연구 참여자의 사적인 정보가 누출될 수 있어 윤리적인 쟁점이 생길 수 있다.

특히 설문지의 경우에는 연구자가 높은 회수율 확보, 설문지 응답의 성실성 확인, 자료 입력과 분석 과정에서의 편의를 위하여 연구 참여자의 이름이나 신원을 파악할 수 있는 정보를 표시해 놓는 경우가 있다. 이 경우, 사적인 정보의 표시를 지우지 않게 되면 이 정보가 새어 나갈 수 있어 주의가 필요하다.

표 9-5 개인정보보호법 시행령

제16조(개인정보의 파기방법)

① 개인정보처리자는 법 제21조에 따라 개인정보를 파기할 때에는 다음 각 호의 구분에 따른 방법으로 하여야 한다.

1. 전자적 파일 형태인 경우: 복원이 불가능한 방법으로 영구 삭제
2. 제1호 외의 기록물, 인쇄물, 서면, 그 밖의 기록매체인 경우: 파쇄 또는 소각

표 9-6 사회복지 연구와 조사의 윤리적 쟁점 체크리스트

구분	체크리스트
비밀보장	참여자의 비밀보장을 위한 장치가 되어 있는가?
고지된 동의	참여자가 자발적으로 동의할 수 있도록 관련 정보를 충분히 제공하였는가?
자발적 참여	
연구 참여로 인한 피해	연구 참여로 인한 피해를 보호받을 수 있는 장치가 되어 있는가?
연구 참여에 대한 보상	연구 참여에 대한 보상은 적절한가?
연구자료의 보존과 폐기	연구자료를 볼 수 없도록 완전히 폐기(분쇄, 소각 등)하였는가?

3) 연구윤리 관련 법과 지침

마키아리니(Paolo Macchiarini)는 유명한 외과 의사였다. 그런데 그의 치료를 받은 많은 환자가 사망하는 사건이 발생했다. 조사 결과, 마키아리니 박사는 발표한 연구 논문의 데이터 일부를 조작하여 그가 개발한 치료법의 효과성을 과장되게 표현한 것이었다. 이 사실이 밝혀진 후 의사 자격을 박탈당했고, 스웨덴 스톡홀롬에 있는 카롤린스카 연구소(Karolinska Institute)의 책임자도 사임해야 했다. 한국의 대표적인 사례로는 2005년 말 서울대 황우석 교수팀의 줄기세포 연구 논문 조작 사건이 있다.

황우석 교수팀의 줄기세포 연구 논문 조작 사건이 발표되고 연구윤리에 관한 관심이 높아졌다. 또한 생명윤리 및 안전을 확보하여 인간의 존엄과 가치를 침해하거나 인체에 위해를 주는 것을 방지하고, 생명과학 기술이 국민의 건강과 삶의 질 향상에 이바지하고자 「생명윤리 및 안전에 관한 법률」이 2004년 1월에 제정되어 2005년부터 시행됐다. 법률 제정과 함께 각 대학과 학회 등에서 연구윤리와 관련된 지침을 만들어서 시행하고 있다. 사람을 대상으로 연구하는 사회복지 분야에서도 이러한 연구윤리 관련 법과 지침을 숙지하고 지킬 수 있어야 할 것이다.

(1) 「생명윤리 및 안전에 관한 법률」

2004년에 제정된 이 법은 수차례 개정이 진행되었다. 그 가운데 2012년 2월에 전면 개정을 통해 인간을 대상으로 하는 연구에 대하여 시작 전에 연구계획서를 기관생명윤리위원회(Institutional Review Board: IRB)의 심의를 받도록 하였다(제15조). 「생명윤리 및 안전에 관한 법률」에서는 생명윤리 및 안전을 확보하기 위하여 기관생명윤리위원회를 인간 대상 연구를 수행하는 자가 소속된 교육, 연구 기관 또는 병원 등에 독립적인 기구로 설치하여 보건복지부 장관에게 등록하도록 규정하고 있다.

또한 인간 대상 연구를 수행하기 전에 연구 참여자로부터 서면 동의를 받도록 하며(제16조), 연구 참여자에 대한 안전 대책을 마련하도록 하고(제17조), 인간 대상 연구와 관련한 사항을 기록·보관하도록 되어 있다(제19조). 이에 따라 사람을 대상으로 설문지나 면접, 실험 등의 다양한 방법을 이용하여 연구를 진행하는 사회복지 연구도 연구를 시작하기 전에 기관생명윤리위원회의 심의를 받아야 한다.

「생명윤리 및 안전에 관한 법률」에 따르면 기관생명윤리위원회는 위원장 1명을 포함하여 5명 이상의 위원으로 구성하되, 하나의 성별로만 구성할 수 없으며, 사회적·윤리적 타당성을 평가할 수 있는 경험과 지식을 갖춘 사람 1명 이상과 그 기관에 종사하지 아니하는 사람 1명 이상이 포함되어야 한다. 기관생명윤리위원회의 위원은 각 기관의 장이 위촉하며, 위원장은 위원 중에서 호선해야 한다.

표 9-7 「생명윤리 및 안전에 관한 법률」

제1조(목적)

이 법은 인간과 인체유래물 등을 연구하거나, 배아나 유전자 등을 취급할 때 인간의 존엄과 가치를 침해하거나 인체에 위해(危害)를 끼치는 것을 방지함으로써 생명윤리 및 안전을 확보하고 국민의 건강과 삶의 질 향상에 이바지함을 목적으로 한다.

제3조(기본 원칙)

① 이 법에서 규율하는 행위들은 인간의 존엄과 가치를 침해하는 방식으로 하여서는 아니 되며, 연구대상자 등의 인권과 복지는 우선적으로 고려되어야 한다.
② 연구대상자 등의 자율성은 존중되어야 하며, 연구대상자 등의 자발적인 동의는 충분한 정보에 근거하여야 한다.
③ 연구대상자 등의 사생활은 보호되어야 하며, 사생활을 침해할 수 있는 개인정보는 당사자가 동의하거나 법률에 특별한 규정이 있는 경우를 제외하고는 비밀로서 보호되어야 한다.
④ 연구대상자 등의 안전은 충분히 고려되어야 하며, 위험은 최소화되어야 한다.
⑤ 취약한 환경에 있는 개인이나 집단은 특별히 보호되어야 한다.
⑥ 생명윤리와 안전을 확보하기 위하여 필요한 국제 협력을 모색하여야 하고, 보편적인 국제기준을 수용하기 위하여 노력하여야 한다.

제2절 기관생명윤리위원회

제10조(기관생명윤리위원회의 설치 및 기능)

③ 기관위원회는 다음 각 호의 업무를 수행한다.

1. 다음 각 목에 해당하는 사항의 심의
   가. 연구계획서의 윤리적 · 과학적 타당성
   나. 연구대상자 등으로부터 적법한 절차에 따라 동의를 받았는지 여부
   다. 연구대상자 등의 안전에 관한 사항
   라. 연구대상자 등의 개인정보 보호 대책
   마. 그 밖에 기관에서의 생명윤리 및 안전에 관한 사항
2. 해당 기관에서 수행 중인 연구의 진행 과정 및 결과에 대한 조사 · 감독
3. 그 밖에 생명윤리 및 안전을 위한 다음 각 목의 활동
   가. 해당 기관의 연구자 및 종사자 교육
   나. 취약한 연구대상자 등의 보호 대책 수립
   다. 연구자를 위한 윤리지침 마련

제3장 인간대상연구 및 연구대상자 보호

제15조(인간대상연구의 심의)
제16조(인간대상연구의 동의)
제17조(연구대상자에 대한 안전대책)
제18조(개인정보의 제공)
제19조(기록의 유지와 정보의 공개)

---

(2) 연구윤리 확보를 위한 지침

2005년도 말 서울대 황우석 교수팀의 줄기세포 연구 논문 조작 사건을 계기로 '연구윤리 확보를 위한 지침'이 2007년 2월에 마련되었으며(과학기술부 훈령 제236호), 2011년 6월에 개정(교육과학기술부 훈령 제218호)되었고, 2015년 8월에 일부 개정(교육부 훈령 제153호)되었다.

연구부정행위의 범위를 연구진실성을 직접적으로 저해하는 위조(날조), 변조, 표절 이외에도 부당한 논문저자 표시, 부정행위 조사를 방해하거나 제보자에게 위해를 가하는 행위, 각 학문분야에서 통상적으로 용인되는 범위를 심각하게 벗어난 행위를 포함시켰다(제12조). 또한 자신의 연구결과 사용과 관련하여 '자신의 이전 연구결과와 동일하거나 실질적으로 유사한 저작물을 게재 · 출간하여 본인의 연구결과 또는 성과 · 업적 등으로 사용하는 행위 금지'를 명문화하고 있다(제13조).

표 9-8 연구윤리 확보를 위한 지침

제12조(연구부정행위의 범위)

① 연구부정행위는 연구개발 과제의 제안, 수행, 결과 보고 및 발표 등에서 이루어진 다음 각 호를 말한다.

1. "위조"는 존재하지 않는 연구 원자료 또는 연구자료, 연구결과 등을 허위로 만들거나 기록 또는 보고하는 행위
2. "변조"는 연구 재료 · 장비 · 과정 등을 인위적으로 조작하거나 연구 원자료 또는 연구자료를 임의로 변형 · 삭제함으로써 연구 내용 또는 결과를 왜곡하는 행위
3. "표절"은 다음 각 목과 같이 일반적 지식이 아닌 타인의 독창적인 아이디어 또는 창작물을 적절한 출처표시 없이 활용함으로써, 제3자에게 자신의 창작물인 것처럼 인식하게 하는 행위
   가. 타인의 연구내용 전부 또는 일부를 출처를 표시하지 않고 그대로 활용하는 경우
   나. 타인의 저작물의 단어 · 문장구조를 일부 변형하여 사용하면서 출처표시를 하지 않는 경우
   다. 타인의 독창적인 생각 등을 활용하면서 출처를 표시하지 않은 경우
   라. 타인의 저작물을 번역하여 활용하면서 출처를 표시하지 않은 경우
4. "부당한 저자 표시"는 다음 각 목과 같이 연구내용 또는 결과에 대하여 공헌 또는 기여를 한 사람에게 정당한 이유 없이 저자 자격을 부여하지 않거나, 공헌 또는 기여를 하지 않은 사람에게 감사의 표시 또는 예우 등을 이유로 저자 자격을 부여하는 행위
   가. 연구내용 또는 결과에 대한 공헌 또는 기여가 없음에도 저자 자격을 부여하는 경우
   나. 연구내용 또는 결과에 대한 공헌 또는 기여가 있음에도 저자 자격을 부여하지 않는 경우
   다. 지도학생의 학위논문을 학술지 등에 지도교수의 단독 명의로 게재 · 발표하는 경우
5. "부당한 중복게재"는 연구자가 자신의 이전 연구결과와 동일 또는 실질적으로 유사한 저작물을 출처표시 없이 게재한 후, 연구비를 수령하거나 별도의 연구업적으로 인정받는 경우 등 부당한 이익을 얻는 행위
6. "연구부정행위에 대한 조사 방해 행위"는 본인 또는 타인의 부정행위에 대한 조사를 고의로 방해하거나 제보자에게 위해를 가하는 행위
7. 그 밖에 각 학문분야에서 통상적으로 용인되는 범위를 심각하게 벗어나는 행위

② 대학 등의 장은 제1항에 따른 연구부정행위 외에도 자체 조사 또는 예방이 필요하다고 판단되는 행위를 자체 지침에 포함시킬 수 있다.

제13조(연구부정행위의 판단)

① 연구부정행위는 다음 각 호의 기준으로 판단한다.

1. 연구자가 속한 학문분야에서 윤리적 또는 법적으로 비난을 받을 만한 행위인지
2. 해당 행위 당시의 '연구윤리 확보를 위한 지침' 및 해당 행위가 있었던 시점의 보편적인 기준을 고려
3. 행위자의 고의, 연구부정행위 결과물의 양과 질, 학계의 관행과 특수성, 연구부정행위를 통해 얻은 이익 등을 종합적으로 고려

② 제12조 제1항제7호에서 정한 '그 밖에 각 학문분야에서 통상적으로 용인되는 범위를 심각하게 벗어난 행위'를 판단하고자 할 때에는 대학 등 연구자의 소속기관에서 금지되는 행위를 명문으로 정하고 있거나 연구자가 속한 학계에서 부정한 행위라는 인식이 널리 퍼져 있는지 등을 고려하여야 한다.

2. 사회복지 평가와 윤리

사회복지 평가의 가장 큰 이슈는 3년마다 진행되는 사회복지시설 평가로 볼 수 있다. 이때 평가대비과정과 평가진행과정에서 나타나게 되는 윤리적 이슈를 살펴보도록 하겠다. 또한 한정된 예산으로 사업을 진행하게 되는 사회복지 현장에서는 공동모금회, 아산재단, 삼성재단 등 민간에서 지원하는 예산을 받아 와서 수행하는 것이 불가피하다. 이때 외부지원기관에서 지원받은 사업의 효과성을 밝혀야 한다.

1) 사회복지시설 평가

〈사례 9-3〉 사회복지시설기관 평가

'평가를 위한 평가' 사회복지시설기관 평가

사회복지시설기관 평가제도의 실효성과 평가방식의 문제점이 지적받고 있다.

사회복지시설기관 평가제도는 사회복지시설의 운영능력과 서비스 수준 등을 판단하고자 지난 1999년부터 시행되고 있다. 대상시설 및 기관들은 보건복지부가 매년 발표하는 기관별 평가기준에 따라 시설 및 환경, 재정 및 조직운영, 프로그램 등을 3년마다 평가받는다.

하지만 평가제도에 지역적 특성을 반영하지 못하는 일률적인 지표 사용과 행정편의만을 고려한 서류평가방식, 평가 후 사후관리체계 미흡 등 문제점이 있어 개선이 필요할 것으로 보인다.

보건복지부가 고시한 2017년 전체 공동지표를 확인한 결과, 시설 및 환경 영역의 24개 항목 중 18개 항목이 평가를 위해 서류가 필요한 것으로 확인됐다. 해당 영역 대부분 사항은 시설의 설립 및 허가 과정에서 이미 검증을 받은 사항이기 때문에 서류를 이중으로 준비해야 하는 고충이 발생할 가능성이 있다.

인적자원관리 영역의 직원 근속률과 외부교육 참여시간 등의 항목은 사회복지관이 지향해야 할 바와 연관성이 약한 지표라고 몇몇 논문에서 지적받고 있다. 또한 현장과 학계 모두 평가의 주요 대상을 기관, 시설이 아닌 프로그램으로 설정해야 한다고 주장하고 있는데, 실제 평가에서 프로그램 영역의 반영 비율은 50%에도 미치지 못하고 있다.

지난 7월 한국사회복지사협회에서 사회복지사 2,000여 명을 상대로 실시한 사회복지시설기관 평가제도에 대한 사회복지사 인식조사는 현 평가제도에 대한 사회복지사들의 부정적인 인식을 보여 주고 있다.

현행 평가제도의 변별력 여부에 대한 질문에 전체의 16% 가량만이 긍정적으로 응답했으며, 평가제도가 기관사업 업무나 대상자들의 서비스 질 향상에 기여했는지에 대한 물음에는 각각 26% 가량만이 '매우 그렇다'나 '그렇다'고

답했다. 또한 응답자의 약 87%가 평가제도로 인해 정신적·신체적 스트레스를 경험했다고 답했고, 81%가량이 평가제도로 인해 업무차질이 발생했다고 응답했다.

현행 평가제도의 문제점으로 지적된 것은 '서류 위주 평가로 인한 행정 중심의 복지 강요'가 45.6%로 가장 많았고, '과도한 행정 업무로 사회복지사 소진' '지표 중심의 사업 표준화로 독창성 저해' 등이 뒤를 이었다. 또한 사회복지사는 평가제도 개선을 위해 개별 상황을 고려한 지표 개발(23%)이 가장 중요하다고 답했다.

"사회복지시설 평가 준비 때문에 서비스 잘 못해"

2017년에 평가를 받은 지방 소재 모 기관의 팀장급 사회복지사는 "평가 결과에 따라 지역사회 복지관들 간에도 예민해질 수밖에 없다"며 과도한 경쟁을 유발하는 현 구조의 문제점을 설명했다. 또 "적정 기준을 만족하는 서비스를 제공하기 위한 취지를 살려야 한다."며 등급이 낮게 나온 기관에 대한 사후지원체계가 더 많이 필요하다고 말했다.

이어 "평가가 있는 해에는 평가 준비에 주력해야 하다 보니 서비스에 온 힘을 다하기 어렵다."며 평가제도로 인한 업무차질이 있다고 토로했다. 마지막으로 "평가는 필요하지만 이로 인해 실제 서비스에 영향이 가지 않는 선에서 실시돼야 한다."며 "평가 제도를 사회복지 수혜자를 위한 방향으로 개선해야 한다."고 주장했다.

사회복지시설기관 평가제도의 문제점은 학계에서도 지적받고 있다. 지역사회복지 중심의 사회복지시설 평가지표(윤희숙, 정은하, 2015), 사회복지시설 평가제도에 대한 비판적 고찰(양난주, 2014), 사회복지시설 평가지표 중점 고려사항(신용규, 2012) 등의 논문에서는 일률적인 지표로 행해지는 현행 평가 방식은 기관의 지역적·현실적 특성을 반영하지 못한다고 지적한다.

또한 평가제도의 목적은 지난 3년간의 활동을 평가하기 위함인데도 불구하고 평가지표는 평가가 시행되기 전 해에 발표돼 평가 때마다 제시된 지표에 맞추어 증빙하기 위한 서류를 새로 만들어 내는 구조를 유발한 점도 문제점으로 꼽혔다.

이외에도 서류 위주의 현행 평가체계에서 지표가 일상적으로 관리되는 시스템과 연동되지 않아 대부분의 자료를 새로 준비해야 하는 업무의 이중부담도 문제점으로 거론됐다. 평가의 실효성에 대해서도 사회복지관의 90% 이상이 최우수나 우수 평가를 받는 상황과 평가 결과가 공표되지 않으며 평가 결과를 활용할 체계의 부재 등을 이유로 의문을 제기했다.

미국의 경우 대한민국과는 다소 상반되는 평가방식을 채택하고 있다. 평가의 대상을 시설이나 기관이 아닌 프로그램으로 설정하며, 현장에서 우수하다고 생각하는 프로그램의 심사를 사회복지기관이 공인평가기관에 직접 의뢰하도록 해 기관의 자발성을 강조하고 있다. 의뢰한 프로그램은 일률적인 지표가 아닌 과학적인 증거를 기반으로 평가받으며, 효과성이 입증되면 '인증 프로그램'으로 등록돼 해당 프로그램의 전파를 지원받을 수 있다.

1999년에 발간된 『월간 복지동향』에 따르면 대한민국의 사회복지시설기관 평가제도는 본래 평가 그 자체가 목적이 아닌 시설운영 개선과 이용자에 대한 서비스의 질을 높이는 수단으로서 탄생했다.

(하략)

출처: 오마이뉴스(2017).

사회복지시설기관 평가제도는 1998년 「사회복지사업법」 개정을 통해 도입되어 1999년부터 실시되고 있다. 정부의 예산 지원을 받고 있는 사회복지시설은 「사회복지사업법」에 근거하여 3년 주기로 사회복지시설 평가를 받게 된다. 사회복지시설 평가를 위하여 아동, 노인, 여성, 장애인, 부랑인 생활시설, 정신요양시설, 장애인복지관과 사회복지관을 대상으로 총 8개 분야의 평가지표가 개발되었다(변재관, 2000).

생활시설 평가지표는 크게 시설 및 환경, 운영 및 인력 관리, 서비스의 질 및 인권 보호, 지역사회 관계, 거주자만족도, 기타 영역으로 나뉘어져 있고, 시설 종류별로 다른 배점을 가지고 있다. 사회복지관은 조직 및 관리(20점), 인력 관리 및 재정(30점), 프로그램(35점), 지역사회 관계(15점)로 평가지표가 개발되었고, 장애인복지관은 구조적 차원으로 기관 환경, 인력 관리, 프로그램 내용, 이용자 만족 차원으로 물리적 환경, 직원의 태도, 프로그램, 노력성 · 적절성 · 서비스 질 · 효과성 · 통합성 차원의 7개 사업 분야(진단판정, 의료재활, 교육재활, 사회심리재활, 직업재활, 지역복지, 기타 사업), 효율성 차원의 총 사업 실적과 지역사회 연계를 평가지표로 삼아 평가가 이루어졌다(변재관, 2000).

사회복지시설 평가제도가 시행된 배경은, 첫째, 사회복지시설의 운영을 합리화하고 재정과 회계를 투명하게 할 수 있는 새로운 방법이 필요했기 때문이다. 둘째, 사회복지서비스 공급 확대에 따라 '투입된 공공자금에 대한 책임성을 검증'하기 위해서이다. 셋째, 폐쇄적인 사회복지시설에서 발생하는 인권 유린 등의 문제를 해결하고 시설 서비스의 질을 높이기 위한 목적을 가지고 있었다고 할 수 있다(양난주, 2014: 495).

사회복지시설 평가는 3년에 한 번 진행되지만 3년 동안의 평가지표가 평가가 시행하는 해에 발표된다. 그로 인해 이전 2년 동안의 사업진행 내용을 평가지표에 따라 재구성하는 경우가 발생하게 된다. 이 과정에서 평가에만 집중하여 정작 클라이언트에 대한 서비스가 등한시되는 경우가 발생하고, 서류를 소급해서 만드는 등의 윤리적인 문제도 발생하게 된다.

표 9-9 「사회복지사업법」 및 「사회복지사업법 시행규칙」

「사회복지사업법」

제43조의2(시설의 평가)

① 보건복지부장관과 시 · 도지사는 보건복지부령으로 정하는 바에 따라 시설을 정기적으로 평가하고, 그 결과를 공표하거나 시설의 감독 · 지원 등에 반영할 수 있으며 시설 거주자를 다른 시설로 보내는 등의 조치를 할 수 있다.

② 보건복지부장관이나 시 · 도지사는 제1항의 평가 결과에 따라 시설 거주자를 다른 시설로 보내는 경우에는 제38조제3항의 조치를 하여야 한다.

「사회복지사업법 시행규칙」

제27조의2(시설의 평가)

① 보건복지부 장관 및 시 · 도지사는 법 제43조의2에 따라 3년마다 시설에 대한 평가를 실시하여야 한다.
② 제1항에 따른 시설의 평가기준은 법 제43조제1항에 따른 서비스 최저기준을 고려하여 보건복지부 장관이 정한다.
③ 보건복지부 장관과 시 · 도지사는 제1항에 따른 평가의 결과를 해당 기관의 홈페이지 등에 게시하여야 한다.
④ 제1항의 규정에 의한 평가의 방법 기타 평가에 관하여 필요한 사항은 보건복지부 장관이 정한다.

2) 외부지원사업의 효과성 평가

사회복지조직의 수입원은 정부의 보조금, 외부기관의 원조, 자체 수입, 회비, 기부금 등으로 다양하다. 급속하게 증가하고 있는 민간기관으로부터의 사업지원이 사회복지조직과 현장 실무자들에게 중요한 재원이 되고 있다. 기업재단이나 사회복지공동모금회 등에서는 사회복지 프로그램에 대한 지원을 위하여 공모방식을 통하여 배분을 하고 있다. 이때 사회복지조직은 자원제공자에게 프로그램을 통해 의도한 결과가 달성되었음을 제시해야 한다.

대부분 사회복지조직에서 외부지원사업에 의해 진행되는 프로그램은 성과가 긍정적인 경우가 많다. 이는 지원사업 선정 과정에서부터 치밀한 기획과 전문적 개입, 실천 과정에서 노력이 함께 어우러졌기 때문이다. 하지만 재원을 제공받은 기관에 효과성을 증명해야 다음 연도 사업에도 계속해서 지원을 받을 수 있어 효과성을 증명하고자 여러 방법을 동원하기도 한다. 사회복지조직에서 실행하는 모든 프로그램이 대상자에게 긍정적인 영향만을 주는 것은 아니다. 어떤 경우에는 프로그램이 효과가 없는 경우도 발생하고, 그럴 경우에는 왜 변화를 만들지 못했는지에 대한 면밀한 분석과 보고를 해야 할 것이다. 프로그램 목표를 달성하지 못했다 하더라도 그 결과를 객관적인 지표에 의해서 증명해 내면 후속적인 지원을 받을 수 있다.

따라서 사회복지조직과 프로그램 담당자는 지원사업신청서 작성단계에서부터 효과성 평가를 염두에 두고 프로그램을 기획하여야 하며, 프로그램이 실행되는 동안과 종료 후에는 이를 체계적으로 평가하는 과업을 수행해야만 한다. 또한 외부공모사업으로 프로그램을 진행한 경우에는 효과성을 증명하기 위하여 이에 대한 홍보물을 제공하는 경우가 있는데, 이때 프로그램 참여자의 초상권 보호와 익명성 보호에 대한 노력을 기울여야 한다.

심화학습문제

1. 사회복지사가 연구보고서를 내거나 학위 취득을 위한 연구를 진행하는 과정에서 본인이 개입하고 있는 클라이언트를 참여자로 하는 경우에 어떠한 문제가 발생할 수 있는가?
2. 사회복지시설 평가를 3년 주기로 하는데, 이때 3년 전 서류 중 미비한 내용을 평가시점에 보완하는 것에 대하여 어떻게 생각하는가?

제10장 국제사회와 사회복지 윤리

학습목표

1. 세계화가 사회복지 영역에 미친 영향을 설명할 수 있다.
2. 다문화주의와 문화적 역량의 개념을 설명할 수 있다.
3. 다문화실천 현장에서 발생할 수 있는 윤리적 이슈를 설명할 수 있다.

핵심용어 세계화, 국제사회복지, 다문화주의, 문화적 역량

1. 세계화와 국제사회복지

세계화(globalization)는 일반적으로 정치, 경제, 문화 등 여러 분야에서 국가 간의 교류가 증대하여 개인과 사회 집단이 하나의 세계 안에서 일상을 영위해 가는 현상으로 이해된다. 다시 말하면, 기술과 지식의 발전으로 인하여 세계의 상호연결성이 증가하고, 나아가서는 경제적 · 정치적 · 문화적 · 사회적으로 모든 부분에 영향을 미치는 장기적 과정으로서 정치적 · 문화적 부분에서 세계가 불균등하게 상호연관성과 동질화가 증가되는 것을 말한다(김영화, 2006). 세계화 현상을 응축해서 가장 잘 대변하는 용어로 오늘날 많이 사용하는 용어가 '지구촌'이다. 세계화와 유사한 용어로 국제화(internationalization)가 혼용되어 사용되기도 한다. 국제화가 국가 간의 교류가 양적으로 증대되는 현상을 말한다면, 세계화는 양적 교류의 확산을 넘어서 '세계 사회'라는 새로운 사회로의 전환을 의미한다는 점에서 차이를 지닌

다(서미경 외, 2015). 따라서 세계화는 현대 사회의 본질적 변화를 논의하고 이해하기 위한 중요한 키워드이다.

그러나 세계화의 본질이 무엇이고, 어떻게 규정할지 세계화의 영향에 대해서는 다양한 의견이 존재한다. 세계화가 관심을 받기 시작하고 본격적으로 확대되기 시작한 것은 최첨단 정보통신기술이 발달하기 시작한 1990년대 초반이다. 1990년대 후반으로 오면서 세계는 금융자본의 팽창으로 선진국 중심의 경제로 재편되고, 자유화, 규제 철폐, 민영화로 정의되는 신자유주의적 세계 질서가 강화되고 개별 국가들의 자율성은 약화되는 현상으로 보는 것이 세계화에 대한 가장 일반적인 이해이다. 그러나 세계화는 좁게는 '금융시장의 세계적 확장 현상'으로, 넓게는 '초국적 차원의 권력이나 문화의 지구적 동일화 현상'에 의한 다면적이고 다차원적인 것으로 간주된다(Waters, 1995).

세계화의 특징을 세 가지 측면, 즉 경제, 정치, 문화 측면에서 살펴보자면(박형진, 2009; George & Wilding, 2004) 우선 경제적 세계화의 특징은 금융자본의 이동성 증가, 국외로의 투자 증가, 다국적 기업의 성장, 세계무역의 확대로 요약될 수 있다. 경제적 세계화로 인해 어떤 국가는 빈곤 감소, 경제 확장, 소득불평등 감소라는 긍정적인 영향이 나타나는가 하면, 이와 정반대로 경제 침체, 빈곤과 소득불평등이 증가하는 부정적 영향을 경험하는 국가도 있다. 예를 들면, 값싼 수입농산물과 경쟁할 수 없는 지역 생산자들의 삶을 파괴하고, 부국과 빈국의 노동자들이 저임금과 열악한 노동조건을 감내하도록 만든다. 세계화가 정치적인 면에 끼치는 영향은 국가 역할인데, 세계화가 국가권력을 다소 축소시킬 수 있을 것이라는 전망이다. 문화적 측면에서 세계화는 서구적 사고를 확산시켜서 의식주의 서구화를 조장하며, 한편으로는 세계화가 해방적 힘으로 작용하여 성평등적 사고를 확대시켜 가부장제 타파에 긍정적 영향을 끼친다고 할 수 있다. 또한 세계화는 마약, 인신매매, 뇌물자금 은닉 등의 불법행위까지 자유롭게 국경을 넘나들며 성행하도록 포섭할 수도 있다.

표 10-1 세계화의 특징과 영향

구분	경제	정치	문화
특징	• 금융자본의 이동성 증가 • 국외투자 증가 • 다국적 기업 성장 • 세계무역 확대	국가 역할 축소	• 서구적 사고와 문화 확산
영향	• 빈곤 증가/ 감소 • 소득불평등 증가/감소 • 경제 성장/침체		• 의식주의 서구화 • 성평등 사고 확대 • 각종 불법행위 성행

출처: 박형진(2009); George & Wilding(2004).

세계화의 영향은 국가마다 동일하지 않으며, 특히 선진국과 개발도상국에 미치는 영향은 다음과 같이 유사하거나 다른 것으로 논의된다(George & Wilding, 2004).

첫째, 세계화는 개발도상국보다 선진산업국에 더 많이 침투하였는데, 특히 대외무역, 외국인 직접투자, 엔터테인먼트와 커뮤니케이션에 대한 전자공학의 활용 등과 관련하여 개발도상국은 침투력이 떨어진다.

둘째, 세계화의 정치적 영향력은 선진산업국보다 개발도상국에서 훨씬 더 강한데, 선진산업국은 원하지 않는 세계화를 반대할 수 있는 더 많은 힘을 가지고 있으며, 개발도상국에 대한 세계화 압력은 선진산업국으로부터 나오거나 선진산업국에 의해 통제된다.

셋째, 빈곤 감소의 노력은 두 그룹의 국가에서 모두 실패하였다고 볼 수 있으나, 개발도상국의 절대빈곤은 선진국의 빈곤보다 비인간적 권리 침해가 더 심하다.

넷째, 세계화는 전반적으로 두 그룹의 국가 모두에게 불평등의 증가를 가져왔으나, 반대의 현상이 발생한 두 그룹의 국가도 존재한다. 대체로 많은 국가가 풍요로워졌으나 또한 더욱더 불평등해졌다.

다섯째, 다국적 기업과 소비주의는 개발도상국의 환경을 파괴시켜 가고 있으므로 이에 대한 해결책과 동시에 지속가능한 발전에 대한 국제연대가 필요하다.

그렇다면 사회복지 분야에서 세계화는 어떻게 평가받고 있는가? 우선, 세계화를 현대 사회의 반박할 수 없는 새로운 현상으로서 수용하고, 국제사회복지를 형성하여 교류와 협력을 통해서 세계화의 영향에 대응할 수 있는 전문적 사회복지활동의 전략을 설립해야 함을 강조하고 있다. 또한 세계화의 영향에 대해서도 긍정성과 부정성이 함께 논의되고 있다. 즉, "다양한 사람과 경제, 문화와 정치적 과정들이 점점 국제적 영향에 놓이게 되는 국제통합의 과정"이며 "세계를 한 장소로 여기려는 공유된 인식의 출현"이라고 세계화를 긍정적으로 인식하고 있는가 하면(Healy, 2010), 여성과 아동 인신매매, 성매매, 폭력, 노동착취(이주노동자 포함), 의료 · 교육 · 사회복지에서의 국가예산 삭감, 서비스의 사유화 등 세계화의 부정적 영향을 우려하고 있다(Rowlands & Tan, 2004). 또한 국제사회복지협의회(International Council on Social Welfare: ICSW)에서도 "세계화의 이익이 국가 내에서 그리고 국가들 간에 불균형하게 분배되고 있다"고 주장하면서 고용창출의 실패, 근로조건 악화, 비정규직 노동자들과 비공식 근무자들로의 대체를 우려하고 있다(Healy, 2010).

앞과 같은 논의들은 한국의 사회복지학계에서도 유사하게 이루어져 왔는데, 거시적인 측면에서 사회복지정책과의 관계 속에서 경제적 세계화의 영향과 문제점들이 주로 다루어져 왔다(김영화, 이옥희, 1999; 김영화, 2006; 박형진, 2009). 세계화의 부정적 영향으로 중산층이 붕괴되면서 사회계층 간의 격차가 심화되는 양극화 현상이 지적되었다. 신자유주의적 국가정책으로 긴축재정과 복지지출 축소로 전환되며, 우리나라의 경우에는 복지지출이 낮아져 복지재정과 지출을 늘리지 않으면 중산층은 더욱 붕괴되고 빈민층 문제는 더욱 심각하게 된다는 것이다. 또한 기술, 통신의 발달로 국가 간 자본이동이 자유로워지면서 시장규제가 철폐되며, 국가에 의해 보호되는 농업, 중소기업 등이 붕괴되고, 세계적 규모와 경쟁력을 갖춘 다국적 기업들은 오히려 더욱 번창하게 됨으로써 국내 중소기업의 침체가 우려되는 것으로 지적되었다.

경제의 세계화 속에서 인간복지를 위한 정의의 가치보다는 자유, 효율성, 성장 가치를 우선시하면서 지역생산자 파괴, 노동자들의 저임금과 열악한 노동조건 심화를 우려하고 있다. 따라서 세계화의 진행과 흐름에 맞서는 데 있어서 경제의 윤리적 측면에 대한 고려, 사회복지정책 수립에서의 윤리적 가치 개입, 인간복지라는 목표 설정을 반영하는 것이 필요하다는 주장도 나타났다(박형진, 2009).

세계화 시대에 미시적 수준에서 사회복지실천을 위한 새로운 방향성이 논의될 필요가 있다. 이에 대해 도미넬리(Dominelli, 2007)는 사회복지사가 상호호혜성과 상호의존성, 그리고 실천을 통해 시민권과 사회정의를 실현할 것을 강조하였다. 소외집단에 대한 시민권의 실현은 복지를 위한 필수적인 인간의 권리인데, 사회복지사는 이론적으로, 실천적으로 시민권에 대한 인지와 실현방법을 알고 있어야 한다. 특히 세계화로 인해 대량으로 일어나는 집단이주는 시민권의 부정을 경험할 가능성이 높기에 사회복지사는 이들을 위한 옹호자가 될 수 있어야 한다.

세계화의 흐름과 함께 사회복지실천의 영역이 국외로 확대되면서 국제사회복지(international social work)활동이 증가되는 추세이다. 국제사회복지는 국제적인 맥락에서 인류의 안녕을 설명하고, 이해하고, 평가하고, 증진시키는 것과 관련된 활동으로 지칭된다(Midgley, 1999). 보다 구체적으로는 정부 및 민간기관 간의 협력 프로그램부터 국가와 문화의 경계를 뛰어넘는 모든 활동으로, 국제개별사회복지실천, 공사적 국제원조, 국제학술대회, 민간 및 정부 간의 국제협력 등의 활동을 포함한다(노충래, 2012).

국제사회복지활동이 보편적으로 개입하게 되는 국제사회 문제는 세계화의 영향이 미친 결과로서 빈곤, 여성, 아동, 재해 및 난민 영역이다. 이를 구체적으로 살펴보면 다음과 같다(노충래, 2012).

① 빈곤

전 세계에 광범위하게 퍼져 있는 문제이면서 가장 심각한 인권침해 문제이기도 하다. 빈부 격차가 점점 심해지고 있는데, 세계 인구 가운데 가장 부유한 5분의 1의 사람들이 소유하고 있는 전 세계의 소득은 75%로 증가한 반면, 가장 빈곤한 사람의 5분의 1의 사람들이 소유하고 있는 소득은 2005년에 1.5%로 줄어들었다. 빈곤 속에서 출생하는 아동은 영양, 위생, 의료, 주거, 교육 및 정보 분야에서 심각한 박탈을 경험하는 것으로 보고되고 있다.

② 여성

전 세계 여성의 지위가 공통 관심사이면서 빈곤의 여성화가 전 세계적 현상으로 증가하고 있고, 여성 빈곤은 아동에게 직접적 영향을 미친다. 문맹은 여성 지위 향상을 가로막는 가장 큰 장애물인데, 전 세계 문맹의 3분의 2를 여성이 차지하고 있다. 또한 여성들은 아직도 건강, 임신문제, 각종 폭력, 인신매매 등 여러 형태의 차별을 경험하고 있다.

③ 아동

학대적이고 착취적인 상황에서 일하는 아동노동이 문제이다. 아동들은 광산, 벽돌공장, 외진 생선공장, 가정부, 강제 구걸 등의 일을 하고 있으며, 가장 심각하게는 매춘과 무력분쟁에 개입되고 있다. 또한 경제상황의 악화로 거리의 아동이 증가하고 있는 것도 문제이다. 아동문제에 대한 개입 가운데 가장 효과적인 것은 예방 가능한 질병에 대한 개입이다. 국제입양, 해외여행, 국제결혼 등을 가장한 국가 간 이동에서 아동과 여성의 인신매매가 큰 국제문제이다.

④ 자연재해 및 인적 재해

이전의 국제사회 문제와 달리 인간의 힘으로 예방할 수 있는 것은 아니지만, 개입의 초점을 준비와 회복에 맞추는 것이 필요하다.

⑤ 난민

국내 사회복지계가 아직 준비하지 못하고 있는 문제로, 난민대상 정책과 서비스 개발이 필요하며, 난민 업무를 담당할 사회복지사를 위한 교육과 훈련프로그램도 필요하다.

그동안 사회복지계에서는 국제사회복지 영역 가운데 국제교류에 치중되어 활동이 이루어져 왔다. 초기에는 선진사회복지모델 학습을 위한 사회복지사 해외연수사업, 선진국 대학의 해외실습 및 학생교류가 이루어져 왔다. 현재 사회복지의 대표적 단체인 한국사회복지협의회는 국제사회복지 관련 단체들과의 협력활동에서 국제원조 수혜국에서 공여국으로 전환된 국가로서 복지시설운영 노하우, 복지모델 전수 등으로 국제사회로부터 적극적 요청을 받고 있으며, 국내에서는 세계 사회복지대회, ICSW 동북아시아지역대회 등을 통해 사회복지와 사회개발, 문화적 다양성에 대한 이슈와 과제 등의 주제를 다루는 등 국제협력 사업을 활발히 하고 있다.

아시아 국가의 일부 대학교 사회복지학과 학생들이 한국의 사회복지연수를 위해 한국과의 협력을 확대해 나가고 있다. 사회복지실천 현장에는 복지사업을 담당하던 사회복지법인들—홀트아동복지회, 한국월드비전, 한국선의복지재단, 하트하트재단, 태화복지재단, 밀알복지재단, 굿네이버스, 세이브더칠드런 코리아 등—이 국제개발협력 사업을 하고자 국제개발협력민간협의회(Korea NGO Council for Overseas Development Cooperation)의 회원단체로 가입하여 사업을 수행하고 있다. 정부 차원에서 국제개발협력은 1991년에 한국국제협력단(Korea International Cooperation Agency: KOICA)이 설치되고, 2009년에 개발원조위원회(Development Assistance Committee: DAC)에 가입하면서 더욱 확대되었다. 따라서 우리나라 국제 NGO 기관들의 국제복지활동이 증가하고 있는 추세이다(노충래, 2012; 은선경, 2016). 한 예로 2002년에 네팔 내의 한국 국제 NGO 기관이 3개소에 불과하였으나, 2010년에는 15개 이상의 기관이 활동하고 있고, 비공식 활동까지 포함하면 앞으로 한국 NGO 기관의 네팔 진출은 더 증가할 것으로 예상되고 있다(우수명, 2012).

증가하는 국제사회복지활동과 관련하여 국제사회복지의 역량 있는 인재를 육성하기 위한 교육과정 개발에 대한 필요성이 강조되고 있는 한편(은선경, 2016), 해외의 실천 활동에서 고려해야 되는 윤리적 문제가 논의되고 있다(우수명, 2012).

국제사회복지의 직무역량을 강화시키는 교육과정으로 NCS에서 제시하는 공통능력과 기초능력, 필수능력, 선택능력의 함양이 목표가 된다. 선택능력의 함양을 위한 교과목으로 국제사회복지전공은 인권과 사회복지, 국제사회복지실습을 필수교과목으로 포함하고, 국제사회복지론, NGO와 국제개발협력, 북한지역개발프로젝트, 국제개발협력과 공적개발원조(Official Development Assisistance: ODA), 프로젝트 운용 및 관리(Project Cycle Management: PCM), 평가와 모니터링, 국제사회복지세미나, 국제사회복지인턴십을 선택 교과목으로 운영할 수 있다.

한편, 현지 활동에서 해외에 진출한 사회복지조직들과 사회복지사들은 현지 토착화에 기반한 자치적 구조의 주민 조직과 인프라를 구축해 자생적 구조를 갖추는 과제를 가지고 있다. 그러나 문화적 배경과 사회 환경이 다른 국가에서 이루어지는 이러한 활동에서 지역사회 원주민과의 문화적 충돌이 빈번히 발생하게 되며, 심지어는 원주민 문화의 장점을 파괴하는 현상도 발생될 수 있다. 따라서 국제사회복지활동에 참여하는 사회복지사는 다문화적 감수성을 바탕으로 현지 문화에 대한 충분한 이해를 하는 것이 필수적이다.

2. 다문화주의와 문화적 역량

최근 우리 사회에서 '다문화(multicultural)'라는 용어는 낯설지 않은 현실이 되었다. 다문화사회의 주축을 이루는 국제결혼은 2017년에 20,835건으로 전체 혼인의 7.9%를 차지하며 전년보다 0.6%로 증가한 것으로 나타났다(통계청, 2017). 또한 국내 체류 외국인도 2007년에 100만 명을 넘어선 이래 9년 만인 2016년에는 2,001,828명을 기록해서 전체 인구의 3.9%를 차지하는 것으로 보고되고 있으며, 2021년에는 체류 외국인이 300만 명을 넘어서 전체 인구의 5.8%가 될 것으로 추정하고 있다(법무부, 2016). 외국인 인구 비율이 5% 이상 되면 다문화사회로 규정되는 바, 현재 우리 사회를 다문화사회라고 공식화하기는 어렵지만 다문화사회로의 진입을 목전에 두고 있다고 할 수 있다. 다문화사회로 전환되는 과정에서 한 사회 안에 다양한 문화의 혼재는 지극히 자연스러운 일이지만 다른 문화집단 간의 긴장, 대립, 충돌이 발생할 수 있고, 이를 공존과 화합으로 잘 해결하는 과제에 당면해서 지향하게 되는 이념이 다문화주의이다.

다문화주의(multiculturalism)란 단순하게는 한 국가 또는 사회 안에서 몇 가지의 문화가 공존하는 것을 의미하지만, 개인과 사회의 발전에 있어 한 사회에서 소수집단의 특수성과 다양성을 인정하고, 문화와 정체성을 존중하며, 문화적 다양성을 장려하는 생각이나 정책을 지칭한다(김기덕, 2011; 민선영, 2008). 다문화주의라는 용어는 1980년대 이후로 북미와 유럽에서 본격적으로 사용되었고, 다문화주의의 인정과 확립을 위해 사회복지실천 분야에서도 다각적인 움직임이 있어 왔다. 문화적 배경이 다른 클라이언트를 대상으로 하는 사회서비스에 대한 본격적 관심은 1980년대 초기에 미국에서 시작되었으며, 사회복지사라면 계층, 인종, 성별, 종교, 연령, 능력이라는 다양한 맥락을 고려할 것이 강조되었다. 1991년에 발간된 『Journal of Multicultural Social Work』은 사회복지실천 현장에서의 문화탐색에 관심을 쏟은 국제적 학술지이다.

우리 사회에서도 다문화주의에 근거한 실천이 결혼이주여성, 결혼이민자 가정, 외국인 노동자 혹은 북한이탈주민을 대상으로 하여 다양하게 수행되고 있고, 다양한 문화권의 클라이언트와 일하는 사회복지사들에게 '문화적 역량'의 함양은 중요한 과제가 되고 있다. 다문화사회로 진입한 서구에서는 이미 '문화적 역량'이 사회복지사의 중요한 능력 중 하나로 강조되고 있다(민선영, 2008).

문화적 역량(cultural competency)은 다양하게 개념화되는데, 럼(Lum, 1996)에 의하면 단순히 타문화 클라이언트를 수용하는 수준을 넘어 문화적으로 유능한 기술, 지식, 가치를 발전시켜야 하는 능력으로 정의하였다. 그린(Green, 1999)은 사회복지사가 문화적으로 자신과 다른 배경을 지닌 클라이언트를 도울 때 클라이언트가 속한 문화권에서 적절하다고 인정될 수 있는 방법으로 원조할 수 있는 능력으로 정의하였다. 미국사회복지사협회(NASW, 2001)의 지침에는 "모든 문화, 언어, 계층, 인종, 민족적 배경, 종교, 그리고 다양한 요인을 가진 사람들에 대해 각자의 존엄성을 보호하고, 개인과 가족, 지역사회의 가치를 인식하고 확신하는 방식으로 개인과 체계가 효과적이고 정중하게 반응하는 과정"으로 정의하였다(최원희, 최혜지, 최연선, 2008). 이기영(2007)은 "클라이언트가 가진 문화적 다양성에 대응하여 충분하고 적절하게 수행하는 능력"으로 정의하였으며, 김기덕(2011)은 "문화의 교차상황에서 효과적인 실천 활동을 가능하게 하는 체계, 기관, 전문가들이 소유한 일련의 실천기술, 행위, 태도 혹은 문화를 넘나들며 효과적으로 활동을 가능하게 하는 기술과 지식을 보여 줄 수 있는 능력"으로 정의하였다. 종합하면 문화적 역량은 개인적 차원뿐만 아니라 조직과 체계의 차원으로 확대하여 적용되어야 하며, 클라이언트의 언어, 문화, 계층, 인종, 피부색, 종교 등의 다름을 인식하고 그 다름과 차이를 반영하여 클라이언트를 존중하는 방식으로 대하는 모든 것을 의미한다고 할 수 있다.

문화적 역량의 함양에 있어서 미국사회복지사협회의 윤리강령에는 문화와 관련된 요소가 보다 구체적으로 언급되어 있다. 전문가로서의 윤리적 책임 중 '차별'에 관한 조항에서 "사회복지사는 민족, 인종, 국적, 피부색, 성별, 성적 지향, 연령, 결혼 여부, 정치적 신념, 종교, 장애 등에 기초한 어떠한 차별도 해서는 안 된다"는 것을 표명하고 있다. 또한 전문가로서의 사회복지사 역량과 관련하여 문화적 역량과 사회적 다양성을 별도의 조항(기준 1.05)으로 두고 있는데, 이에 대한 정리와 그 함의를 살펴보면 다음과 같다(최명민, 이기영, 최현미, 김정진, 2009; NASW, 2018).

표 10-2 NASW 윤리강령: 문화적 역량과 사회적 다양성 조항

기준 1.05(a) 사회복지사는 문화와 그것이 인간행동과 사회에서 수행하는 기능을 이해하며, 모든 문화가 갖고 있는 강점을 인식해야 한다. 문화와 인종은 사회복지서비스를 계획하고 적용하는 과정에도 영향을 주기에 사회복지사는 다양한 문화적 전통과 규범에 대한 친숙성을 높이고, 문화적 특수성을 고려하여 서비스를 제공해야 하며, 사회복지서비스 전달체계나 프로그램이 문화적 민감성을 갖추고 있는지를 살펴야 한다.
기준 1.05(b) 사회복지사는 클라이언트가 속한 문화에 대한 지식적 기반을 가져야 하며, 클라이언트의 문화 및 서로 다른 사람들이나 문화적 집단들에 민감하게 서비스를 제공할 수 있는 능력을 발휘해야 한다. 사회복지사가 문화적 역량을 갖추기 위해서는 원조 과정 전반(문제 형성과 해결, 사정, 관계 형성, 개입, 결과 평가)에서 클라이언트의 문화를 배워야 하며, 이러한 지식을 클라이언트의 문화와 다양한 집단에 민감한 서비스 제공으로 연결해야 한다.
기준 1.05(c) 사회복지사는 인종, 민족, 국적, 피부색, 성별, 성적 지향, 연령, 혼인관계, 정치적 신념, 종교, 정신적 또는 신체적 장애에 관한 사회적 다양성 및 억압의 성격 등에 관한 교육을 받고 그것을 이해하도록 힘써야 한다. 사회복지교육에서 문화적 다양성 및 이와 관련한 억압과 차별의 이슈를 중요하게 다루어야 하며, 사회복지사는 소수집단에 속하는 사람들이 경험하는 불이익에 관심을 가져야 한다.
기준 1.05(d) 전자 사회복지서비를 제공하는 사회복지사는 클라이언트의 문화적·사회경제적 차이 및 전자기술사용능력과 영향을 미칠 수 있는 문제를 사정해야 한다. 전자 사회복지서비스를 제공함에 있어서, 각종 전자기술(예를 들어, 전자우편, 스마트폰, 문자메세지, SNS 등)과 관련된 클라이언트의 이용여부, 이용능력, 친숙성을 사정하고, 문화적, 사회경제적 다양성에 따른 전자 사회복지서비스의 긍정적·부정적 영향에 대해서도 검토하는 것이 필요하다.

출처: 최명민, 이기영, 최현미, 김정진(2009); NASW(2018).

문화적 역량을 갖춘 사회복지사는 다음과 같은 구체적 목표를 설정하고 이를 달성하기 위한 노력이 필요하다고 논의된다(Sue, 2010).

첫째, 문화적 역량을 갖춘 사회복지사는 인간행동, 가치, 편견, 선입관, 그리고 개인적인 한계에 대한 자신의 감정을 적극적으로 알아가야 한다.

둘째, 문화적 역량을 갖춘 사회복지사는 자신과 문화적으로 다른 내담자의 세계관을 이해하려고 능동적으로 시도해야 하는데, 이는 클라이언트가 가지고 있는 인간행동에 대한 전제, 편견, 가치가 무엇인지를 질문하는 데에서 시작된다.

셋째, 문화적 역량을 갖춘 사회복지사는 자신과 다른 문화의 내담자와 일할 때, 적절하고 잘 맞는 섬세한 개입전략과 기술을 적극적으로 발전시키고 실행해야 한다.

넷째, 문화적 역량을 갖춘 사회복지사는 조직적이고 제도적인 힘이 문화적 역량의 발전을 어떻게 증진시키거나 부정할 수 있는지를 이해한다.

표 10-3 문화적 역량 향상을 위한 지침

인간행동에 대한 자신의 감정, 가치, 편견 알기	1. 사회복지사로서 문화적으로 다양한 집단과 효과적 관계를 만드는 능력을 가로막는 고정관념, 견해, 신념을 개인적으로 또는 전문적으로 가지고 있는가? 2. 대인관계에 영향을 미치는 당신의 세계관은 무엇인가? 3. 당신은 문제해결이라는 것을 어떻게 정의하는가? 4. 원조 및 교육, 그리고 다양한 상황에서 이용되는 전략과 기술은 당신의 어떤 가치에 기초하고 있는가?
문화적으로 다양한 내담자의 세계관 이해하기	1. 인종, 성별, 성적 지향 등은 어떻게 세계관에 영향을 미치는가? 2. 여성과 남성은 다르게 세상을 보는가? 3. 동성애자는 이성애자와 다르게 세상을 보는가? 4. 이주노동자, 결혼이민자, 북한이탈주민의 세계관은 어떠한가?
적절한 개입전략과 기술 개발하기	1. 경제적, 교육적으로 소외된 클라이언트에게는 대화를 통한 개입이 맞지 않을 수도 있다. 2. 자기 개방은 다른 이들의 문화적 가치와 모순될 수 있다. 3. 사회정체적인 분위기는 동성애자 등 소수집단의 자기개방을 막을 수도 있다. 4. 전통적인 사례연구 접근의 모호성이 특정집단의 삶의 가치에 상반될 수 있다.

	5. 많은 클라이언트가 수동적/간접적 접근보다는 능동적/직접적 접근을 통한 치료를 원한다.
문화적 역량을 고취 · 부정하는 조직적/제도적 힘 이해하기	'무엇이 문화적 역량을 갖춘 보호체계를 구성하는가?'라는 질문 아래 다문화를 확장시킬 수 있는 조직 내의 규칙, 규율, 정책, 업무, 조직구조의 고안이 중요하다.

출처: Sue(2010).

사회복지사의 문화적 역량은 사회복지사의 역량강화 실천전략, 사회복지활동의 미시적 가치인식, 사회복지사의 옹호활동에 영향을 받는 것으로 나타나며(민선영, 2008). 문화적 역량을 개인차원과 조직차원으로 구분하여 영향력을 미치는 영역을 조사한 결과, 조직차원의 문화적 역량은 자기결정권과 통제 및 영향력에 유의미한 영향을 미치는 것으로 나타났다(최원희, 최혜지, 최연선, 2008). 사회복지사의 문화적 역량을 진단할 수 있는 척도로 다음을 소개한다(최소연, 2010). 문화적 인식, 문화적 태도, 지식 및 기술의 3개 영역으로 구성된 5점 리커트 방식(① 전혀 그렇지 않다 ② 대체로 그렇지 않다 ③ 보통이다 ④ 대체로 그렇다 ⑤ 매우 그렇다)의 질문지이다.

표 10-4 문화적 역량 진단척도

번호	문항
1	나는 다문화가족을 대할 때 어떤 상황에서 가치가 충돌하는지를 알고 있다.
2	나는 나와 다른 문화의 사람들을 대할 때 나의 가치와 신념을 주입하려 하지 않는다.
3	나는 내가 만나는 다문화가족의 다양한 문화가 강점임을 인정한다.
4	나는 원조 전문가로서 나의 문화적 배경과 정체성을 알고 있다.
5	나는 원조 관계에서 다문화가족과 신뢰를 형성하고 있다.
6	나는 다문화가족이 내가 제공하는 정보를 이해하지 못하여 반복적으로 정보를 제공해야 할 때에도 최대한 친절하게 대한다.
7	내가 서비스를 제공하는 다문화가족은 한국 사람과 같은 사회의 구성원이다.

8	나는 다문화가족과의 관계에서 공감적인 태도로 경청한다.
9	나는 다문화가족의 욕구에 맞는 적절한 서비스를 개발하고 있다.
10	나는 원조 과정에서 다문화가족에게 정확한 정보를 제공하기 위해 최대한 노력한다.
11	나는 도움을 제공하는 과정에서 내가 선호하는 것과 내가 만나는 다문화가족이 선호하는 것이 다를 수 있음을 인식하고 있다.
12	나는 다문화가족이 직면하고 있는 욕구를 해결하기 위해 필요한 서비스를 제공하고 있다.
13	나는 다문화가족에게 어떤 도움이 필요한지를 정확하게 파악하고 있다.
14	나는 내가 만나는 다문화가족의 강점을 활용하여 도움을 제공하고 있다.
15	다문화가족이 한국 사회에 적응하기 위해서는 우리나라 사람들이 먼저 그 차이를 이해하고 수용해야 한다.
16	나는 내가 만나는 다문화가족의 문제를 이해하고 해석하는 방식을 안다.
17	나는 다문화가족을 대할 때 한국의 클라이언트와 같은 태도로 대한다.
18	나는 전문가로서 내가 전달하고자 하는 의미를 다문화가족에게 정확하게 전달하고 있다.
19	나는 나와 문화적 배경이 다른 다문화가족에 대해 내가 어떻게 반응하고 있는지를 알고, 다문화에 대한 나의 가치와 정체성을 항상 점검한다.
20	나는 다문화가족의 인종, 민족, 피부색 등에 대한 지식을 가지고 있다.
21	나는 다문화가족의 종교, 사회계층, 성적 취향과 관련된 지식을 가지고 있다.
22	나는 다문화가족의 비언어적 의사소통의 의미를 알고 있다.
23	나는 다문화가족과 의사소통이 어려운 상황에서도 일관된 태도로 대한다.
24	나는 내가 만나는 다문화가족이 한국 사회의 구성원으로 생활할 수 있도록 돕고 있다.
25	나는 다문화가족을 만나면서 문화적 다양성에 대한 지식을 축적하고 있다.
26	나는 내가 만나는 다문화가족의 출신 국가, 피부색, 종교에 따라 차별을 하지 않는다.
27	나는 다문화가족과의 관계에서 어떻게 반응하고 대응해야 하는지를 알고 있다.
28	나는 다문화가족과 관계 형성을 위해 그 대상자가 속한 문화의 요소를 활용한다.

29	나는 내가 만나는 다문화가족의 문화적 배경을 이해하기 위해 다양한 자료를 찾아 학습한다.
30	나는 다문화가족에 대한 편견을 없애기 위해 지역사회의 여러 체계(기관)와 협력하고 있다.
31	나는 다문화가족을 위한 우리나라의 정책과 서비스를 알고 있다.
32	나는 다문화가족의 권리 향상과 옹호를 위한 노력을 실행에 옮긴다.
33	나는 제공된 서비스에 대해 다문화가족의 평가(만족, 성과)를 정확하게 파악하고 있다.

출처: 최소연(2010).

3. 다문화사회에서의 윤리적 이슈

1) 다문화가족과 윤리적 이슈

2016년 다문화가구는 318,948 가구로 전체 가구의 1.6%를 차지하는 것으로 나타났다. 총 다문화가구원은 96.3만 명인데, 이중 결혼이민자 및 귀화자는 30.9만 명, 18세 이하의 자녀는 19.9만 명, 한국인 배우자는 29.8만 명, 기타 동거인이 15.5만 명으로 나타났다(행정안전부, 2017).

2017년 다문화가구를 이루는 국제결혼은 20,835건으로, 이 중에서 한국 남자와 외국 여자의 혼인은 14,869건으로 0.3% 증가하였고, 한국 여자와 외국 남자의 혼인은 5,966건으로 3.4%로 증가한 것으로 나타났다(통계청, 2018). 한국에서의 국제결혼은 여전히 주로 한국 남자와 외국 여자의 결합이 주를 이루고 있음을 알 수 있다. 결혼이주여성의 국적별 비중은 베트남 출신 여성이 5,364명(36.1%)으로 가장 많고, 다음으로 중국 출신 여성이 3,880명(26.1%), 태국 출신 여성이 1,017명(6.8%) 순으로 나타났다. 한국인 남성과 결혼한 태국 국적 여성은 전년보다 41.3% 늘어 그 증가폭이 크다. 결혼이주남성의 국적별 비중은 중국 출신 남성이 1,523명(25.5%)으로 가장 많고, 다음으로 미국 출신 남성이 1,392명(23.3%)의 순으로 나타나 결혼이주여성 대부분이 아시아 출신인 것과는 대조를 이루고 있다(통계청, 2018).

2017년 다문화가구의 이혼은 7,130건으로 전년보다 7.0% 감소했다. 최근 6년 연속 감소 추세를 이루고 있다. 외국인 여성과의 이혼은 5,206건으로 7.2% 감소했고, 외국인 남성과의 이혼은 1,924건으로 6.4% 감소했다. 전체 이혼 중 다문화가구의 이혼은 6.7%로 전년보다 0.4% 감소했다(통계청, 2018).

다문화가족에 대한 서비스와 지원은 2006년 다문화가족지원센터의 개소, 2008년 「다문화가족지원법」의 제정, 5년마다 수립되는 다문화가족정책 기본계획의 수립(2018년 3차 계획의 수행)을 통해 실행되어 오고 있다. 다문화가족의 안정적 생활지원을 위한 정책적 법적 근거를 마련하는 등 지원을 위한 정책기반 구축, 「결혼중개업의 관리에 관한 법률」의 제정으로 국제결혼 피해 예방을 위한 법과 제도 마련, 한국어 교육, 상담, 가족통합교육 등의 제공을 통한 다문화가족 정착지원을 위한 맞춤형 서비스 확대, 대상별 다문화 이해 교육 실시, 다문화 인식 개선 캠페인을 통한 다문화수용성 제고의 도모는 그동안 사업의 성과라고 할 수 있다.

그러나 타 국가에 비해 한국은 '다른 인종, 외국인 노동자를 이웃으로 삼고 싶지 않다'는 인식이 높아 다문화사회에 대한 인식이 부정적이고, 다문화수용성이 여전히 낮은 것으로 나타났다. 더구나 다문화가정의 폭력문제는 피해 대부분이 결혼이주여성과 그 자녀들에게 돌아가고 있어 이들의 안전과 지원이 절실하다고 할 수 있다(여성가족부, 2018). 다문화 가정폭력은 한 해 평균 560여 건이 발생하는 것으로 보고되며, 2015년 782건, 2016년 976건으로 2년 사이 8배 가까이 증가한 것으로 나타난다. 다문화가구의 여성과 일반가구 여성의 가정폭력 피해율을 보면, 부부폭력 발생율은 서로 비슷하지만 다문화가정에서 경제적 폭력이 높게 나타나고 있다(여성가족부, 2010).

다문화가족의 가정폭력은 사회경제적으로 월등한 한국 남성에 의하여 주로 발생하고, 결혼이주여성은 한국어 구사에 미숙하고 사회적 지지망이 부족하여 폭력으로 인한 피해를 관련 기관과 주변 사람들에게 알려 도움을 요청하는 데 어려움을 겪는다. 또한 가해자인 남성과 친인척들로 이루어진 폐쇄적인 가족구조로 인해 가정폭력의 피해가 누적되고 있다. 또한 매매혼 성격의 혼인으로 인해 가부장적 권위 때문에 발생하는 피해가 심각하며, 법률의 무지와 경제력의 미약으로 가정폭력으로 인한 피해가 점차 확산되고 일반 가구의 가정폭력보다 더 많은 피해가 발생하는 것으로 보고되고 있다. 따라서 다문화가족의 가정폭력에 대한 다차원적인 접근이 필요하다.

우선 현재 운영되고 있는 이주여성 자활지원센터 및 보호시설은 입소 정원이 부족하여 폭력피해여성이 안정적인 주거지를 마련하는 데 제약이 따르므로 이에 대한 개선이 필요하며, 다누리 콜센터의 운영에 있어서도 상담원들의 통역 능력뿐만 아니라, 법률 지식 향상을 위한 교육이 필요하다. 폭력사건의 처리절차에 있어 통역관의 참여를 의무화하고, 피해자변호사제도를 우선적으로 도입·확대하는 것, 다문화가족 지원조례상 가정폭력 피해자에 대한 지원이 의무화되는 것, 다문화가족지원센터 내 법률전문가의 배치와 같은 제도적 개선이 필요하다(전명길, 2017).

〈사례 10-1〉 다문화가정의 가정폭력

"곧 추석인데"… 매맞는 다문화가정 여성 '폭증'

캄보디아 이주여성 츠호은릉엥씨(한국명 초은)는 2008년 4월 한국인 남편과 결혼하면서 한국에 정착했다. 그러나 국제결혼이 비극의 시작이었다. 그가 시집올 때 나이는 18세. '코리안 드림'을 꿈꾸는 평범한 이주여성이었지만 스무살 연상의 남편은 결혼 후 매번 술을 마시고 아내를 폭행했다. 초은 씨는 그렇게 남편의 폭행에 시달려 오다 이듬해 1월 30일 우발적으로 남편을 흉기로 찔러 살해했다. 이때 그녀는 임신 3개월. 초은 씨는 남편을 살해한 혐의로 기소돼 대구교도소에 수감됐다. 초은 씨는 가해자이지만 동시에 가정폭력의 피해자이기도 하다.

… (중략) …

이주여성긴급지원센터는 가정폭력이 2011년에 비해 2,673건 증가하는 등 매년 지속적으로 증가하고 있어 다문화가정의 부부갈등과 가정폭력이 심각한 수준이라고 분석했다.

다문화가정 폭력 "이주여성 국적 영향 받는다"

그렇다면 이주여성들이 겪는 가정폭력은 왜 발생하고 매년 늘어가는 이유는 무엇일까?

조윤오 동국대학교 경찰행정학과 교수가 2007년 6월 한양대에서 '아시아 여성의 한국으로의 혼인이주와 정착과정에 관한 조사'로 수집됐던 600명에 대한 설문조사를 분석했더니 의미 있는 결과가 도출됐다.

일본, 중국, 베트남 이주여성을 상대로 그들의 가정폭력 피해경험이 이주여성의 개인적 요인 및 가정환경과 어떤 관계인지 조사한 결과, 출신 국적, 연령, 언어학습 수준, 남자 배우자의 직업 형태가 핵심 변수인 것으로 나타났다.

… (하략)

출처: 뉴스 1(2013).

2) 외국인 노동자와 윤리적 이슈

1988년 서울올림픽으로 우리나라가 국제적으로 알려지면서 빈곤을 탈출하려는 외국인 노동자들이 많이 유입되었다. 「외국인근로자의 고용 등에 관한 법률」 제2조에 의하면, 외국인 근로자는 "대학민국의 국적을 가지지 아니한 사람으로서 국내에 소재하고 있는 사업 또는 사업장에서 임금을 목적으로 근로를 제공하고 있거나 제공하려는 사람"으로 정의된다. 우리나라의 이주노동자 제도는 외국 국적 동포를 대상으로 하는 방문취업제도, 제3국의 노동자를 위한 고용허가제가 운용되고 있다. 고용허가제는 국내 인력을 구하지 못하는 사업주가 정부로부터 인력 부족 확인서를 발급받아 합법적으로 이주노동자를 고용할 수 있는 제도로, 2004년에 실시되었다. 국내에 체류하는 이주노동자의 다수를 차지하는 출신 국가는 태국, 중국, 필리핀, 인도네시아, 몽골, 네팔 등 아시아 국가들이다.

외국인 노동자들은 대부분 경제적 성취를 목적으로 열악한 노동조건을 견디면서 일하고 있지만, 임금체불 등 그에 상응하는 대가를 받지 못하고 있다. 또한 사업주, 관리자, 동료 한국인 노동자에 의한 폭행이 끊이지 않고, 이로 인해 공장을 이탈하는 문제가 나타나고 있다. 일상생활에서 외국인 노동자들이 겪는 어려움은 민/형사상의 문제가 발생했을 때 제대로 권리보장을 받지 못한다는 점이다. 특히 불법체류자의 경우에는 더욱 심하여 자신이 피해자이면서 가해자로 둔갑하거나 쌍방과실이 되기도 하며, 형사상 문제가 발생하여 경찰에 연행되고 강제출국이 이루어지도 한다. 이 때문에 사기, 폭행, 사고 등을 당한다고 하더라도 이들은 자신의 권리를 주장하지 못한다. 한마디로 외국인 노동자는 경제적 · 정치적 · 법적 권리를 보장받지 못하면서 다양한 위협과 폭행, 차별에 시달리고 있는 것이다(최명민 외, 2009; 서미경 외, 2015).

한편, 외국인 여성 노동자의 근로조건은 남성 노동자보다 더 열악한 것으로 나타났는데, 이들은 더 많은 노동시간을 일하고, 임금은 더 적게 받는 것으로 나타났다. 「근로기준법」상의 모성 보호 조항은 적용되지 않고 있으며, 여성이기에 겪는 작업장 내 성희롱, 성폭행 등도 끊이지 않고 있다. 국가인권위원회의 외국인실태조사(2002)에 의하면, 520명의 외국인 여성노동자 중 12.2%가 입국 후 성폭력을 경험한 것으로 보고되었다.

사회복지계에서는 이와 같은 외국인 노동자들의 어려움을 전면적으로 다루고 있지 않으며, 한국 정부도 다문화정책에 외국인 노동자를 포함하지 않았다. 외국인 노동자의 대다수는 '3개월 이상(단기)' 또는 '년 이상(장기)'의 국내 취업이 목적이므로 이들을 '노동력'의 차원으로만 접근하였고, 사회통합의 대상으로 보지는 못했다(최명민 외, 2009). 그나마 1990년대 중반에 안산외국인근로자지원센터의 '국경없는 마을' 프로젝트를 출발점으로, 일부 시민 ·

인권 단체들이 다문화주의적 활동을 추진하고 있는 정도이며, 2007년에 '거주 외국인 지원조례법안'이 가결되면서 이 조례를 근거로 지방자치단체들이 외국인노동자 지원 사업을 직영하거나 민간단체에 위탁하여 운영하고 있다.

앞으로 외국인 노동자의 지원에 대한 다양한 정책적 접근이 필요하다. 취업현장에서 겪는 권리침해와 관련하여 외국인 노동자의 권리보장을 위해 노동부, 근로복지공단, 법원 등 담당기관의 접근성이 향상되어야 한다. 또한 경찰, 검찰 등에서의 수사 과정, 법원에서의 재판 및 수용시설에서의 수용과정 등에서 이주노동자들의 권리가 보장받을 수 있어야 한다. 생활인으로서 공공서비스기관을 쉽게 이용할 수 있고, 사회보장 서비스에 대한 권리를 보장받을 수 있어야 한다(최명민 외, 2009). 성숙한 다문화사회는 외국인 노동자에 대한 포용과 그들과의 공존으로 이룰 수 있을 것이다.

〈사례 10-2〉 합법과 불법 사이의 외국인 노동자

우즈베키스탄인 미샤는 외국인 불법노동자의 가장 비극적인 사례가 아닐까 한다. 사마르칸트에 가까운 가르시가 고향이고, 결혼해서 두 아들을 둔 그는 지금은 40대 후반이지만 13년 전 젊은 나이에 한국에 들어와 원단공장, 미싱회사, 가축농장 등 여러 종류의 직장에서 월 20~30만 원밖에 못 받고 일했다고 한다. 그 사이 그는 불법노동자가 됐고, 어느 날 건설공사판 목수 일을 하던 중 당한 교통사고로 다리가 부러지고 고관절을 다쳐 일을 못한 지 벌써 4년이 됐다고 한다. 결국 이곳 센터에 의탁해 기약 없이 살고 있는 신세가 됐다. 미샤는 서툰 한국말이지만 "외국인들은 너무 힘들어. 불법 무서워. 중국 동포들은 지금 합법화됐어요."라며 탄식한다. 왜 수술하지 않느냐는 질문에 돈도 많이 들고, 한 번으로 끝나지 않는 큰 수술이어서 무섭다고 말한다. 돈이 없어서도 그렇지만, 불심검문 때문에 건물 밖을 멀리 벗어나는 것도 무섭다고 한다. 목발을 짚고 걸어 나가는 그의 뒷모습을 보는 마음이 한없이 무거웠다.

출처: 경향신문(2012),

3) 북한이탈주민과 윤리적 이슈

다문화사회 구성의 또 다른 주축은 '새터민'이라 불리는 북한이탈주민을 포함할 수 있다. 북한이탈주민은 2005년 이후 지속적으로 증가 추세를 유지하면서 2009년에는 거의 3,000명 수준이었다가 2012년 이후부터는 연간 1,500여 명대로 입국 인원이 감소하여 2017년에는 1,127명이 입국한 것으로 나타났다(통일부, 2018).

북한이탈주민 2만 명을 넘어서는 현재 이들의 국내 정착에서 나타나는 특징은 다음과 같다. 첫째, 인구학적으로 북한이탈주민들 중에서 여성과 청소년의 비중이 급증하고 있는 점이다(최성근, 2011). 2017년에는 1,127명의 입국 북한이탈주민 중 여성은 939명, 남성은 188명으로 압도적인 비율인 83%가 여성임을 알 수 있다. 북한이탈 청소년의 수도 여성의 숫자와 함께 꾸준히 증가한 것으로 나타났는데, 2011년에는 3,200여 명으로 북한이탈주민의 13%를 차지하는 것으로 나타났으며, 2018년 현재는 만 6~24세에 이르는 북한이탈 청소년은 7,932명으로 나타났다(통일부, 2018).

둘째, 경제활동의 취약성이다. 2009년 기준 북한이탈주민의 경제활동 참가율은 48.6%에 불과해서 일반 국민의 61.9%와 비교할 때, 낮은 수치이다. 또한 이들의 취업난과 실업문제도 매우 심각한 것으로 나타났다. 기초생활수급자의 비율을 볼 때, 일반 국민의 3.2%가 수급자인 것에 비해 북한이탈주민은 52.3%라는 엄청난 비율에 달하고 있다. 또한 경제활동을 하고 있는 북한이탈주민이라고 하더라도 직장생활이 안정적이지 않아 평균 재직기간은 16.3개월에 불과해 일반 국민의 4년 6개월과 비교하여 매우 짧은 기간이다. 재직기간이 1년 미만인 경우가 57.4%로 나타났다. 취업 직종은 단순노무직이 31.5%, 기계조립이 23.2%로 나타나 특별한 지식이나 기술이 없는 취업형태에 포함된다. 전반적으로 북한이탈주민의 경제적 적응이 큰 문제로 나타났다(통일부, 2009).

셋째, 북한이탈주민의 건강문제의 심각성이다. 특히 신체적 질병보다는 정신적인 측면에서의 건강이 심각한 수준으로 나타났다. 북한이탈주민의 진료건수추이를 보면 정신적 외상으로 인한 정신과 진료건수는 2007년의 110건에서 2009년에는 12,979건으로 117배나 증가한 것으로 나타났다. 불안, 열등감, 우울, 피해의식, 외상 후 스트레스 장애, 대인 민감성 등의 다양한 정신과적 문제를 드러내고 있었다. 이는 탈북 과정에서 육체적 · 정신적으로 충격적인 사건을 경험한 것이 한 원인으로 분석된다(최성근, 2011). 더불어 새로운 사회에 편입하여 새로운 문화와 시스템에 적응하는 데 따르는 심리적 적응 스트레스가 정신건강에 영향을 미치는 것으로 보여진다.

넷째, 새로운 사회에 편입되어 적응하면서 겪게 되는 정체성의 혼란문제, 대중적 이미지, 소수자로서의 정체성 문제가 정착 과정에서 나타났다. 북한이탈주민의 가치관 및 정체성 혼란은 정착 초기의 양가감정적 태도로 나타날 수 있다. 즉, 자본주의사회에서 돈의 가치와 효용성에 대한 부정과 긍정의 공존, 남북한관계에서 어느 쪽의 입장에 서야 하는지에 대한 혼란스러움, 탈북자라는 딱지를 떼고 남한 사회로 융화되기를 기대하지만 한편으로 공사적 지원에 대한 계속성을 기대하는 점 등이 그것이다.

초기의 양가감정적 태도가 극복된다고 하더라도 북한이탈주민에 입혀진 다양한 이미지는 이들의 정체성 혼란을 가중시키기도 한다. 귀순용사로서의 대접, 식량난민으로서의 동정, 실업자, 무능력자, 영세민으로의 취급, 혹은 형사로부터의 감시대상, 더 나아가서는 조선족 다음의 노동자, 북한에서도 적응하지 못한 사람이라는 낙인에 이르는 다중적 이미지는 이들의 사회적 적응에 큰 영향을 끼친다(최명민 외, 2009).

지금까지 북한이탈주민의 정착에 대한 지원은 거시정책적 차원에서는 북한이탈주민을 고유대상으로 하는 지원체계(정착금, 노동인센티브로 제공되는 정착장려금, 고용지원금제도, 교육지원, 정착도우미 프로그램 등)와 기존의 사회복지체계를 활용하여 지원하는 체계로 구분되어 이루어졌다. 1997년에 「북한이탈주민의 보호 및 정착지원에 관한 법률」이 제정되어 남한 사회로의 편입을 위한 지원, 정착금 등의 지급, 주거지원, 취업지원, 교육지원, 사회보장

등의 다양한 지원이 의무화·법제화되어 실행되고 있다. 또한 서비스 실천 차원에서 지방정부의 다양한 공공기관들이 북한이탈주민 지원사업에 참여하였고, 민간의 사회복지기관들도 북한이탈주민 지원사업에 참여하거나 자체적인 프로그램을 개발 및 시행하여 왔다.

북한이탈주민이 경험하고 있는 문제에 대한 개선방안으로 우선 급증하고 있는 여성 및 청소년 등의 북한이탈주민을 위한 차별화된 지원의 확대가 필요하다. 탁아 및 육아서비스 제공을 확대하고, 여성 고용을 보장하는 탈북여성고용할당제와 여성고용지원금제도의 추진이 한 방안이 될 것이다. 또한 단독 탈북한 청소년을 위해서는 가족과의 연계 및 후견인 제도의 밑받침이 필요하다. 경제적 안정성을 위해서는 사회적 기업 육성, 직업훈련 강화, 농공단지로의 거주 유도방안 등이 마련되어야 할 것이다. 전반적인 건강증진을 위한 의료혜택 확대 및 정기 건강검진 서비스의 추진 역시 필요한 부분이다(최성근, 2011).

이러한 개선방안을 실현해 나가는 데 있어서 사회복지적 개입에서 우선과제는 전문적 프로그램의 개발과 서비스 인프라의 확충이다. 통합서비스를 필요로 하는 북한이탈주민 가족에 대한 개입 프로그램의 표준화 작업, 다양한 취업 능력 향상 프로그램, 탈북청소년 대상 문화 적응과 통합 프로그램 등이 개발되고 시행되어 북한이탈주민이 사회적으로 통합되고 지역사회구성원으로 적응할 수 있도록 해야 할 것이다. 또한 북한이탈주민을 대상으로 하는 전문실천 인력이 부족한 현실에서 현재의 실천인력들이 전문성을 가질 수 있도록 학계와 실무자가 연계하여 함께 노력하는 것이 필요하다(최명민 외, 2009).

〈사례 10-3〉 북한이탈주민에 대한 편견

탈북보다 어려운 정착, 그들을 울리는 남한 사회의 편견

함경북도 혜령이 고향인 김 모(여 · 50) 씨는 지난 2007년 12월 천신만고 끝에 남한으로 들어왔다. 생활고를 견디다 못해 1995년부터 4차례나 중국으로의 탈출을 시도했지만 번번이 공안에 붙잡혀 북송 당했다. 매번 국가보위부로 끌려가 매질을 당하면서도 그녀는 남한행에 대한 꿈을 버리지 않았다. 어린 아들과 딸에게 자신의 비참한 인생을 되물림하고 싶지 않아서였다. 2007년 6월, 극적으로 탈북에 성공한 그녀는 중국 연길과 라오스, 태국을 거치는 강행군 끝에 그해 12월 꿈에도 그리던 남한땅을 밟았다.

남한 사람과 같은 대우를 받을 거란 생각을 한 건 아니었지만 자신을 바라보는 남한 사회의 시각은 생각보다 차가웠다.

… (중략) …

중장비 자격증, 컴퓨터 정비사 자격증을 비롯해 그녀가 1~2년 사이에 딴 자격증만 무려 6개. 그러나 그녀의 '남한 드림'은 여기까지였다. 2009년 중장비 자격증을 딴 뒤 경기도 수원의 한 건설현장을 찾아갔지만 업체는 '나이가 많다'는 이유를 들어 채용을 거절했다.

… (중략) …

그녀는 "나이가 많다는 게 회사들이 채용을 거절한 이유였지만 거의 모든 회사가 내가 '탈북자'라는 신분을 확인한 뒤에는 경력이나 실력 따위는 파악해 보지도 않고 바로 '불합격' 판정을 내렸다."며 울먹였다.

… (중략) …

학교서도 "탈북자니까…" 탈북청소년 울리는 편견, 일부는 대안학교행

탈북자들이 겪는 어려움은 이뿐만이 아니다. 지난 2003년 어머니, 형과 함께 탈북한 박 모(21) 씨는 최근 검정고시를 거쳐 고등학교까지 마쳤지만 배움의 과정은 험난했다.

… (중략) …

박 씨는 "남한 학생과 똑같은 실수를 해도 일부 선생님들은 '탈북자라서 그렇다'는 식으로 뒤에서 수근대곤 했는데 이게 너무 힘들었다."고 털어놨다.

북한과 다른 교과과정도 탈북 청소년들의 학교생활을 힘들게 한다. 북한에서보다 평균 2~3년을 낮춰 정규학교에 들어가지만 남한 학생들을 따라가기란 여간 힘든 게 아니다. 가정 형편이 어렵다 보니 사설학원을 다니지도 못해 학력차는 시간이 갈수록 벌어진다. 박 씨는 중학교 2학년을 마치고 자퇴를 한 뒤 서울 영등포구의 한 대안학교에 입학해 최근 검정고시를 통과했다.

… (중략) …

그는 "탈북자들이 남한에서 취업을 하려 하거나 학교를 다니면서 가장 힘들어하는 것은 남한 사회의 제도나 규칙 때문이 아니라 탈북자들에 대한 편견 때문"이라면서 "이런 편견이 사라지지 않는 한 탈북자 문제는 근본적으로 해결되기 어려울 것"이라고 했다.

… (중략) …

북한이탈주민지원재단 취업지원사이버센터 김재숙 차장은 "북한을 이탈한 주민들이 남한 사회에서 제대로 뿌리를 내리고 살아가기 위해서는 제도정비나 금전적 지원에 앞서 북한주민들을 진정한 동포로 바라보는 남한 사회의 인식전환이 선행되어야 한다."고 말했다.

… (하략)

출처: 노컷뉴스(2011).

심화학습문제

1. 일상생활의 영역에서 경험할 수 있는 세계화의 영향을 토론해 보자.
2. 다문화사회에서 문화적 역량을 향상시키는 방법은 무엇이 있는가?
3. 한국 사회로 유입해 오는 난민들에 대한 지원과 관련하여 당신의 의견은 어떠한가?

제11장 사회복지 윤리의 확장

학습목표	1. 지속가능한 발전의 개념과 중요성에 대해서 이해할 수 있다. 2. 인권의 개념과 범위를 이해할 수 있다. 3. 정보화의 영향으로 실천 현장에서 발생하는 윤리적 쟁점을 논의할 수 있다.
핵심용어	지속가능한 발전, 인권, 정보화

1. 생태환경문제와 사회복지

최근 우리나라의 미세먼지 문제, 전 세계적 차원에서는 지구온난화 등 기후나 지리적 조건 등의 자연환경이 훼손됨으로 인해 삶의 질 저하 및 복지가 위협을 받고 있다는 심각성에 대해 동감하는 추세이다. 이에 따라 환경보전과 함께 그동안 성장일변도의 경제정책에 반성하면서 새로운 패러다임의 성장과 발전, 복지를 꾀하기 위한 전략에 관심이 쏠리고 있다.

이러한 가운데 '지속가능한 발전(sustainable development)'이라는 개념이 1987년 환경과 개발에 관한 세계위원회(World Commission on Environment and Development)가 발표한 보고서[우리 공동의 미래(Our Common Future)]에서 소개되어 널리 알려졌다. 지속가능한 발전이란 '미래 세대의 필요를 충족시킬 수 있는 능력을 훼손하지 않는 범위에서 현재 세대의 필요를 충족시키는 발전'을 의미한다. 이후로 1992년에 개최된 유엔환경개발회의에서 '환경적으로 건전하고 지속가능한 발전(Environmentally Sound and Sustainable Development)'이라는 환경-경제 통합 개념으로 발전되었고, 2002년에 지속가능발전세계정상회의에서 환경-경제-사회의 통합과 균형을 지향하는 인류보편적인 발전전략으로 정착되었다. 이후 유럽 국가들을 중심으로 많은 국가가 지속가능한 발전전략을 수립하였고, 2012년 UN 지속가능발전회의에서는 각 국가의 노력을 점검하고 지속가능발전목표(Sustainable Development Goals: SDGs) 설정에 합의하였으며, 2015년에는 2030 지속가능발전의제를 채택하였다(환경부, 2016).

지속가능발전목표는 과거 성장개발로 인한 불평등, 환경 파괴 등의 문제를 해결하기 위하여 경제, 환경, 사회 전 분야를 포괄하여 이행해야 하는 17개의 목표와 169개의 세부이행과제를 제시하는데, 17개의 목표는 다음과 같다([그림 11-1] 참조).

① 모든 곳에서 모든 형태의 빈곤을 종식

② 기아를 종식하고, 식량안보 달성과 개선된 영양상태 달성, 지속가능한

[그림 11-1] UN의 지속가능발전목표

출처: UN Sustainable Development Goals.

농업 강화
③ 전 연령층의 건강한 삶의 보장과 웰빙 증진
④ 포용적이고 공평한 양질의 교육보장 및 평생교육 기회 증진
⑤ 성평등 달성 및 모든 여성과 여아동이 자신의 능력 발휘를 가능케 함
⑥ 누구나 물과 위생설비를 이용할 수 있고, 지속가능한 유지관리
⑦ 모두를 위한 적당한 가격, 신뢰할 수 있고 지속가능한 현대적인 에너지에의 접근 보장
⑧ 모두를 위한 지속적, 포용적, 지속가능한 경제성장의 촉진, 생산적인 완전 고용과 모두를 위한 양질의 일자리 증진
⑨ 복원력이 있는 사회기반 시설 구축, 포용적이고 지속가능한 산업화 증진과 혁신의 장려
⑩ 국내, 국가 간의 불평등 감소
⑪ 도시와 주거지를 포용적이고 안전하게, 복원력 있으며 지속가능하게 보장
⑫ 지속가능한 소비 및 생산양식 보장
⑬ 기후 변화와 기후 변화의 영향에 대한 긴급대응 조치
⑭ 지속가능한 발전을 위한 대양, 바다, 해양자원의 보존과 지속가능한 소비
⑮ 지속가능한 토양 생태계 이용 및 보호와 복원 증진, 삼림의 지속가능한 관리
⑯ 지속가능한 발전을 위해 평화롭고 포용적인 사회의 증진, 모두가 정의(justice)에 접근할 수 있도록 하고, 모든 수준에서 효과적이고 책임 있는 포용적인 제도 구축
⑰ 지속가능한 발전을 위한 글로벌 파트너십의 활성화

이러한 세계적 움직임과 함께 우리나라에서는 1996년에 의제 21 국가실천계획을 수립하여 시행하는 한편, 2000년 6월에 새천년 국가환경비전을 선

포하였고, 지속가능발전의 효과적 이행을 위한 기구로 지속가능발전위원회가 출범되었다. 2007년 8월에는 「지속가능발전 기본법」을 제정 · 공포하였고, 2010년에는 「저탄소 녹생성장 기본법」이 제정되면서 「지속가능발전기본법」은 「지속가능발전법」으로 개정되었다. 현재 「지속가능발전법」에 따라 5년마다 수립해 오는 기본계획으로 제3차 지속가능발전 기본계획(2016-2035)이 수립되어 시행 중이다. 이 계획은 '환경, 사회, 경제의 조화로운 발전'을 비전으로 하여 '건강한 국토환경, 통합된 안심사회, 포용적 혁신경제, 글로벌 책임국가'라는 4개의 목표설정 아래 유엔의 지속가능발전목표(SDGs)의 이행을 위해 이를 국내 여건에 맞게 반영하였다(환경부, 2016).

국내외의 이러한 환경정책의 추진과 함께 사회복지 분야에서도 환경에 대한 새로운 접근이 시도되고 있다. 원래 사회복지에서는 인간의 적응에 있어서 환경의 중요성을 이미 지적한 바 있는데, 1973년에 저메인(Carel Germain)에 의해 소개된 생태학적 관점으로 사회복지실천의 핵심적 시각이다. 생태학적 관점은 인간의 성장과 적응에 있어서 환경과의 조화(goodness of fit)를 중요하게 고려한다. 즉, 인간이 성장하고 적응해 나가는 데 있어서 개인뿐만 아니라 환경에 대한 성찰과 환경과의 상호작용을 면밀히 살피고, 환경에 대한 조절 및 변화가 수반되어야 한다는 것이다. 사회복지에서의 환경이란 물리적 환경과 사회환경을 모두 포괄하고, 두 환경의 상호작용, 인간의 직간접적 상호영향을 고려하여 '생태체계(ecological system)'라는 용어로 주로 통칭된다(강세현, 서혜전, 오정영, 임원선, 전명록, 2015).

사회복지계에서는 환경문제에 대한 여러 사상이 1980년대 후반에 사회복지정책 연구에 영향을 끼치기 시작하였고, 신자유주의와 기존의 복지국가에 대한 비판 속에서 관심을 가지게 되었다. 신자유주의는 자유무역과 기업위주의 성장주의 정책, 복지비 삭감, 민영화, 근로연계복지 등을 핵심 정책으로 하면서 세계적으로 확산되어 경제성장을 이루었으나, 두 가지 큰 문제를 동반하게 되었다. 첫째는, 부익부 빈익빈의 양극화라는 불평등 현상의 심화이고, 둘째는, 신자유주의적 무역의 확대로 자연환경의 파괴가 급속히 증가한 점이다. 신자유주의의 단점을 극복할 수 있는 새로운 복지이데올로기의 필요성 속에서 새로운 패러다임으로 환경에 대한 접근이 이루어진 것이다. 새로운 패러다임은 기존의 사회복지정책과 실천에서 친환경적 방향으로의 전환 혹은 녹색화의 도입을 주장하는 것으로 나타났으며, 환경복지, 생태복지, 녹색복지 등의 용어가 혼재되어 사용되어 왔다(고재경, 정회성, 2013; 이정필, 2011; 최경구, 2006; 최재천 외, 2009; 홍성태, 2009).

'환경복지'는 '물리적 · 사회적 환경의 개선뿐만 아니라 인간과 인간, 인간과 자연의 질적 관계를 향상시키고자 하는 과정이자, 그 결과'(최경구, 2006)로 혹은 '모든 사람이 건강하고 쾌적한 환경에서 생활하도록 환경자원과 서비스 이용 혜택을 동등하게 누리고, 환경오염으로부터 동등하게 보호받으며, 정책과정 참여 기회와 정책결과의 배분이 공평하게 이루어져 보다 나은 삶의 질을 보장받는 것'으로 정의된다(고재경, 정회성, 2013). 특히 환경복지는 환경정의(environmental justice)와 개념적으로 유사한데, 미국환경청(EPA)은 '인종, 민족, 소득수준과 관계없이 모든 사람들이 환경법, 규제, 정책의 개발과 집행에서 공정하게 대우받고 이 과정에 의미 있게 참여하는 것'으로 정의하고 있다.

환경복지는 다음과 같은 특징을 지닌다(고재경, 정회성, 2013).

① 환경기본권 충족을 위한 보편적 복지

모든 사람은 환경위험과 공중보건위험으로부터 연령, 소득, 성, 고용, 거주지역 등의 사회경제적 지위, 인구적 특성, 지역에 관계없이 동등하게 보호받고 최소한의 환경의 질과 환경서비스에 대한 접근성을 보장받아야 하며, 위험노출에 불평등이 발생해서는 안 된다. 환경권은 건강한 환경에 대한 권리를 보장받는 것과 함께 다른 사람의 건강을 해치거나 환경문제를 야기해서는 안 되는 책임을 수반한다.

② 예방적 복지

환경의 악화는 인간의 복지 수준을 떨어뜨리기 때문에 환경보전을 위한 투자는 환경오염으로 인한 위험과 의료비용을 줄이고 생활여건을 개선하며 삶의 질을 유지하는 예방적 복지로서의 의미를 가진다. 기존 복지가 분배적 형평성에 초점을 두고 못하는 사람을 뒤에서 도와주는 반응적 복지라면, 환경복지는 이들이 아프지 않고 건강하게 살 수 있도록 예방하는 복지이다.

③ 생산적 복지

환경복지는 환경서비스에 대한 취약계층의 기본적인 필요를 충족시키는 것뿐 아니라 생태계가 제공하는 다양한 공급 서비스 기능을 향상시킴으로써 인간 경제활동을 지탱하는 생산 기반의 지속가능성을 보전하는 성격을 띠고 있다. 환경보전과 복원, 온실가스 감축, 오염방지 투자 등 적극적이고 능동적인 환경정책은 일자리와 소득을 창출한다.

④ 미래 세대를 위한 복지

환경보전을 위한 투자는 현 세대뿐만 아니라 미래 세대가 그 편익을 향유하고 삶의 질을 유지하는 데 중요한 역할을 한다. 환경자원이 주는 다양한 서비스 이용에 대한 기회와 접근성의 형평성은 현 세대는 물론 미래 세대에게도 공평하게 적용되어야 한다.

⑤ 거버넌스에 의한 지역기반 공동체 복지

환경복지는 파괴된 자연환경을 복원하고 공간적으로 불균등하게 분포되어 있는 환경자원과 서비스 격차를 줄이는 물리적 변화뿐 아니라 지역의 특수성을 기반으로 그곳에서 생활하는 주민이 지속가능하고 건강한 삶을 영위할 수 있는 사회안전망으로서 의미를 지닌다. 환경정책 결정 및 환경서비스 공급 과정에 수혜자 또는 사용자의 참여를 강조한다는 점에서 거버넌스적 접근에 의한 참여적 복지의 성격을 가진다.

[그림 11-2] 어린이와 환경약자를 위해 미세먼지 대책마련을 강조하는 캠페인

출처: 경향신문(2017).

새로운 패러다임으로 제시된 환경복지에 대한 관심은 사회복지계에서 아직은 이론적이고 정책적 차원에 머물러 있고, 사회복지실천 현장으로까지 확대되고 있지는 못하다. 일부 시민단체 혹은 민간단체에서 환경정의 활동가들의 활발한 움직임이 눈에 띄는 것으로 보여진다. 지속가능한 발전이 전 세계적 주요과제로 제시되고 있는 오늘날, 환경문제와 환경약자에 대한 개입 및 환경복지의 실현은 사회복지계가 앞으로 적극적으로 도전해야 할 과제로 생각된다. '환경약자'를 대상으로 한 사회복지실천의 활성화와 이에 대한 윤리와 가치의 정립이 필요하다.

2. 인권과 사회복지 윤리

인권(Human rights)은 인간성의 한 영역으로, 시간에 따라 변화되고 진화되기에 이론적으로 완벽하게 규정하는 것은 어렵다. 따라서 다양한 관점에서 인권을 정의하는 작업이 이루어져 왔다. 인권에 대한 가장 넓은 의미의 정의는 인권이 인간이 내재적으로 갖는 존엄과 가치에서 파생되는 것으로 파악한 것이다. 국가인권위원회(2009)에 따르면, "인간이 인간으로서 당연히 가지는 생래적 · 천부적 권리" 혹은 "인간으로서 태어난 이상 당연히 갖는 권리"로 인간의 성장과 발전에 반드시 필요한 필수적인 권리를 의미한다.

이에 반해, UN에 의한 인권의 개념은 정치, 경제, 사회적 상황, 문화적 전통 등 시대와 국가 배경에 따라 인권의 내용과 실행모습이 다양하게 나타날 수 있는 입장을 가지고 있다. UN의 인권개념은 첫째, 억압에 저항함으로써 시민적 · 정치적 권리를 보장하는 소극적 권리, 둘째, 사회정의의 실현, 결핍으로부터의 자유, 사회 · 경제 · 문화 생활에 대한 참여를 보장하는 경제적 · 사회적 · 문화적 권리, 셋째, 사회질서와 국제질서를 지키는 의무를 다함으로써 권리와 자유를 완전하게 보장받을 수 있다는 집합적 권리를 의미한다(UN Centre for Human Rights, 2005).

한편, 인권에 대한 또 다른 입장은 헌장, 선언, 헌법, 협약 등 정치적 문서들에 의해 구체적으로 규정된 권리로서의 정의이다. 국내외 인권과 관련된 주요한 규정으로는 「대한민국 헌법」 및 「국가인권위원회법」, 세계인권선언, 그리고 국제인권조약이 있다. 주요한 내용은 다음과 같다.

표 11-1 인권과 관련한 국내외 주요 규정

「대한민국 헌법」

- 제10조: 모든 국민은 인간으로서의 존엄과 가치를 가지며, 행복을 추구할 권리를 가진다. 국가는 개인이 가지는 불가침의 기본적 인권을 확인하고 이를 보장할 의무를 진다.

「국가인권위원회법」

- 제2조 1호: "인권"이란 「대한민국 헌법」 및 법률에서 보장하거나 대한민국이 가입 · 비준한 국제인권조약 및 국제관습법에서 인정하는 인간으로서의 존엄과 가치 및 자유와 권리를 말한다.
- 제3조: "평등권 침해의 차별행위"란 합리적인 이유 없이 성별, 종교, 장애, 나이, 사회적 신분, 출신 지역(출생지, 등록기준지, 성년이 되기 전의 주된 거주지 등을 말한다), 출신 국가, 출신 민족, 용모 등 신체조건, 기혼 · 미혼 · 별거 · 이혼 · 사별 · 재혼 · 사실혼 등 혼인 여부, 임신 또는 출산, 가족 형태 또는 가족 상황, 인종, 피부색, 사상 또는 정치적 의견, 형의 효력이 실효된 전과(前科), 성적(性的) 지향, 학력, 병력(病歷)

등을 이유로 한 다음 각 목의 어느 하나에 해당하는 행위를 말한다. 다만, 현존하는 차별을 없애기 위하여 특정한 사람(특정한 사람들의 집단을 포함한다. 이하 이 조에서 같다)을 잠정적으로 우대하는 행위와 이를 내용으로 하는 법령의 제정 · 개정 및 정책의 수립 · 집행은 평등권 침해의 차별행위(이하 "차별행위"라 한다)로 보지 아니한다.

세계인권선언(universal declaration of human rights; 1948)

- 제1조: 모든 사람은 태어날 때부터 자유롭고 동등한 존엄성과 권리를 가지고 있다. 사람은 천부적으로 이성과 양심을 가지고 있으며, 서로 형제애의 정신으로 행동하여야 한다.
- 제2조: 모든 사람은 인종, 피부색, 성, 언어, 종교, 정치적 또는 그 밖의 견해, 민족적 또는 사회적 출신, 재산, 출생, 기타의 지위 등에 따른 어떠한 종류의 구별도 없이 이 선언에 제시된 모든 권리와 자유를 누릴 자격이 있다.

국제인권조약(1976)

국제인권조약은 세계인권선언의 내용을 보다 구체적이며 강제력이 높은 국제적 조약 형태로 제정한 것이다.

- 경제적 · 사회적 · 문화적 권리에 관한 국제조약(International covenant on economic, social and cultural rights, 1976): 세계인권선언에 따라 공포와 결핍으로부터의 자유를 향유하는 자유인간의 이상은 모든 사람이 자신의 조약상의 권리뿐만 아니라 경제적, 사회적 및 문화적 권리를 향유할 수 있는 여건이 조성되는 경우에만 성취될 수 있음을 인정한다. 또한 노동의 권리, 노동조합에 가입할 권리, 사회보장권리, 가정에 대한 보호를 받을 권리, 적절한 생활수준을 누릴 권리, 건강권, 교육권을 규정하고 있다.
- 시민적 · 정치적 권리에 관한 국제조약(International covenant on civil and political rights, 1976): 모든 사람이 자신의 경제적, 사회적 및 문화적 권리뿐만 아니라 시민적 및 정치적 권리를 향유할 수 있는 여건이 조성되는 경우에만 성취될 수 있음을 인정하고 있다. 또한 다음과 같은 권리—생명, 자유 및 안전에 관한 권리, 고문과 그 밖의 잔혹하고 비인간적이거나 굴욕적인 대우 또는 처벌을 받지 않을 권리, 자의적으로 구금되지 않을 권리, 이주와 거주의 자유에 관한 권리, 공정한 재판을 받을 권리, 종교의 자유, 표현의 자유, 집회의 자유 및 노동조합 가입을 포함한 결사의 자유에 관한 권리, 보통선거권에 의해 선거할 권리, 소수자의 권리 보호—를 규정하고 있다.

인권에 대한 개념적 정의가 조금씩 다르지만, 인권의 개념과 범주가 발전하는 과정 속에서 보편적으로 동의할 수 있는 인권의 특성이 나타나는데 그것은 다음과 같다(염형국, 2004, 오윤수 외, 2014 재인용).

첫째, 인권은 기본적이고 필수적인 권리이다. 즉, 인권은 반드시 있어야 할 인간다움을 지키기 위한 최저선이다.

둘째, 인권은 보편적이다. 즉, 인권은 모든 장소의 모든 사람이 평등하게 갖는 권리로서 인종, 피부색, 성, 언어, 종교, 정치적 의견 또는 사상, 출신, 재산, 출생 또는 그 어떠한 지위에 따른 차별이 없어야 한다.

셋째, 인권은 법으로 보장되는 권리 이상의 것이다. 즉, 인권은 법에 따라 보장되고 있는 권리에만 한정되지 않으며, 현행법이 보장하고 있지 않더라도 인간의 존엄성을 보장하는 데 반드시 필요한 권리는 인권으로 보장해야 한다.

넷째, 정의이다. 사회구성원 모두의 적절한 생활 수준을 유지하기 위해 자원의 재분배와 사회적 약자에 대한 특별한 보호를 마련하는 등 사회정의와 경제정의가 실현되어야 한다.

다섯째, 사회적 책임이다. 인권이 추구하는 사회적 책임은 차별과 편견으로 인해 고통받는 사회적 소수계층의 편에 서서 그들을 지지하고 지원하는 것이다.

인권의 개념을 통해서 볼 때, 인권은 사회복지와 뗄 수 없는 관계에 있다. 인권을 존중하는 사회에서 인간의 복지가 바람직하게 보장되고 실현될 수 있다. 사회복지와 인권은 생명의 가치와 질, 자유 · 억압으로부터의 해방, 평등 · 비차별, 정의, 연대책임, 사회적 책임, 점진적 변화 · 평화 · 비폭력, 인류와 자연의 관계에 대한 가치를 강조한다는 점에서 공통점을 가진다(UN Centre for Human Rights, 2005). 또한 미국 사회복지사협회 윤리강령은 인권 보장과 관련하여 "사회복지사는 문화적 · 민족적 다양성에 민감하여야 하며, 차별과 억압, 빈곤과 다른 형태의 정의롭지 못한 부분을 종식시키기 위해 노력해야 한다"고 제시하고 있다. 특히 국제사회복지사협회(IFSW)는 사회복지에 있어 인권의 중요성에 대한 강조와 더불어 이를 '인권에 대한 국제정책(International Policy on Human Rights)'으로 제시하고 있으며, 사회복지전문가와 학생을 위한 인권훈련매뉴얼도 제작하여 소개하고 있다. 인권에 대한 국제정책(International Policy on Human Rights)의 내용은 다음과 같다(오윤수 외, 2014 재인용).

표 11-2 국제사회복지사협회의 인권에 대한 국제정책

- 모든 사람은 고유의 가치를 가지고 있으며, 그것은 그 사람을 위한 도덕적 배려로 정당화된다.
- 모든 개개인은 자립(self-fulfillment)의 권리를 가지고 있으며, 다른 사람의 동등한 권리를 침해하지 않는 범위 내에서 최대화되어야 한다. 또한 모든 개개인은 사회의 안녕에 기여할 의무를 가지고 있다.
- 어떠한 형태의 사회이든지 모든 사회는 그 구성원에게 최대의 이익을 제공하기 위한 기능을 해야 한다.
- 사회복지사는 사회정의의 원칙에 대한 소신을 가져야 한다.
- 사회복지사는 개인과 집단, 지역사회와 사회에 대해 그들이 발전할 수 있고, 개인-사회적 갈등을 해결하기 위한 훈련된 지식과 기술에 헌신할 책임을 지니고 있다.
- 사회복지사는 성, 연령, 장애, 인종, 사회계층, 종교, 언어, 정치적 신념, 성적 지향에 기초한 어떠한 차별 없이 가장 최선의 가능한 지원을 제공하여야 한다.

인권의 범위는 정치권, 노동권, 문화권, 환경권 등 매우 광범위하지만(박영란 외, 2001) 사회복지에서 중요하게 간주되는 인권은 건강권, 주거권, 인간존엄권 및 경제 · 노동권, 정치 · 종교 · 문화생활권, 교류 · 소통권, 자기결정권 등이 있다(오윤수, 정현태, 이대주, 2014).

- 건강권은 보건의료 서비스를 받을 권리, 생활서비스를 받을 권리, 영양 · 급식 서비스를 받을 권리를 포함한다.
- 주거권은 안락한 환경에서 생활할 권리, 안전한 생활을 보장받을 권리를 말한다.
- 인간존엄권 및 경제 · 노동권과 관련된 인권으로는 인격권과 평등권, 학대를 받지 않을 권리, 근로의 능력과 의욕을 지닌 사람이 사회적으로 근로할 기회의 보장을 요구할 수 있는 권리 등이 있다.

- 정치 · 종교 · 문화생활권은 정치 및 종교적 자유를 갖고, 문화생활을 즐길 권리를 가지는 것을 말한다.
- 교류 · 소통권은 가족 및 사회적 관계를 유지할 권리, 동료에게 존중받을 권리, 사회복지시설 종사자를 존중할 책임의 내용을 포함한다.
- 자기결정권과 관련된 권리로는 입 · 퇴소 과정에서의 자기결정권, 서비스 선택 및 변경 시의 자기결정권, 정보통신생활의 권리, 사생활 보호 및 비밀보장의 권리, 생활고충 및 불평처리에 관한 권리, 이성교제 · 성생활 · 기호품 사용의 권리가 있다.

사회복지실천 현장에서 권리옹호 및, 권리대변, 중재자로서의 역할은 인권보호와 관련한 사회복지사의 대표적인 역할이라고 할 수 있다. 사회복지사는 클라이언트의 욕구충족과 권리보장을 위해 클라이언트를 지지하고 변호하는 옹호자로서의 역할 뿐만 아니라, 힘과 권리가 없는 클라이언트를 대신하여 클라이언트에게 필요한 자원과 서비스를 연계하고, 조정하는 대변인으로서의 역할도 한다. 사회복지사의 중재자로서의 역할은 미시, 중범위, 거시체계 사이의 논쟁이나 갈등을 해결하며, 견해가 다른 개인이나 집단 사이의 의사소통을 향상하고 타협을 돕는다. 또한 국가는 집단의 이익을 추구하는 공적 활동 수행 중에 개인이나 집단의 권리와 자유를 위협할 수 있다. 이때 사회복지사는 국가로부터 개인이나 집단을 보호하기 위해 개인과 국가, 그리고 다른 권력 간의 관계를 중재함으로써 인권과 관련된 갈등 상황을 해결해 나가야 한다(Ife, 2001).

사회복지사가 특히 인권보호를 위해 특별히 관심을 기울여야 하는 인권취약집단으로는 아동, 여성, 노인, 장애인, 수감자, 난민, 이주민들이 있다. 또한 빈곤문제, 성차별, 인종차별(소수자 집단의 권리), 종교(종교, 양심, 믿음의 자유권 등), 환경과 개발(생명권, 산업위생권리 등)과 관련해서 차별과 인권침해를 당할 수 있는 사회적 약자나 소수자들에 대해서도 관심을 기울이는 것이 필요하다(UN Centre for Human Rights, 2005).

2016년 국가인권위원회 상담사례집에 의하면 국가인권상담센터에 접수된 사례는 총 31,444건이다. 2012년부터 연간 3만 건의 상담건수가 유지되고 있으며, 우편, 이메일, 팩스 등으로 접수된 민원도 16,815건으로 매년 증가추세에 있다. 인권침해가 가장 심한 기관은 정신보건시설이 포함된 다수인보호시설로 나타났다. 보호시설은 주요한 사회복지실천 현장의 한 곳으로 인권보장이 실현되는 서비스제공이 더욱 절실하다. 사회복지사가 인권에 대해 더 많은 지식과 이해를 가질수록, 인권에 대한 감수성과 실천기술 수준이 높을수록 사회복지서비스를 필요로 하는 사람들의 인권과 복지가 향상될 수 있을 것이다.

〈사례 11-1〉 인권침해

Ⅰ. 전화기 사용에 제한이 많습니다

제가 입원하고 있는 ○○병원은 전화 사용에 제한이 많습니다. 일단 공중전화기가 없고 콜렉트 콜만 가능합니다. 전화할 수 있는 시간도 자유롭지 않습니다. 평소 전화기 코드가 꽂혀 있지 않은데, 오전에는 아예 전화를 할 수 없고 오후에는 간호사에게 전화기 연결을 요청해야만 전화를 할 수 있습니다.

Ⅱ. 정신병원에서 친구를 강박하고 기저귀를 사용하게 하여 수치심을 주었습니다

지난 주 친구가 경기도의 한 정신병원에 입원했습니다. 이틀 전, 그 친구에게 전화가 왔는데 병원에 입원하자마자 친구를 묶어놨고 직원에게 화장실에 가고 싶다고 말했더니 친구의 바지를 벗기고 요강을 대줬다고 합니다. 친구가 소변이 안 나온다고 하니 기저귀를 대줬는데, 이로 인해 많이 수치스러웠다고 하소연했습니다.

Ⅲ. 정신병원에서 환자에게 강제로 노동을 시킵니다

저는 ○○정신과 병원에서 일했던 사람입니다. 그런데 병원의 강제노동이 너무

> 심각해서 이렇게 전화를 하게 되었습니다. ○○정신과 병원은 환자들을 주방에서 일을 시킬 뿐 아니라 세탁, 간병, 청소 등을 다 시키고 있습니다. 가령, 조리장 아주머니가 아무렇지도 않게 환자에게 칼을 맡겨 조리를 시키고 설거지까지 시킵니다. 세탁물도 지하에 세탁기 두 대를 놓고 똥, 오줌 싼 것까지 환자가 세탁하게 하고 허위로 업체에 맡긴 것처럼 합니다. 보건소나 인권위에 조사를 신청해도 커피나 담배를 주며 환자들을 회유해서 사실 조사가 제대로 이루어지지 않습니다. 오히려 피해 환자들을 조사할 게 아니라 전체적인 설문을 하는 것이 좋을 것 같습니다.

출처: 국가인권위원회(2016).

3. 정보화사회에서의 윤리적 쟁점

「국가정보화기본법」에 의하면 '정보화'란 정보를 생산, 유통 또는 활용하여 사회 각 분야의 활동을 가능하게 하거나 그러한 활동의 효율화를 도모하는 것으로 정의되어 있다. 우리나라에서는 1980년대 후반에 국가정책에 의해 정보화가 본격적으로 소개된 이후, 오늘날 우리나라의 정보화 수준이 상당히 높다는 것은 이미 알려져 있는 사실이다. 2017년 한국정보화진흥원의 『국가정보화 백서』에 따르면, 국제전기통신연합(International Telecommunication Union)이 정보사회의 발전 정도 및 정보 격차 측정을 목적으로 세계 각국의 ICT(Information and Communication Technologies)발전지수를 평가한 순위를 보면 우리나라는 세계 176개국에서 2위를 차지한 것으로 보고되었다. 과거 2015년, 2016년에는 각각 1순위를 기록한 것으로 나타났다(한국정보화진흥원, 2017). 또한 2016년 가구 인터넷 접속률은 99.2%, 인터넷 평균 접속속도 26.1Mbps(세계평균은 7Mbps) 등으로 세계 1위를 차지하였으며, 정보화강국으로서의 국제위상을 떨치는 것을 볼 수 있다([그림 11-3] 참조).

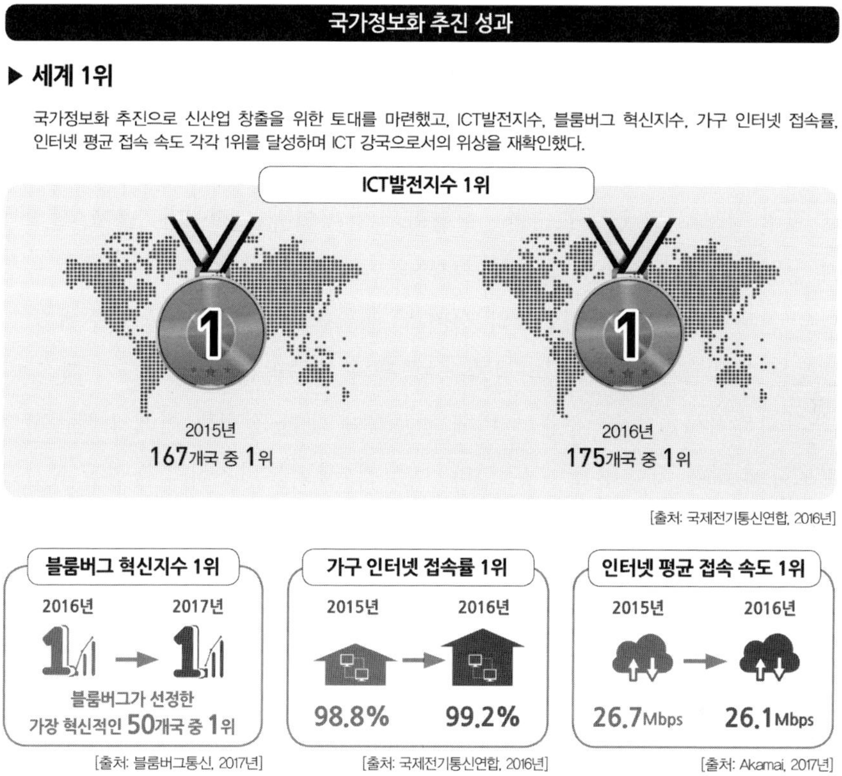

[그림 11-3] 우리나라 국가정보화 지수

출처: 한국정보화진흥원(2017).

사회복지 분야에서 정보화 개념이 도입되었던 것은 비교적 최근의 일이며, 1960년대에 미국에서 '정보 및 의뢰서비스(Information and Referral Service)'를 제공하면서부터라고 알려져 있다. 사회복지 분야에서의 정보화 및 전산화는 영리부문에 비해서는 약 20~40년 정도, 보건과 교육 분야에 비해서는 적어도 10년 정도 뒤처져 있는 것으로 평가되는데, 사회복지조직의 특성상, 업무의 특성상 정보화가 업무의 효율성을 발휘하기 힘든 것으로 파악된다.

구체적 이유로는, 첫째, 사회복지정보 혹은 사회복지지식은 개인적 통찰력과 판단력으로 이루어져 있어 수리적이고 통계적인 연산논리로 처리하는 것이 어렵다는 점이다. 둘째, 사회복지활동과정은 사례회의, 사례기록, 각종 보고서 및 클라이언트 상담기록 등을 이용하여 매우 광범위하고 서술적이어서 이를 효과적으로 처리할 수 있는 컴퓨터 응용프로그램을 갖추는 것이 쉽지 않다는 것이다. 셋째, 사회복지활동 과정 및 결과에서 산출되는 정보가 질적 정보로 단순히 표준화·수량화되기 어렵다는 것이다. 넷째, 사회복지 영역은 사회복지사와 클라이언트와의 면대면을 전적으로 중시하는 특성으로 인해 기존의 클라이언트와 서비스 제공자의 형태상 이들 모두에게 거부감을 일으킬 수도 있다. 다섯째, 사회복지 부문의 정보화 역사가 짧은 만큼 사회복지사들은 타 부문에 비해 정보화에 대한 경험과 이해가 부족하여 정보화에 대한 저항을 할 수도 있다. 여섯째, 사회복지조직의 특성상 복잡한 의사결정 과정이 조직의 상하 모두에서 동시에 이루어지고 있고, 사회복지활동과 마찬가지로 조직행정정보 역시 질적 정보가 많아 정보화가 쉽지 않다는 것이다(Caputo, 1998, Cnaan, 1989, 정영철, 2011 재인용).

타 분야에 비해서 사회복지 분야에서 정보화가 뒤처져 있기는 하지만, 우리나라에서 정보화의 발달은 사회복지실천과 사회복지행정에 큰 영향을 끼쳤다. 사회복지 분야에서 정보화는 사무기능의 자동화를 비롯해서 문서 작성, 기록 유지, 회계 관리 등에 컴퓨터를 활용하는 것과 네트워크 커뮤니케이션을 통해 정보와 의견을 공유하는 것을 의미한다(강선경, 김헌진, 2011). 사회복지실천 측면에서 1970년대 이후에 사무자동화가 시작되어서 컴퓨터를 이용한 디지털 문서 작성으로 업무의 효율성을 높였다. 1980년대 이후에는 문서나 정보를 통신망을 통해서 기관과 시설들 사이에서 공유함으로써 서비스의 통합성을 강화하고 클라이언트에게 지속적인 서비스가 제공되도록 하였다. 1990년대 말에 이르러서는 화상이나 동영상으로 정보 전달이 가능하게 됨에 따라 멀리 있는 사람들에게 교육과 컨설팅을 제공할 수 있게 되었다는 점에서 사회복지의 전문성을 확장하는 데 기여하였다. 2000년대 이후 최근에는 스마트폰이나 아이패드 같은 휴대단말기의 소형화·저렴화로 인해 사회복지사들이 보다 즉각적으로 서비스를 제공할 수 있는 환경이 조성되었다(강선경, 김헌진, 2011).

사회복지행정 측면에서는 1996년에 「정보화촉진기본법」, 2000년에 「전자정부법」이 제정되면서 공공행정의 정보화가 급속도로 진행되었는데, 특히 2000년대 초에 국민기초생활보장제도의 시행과 더불어 사회복지 정보화가 급진전되었다. 수급권이 청장년층으로 확대되면서 철저한 자산 조사와 수급자 선정을 위한 체계가 필요했다. 이에 2000년에 보건복지행정망 Client/Server 시스템이 개발되었고, 2007년에 새올행정시스템, 2010년에 사회복지통합관리망인 행복e음으로 발전했다. 그리고 2013년에 16개 행정부처 296개 복지 관련 사업 정보를 연계시킨 범정부 사회보장정보시스템으로 발전해 왔고, 2015년부터 '따뜻한 사회보장정보시스템'을 표방하여 부정 수급 적발기능 강화만이 아니라 복지사각지대 발굴기능을 추가한 차세대 사회보장정보시스템의 개발을 추진 중이다(김수영, 2016). 이상과 같이 사회복지정보화는 사회복지정보 및 서비스가 전달되는 상태 및 환경을 바꾸어 놓았고, 복지서비스의 질을 향상하고 사회복지서비스 전달체계를 확립시키는 데 기여하여 왔다.

표 11-3 우리나라 사회복지 영역 정보화 내용

사회복지실천		공공사회복지행정	
1970년대	사무자동화: 디지털 문서 작성	2000년	보건복지행정망(C/S 시스템)
1980년대	컴퓨터 네트워킹 발전: 통신망을 통한 정보 공유, 서비스의 통합성과 지속성 유지	2007년	시·군·구·행정종합정보시스템(새올행정시스템)
1990년대	멀티미디어화: 화상, 동영상 정보 전달, 화상회의 기술	2010년	사회복지통합관리망(행복e음)
2000년대 이후	무선과 위성의 큰 비중: 휴대단말기 소형화, 저렴화, 서비스의 즉각성 향상, 원격상담 등	2013년	사회보장정보시스템(범정부 복지정보통합시스템)

출처: 강선경, 김헌진(2011); 김수영(2016).

발달하고 있는 정보통신기술이 사회복지의 전문성을 보장할 수 있는 한 방안으로 기여하기도 하지만 사회복지실천 현장에서 폐해가 될 수도 있음을 우려하고 있다. 크뤼게르 등(Kreuger et al., 2006)은 전통적 사회복지실천과 컴퓨터 기반의 사회복지실천을 대조하면서 기존의 전문성과 성찰성에 기반을 둔 사회복지사의 실천이 급격히 축소될 수밖에 없다고 지적했다. 파톤(Parton, 2008)은 규격화와 획일화를 핵심으로 하는 정보시스템은 클라이언트와의 라포 형성과 관계 유지에 걸림돌이 될 수 있고, 인본주의적 가치체계에 기반을 두는 사회복지실천이 컴퓨터를 통한 데이터 처리과정의 비인격적 특성으로 인해 휴먼서비스의 본질적 가치를 위협받을 수 있다고 지적했다. 궁극적으로 기술발달의 적용은 클라이언트와 관계하는 사회복지사들에게 던져진 '도전'이라고 제시되고 있다(Congress, 2004).

표 11-4 전통적 사회복지실천과 컴퓨터 기반 사회복지실천

전통적 사회복지실천	컴퓨터 기반 사회복지실천
• 환경 속의 인간에 기반한 지식 • 물리적으로 클라이언트에게 개입 • 여러 방향의 실천결과 가능성 • 돌봄(caring)에 관여 • 전인격적인 만남	• 상황적 지식의 축소 • 개입의 축소 • 코드에 따라 결과 유형이 미리 규정 • 산출물을 중시 • 모니터링에 관여 • 텍스트를 통한 인간 만남

출처: Kreuger, Stretch, & Kelly(2006), 김수영, 김이배(2014) 재인용.

이와 같은 우려는 우리나라의 사회복지통합관리망의 이용에 대한 비판적 검토에서도 지적되고 있다. 공공사회복지행정의 정보화로 인해 사회복지일선관료의 실천에 다양한 문제가 양산되고 있음을 제시한다. 즉, 사회복지일선관료의 자율성과 재량권이 축소되고, 클라이언트와의 관계에서 사무적 측면이 심화되며, 수치적 정보에 의존한 상황 판단과 결정이 지배적이게 되고, 기계적인 분업과 연계를 강화해 일선관료의 전문성이 저하되는 경향이 나타난다는 것이다(김수영, 김이배, 2014).

더 나아가 기술의 적용과 정보화는 '인권'과 관련한 윤리적 문제와도 연결되는데, 정보불평등의 문제, 클라이언트의 정보와 비밀보장, 사생활보호의 문제, 과학기술의 발달에 따른 생명윤리의 문제 등이 관여되어 있다(이상훈, 2005). 이러한 윤리적 이슈들에 대해서 살펴보자.

우선, 정보불평등 문제와 관련하여 정보통신기술의 발달에 따라 상대적으로 정보와 서비스에 접근하는 것이 쉽지 않은 집단이 존재한다. 이는 '정보격차(digital divide)'라는 개념으로 설명되는데, 정보 접근성의 차이로 인해 '정보부자(information rich)집단'과 '정보빈자(information poor)집단'으로 분류된다(강선경, 김헌진, 2011). 기본적 인권차원에서 정보소외계층 혹은 정보취약계층이라고 할 수 있는 고령층, 장애인, 영세민 등이 정보화의 흐름에서 아예 소외되는 정보격차 현상이 발생하고, 이를 정보불평등으로 볼 수 있다. 2002년 고령층, 장애인, 저소득 계층에 대한 조사(한국정보보호진흥원, 2003)에 따르면 정보접근면, 정보활용면에서 이들 계층이 일반인보다 상당 정도 열악한 환경에 처해 있어 정보격차가 큰 것으로 나타났다. 장애인 가구의 컴퓨터 보유율은 일반 가구보다 21% 정도 낮고, 인터넷 이용율 역시 전체 가구의 58%에도 미치지 못했다. 50세 이상의 고령층 독거가구의 컴퓨터 보유율은 5.3%로 극히 미비하며, 컴퓨터를 가지고 있다 하더라도 80%가 이용하지 않는 것으로 나타났다. 50세 미만의 도시 영세지역 월소득 100만 원 이하 가구의 컴퓨터 보유율은 48.9%, 인터넷 이용율은 45.6%인데, 이는 전체 가구 컴퓨터 보유율 78.5%, 인터넷 이용율 70.6%에 비해 크게 떨어지는 것으로 나타나 정보격차가 심한 것을 알 수 있다(이상훈, 2005 재인용).

이러한 정보격차 현상이 양산되는 현실에서 정보통신기술을 사회복지실천 현장에 적용한다면 서비스 격차는 더 심각해질 수 있다. 예를 들어, 원격의료기술의 적용은 의료시설이 부족한 농촌 등의 지역에서 유용할 수 있지만 그러한 기술 이용을 위한 기기를 개인이 보유하는 것은 쉽지 않은 일이며, 또한 디지털 기기를 다룰 수 있는 사소한 기술도 고령층에게는 어려운 일이다(서미경 외, 2015).

다음으로는, 클라이언트의 정보와 사생활보호의 문제를 들 수 있다. 오늘날 개인정보는 전자우편, 신용카드 비밀번호, 로그파일, GPS 위치정보, DNA 정보 등 새로운 형태의 정보가 계속 등장하고 있고, 이러한 개인정보가 개인의 삶의 편의성을 제고하고 경쟁력을 높이는 데 기여하기도 하지만, 개인정보의 유출 가능성과 이에 따른 개인 안전에 대한 위험성과 사생활 침해의 가능성도 그만큼 높아지는 것이 문제이다(이상훈, 2005).

예를 들어, 실종위험이 높은 치매노인이나 지적장애인과 같은 사회복지 대상자들에게 부착되는 위치추적장치는 실종예방 및 실종 발생 시 효과성이 있는 것으로 증명되고 있으나, 이는 자칫 개인의 자유를 침해하고 사생활을 감시하는 반인권적 도구가 될 수 있다(강선경, 김헌진, 2011; 정영철, 2011). 또한 사회보장정보시스템이 부정 수급과 사각지대 발굴을 위해 유용할 수 있지만 한편으로 사회보장정보시스템에 등록된 취약계층의 개인정보 감시는 이들 계층에 대한 사생활 침해가 될 수 있으며, 잠정적으로 이들 계층을 부정 수급자로 간주하는 등의 윤리적 문제를 가진다(김수영, 2106).

개인정보를 당사자의 동의 없이 유출하거나 공개하는 것은 불법이다. 우리나라의 「정보통신망 이용촉진 및 정보보호 등에 관한 법률」「개인정보 보호법」「통신비밀보호법」「전기통신사업법」 등에서는 정보통신 서비스 제공자가 준수해야 할 관련법상의 개인정보 보호규정을 명시하고 있다. 또한 허락 없는 개인정보 유출은 클라이언트의 비밀보장을 규정하고 있는 사회복지 윤리강령에 위배되는 것이다. 클라이언트의 정보와 사생활보호에서 한계가 있는 실천상황에서 사회복지사의 책임윤리가 필요하며, 공동체의 신뢰와 연대에 이바지하는 실천이어야 윤리적 정당성을 확보할 수 있다.

마지막으로, 과학기술의 발달에 따른 생명 윤리문제와 관련하여 의료기술의 발달은 인간수명의 연장과 삶의 질 향상에 기여하였지만, 한편으로 인간배아줄기세포의 제작 성공, 생명복제와 관련한 기술은 인간존엄성에 심각한 영향을 미칠 수 있는 것으로 우려된다. 또한 의료형평성을 위해 도입된 원격

의료기술의 오작동으로 인해 환자에 대한 오진을 양산하게 되면, 이는 오히려 환자 생명에 대한 위협이 될 수 있다. 따라서 과학기술의 인간생명에 대한 적용은 보다 엄격한 윤리적 기준과 지침이 요구된다(이상훈, 2005).

정보화로 인한 사회복지실천상의 다양한 윤리적 이슈를 고려하여 서비스의 제고를 위해 다음과 같은 실천과제가 제시될 수 있다(강선경, 김헌진, 2011).

첫째, 장애인, 노인, 빈곤층 등 정보 약자들은 정보화 사회가 발달할수록 정보에 대한 접근성이 떨어질 가능성이 크고, 사회적 배제 현상이 가속화될 수 있다. 따라서 이들을 원조함으로써 정보화에 따라 발생할 수 있는 사회적 불평등을 최소화해야 한다.

둘째, 정보화로 인한 가상공간의 출현으로 공동체의 기능이 약화되고 개인의 소외와 단절 등의 정서적 문제가 생길 가능성이 많다. 따라서 공동체 기능 회복을 위한 여러 프로그램의 마련이 필요하다.

셋째, 오프라인과 온라인에서의 사회복지 서비스가 서로 보완적 관계를 유지하면서 밀접하게 연계되어 클라이언트에게 질 높은 서비스를 제공할 수 있도록 해야 한다.

넷째, 클라이언트와 국민의 개인정보를 보호하고 사생활 침해 문제에 대한 법제적이며 정책적인 방안을 강구할 필요가 있으며, 이를 위해서는 사회복지 관련법을 재정비하고, 상기문제를 보호하는 장치를 마련해야 한다.

다섯째, 사회복지 교육기관이나 한국사회복지교육협의회 등이 학생들과 사회복지기관 종사자에게 정보화 교육을 실시하여 이들이 정보화마인드의 함양과 발생할 수 있는 법제적이며 윤리적인 쟁점들에 대한 윤리적 민감성을 가질 수 있도록 해야 한다.

심화학습문제

1. 지속가능한 발전을 위해서 개인으로서 일상생활에서의 실천과제와 사회복지사로서의 실천과제에 대해서 토론해 보자.
2. 인권이 보장받지 못했거나 침해받은 경험이나 사례가 있다면 이를 공유하고 어떻게 개입해야 하는지에 대해서 토론해 보자.

제4부

사회복지 윤리와 철학의 미래

제12장 복지사회 실현을 위한 새로운 지평

제12장 복지사회 실현을 위한 새로운 지평

학습목표	1. 롤즈의 정의론을 토대로 본 한국 사회복지 현실의 과제를 제시할 수 있다. 2. 사회복지사 윤리강령의 변화의 의미와 미래에의 전망을 설명할 수 있다. 3. 사회복지 전문직 윤리와 철학의 새로운 모색을 위한 과제를 제시할 수 있다.
핵심용어	사회복지사 윤리강령, 사회복지 전문직 윤리

1. 거시적 측면

1) 한국형 복지국가 모형의 변화

사회복지의 제도화, 사회안전망의 확충과 사회보험의 도입, 사회서비스의 확대로 한국은 급속하게 복지국가의 외형을 갖추어 왔다. 이제 복지국가의 질적인 성숙을 도모해야 하는 현 시점에서 한국형 복지모델의 지향을 모색하는 것은 매우 의미 있는 일이다.

전문가들과 국민들이 생각하는 한국형 복지모델에 대한 다양한 논의를 정리하고, 이에 대한 토론의 장을 열어 가면서 사회적 합의를 도출하는 것이 필요한 시점이다.

과거 우리나라의 복지 관련 제도 도입은 상당히 빠른 속도로 이루어졌다.

그 이유는 정부가 제도의 입안을 필요로 할 때 공무원을 중심으로 선진국의 제도를 도입하여 한국에 이식시키는 형태를 띠었기 때문이다. 또한 과거에는 정부의 재정이 부족했던 이유로 사회보험을 중심으로 제도를 설계하는 경향이 있었다. 이러한 이유로 우리나라에 도입되는 대부분의 복지제도는 일본과 독일의 사회보험제도 중심이었다.

최근의 복지제도는 주로 영미권 국가들의 제도가 도입되고 있다. 대표적인 예가 근로장려세제(EITC)와 자녀세액공제(CTC)와 같은 조세, 아동수당 등을 통한 수당제도이다. 과거 독일식 사회보험제도 중심에서 영미권 국가들의 보충적인 수당제도가 도입되어 한국의 복지제도는 다양한 정책목표와 정책수단이 혼재되어 있다. 이는 단순히 사회보험체계와 선별적인 수당이 혼합되어 있다는 것뿐만 아니라 서로 다른 정책목표를 가지고 설계된 제도들이 한국의 정책환경에 적합하게 설계되었는가에 대한 검토가 필요하다.

여기에 더 나아가 지금 이 순간 한국에 이미 운영되고 있는 제도들을 얼마나 효율적으로 재구조화하고 제도별 사각지대를 효과적으로 해소할 수 있는가에 대한 장기적인 정책제시가 필요하다.

이러한 정책을 설계할 때 가장 중요한 것은 한국의 복지 현황을 객관적으로 인식하는 것이다. 이와 함께 2008년 금융위기로 시작된 남유럽 재정위기는 급격히 증가하는 한국의 복지지출에 대한 재검토를 요구하고 있다(신영석 외, 2013: 95-98).

남유럽 재정위기를 계기로 일부에서는 고부담-고복지의 유럽모델은 실패한 모델이라는 주장이 제기되었다. 그러나 고부담-고복지 유형인 스웨덴과 독일의 경우에는 재정의 지속가능성이 담보되어 있는 상태에서 국민 부담률이 높고 공공복지지출이 높은 특징을 가지고 있다. 이러한 국가들은 부담 능력이 뒷받침되어 있기 때문에 정상적으로 작동하고 있다는 것을 발견할 수 있었다. 반면에, 남유럽 국가들은 재정의 지속가능성도 없는 상태에서 복지수준을 증가시키는 반면 부담 능력은 고려하지 않았다. 이런 이유로 남유럽 국가들이 재정위기에 대한 위험이 더욱 극대화된 것이다.

한국은 재정이 건전하고 국가부채의 규모나 속성이 양호하며, 경상수지가 흑자 기조를 유지하고 있고, IMD 경쟁력 순위도 상승하고 있기 때문에 지속가능성 측면에서 다른 국가들에 비해 월등하다고 할 수 있다. 다만, 복지 수준이 낮을 경우 분배 문제 등 사회통합의 한계 때문에 이를 해결하기 위하여 많은 재정이 소요될 우려가 있지만, 당분간 일정 수준까지는 복지지출을 증가시킬 필요가 있다.

IMD 평가 분야 중 정부효율성의 하위분야인 사회적 여건의 경우 고령화 수준, 사회통합, 지니계수, 사회정의 실현 정도, 소득분배 정도(하위 10%, 상위 10%), 균등한 기회보장, 의회의 여성 비율, 사법 · 행정 및 기업 고위직의 여성 비율, 성별 소득차이 등을 평가하고 있어 우리나라 복지실현 수준이 아직 취약함을 보여 준다.

그러나 일본의 사례와 같이 급속한 고령화는 필연적으로 복지지출을 증가시킬 것이기 때문에 중장기적인 복지 재정 계획을 수립하여 이에 대한 대비를 지금부터 할 필요가 있다. 2015년 우리나라 노인부양비(elderly dependency ratio)는 17.5%로 해당국 중 가장 낮은 비율이지만, 빠른 고령화율(전체 인구 중 65세 이상 노인인구 비율)로 인해 2017년에 14.1%인 고령화율이 2050년에는 34.2%에 이르러 일본에 이어 두 번째로 높은 고령화율을 보일 것으로 예상된다.

고령화는 공적연금지출의 증가와 노후소득보장제도의 확대로 인한 복지지출을 야기한다. 문제는 복지지출은 하방 경직성이 있기 때문에 일단 지출이 증가하면 경제 상황에 따라 다시 후퇴하기 어려운 특성이 있다. 또한 복지지출은 의무지출로 재정의 경직성을 초래하여 최근의 금융위기 때처럼 경제 진작을 위해 재정지출을 늘려야 할 필요성이 있을 때 탄력적으로 대응하기 어려울 수 있다는 한계가 있다.

2009년 기준 한국의 공공사회복지지출은 GDP 대비 9.2%로 OECD 평균 22.1%보다 약 12.9% 낮으나 인구 고령화 정도(연금성숙도 등)를 반영하면 현재의 사회복지지출이 더 이상 증가하지 않는다는 가정 하에 2050년경에는 그 차이가 3% 이내로 좁혀질 것으로 예측된다.

따라서 2050년을 기준으로 하더라도 공공사회복지지출은 GDP 대비 3% 정도 증가시킬 여력이 있다. 국가 경쟁력 제고, 사회통합 비용 절감, 국민의 삶의 질 향상 측면에서 반드시 공공사회복지지출을 증가시켜야 할 것으로 판단된다.

한편, 아홉 가지 공공사회복지지출 분야 중 OECD 평균에 비해 가장 차이가 큰 부문은 노령부문이다. 노령부문은 우리나라의 고령화, 연금 성숙 속도 등을 감안하면 그 차이는 곧 해소될 것으로 보인다. 노령부문을 제외하면 근로무능력 관련 급여, 보건, 가족, 실업 분야에서 차이가 크기 때문에 이러한 분야에 집중적으로 투자할 필요가 있다.

이러한 사회복지정책의 환경변화에 따라 최근에 등장한 문재인 정부에서 말하는 포용국가란 국민의 삶을 전 생애주기에 걸쳐 책임지는 복지국가를 의미한다. 즉, 첫째, 모든 국민이 안심하고 살아갈 수 있도록 하는 국가를 말한다. 사회안전망과 복지를 강화해서 출산과 양육, 교육, 건강, 주거, 노후에 대해 걱정 없이 살아가는 국가를 말한다. 둘째, 공정한 기회와 정의로운 결과가 보장되도록 하는 복지국가를 말한다. 불평등이 신분처럼 대물림되지 않도록 한다. 계층이동이 가능한 사회가 되도록 한다. 셋째, 국민이 차별받지 않고 함께 잘 살아가도록 하는 복지국가를 말한다. 즉, 새로운 패러다임의 한국 복지국가 모형이 제시되고 있는 것이다.

2) 롤즈의 정의론 관점에서 본 한국 사회복지 현실의 과제

국가의 사회복지정책은 그 나라 국민의 의식과 이념과 불가분의 관계를 맺고 있다. 복지의식과 복지이념이 복지체계에 영향을 미치고 복지제도의 미래를 예측하는 데 유용한 준거가 되기 때문이다. 그리고 한국 사람의 지배의식은 평등주의이며, 이런 평등의식은 한국 사회의 불평등을 용인하는 수준에 한계가 있음을 보았다. 또 한국의 사회복지정책 등 소득재분배정책을 통한 불평등의 개선 정도나 개선을 위한 재정 사용 정도는 선진국에 비해 열악하다. 이런 한국의 현실을 롤즈의 정의론과 관련하여 설명하면 다음과 같다(오윤수, 정현태, 이대주, 2014: 196-201).

차등의 원칙에 의하면 최소 수혜자에게 최대 이득을 보장하는 사회의 기본구조가 이루어져야 그런 사회 안에서 발생하는 사회적 · 경제적 불평등이 용인될 수 있다. 최소 수혜자에게 최대 이득이 주어지되 이로 인해 보다 나은 처지에 있는 사람의 기대치가 하락하여서는 안 된다. 그렇지 않을 경우, 결국 최소 수혜자의 기대치도 함께 하락할 것이기 때문이다.

한국이 차등의 원칙을 실현하여 '대체로 정의로운 사회'가 되기 위해서는 해소해야 할 불평등 정도와 이를 위한 사회복지 재정의 정도가 한국인이 받아들일 수 있는 불평등 정도와 소득이전 정도와 부합해야 할 것이다. 그런데 한국 사람이 갖게 될 불평등과 소득이전 정도의 수용 여부는 한국 사람의 의식에 달려 있다. 따라서 최소 수혜자에게 최대 이득이라는 규범적인 차등의 원칙을 실제 정책에 적용하기 위해서는 적용의 기준으로서 사회 구성원이 가지고 있는 의식을 확인하는 것이 중요하다. 이때 한국인의 의식은 차등의 원칙을 한국 사회의 정책에 적용하는 데 '기준'과 동시에 '매개체'의 역할을 할 것이다. 왜냐하면 정의론이 요청하는 사회복지정책이 현실에 성공적으로 적용되기 위해서는 규범적 이론의 내용과 이런 이론에 대한 공공의 실제의견이 서로 부합하는지가 관건이 되기 때문이다(남현주, 2007: 14).

앞에서 한국인의 주된 복지의식을 평등주의로 규정했다. 한국인의 의식에 부합하는 불평등 정도와 소득이전 가능성을 확인하는 작업은 매우 복잡하고 어렵다. 또한 이러한 확인 작업을 위해서는 한국의 역사, 사회, 경제, 정치, 사회복지정책 등 외적인 요소뿐 아니라 한국 사람의 의식, 이념, 가치관, 성향 등도 고려해야 한다.

그러므로 여기서 한국인의 의식에 부합하는 불평등 정도와 이를 개선하기 위한 사회복지재정 지출 정도를 앞에서 언급한 외국들과의 의식 비교를 통해 확인해 보고자 한다. 비교되는 나라들이 롤즈의 정의론에 비추어 충분히 정의로운 나라인가에 대한 확답은 없다. 즉, 외국의 사회체계 그 자체가 대체로 정의롭다는 것을 말하지 않는다. 하지만 '후발 복지국가'로서 '이미 앞서간' 그들과의 비교를 통해 사회복지정책을 개선할 수 있는 정도를 확인할 수 있다. 이는 결국 보다 정의로운 사회로 개선할 여지가 남아 있다는 것을 의미한다.

이제 한국인의 의식과 부합한 나라를 앞에서 언급한 나라 중에서 찾아보자. 한국인의 의식을 1차 이념으로 평등주의로 상정하고, 2차 이념으로 개인주의와 집단주의의 이중가치체계로 규정하는 동시에 개인주의나 집단주의 중 어떤 의식을 보다 강하게 가지고 있든 상관없이 모두 평등주의를 지향한다고 하였다. 그렇다면 언급한 외국 중 그 의식이 이와 유사한 나라를 찾으면 된다. 1차 이념과 2차 이념을 논의한 앞으로 돌아가 보자. 미국과 독일의 예를 보아 알 수 있듯이, 이 나라들은 일반적으로 계급이나 계층에 의해 1차 이념과 2차 이념으로 나눠지고, 1차 이념에 의해 그 나라의 주된 사회복지정책이 형성된다고 하였다.

이처럼 서구 사람의 의식과 한국 사람의 의식은 매우 다르다. 그리스도교적인 정통과 종교에 바탕을 두고 오랜 기간 순차적으로 산업화한 서구와 유교적 전통 위에 급속한 산업화를 이룬 한국의 의식을 단순 비교하여 결론을 내리는 것은 매우 곤란하다. 예를 들면, 미국과 한국이 모두 개인주의가 우세하다고 해도 미국의 개인주의와 한국의 개인주의는 그 내용에 있어 상당한 차이를 드러낼 수밖에 없기 때문이다. 그러므로 각 나라의 고유한 의식이나 이념을 존중하면서 비교의 관점을 각자가 가지고 있는 의식에 따른 불평등에 대한 '관용' 수준으로 전환하는 것이 합당할 것이다.

미국은 (자유주의적) 개인주의가 1차 이념이고, (집합주의적) 국가주의가 2차 이념이므로 사회의 주된 의식은 불평등에 대한 보다 관용된 모습으로 드러난다. 반면, 독일은 국가주의가 1차 이념이고 개인주의가 2차 이념이므로 사회의 전반적인 의식은 불평등에 대해 보다 민감하다. 그 결과, 미국은 사회복지정책이 보충적이고 재분배 기능이 약하며, 독일은 사회복지를 위한 투자나 재정투입이 많고 재분배 정책이 강하다. 물론 2차 이데올로기를 가지고 있는 계층은 반대의 성향을 보인다.

한국은 개인주의를 가진 사람이나 보다 집합주의 또는 집단주의 의식을 가진 사람이나 모두 평등주의라는 1차 이념을 강하게 갖고 있다. 2차 이념 집단이 존재하여 사회의 지배이념에 대한 견제 역할을 하는 외국과 달리 지배이념이 평등주의 하나로 드러나는 한국 사회에서는 불평등에 대해 더욱 민감하며 불평등 관용 수준이 낮을 수밖에 없다. 송호근(2006: 57-58)도 다음과 같이 말했다. "미국처럼 불평등에 대한 '관용의 수준'이 높은 사회가 있고, 유럽처럼 관용의 수준이 낮은 사회가 있다. 한국은 유럽과 유사해서 불평등을 용납하는 관용의 수준이 매우 낮다."

그렇다면 평등주의라는 한국인의 의식과 부실한 사회복지 현실이라는 부조화는 무엇으로 설명할 수 있을까? 이것은 복지의식의 이중성으로 설명이 가능하다. 한국 사람들은 나라의 경제 수준에 비해 78.3%가 사회복지 수준이 낮다고 생각한다. 소득에 따른 차이는 거의 보이지 않는다(국정홍보처, 2006: 133). 동시에 이런 소득불평등을 줄이는 것이 정부의 책임인가를 묻는 의견에 72.4%가 동의하고 있다. 특히 빈곤층에 대해 정부가 더 많이 지출해야 한다는 응답이 75.1%이다(한국보건사회연구원, 2007: 363-368). 그렇다면 사회복지를 위한 세금의 확대에 대해서는 어떻게 생각할까? 사회복지를 위한 세금의 확대에 대한 의식을 보면 동의가 37.9%, 반대가 35%로 차이가 미미하다(한국보건사회연구원, 2007: 374). 이런 결과는 최균과 류진석(2000: 250)의 연구에서도 드러난다. 복지예산의 확충에는 71.3%가 찬성하지만, 세금을 납부하겠다는 실천의지에는 36.2%가 찬성해 37%의 반대와 차이가 거의 없다. 이런 불일치를 최균과 류진석은 복지의식의 이중성이라고 표현하며, 한국인의 복지의식의 특징으로 규정하였다. 같은 결과가 김상균(1994: 130)의 연구에서도 드러난다. 81.7%가 재분배에 대해서는 찬성하고 있으나 정작 이에 필요한 재원을 낼 의사에는 61.8%가 반대를 하고 있어 복지의식의 이중성을 보여 준다.

이러한 복지의식의 이중성을 좀 '과감하고 거칠기는' 하지만 다음과 같은 몇 가지 이유로 설명할 수 있다. 첫째, 복지현실과 결부하여 논의 가능한 것은 정부의 정책기조가 지난 1960년대 이후에 경제 우선정책이었다는 것이다. '선 경제성장 후 소득분배'는 소득이 높아도 계속해서 사용 가능하고 힘을 발휘하는 정책구호이다. 정부의 이러한 정책 실행은 한국의 사회복지 현실의 국민의 의식과 괴리를 가져오는 결과를 가져왔다. 그 동안의 보수정권들은 빈곤이나 빈부 문제 등을 비본질적 이데올로기로 포위하여 복지를 그들 정권의 취약한 정통성을 은폐하기 위한 정치적 선언이나 수사 정도로 사용하거나 정책 아젠다의 외부에 위치한 하위개념으로 남겨 놓았다(고세훈, 2003: 89).

둘째, 보수주의가 장악하고 있는 언론에 의한 사회복지 담론의 왜곡이다. 이것은 첫째 논의와 결부되어 보다 큰 효과를 가져왔다. 사회적 여론의 창출자로서 언론은 한국 사회에서 보수적 여론의 대변자이고 보수적 담론의 제공자였다. 그 동안 언론은 국제 경쟁력과 생산성 제고를 앞세우면서 재벌 및 대기업 중심의 성장 제일주의를 일방적으로 대변해 왔고, 형평 분배와 복지의 확대를 원리로 하는 균형 성장정책으로의 개혁에 대해 저항하는 모습을 보여 왔다(최장집, 1996: 371-377). 사실, 학교 정규수업을 통해 사회복지정책과 경제정책 등에 대한 교육을 받지 못하는 한국의 현실에서 사회복지에 대한 의식과 태도결정은 신문, 방송, 그리고 근래에는 인터넷이 주류를 이루고 있다(김재원, 최호상, 2002: 16). 언론을 통한 지식 습득은 보수적이고 친경제적인 경향을 갖는 보수언론의 영향으로 사회복지를 경제에 부정적인 것으로 인식하게 되었다. 그 결과, 사회의 불평등에 대한 인식과 사회복지의 열악성에 대한 의식은 있지만 국가 재정이 사회복지에 쓰임으로써 경제에 악영향을 줄지 모른다는 불안이나 사회복지에 대한 거부감으로 인해 사회복지 재정 확충은 꺼리는 이중성을 가지게 되었다.

셋째, 시민사회를 형성하지 못한 한국 사회에서 자신의 몫을 내놓아 함께 나누는 사회연대성에 대한 의식이 약하다는 역사적 · 사회적 현실을 지적할 수 있다. 일상행동 관찰 방식으로 한국인의 시민의식과 시민행동을 조사한 연구(설동훈, 2002: 197)에 의하면 한국인은 예의, 친절, 양보라는 측면에서는 전통적인 배려나 친절의식이 남아 있으나 이것이 공동체성, 보살핌의 자세로 확대되는 데에는 일정한 한계가 있고, 특히 타인을 위해 자신을 희생할 수 있는 태도는 거의 발견되지 않았다고 한다.

한 가지 더 지적할 수 있는 것은 정책을 입안하는 정치인이나 집행하는 관료에 대한 신뢰 부족, 사회의 부조리나 부정직한 부의 축적에 대한 반감도 영향을 미친 것으로 생각한다(고세훈, 2003: 18-19).

현재 우리나라의 복지정책 수준이 한국인의 평등주의라는 의식에 걸맞지 않으나, 한 나라의 사회복지정책이 국민의 의식과 불가분의 관계를 가진다면 중장기적으로 본다면 사회복지 수준이 의식에 수렴해 갈 것으로 보인다. 결국 앞의 통계에서 드러난 바와 같이, 한국은 미국을 넘어 유럽의 사회복지 재정 부담률이나 소득불평등 개선 비율에 버금가도록 실시함으로써 불평등을 개선할 여지가 있다.

롤즈의 차등의 원칙에 비추어 한국 사회의 분배 정도가 유럽에 가까울 수 있다고 했을 때 중요한 것은 사회적 합의이다. 사회의 기본구조나 정의로운 분배를 위한 기준에 대한 사회적 합의는 롤즈가 말하는 공정한 절차에 따라 분배가 이루어진다는 것을 인정할 때 가능하다. 합의는 공정한 분배 이후의 불평등에 대한 관용을 내포한다. 이런 합의를 통해 있는 자들은 기꺼이 자신의 몫을 내어 놓을 것이고, 보다 못 가진 자들은 그 후에 이루어지는 불평등을 용인할 수 있을 것이다.

2. 미시적 측면

1) 사회복지사 윤리강령의 변화의 의미, 그리고 미래에의 전망

2001년에 개정된 한국 사회복지사 윤리강령은 사회복지사가 올바른 윤리적 결정을 내리기 위한 기본 지침을 제공하고 있지만, 최근 다원화되고 복잡해진 한국 사회에서 제기되는 새로운 윤리적 쟁점들에 대한 구체적인 행동강령을 제시하지 못하고 있다.

따라서 한국의 사회복지사들은 윤리적 의사결정을 필요로 하는 상황이 발생했을 때, 개인적인 가치판단이나 행동방식에 따른 결정을 하게 된다.

오혜경(2010)의 연구에서도 한국의 사회복지사들은 윤리적 딜레마 상황에 직면하게 되면 나름대로 주관적인 전문가 기준에 따라 행동하고 있는 것으로 나타났다. 이러한 개인적인 의사결정 방식은 사회복지사 개인에게 혼란과 어려움을 가중시킬 뿐 아니라 사회복지사가 각자 상황에 따라 다른 기준을 적용함으로써 클라이언트로 하여금 혼란을 가져올 가능성이 크다. 사회복지사는 윤리강령이 허용하는 범위 안에서 자신의 가치관에 따라 최선의 선택을 하겠지만, 윤리적 정당성 및 허용의 범위를 어디까지로 보는가에 따라 최선의 의미가 달라질 수 있기 때문이다(강선경, 2010: 33).

또한 최근 사회복지 윤리강령에 대한 연구나 실천이 이루어지는 등 사회복지조직의 책무성과 투명성에 대한 관심이 늘어 가는 반면에 직접 사회복지 서비스를 전달하는 사회복지사들의 윤리적 실천지침인 윤리강령에 대해서는 학계나 실천 현장에서의 관심이 소홀했던 것이 사실이다.

이처럼 한국의 사회복지사 윤리강령이 클라이언트와의 이중관계에 적용될 수 있는 명확한 윤리원칙과 구체적인 지침을 제공하지 못하고 있는 상황에서 과연 한국의 사회복지사들의 윤리의식이 어떻게 형성되어 있으며, 어떤 윤리적 행동을 하고 있는지에 대한 연구는 반드시 필요하다고 하겠다(김진숙, 장연진, 2012).

사회복지사의 가치는 사회복지실천의 3대 요소 중 하나로, 사회복지사는 클라이언트를 만나고 업무를 수행하는 과정에서 끊임없는 가치판단을 필요로 한다. 가치판단이 무엇이 바람직한지 혹은 바람직하지 않은지에 대한 고민을 기반으로 한다면, 사회복지사의 윤리의식은 이러한 가치판단을 실제로 행동에 옮기는 것과 관련된 '행동화된 가치'로서의 의미를 지닌다(Levy, 1976:

9). 즉, 클라이언트와 전문적인 원조관계를 유지해 나가면서 부딪히게 되는 수많은 일상적 상황에서 사회복지사는 무엇이 옳은 행동이고 그른 행동인지를 판단해야 할 윤리적 결정 상황에 직면하게 되는 것이다(김진숙, 장연진, 2012).

지금까지 살펴본 바와 같이, 한국 사회복지사 윤리강령은 한국 사회의 변화에 부응하여 형식과 내용에서 변화가 있었다. 그렇다면 이러한 변화는 어떠한 의미를 갖는가? 그 의미('왜')는 우리가 한국 사회복지사 윤리강령을 재해석하고자 하는 의미가 될 것이다. 또한 이러한 재해석을 통해 사회복지사 윤리강령의 미래의 전망을 가늠해 볼 수 있는 연결고리가 될 것이다(이효선, 2016: 296-300).

사회복지실천 현장에서 사회복지사는 매일같이 윤리적 선택의 순간에 접할 수 있다. 이러한 윤리적 딜레마 상황에서 올바른(타당한) 선택은 서비스의 질과 클라이언트의 이익에 결정적이다. 따라서 앞서 언급한 바와 같이, 사회복지사 윤리강령은 사회복지사의 선택에 윤리적 기준을 제시한다.

하지만 기존의 한국 사회복지사 윤리강령은 전문과 10개 항의 단순한 윤리기준만을 제시하고 있고, 1988년에 공식 채택되었다가 1992년에 개정된 이후 그 형식과 내용에서 사회사업실천 현장에서 나타나는 윤리적 문제에 사회복지사가 참조할 수 있는 구체적인 윤리기준과 지침이 결여되어 있다는 점이 지적되어 왔다(김상균 외, 2013).

이러한 필요성에 의해 2001년 12월에 개정된 새로운 한국 사회복지사 윤리강령은 앞에서 살펴본 바와 같이, 사회복지 기본이념의 선언 외에도 '윤리기준'이라는 명확한 용어를 사용하여 기존의 선언적 윤리강령에서 탈피하여 실천적 행동강령으로서의 역할을 할 수 있도록 개정되었다.

또한 개정된 윤리강령에는 사회복지사가 갖추어야 할 성향으로 헌신성, 전문성, 운동성 등을 강조하고 있으며, 문제의 해결을 위한 다소 구체적인 전문직으로서의 책임, 전문성 개발을 위한 노력, 경제적 이득에 대한 태도 등 사회복지사의 기본적 의무와 권리를 비롯하여 사회복지사와 클라이언트와의 관계, 동료와의 관계를 설정했으며, 사회복지사의 사회적 책임 등을 강조했다. 그리고 협회 안에 사회복지 윤리위원회를 구성해 사회복지실천윤리의 제고와 향상을 도모하고, 비윤리적인 행위를 접수받아 공식 절차를 통해 대처하는 내용들도 포함되어 있다. 이 밖에도 사회복지사 자격증을 취득하고, 일을 시작하기 전 사회복지사로서의 의무와 책임을 다하고 윤리강령을 준수할 것을 맹세하는 사회복지사 선서문도 제정되었다.

그러나 이러한 개정의 많은 부분이 국제사회복지사협회(The International Federation of Social Workers: IFSW)의 윤리강령을 그대로 모방하고 있다는 한계가 있다. 이러한 특성으로 우리나라의 사회복지사 윤리강령은 주로 책임과 의무에 비중을 두고 있기 때문에 윤리적 딜레마 상황에서 고려해야 할 다양한 문제들을 사정하고, 해결책을 제시하는 데에는 총체적 · 직접적 도움을 주기 어렵다. 또한 이렇게 표방된 윤리강령은 각 항목 안에서 서로 다른 내용이 상호보완적으로 설명되어 있지 않고, 논리적 개연성이 구체적이지 못해 사회복지사의 윤리적 기준과 행위 사이에서 그들의 의무와 역할이 애매하게 되어 있다는 문제와 연결된다.

한편, 사회복지사 윤리강령을 최초로 채택한 미국의 사회복지사 윤리강령은 윤리원칙 이외에도 구체적이고 세부적인 윤리기준을 제시하고 있다. 물론 우리나라의 사회복지와 미국의 사회복지는 그 배경과 역사, 그리고 환경에 큰 차이가 있고, 미국의 사회복지사 윤리강령이 가장 모범적인 윤리강령이라 할 수는 없으므로 우리나라의 사회복지사 윤리강령이 미국의 그것을 받아들여야 한다고는 말할 수 없다. 그러나 구체적이고 세부적인 윤리기준에는 일상적으로 윤리적 딜레마 상황과 마주치는 사회복지사의 사고와 행동의 기준으로서 좀 더 명확한 방침을 제시하고 있다고 볼 수 있다.

미국의 사회복지사 윤리강령의 윤리기준에는 1. 사회복지사로서의 행위와 처신의 항에 A. 적정성(3개항), B. 능력과 전문적 발달(4개항), C. 서비스(2개항), D. 공정성(2개항), E. 학문과 조사(6개항)가 포함되어 있다. 2. 클라이언트에 대한 윤리적 책임의 항에 F. 클라이언트의 이익 우선(11개항), G. 클라이언트의 권리와 특권(3개항), H. 비밀보장과 프라이버시(5개항), I. 수수료(1개항)가 포함되어 있다. 3. 동료에 대한 책임에의 항에 J. 존경, 공평, 예의(13개항), K. 동료의 클라이언트 처우(2개항)가 포함되어 있다. 4. 고용자와 고용조직에 대한 윤리적 책임의 항에 L. 고용조직에 대한 헌신(4개항)이, 5. 사회사업전문직에 대한 윤리적 책임의 항에 M. 전문직의 통합성(4개항), N. 지역사회서비스(2개항), O. 지식 개발(3개항)이, 6. 사회에 대한 윤리적 책임의 항에, P. 일반복지의 증진(7개항)이 포함되어 있는 등 총 72개항의 구체적인 행동지침을 규정하고 있다.

특히 클라이언트에 대한 윤리적 책임에 관한 항만 보더라도, 개정된 한국 사회복지사 윤리강령의 2개항에 포함된 9가지의 세부항목은 주로 클라이언트에 대한 의무와 책임을 강조하고 있는 데 반해, 미국의 사회복지사 윤리강령은 한국 사회복지사 윤리강령에서 규정하고 있는 의무와 책임 외에도 사정과정에서의 사용 언어(1-12항), 서비스 비용의 지불(1-13항), 서비스 과정의 중단과 종료(1-15, 16항) 등의 구체적 지침을 포함하고 있다.

이토록 사회복지사 윤리강령은 윤리적 쟁점이 빚어질 때 의사결정과 행위를 이끌어 줄 일련의 가치원칙 기준을 제공한다. 그러나 모든 환경에서 사회복지사의 행위에 관한 일련의 규정이 제공되는 것은 아니다. 강령을 적용할 때에는 강령이 고려되는 환경과 강령의 가치원칙 기준 사이에 상충될 가능성을 함께 고려하여야 한다. 상충되는 가치, 윤리기준, 윤리원칙의 우선순위에 대해서는 사회복지사 간에 상당한 의견의 차이가 발생한다. 어떤 상황에서 윤리적 의사결정을 하는 데에는 사회복지사 각각의 타당한 결정이 반영되어야 하며, 전문직의 윤리기준을 적용하는 동료의 검토 과정에서 이러한 쟁점이 어떻게 결정될 것인가 하는 것도 고려되어야 한다.

윤리적 의사결정은 하나의 과정이다. 단순한 해결책만으로는 복잡한 윤리적 쟁점을 해결할 수 없는 수많은 사회복지 사례가 존재한다. 사회복지사는 윤리적 판단이 보장되도록 모든 상황에 적합한 이 강령에 모든 가치, 원칙, 기준을 고려하여야 한다. 또한 사회복지사의 판단과 조치는 이 강령의 규정뿐만 아니라 정신에도 일관되어야 한다.

매닝(Manning, 2003)은 윤리적 딜레마에 관한 그의 책에서 윤리적 결정체제를 언급하였다. 윤리적 결정체제는 체계적인 방식으로 인지, 감정, 사고, 그리고 행동을 고무시키기 위한 구조를 제공하는 것으로, 앞의 각 요소(인지, 감정, 사고, 행동)와 관련된 질문들을 제시하고 있다. 이러한 질문들은 사회복지사가 윤리적 딜레마 상황과 마주쳤을 때 고려하여야 할 사항을 명확히 한다.

따라서 한국 사회복지사의 윤리적 기준을 제시하는 한국 사회복지사 윤리강령에는 변화하는 사회문화적 환경에서 이와 같은 다양한 관련 요소에 기인하고 다양하고 실질적인 지침을 포함하여야 할 필요성이 있다. 이를 통해 한국 사회복지사 윤리강령은 사회복지사가 윤리적 결정을 할 수 있게 하는 인지, 감정, 사고, 행동의 틀을 제공하여야 할 것이다.

이상으로 사회복지사 윤리강령을 재해석해 보았다. 딜타이(Wihelm Dilthey)의 철학적 해석학과 그 계보를 잇는 사회과학적 해석학의 공통적인 전제는 인간이 만들어 낸 모든 문헌은 해석이 가능하다는 점과 그것은 역사 속에서 사회문화적 변화에 따라 개정되었다. 앞에서 열거한 개정된 내용과 형식을 통해 사회복지 환경의 변화의 의미와 현주소, 그리고 또다시 미래에의 변화의 방향을 전망해 본다면 객관적 정의를 위한 개념해석의 노력은 재해석의 과정에서 명료성과 쉬운 이해를 위한 기초를 제공하며, 재해석에 의한 개념정의는 사회문화적 · 역사적 환경의 변화에 따라 '발전'된 문서에서 그 변화에 대한 증거를 찾을 수 있다.

그것을 해석학 과정의 핵심요소인 이론(지루하고 꼼꼼하게 풀어 보았던 객관적 정의) 그리고 실천(개념해석을 위한 노력)을 통해 이해에 도달할 수 있다는 명제에의 접근이라 할 수 있으며, 본문에서는 그 검증(개정된 사회복지사 윤리강령의 내용)과 역사적 연관성의 의미(미래에의 전망)까지도 볼 수 있었다고 할 수 있다.

앞에서 언급하였듯이, 사회과학에서 또 사회복지실천에서 인간과 사회의 이해를 위해 발전된 방법론으로서 제기한 질적 연구 방법의 하나인 해석학은 사회복지사의 인식론적 구조의 틀에 대한 숙련의 기준을 제시해 주며, 해석의 과정을 통해 사회복지사는 클라이언트와 지역사회의 문제에 접근할 수 있는 다양한 방향성과 '제대로 된' 접근방법의 숙련을 동시에 경험할 수 있다.

따라서 다시 한 번 사회복지실천에서의 인식의 틀로서, 연구 방법으로서 해석학의 중요성을 인식하고, 이러한 해석 능력, 즉 사회복지실천에서 사례를 볼 수 있는 힘은 사회복지사의 수많은 훈련을 통해서만 이루어질 수 있다는 점을 강조한다.

2) 사회복지 전문직 윤리와 철학의 새로운 모색을 위한 과제

멀리봐야 한다, 자주 올려다봐야 한다

철학적 '자기 성찰'이란 심리학적으로는 '경외감'과 '하염없음'으로 야기되는 '인지적 전환(cognitive shift)'이다. 도무지 감당할 수 없이 엄청난 대자연 앞에서 내가 갖고 있는 현재의 인지 체계로는 그 어떠한 설명과 해석도 불가능하다. 남은 방법은 오직 한 가지뿐이다. 내 인지 체계를 통째로 바꾸는 일이다. 인간의 모든 미학적(美學的) 경험은 이 같은 '인지적 전환'과 깊이 관계되어 있다.

우주선을 타고 먼 우주에서 처음 지구를 바라본 우주비행사들은 지구에 귀환한 후 인생관이 완전히 바뀌었다. 그 누구도 경험하지 못한 새로운 관점을 경험했기 때문이다. 이를 가리켜 미국의 작가 화이트(Frank White)는 '조망 효과(overview effect)'라고 했다. 건축가이자 디자이너인 임스(Charles and Ray Eames) 부부가 만든 〈10의 제곱수(Powers of Ten)〉라는 9분짜리 다큐멘터리를 보면 우주비행사와 비슷한 경험을 할 수 있다.

인간이 세상을 보는 기준은 항상 자기 몸이다. 어릴 적 그렇게 컸던 학교 운동장이 나이가 들어 찾아가 보면 그렇게 작을 수가 없다. 그 넓었던 집 앞 '신작로'가 그렇게 좁을 수가 없다. 내 몸을 기준으로 보기 때문이다. 초등학생의 작은 몸으로 본 세상은 크고 놀라웠다. 호기심에 가득 차 세상을 올려다봤다. 그러나 성인의 몸을 기준으로 보면 죄다 시시하고 볼품없다.

지금 내 삶이 지루하고 형편없이 느껴진다면 지금의 내 관점을 기준으로 하는 인지 체계가 그 시효를 다했다는 뜻이다. 내 삶에 그 어떤 감탄도 없이 그저 한탄만 나온다면 내 관점을 아주 긴급하게 상대화시킬 때가 되었다는 이야기이다.

멀리 봐야 한다. 자주 올려다봐야 한다. '저녁노을 앞에서의 하염없음'과 같은 공간적 오리엔테이션의 변화는 긍정적인 심리적 변화를 동반한다. 미국 텍사스 대학의 심리학자 프레드 프레빅은 인간과 동물의 결정적 차이는 '도파민으로 활성화되는 뇌(dopaminergic mind)'에 있다고 주장했다. 그의 주장에 따르면도파민은 주로 '먼 공간'이나 '높은 공간'과 같은 '개인 외적 공간(extrapersonal space)'과 관계하는 반면, 세로토닌과 노르에피네프린과 같은 호르몬은 손이 닿는 '주변 사람 공간(peripersonal space)'과 관계한다. 도파민으로 활성화되는 '개인 외적 공간'의 분석 능력이 인간 문명을 가능케 했다는 것이다.

구체적 맥락의 한계를 벗어날 수 있는 인간의 추상적 사고와 창조적 문제해결 능력은 '먼 곳' '높은 곳'을 조망하는 것과 깊은 관련이 있다. 그래서 인간은 복잡한 문제가 생기면 눈을 위로 치켜뜨며 생각하는 거다. 지금 '25×9'를 암산해 보라. 계산하며 당신의 눈은 어디를 향하고 있는가? 저절로 위를 보게 된다. 뭔가를 골똘히 생각할 때, 내 시선은 스스로도 인식하지 못하는 상태에서 아주 먼 곳에 초점을 맞추게 된다. 서양의 성당이나 왕궁의 천장이 그렇게 높은 이유도 마찬가지다. 건물에 들어서면 저절로 위를 올려다보게 된다. 이때 느끼는 경외감을 통해 자발적인 '인지적 전환'을 유도하기 위해서다. 인간만 올려다본다! 사회복지사들은 사회복지실천 현장에서 힘들 때 위를 쳐다보아야 한다. 인간의 고귀함을 새롭게 인지하는 인지적 전환이 필요하다.

자주 까먹고, 물건을 손에서 놓치고, 물을 쏟고, 오가며 문짝에 자꾸 부딪힌다고 불평할 일이 아니다. 가까운 것들에 대해 둔해지는 만큼, 멀고 높은 곳을 바라보는 거시적 안목과 탈맥락적 시선이 가능해진다. 그래서 나이 들수록 전에는 안 보이던 먼 산이 눈에 들어오는 거다. 하루 종일 손바닥만 한

스마트폰 화면에 머리 처박고 분노하고 한탄하며 내 한 번뿐인 삶을 허비할 때가 아니라는 이야기다. 시간 날 때마다 멀리 봐야 한다. 올려다봐야 한다. 그래야 제한된 우리의 삶을 적극적으로 재구성할 수 있는 창조적 통찰이 가능해진다

… (하략)

출처: 조선일보(2010).

그래서 사회복지사는 실천 현장에서 좌절하는 것이 아니라 삶의 현장에서 철학적으로 자기 성찰을 함으로써 오늘도 그토록 장엄하게 전문가적 삶을 살아가게 되는 것이다.

(1) 전문직 윤리 모색의 필요성

사회복지 전문직의 정체성은 본질적으로 사회복지 전문직 윤리로 상징되는 규범성에 있으며, 사회복지 전문직으로 존재하기 위해서는 클라이언트의 자유 및 자율성, 전문가의 온정적 개입주의로 대변되는 전문성, 사회복지와 연관된 공공성 혹은 공적 책임성을 반드시 확보하지 않으면 안 된다.

사회복지 전문직의 윤리를 구성하고 있는 세 가지 핵심요소는 각각의 요소가 지향하는 가치와 원칙을 기준으로 살펴볼 때, 안정성을 보이기보다는 오히려 긴장과 갈등의 소지를 더욱 많이 포함하고 있다. 이와 같은 윤리적 긴장과 갈등이야말로 사회복지가 전문직으로 가진 숙명이며, 이 세 가지 핵심요소 사이의 적절한 균형과 안정을 유지하려는 노력이야말로 전문직 집단으로서 사회복지사들이 부여받은 가장 근본적인 사명이다(오윤수, 정현태, 이대주, 2014: 255-258).

한국의 사회복지 윤리와 철학의 근저에는 집합주의적 사상이 유교 전통과 공존하고 있다. 또한 한국은 현재 기독교적 사상의 보편화로 인해서 문화적 다양성과 역동성으로 사회복지 윤리 차원에서 그 잠재력이 매우 크다고 생각한다.

미국의 경우, 사회복지 철학 혹은 사회복지 윤리 분야는 미국 사회복지에 녹아 있는 자유주의적 개인주의 문제점을 확인하고 그 대안을 모색하고자 하는 광범위한 움직임이 활발하게 전개되고 있다. 미국의 대표적인 사회복지 윤리학자로 알려진 허친슨(Anne Hutchinson)은 자유주의를 강력하게 주장하는 과정에서 경시된 집합주의 혹은 사회주의를 새롭게 중시하였다. 집합주의 사상을 열거해 보면 기독교적 사회주의, 마르크스 사회주의, 동양의 종교사상을 제시하였다.

이와 같은 연구의 흐름은 미국의 사회복지 기본방향을 전환하고자 하는 많은 연구에서 발견할 수 있다. 예컨대, 에찌오니(Amitai Etzioni)와 맥너트(John Mcnutt)을 중심으로 하는 신공동체주의, 미즐리(James Midgley)의 신기독교 운동주의, 웨이크필드(Jerome C. Wakefield) 등에 주창된 임상사회사업과 관련된 사회복지의 도덕적 핵심 논쟁 등을 들 수 있다. 이러한 새로운 연구 흐름들이 허친슨이 언급한 집합주의를 사상적 기반으로 하고 있다(김기덕, 2011: 13).

(2) 사회복지 전문직 윤리의 변화와 관련된 과제

① 안정성과 유연성을 동시에 가진 전문직 윤리의 모색

변화하는 환경이 요구하는 사회복지 전문직 윤리는 안정성과 유연성이라는 일견 모순되어 보이는 특성을 기본적으로 갖추어야 한다. 유연성을 갖추어야 한다는 것의 의미는 페미니스트들이나 포스트모던 계열에서 강조하는 바와 같이, 사회복지 전문직 윤리가 다양한 클라이언트에게 놓여 있는 구체적인 맥락과 규범적 상대성에 대하여 적절하게 부합할 수 있어야 한다는 것이다.

안정성을 가져야 한다는 것은 다양한 클라이언트 집단의 상대성을 인정하면서도 이러한 상대성이 극단으로 흐르지 않도록 할 수 있는 보편적인 기준을 견지하여야 한다는 것이다.

② 공적 책임성에 대한 새로운 정립의 필요성

변화하는 환경에서 사회복지 전문직 윤리는 자신들이 지향하고 추구하는 공공성 혹은 공적 책임성에 대한 새로운 정립을 시도하여야 한다. 공공성 혹은 공적 책임성은 사회복지 전문직을 여타의 전문직과 구별되게 하는 핵심 구성요소이다. 그런데 문제점은 그간 사회복지 전문직이 추구하는 공공성은 구체적으로 무엇이며, 이는 진정한 의미의 공공성인가에 대해서 체계적 고찰이 없었다는 것이다.

최근의 한 연구에 의하면, 시장, 경쟁, 효율이라는 핵심 상징을 중심으로 전 지구적으로 전개되는 시장 중심의 무한경쟁을 공공성의 대체물 혹은 새로운 공공성으로 간주하는 경향을 보인다고 진단하였다. 그러나 이러한 두 가지 담론은 사회복지 전문직과 관련하여 규범적 친화성을 보이기보다는 일정한 긴장을 야기하고 있는 것으로 보인다. 어떤 의미에서 보자면 사회복지 전문직의 발전은 권위주의적 공공성과 시장적 보편성에 어느 정도의 거리를 두고 대립 혹은 저항하면서 발전한 것으로 볼 수 있다.

전체 사회의 발전 방향에 대해서 의식적인 통제를 거부하게 만들면서 경쟁적 상호작용이 공공선으로 이어지는 것을 전혀 보장하지 못하는 시장자유주의이다. 또한 개별 집단의 내부자적 시각을 통해 당사자의 결정을 중시하는 다원주의가 결합할 경우, 공공성 혹은 공적 책임성의 공간은 점점 협소해질 것으로 전망되는 현대 사회에서 사회복지 전문직의 공공성에 대한 입장 정립은 더욱 시급해 보인다.

③ 새로운 전문직 개념의 명확한 정립 필요

새로운 사회복지 전문직 윤리가 상정하고 있는 전문직 모델인 임파워먼트, 협력관계, 당사자주의 모델에서 사회복지 전문가가 담당해야 할 역할과 기술 및 태도는 과연 무엇인가에 대한 보다 명확한 규정이 필요하다. 사회복지가 전문직으로 존재하기 위해서는 일반 직종과는 구별되는 전문가의 지식, 기술, 태도 등이 존재하여야 한다.

사회복지 전문직을 둘러싸고 진행되는 사회적 변화는 이제 한국의 사회복지 전문직 윤리의 새로운 정립을 점차 요구하고 있다. 전문직 윤리의 새로운 정립은 앞서 제시한 사회복지 전문직 윤리의 핵심 구성요소, 클라이언트의 자율성, 전문성, 공공성을 중심으로 이루어져야 할 것으로 전망된다.

④ 사회복지사의 전문성과 윤리적 행동과의 관계 과제

사회복지사의 전문적 태도와 전문적 능력과 윤리적 책임행동 간의 관계를 통해 상호 의미가 있다는 것을 살펴보았다. 그 결과가 사회복지사 개인 및 사회복지실천 현장에 시사하는 함의는 다음과 같다(송유미, 2008: 208).

첫째, 우리나라 사회복지사들은 타 직종에 종사하는 사람들보다 근무시간이 더 길고(전재명, 2000; 송유미, 2005), 감당해야 할 업무량이 과다하고, 기관 내·외에서 요청하는 행정적 업무에 쫓기기 때문에(김경희, 2000) 자신들의 직무와 관련된 윤리적 책임행동 문제에 관심을 둘 여건을 갖고 있지 못할 뿐 아니라, 이에 관한 인식 자체도 저조한 실정이다(김경희, 2000). 이 연구의 결과는 이러한 여건 속에서 등한시될 수 있는 사회복지사의 윤리적 책임행동에 대한 관심을 개인 및 사회복지 전체에 촉구하고, 나아가 윤리적 책임행동을 향상시키는 것이 사회복지 전문직에 충실한 것이라고 주장한다.

둘째, 연구결과 사회복지사의 윤리적 책임행동을 설명하는 데 전문적 태도와 전문적 능력, 즉 전문성이 중요한 변인임이 밝혀졌다. 이는 사회복지사들이 전문성을 갖출 때 비로소 사회복지사의 윤리적 책임행동이 확보됨을 의미한다. 따라서 사회복지사의 전문성을 향상시키기 위한 체계적인 사회복지사 재교육 프로그램이 반드시 필요하다. 재교육 프로그램을 통해서 사회복지사들은 사회복지와 관련된 새로운 지식과 기술을 전수받게 될 것이다. 따라서 사회복지 실무의 과학화, 이론화가 추구될 것이다. 이와 함께 사회복지사 재교육을 위한 사회복지시설 예산의 일정 범위의 재원을 확보해 두는 기관장의 의지가 필요하겠다.

셋째, 수퍼비전은 사회복지사의 자질 향상과 사회복지시설 사업의 전문성 증진에 직접적인 영향을 미친다는 김경희(2000)의 연구결과에 따라 시설 자체의 수퍼비전 체계가 제대로 확립되어야 사회복지사들은 자신감을 가지고 직무를 수행할 수 있을 것이다. 요컨대, 사회복지사의 전문성과 윤리적 책임 행동 간의 관계의 상승작용을 통해서 사회복지사는 전문가로서 성장 · 발전할 수 있을 것이다.

(3) 제언

한국의 사회복지 윤리 수준은 서구에 비해 다소 낮다고 볼 수 있다. 인간학이라고 불리는 사회복지 학문에서 윤리학의 발전은 기본적인 사회복지 가치를 인식시키고, 더불어 윤리교육 및 전파를 위한 학문적 교육과정이 필요하다. 사회복지 윤리의 발전 방향으로 사회복지 분야가 전문직으로 성숙함에 따라 약해진 사회복지의 도덕적 핵심가치에 대한 재평가와 보존하려는 노력이 있어야 하며, 급격한 기술 발달이 사회복지실천에 미칠 영향과 윤리적 의미에 대한 관심이 고조되어야 할 것이다.

무엇보다도 중요한 것은 대학교육에서의 인문학 강좌가 사라진다는 데 대한 교육계의 반성이 절실한 때이다. 사회복지학은 인간학이라고 할 수 있다. 인간을 위한 학문이라면 당연히 '윤리'가 전제되어야 한다. 그러나 한국의 사회복지에서는 '윤리'에 대한 논의가 부족한 실정이다. 따라서 대학교육과정에서 '윤리'는 필수과목이어야 한다. 이에 몇 가지 제언을 하고자 한다.

첫째, 김기덕 교수는『한국의 사회복지 윤리와 철학 교과서 분석』이라는 논문에서 한국의 사회복지 교육과정에 있어서 사회복지 윤리학에 대한 정확한 지침은 단지 한국사회복지교육협의회의 교과목 지침이기 때문에 앞으로 한국의 사회복지 윤리와 철학을 위해서는 한국 실정에 맞는 윤리문제에 적용해야 하며, 이를 위한 연구의 필요성을 제기하였다.

둘째, 윤리학은 궁극적으로 윤리적 사회를 이룩하기 위해 주체들이 스스로 윤리적 인격으로서 거듭날 수 있도록 고안된 지적 체계인 것이다. 윤리적 인격은 윤리문제가 발생하는 상황에 대한 깊은 통찰이 필요하다. 그러기 위해서는 주제들이 윤리성에 대한 사유(사고, 생각)를 할 수 있어야 한다.

셋째, 윤리학은 학문이다. 학문이기 때문에 이론이 필요하다. 윤리문제에 대한 적합한 이론들이 있기 마련이다. 여러 가지 윤리이론을 잘 습득해야 한다. 윤리이론도 중요하지만 무엇보다도 주체자로서의 '덕'이 있어야 할 것이다. "먼저 깨달음으로 살아야 한다." (덕행을 행하고도 남은 힘이 있거든 학문을 익혀라)

넷째, 윤리학은 철학의 하위 범주에 속한다. 따라서 윤리학에 앞서 철학(인문학)을 알아야 한다.

> 철학한다고 해서 철학자가 되라는 말은 아니다. 적어도 윤리에 대한 책임이 있는 주체자(교수, 사회복지사)라면 철학을 알아야만 한다. "철학한다는 것은 생각하는 … 그 무엇인 것이다."

3. 영화로 보는 사회복지 윤리

영화를 통해서 우리는 사회복지 윤리를 정서적으로 이해할 수 있다. 이성이나 이론으로 설명할 수 없는 사회복지 윤리 영역을 영화를 보면서 통찰력을 얻을 수 있다. 〈아이 엠 샘(I Am Sam)〉(2002)이라는 영화를 통해서 사회복지사의 어떠한 행위가 윤리적인가를 토론함으로써 사회복지 윤리를 이해하고, 이론적으로 사회복지 윤리를 정립할 수 있다.

줄거리

혼자 딸을 키우며 살아가는 남자 … 샘 도슨, 완벽하지 않지만 행복한 그의 가정에 드리운 불행의 그림자

일곱 살 아이의 지능을 가진 샘 도슨은 버스정류장 옆 커피 전문점에서 일하면서 아내가 버리고 간 딸 루시를 키우며 힘들지만 즐거운 나날을 보내고 있다. 수요일에는 레스토랑에, 목요일에는 비디오 나이트에, 금요일에는 노래방에 함께 다니는 것이 이들 부녀의 작은 행복. 남들이 보기에는 정상적이지 못하지만 그들은 즐거운 시간을 함께하며 행복한 가정을 이루고 있다.

그러나 루시가 일곱 살이 되면서 사회복지기관 전문가가 이들 사이에 끼어들게 된다. 샘의 지능은 일곱 살 수준이기 때문에 루시가 일곱 살이 넘게 되면 샘이 루시를 정상적으로 부양할 수 있는지에 대한 검증이 필요하다는 것. 만일 샘이 그의 양육 능력을 입증하지 못하면 루시는 다른 가정으로 입양되어야 한다.

이러한 과정에서 양육 능력이 부족하여 다른 가정에 입양하게 된다. 그러나 딸 루시가 밤마다 아버지를 그리며 샘의 집으로 간다. 이를 보다 못한 아버지 샘이 딸을 다시금 자신의 집으로 데려오기 위한 대책을 세운다.

일곱 살짜리 지능이지만 딸 루시를 위해서 무엇이든 하려고 하는 샘은 변호사 리타를 만난다. 어쩔 도리가 없는 상황에서 샘은 법에 맞서 싸울 것을 맹세하고, 정력적이며 자아도취적인 변호사 리타 해리슨과 도저히 이뤄질 것 같지 않은 연대를 맺는다. 리타는 자신의 능력을 과시하기 위해 무료로 무모하게 샘의 변호를 맡게 된다.

리타와 샘의 친구들은 샘을 위해 샘이 딸을 되찾아 올 만한 자격이 있다는 사실을 확신시키기 위해 함께 싸워 간다. 그 과정에서 리타는 그녀같이 정상적인 사람들조차도 친권을 지키는 것이 얼마나 어려운지, 그리고 샘의 무조건적인 사랑이 얼마나 큰 힘을 발휘하는지 깨달으며 점점 유대감을 형성하게 된다.

그리고 마침내 딸의 친권을 확보하고, 양부모의 협조를 받아 새롭게 행복한 가정을 이루어 나간다.

1) 이론적 기반: 지적장애의 개념

지적장애는 역사적으로 다양한 용어의 변화를 거쳐 오늘에 이르렀다. 천치, 백치, 정신박약 등으로 말하여 오다가 1977년에 제정된 「특수교육진흥법」에서는 정신박약(feebleminded)으로 표시되었다. 2007년에 제정된 「장애인 등에 대한 특수교육법」에서는 정신지체(mental retardation)라는 용어를 사용했다. 2007년에 「장애인복지법」이 개정되면서 지적장애(intellectual disability)라는 용어로 변경되었다.

지적장애라는 용어의 사용은 세계적인 추세이다. 이러한 용어의 변화는 기존의 정신지체(mental retardation)라는 용어가 정신적인 능력의 발달이 느리거나 거의 발달이 없는 것으로 이해하던 시대의 산물이라는 인식 때문이다. 그리고 정신지체라는 용어에는 장애가 개인 내의 결함이라고 보는 관점을 유지하지만, 지적장애라는 용어 속에는 장애가 개인의 잠재능력과 개인이 기능하는 맥락이라는 두 가지 사이에 존재한다고 보기 때문이다.

미국 지적장애 및 발달장애협회(American Association on Intellectual and Developmental Disabilities: AAIDD)도 이러한 영향을 반영하였다. AAIDD는 2010년에 지적장애의 11차 정의를 제시하면서 장애 명칭을 정신지체에서 지적장애로 변경하였다. 이러한 흐름을 우리나라에서도 반영하여 2016년에 「장애인 등에 대한 특수교육법 시행령」에서 정신지체에서 지적장애로 변경하였다(임경옥, 박경화, 조현정, 2017: 82-83).

지적장애란 지적 능력의 장애와 사회적응 능력의 장애로 사회생활의 어려움이 있는 상태를 말한다. 지적 능력의 장애란 개인의 추리, 판단, 학습, 이해, 구체적 · 추상적 사고 등의 복잡한 상태를 파악하고 대처하는 능력을 수치화해서 측정하는 것으로, 일정 수준 이하의 수치를 나타내는 경우를 의미한다. 학자에 따라 차이가 있지만 미국정신의학회는 지능지수가 50~70은 경도, 35~49는 중등도, 20~34는 중도, 20 미만은 최중도로 구분한다(문선화 외, 2005: 109).

우리나라의 경우, 「장애인 등에 대한 특수교육법」에는 지적 장애에 대한 구체적인 내용이 명시되어 있지 않다. 「장애인복지법 시행규칙」(2015)에서는 다음과 같이 분류하고 있다.

표 12-1 지적장애 분류

장애 급수	판정 기준
제1급	지능지수가 35 미만인 사람으로서 일상생활과 사회생활에 적응하는 것이 현저하게 곤란하여 일생 동안 다른 사람의 보호가 필요한 사람
제2급	지능지수가 35 이상 50 미만인 사람으로서 일상생활의 단순한 행동을 훈련시킬 수 있고, 어느 정도의 도움과 감독을 받으면 복잡하지 아니하고, 특수한 기술이 필요하지 않는 직업을 가질 수 있는 사람
제3급	지능지수가 50 이상 70 이하인 사람으로서 교육을 통한 사회적 · 직업적 재활이 가능한 사람

그리고 적응행동 수준은 성숙, 학습, 개인적 자립, 그리고 연령 수준과 문화적 집단으로 기대되는 사회적 책임감의 기준에서 정하는 정도와 능력으로 결정한다.

2) 이론적 기반: 윤리적 절대주의와 윤리적 상대주의

(1) 윤리적 절대주의

윤리적 절대주의는 시대와 장소를 초월하여 만인에게 보편타당한 어떤 도덕적 규범이 존재한다는 주장으로, 이 주장의 근거는 보편타당한 삶의 원리는 선천적으로 주어져 있다고 본다. 이 관점에서 보면 인생의 법칙은 도덕과 비도덕을 가리는 객관적 기준이 되고, 시대가 바뀌고 장소가 변하여도 도덕이 도덕으로 남아 있는 이유는 절대적으로 타당한 기준이 있기 때문이다. 따라서 윤리적 절대주의 사상은 변화하는 것은 도덕의 현상이지 도덕의 본질이 아니라는 것이다. 만약 이러한 본질적 기준이 없으면 인간은 무엇이 옳고 그른지 판단할 수 없으며, 도덕적 허무주의에 빠지게 된다는 것이다.

관련 이론으로는 의무론적 윤리이론으로, 도덕적 규범에 근거하여 의무를 다해야 한다는 이론이다.

윤리적 절대주의 관점에서 사회복지사는 윤리적으로 실천하기 위해 클라이언트의 자기 결정권, 비밀보장과 같은 전문가로서의 원칙을 반드시 지켜야 한다. 그러나 의무론적 윤리이론은 선악의 기준이 사회나 역사 속에서 달라질 수 있음에도 불구하고, 도덕의 사회성이나 역사성을 부인하고 있다는 제한점을 지닌다(이순민, 2016: 22-23).

(2) 윤리적 상대주의

윤리적 상대주의란 도덕이 개인이나 문화에 따라 상대적이라는 것이다. 즉, 도덕과 비도덕을 구분하는 초문화적이고 초객관적인 기준이란 있을 수 없다고 보는 것으로, 한 사회에서 적용되는 행동 규칙은 다른 사회에 있는 사람들에게는 적용할 수 없다는 것이다.

관련 이론으로는 목적론적 윤리이론으로, 행위로 인한 결과가 선 혹은 악이 더 산출되는가에 따라 옳고 그름을 판단하여 행동한다는 것으로 쾌락주의, 윤리적 이기주의, 공리주의가 이 범주에 해당한다.

윤리적 상대주의 관점에서는 사회복지실천과정에서 어떤 결과가 가장 좋은 결과를 이끌어 낼 수 있는지를 예측하고 검토하여 윤리적 의사결정을 한다는 것이다. 예컨대, 윤리적 딜레마에 처한 상황이 발생한 경우 선택가능한 여러 가지 대안의 예측결과를 검토하고, 클라이언트나 관련자들에게 최선의 결과를 가져다주는 선택을 해야 한다는 것이다. 사회복지실천에서는 클라이언트의 비밀보장을 지켜주어야 하지만, 그 클라이언트의 비밀을 밝히는 것이 클라이언트나 다른 사람들에게 최대한의 이익을 제공한다면 비밀보장을 위배할 수 있다는 것이다(이순민, 2016: 19).

표 12-2 윤리적 절대주의와 윤리적 상대주의의 비교

구분	윤리적 절대주의	윤리적 상대주의
윤리적 행위	• 윤리규범의 필요성을 구속적 · 당위적 입장에서 받아들이는 행위	• 윤리규범의 필요성을 인정하지 않고, 인간행위를 상황에 의해서 규정하는 행위
윤리원칙	• 의무의식에 의한 행위의 동기 및 과정으로서 양심, 이성, 신의 등을 중시	• 심리상태에 의한 행위의 결과로서 욕구, 행복, 실용성을 중시함
옳은 행동	• 보편타당한 절대적 행동의 법칙에 따르는 행동	• 한 사회의 목표, 구성원의 욕구충족에 도움이 되는 행위
행동기준	• 절대적 · 객관적 · 보편적 기준	• 상대적 · 주관적 · 특수적 · 상황적 기준
장점	• 마음의 평화, 도덕적 권위 • 사회질서 유지	• 윤리의 현실성, 인간의 사회성, 개별성을 강조, 다른 문화를 포용
단점	• 논리적 증명이 어려움 • 자명한 원리들 간의 불일치 • 상대성의 결여, 권위주의적 경향	• 공평성과 보편성의 부정, 윤리의 성립근거 미약, 윤리가 권위를 잃게 되며, 도덕적 무정부 상태를 방지할 이론적 근거가 무너질 우려, 윤리를 자의적으로 해석할 가능성
주요 학자	플라톤, 아리스토텔레스, 칸트, 헤겔	콩트, 다윈, 스펜서

출처: 이효선(2016: 30).

표 12-3 윤리적 갈등 해결 관점

윤리적 절대주의	윤리적 상대주의
루시는 샘이 양육해야 한다.	루시는 입양되어야 한다.
루시에게 필요한 것은 샘의 사랑이다.	샘은 정신지체 장애인으로 아이를 양육할 능력이 부족하다.
장애인이라고 아이를 키울 양육권을 박탈할 수 없다.	좀 더 장기적으로 볼 때, 입양이 루시에게 좋은 선택이 될 수 있다.
루시의 의사를 존중해 주어야 한다.	루시가 성장하는 데 있어서 적절한 환경이 필요하다.

심화학습문제

1. 롤즈의 정의론에 입각하여 한국 사회복지 현실의 문제에는 어떤 것이 있는가?
2. 사회복지사 윤리강령의 변화에 따른 사회복지 전문직 윤리와 철학은 어떻게 변화해야 하는가?

부록

1. 한국 사회복지사 윤리강령

[전문]

사회복지사는 인본주의 · 평등주의 사상에 기초하여 모든 인간의 존엄성과 가치를 존중하고 천부의 자유권과 생존권의 보장활동에 헌신한다. 특히 사회적 · 경제적 약자들의 편에 서서 사회정의와 평등 · 자유와 민주주의 가치를 실현하는 데 앞장선다. 또한 도움을 필요로 하는 사람들의 사회적 지위와 기능을 향상시키기 위해 저들과 함께 일하며, 사회제도 개선과 관련된 제반 활동에 주도적으로 참여한다. 사회복지사는 개인의 주체성과 자기결정권을 보장하는 데 최선을 다하고, 어떠한 여건에서도 개인이 부당하게 희생되는 일이 없도록 한다. 이러한 사명을 실천하기 위하여 전문적 지식과 기술을 개발하고, 사회적 가치를 실현하는 전문가로서의 능력과 품위를 유지하기 위해 노력한다. 이에 우리는 클라이언트 · 동료 · 기관, 그리고 지역사회 및 전체사회와 관련된 사회복지사의 행위와 활동을 판단 · 평가하며 인도하는 윤리기준을 다음과 같이 선언하고 이를 준수할 것을 다짐한다.

[윤리기준]

Ⅰ. 사회복지사의 기본적 윤리기준

1. 전문가로서의 자세

1) 사회복지사는 전문가로서의 품위와 자질을 유지하고, 자신이 맡고 있는 업무에 대해 책임을 진다.

2) 사회복지사는 클라이언트의 종교 · 인종 · 성 · 연령 · 국적 · 결혼상태 · 성 취향 · 경제적 지위 · 정치적 신념 · 정신, 신체적 장애 · 기타 개인적 선호, 특징, 조건, 지위를 이유로 차별 대우를 하지 않는다.

3) 사회복지사는 전문가로서 성실하고 공정하게 업무를 수행하며, 이 과정에서 어떠한 부당한 압력에도 타협하지 않는다.
4) 사회복지사는 사회정의 실현과 클라이언트의 복지 증진에 헌신하며, 이를 위한 환경 조성을 국가와 사회에 요구해야 한다.
5) 사회복지사는 전문적 가치와 판단에 따라 업무를 수행함에 있어 기관 내외로부터 부당한 간섭이나 압력을 받지 않는다.
6) 사회복지사는 자신의 이익을 위해 사회복지 전문직의 가치와 권위를 훼손해서는 안 된다.
7) 사회복지사는 한국사회복지사협회 등 전문가단체 활동에 적극 참여하여 사회정의 실현과 사회복지사의 권익옹호를 위해 노력해야 한다.

2. 전문성 개발을 위한 노력

1) 사회복지사는 클라이언트에게 최상의 서비스를 제공하기 위해 지식과 기술을 개발하는 데 최선을 다하며 이를 활용하고 전파할 책임이 있다.
2) 클라이언트를 대상으로 연구하는 사회복지사는 저들의 권리를 보장하기 위해 자발적이고 고지된 동의를 얻어야 한다.
3) 연구과정에서 얻은 정보는 비밀보장의 원칙에서 다루어져야 하고, 이 과정에서 클라이언트는 신체적 · 정신적 불편이나 위험 · 위해 등으로부터 보호되어야 한다.
4) 사회복지사는 전문성을 개발하기 위해 노력하되, 이를 이유로 서비스의 제공을 소홀히 해서는 안 된다.
5) 사회복지사는 한국사회복지사협회 등이 실시하는 제반교육에 적극 참여하여야 한다.

3. 경제적 이득에 대한 태도

1) 사회복지사는 클라이언트의 지불능력에 상관없이 서비스를 제공해야 하며, 이를 이유로 차별대우를 해서는 안 된다.
2) 사회복지사는 필요한 경우에 제공된 서비스에 대해 공정하고 합리적으로 이용료를 책정해야 한다.

3) 사회복지사는 업무와 관련하여 정당하지 않은 방법으로 경제적 이득을 취하여서는 안 된다.

II. 사회복지사의 클라이언트에 대한 윤리기준

1. 클라이언트와의 관계

1) 사회복지사는 클라이언트의 권익옹호를 최우선의 가치로 삼고 행동한다.
2) 사회복지사는 클라이언트에 대하여 인간으로서의 존엄성을 존중해야 하며, 전문적 기술과 능력을 최대한 발휘한다.
3) 사회복지사는 클라이언트가 자기결정권을 최대한 행사할 수 있도록 도와야 하며, 저들의 이익을 최대한 대변해야 한다.
4) 사회복지사는 클라이언트의 사생활을 존중하고 보호하며, 직무 수행과정에서 얻은 정보에 대해 철저하게 비밀을 유지해야 한다.
5) 사회복지사는 클라이언트가 받는 서비스의 범위와 내용에 대해 정확하고 충분한 정보를 제공함으로써 알 권리를 인정하고 존중해야 한다.
6) 사회복지사는 문서 · 사진 · 컴퓨터 파일 등의 형태로 된 클라이언트의 정보에 대해 비밀보장의 한계 · 정보를 얻어야 하는 목적 및 활용에 대해 구체적으로 알려야 하며, 정보 공개 시에는 동의를 얻어야 한다.
7) 사회복지사는 개인적 이익을 위해 클라이언트와의 전문적 관계를 이용하여서는 안 된다.
8) 사회복지사는 어떠한 상황에서도 클라이언트와 부적절한 성적관계를 가져서는 안 된다.
9) 사회복지사는 사회복지 증진을 위한 환경 조성에 클라이언트를 동반자로 인정하고 함께 일해야 한다.

2. 동료의 클라이언트와의 관계

1) 사회복지사는 적법하고도 적절한 논의 없이 동료, 혹은 다른 기관의 클라이언트와 전문적 관계를 맺어서는 안 된다.
2) 사회복지사는 긴급한 사정으로 인해 동료의 클라이언트를 맡게 된 경우, 자신의 의뢰인처럼 관심을 갖고 서비스를 제공한다.

Ⅲ. 사회복지사의 동료에 대한 윤리기준

1. 동료

1) 사회복지사는 존중과 신뢰로서 동료를 대하며, 전문가로서의 지위와 인격을 훼손하는 언행을 하지 않는다.
2) 사회복지사는 사회복지 전문직의 이익과 권익을 증진시키기 위해 동료와 협력해야 한다.
3) 사회복지사는 동료의 윤리적이고 전문적인 행위를 촉진시켜야 하며, 이에 반하는 경우에는 제반 법률규정이나 윤리기준에 따라 대처해야 한다.
4) 사회복지사가 전문적인 판단과 실천이 미흡하여 문제를 야기시켰을 때에는 적절한 조치를 취하여 클라이언트의 이익을 보호해야 한다.
5) 사회복지사는 전문직 내 다른 구성원이 행한 비윤리적 행위에 대해 제반 법률규정이나 윤리기준에 따라 조치를 취해야 한다.
6) 사회복지사는 동료 및 타 전문직 동료의 직무 가치와 내용을 인정 · 이해하며, 상호 간에 민주적인 직무관계를 이루도록 노력해야 한다.

2. 수퍼바이저

1) 수퍼바이저는 개인적인 이익의 추구를 위해 자신의 지위를 이용해서는 안 된다.
2) 수퍼바이저는 전문적 기준에 의해 공정하게 책임을 수행하며, 사회복지사 · 수련생 및 실습생에 대한 평가는 저들과 공유해야 한다.
3) 사회복지사는 수퍼바이저의 전문적 지도와 조언을 존중해야 하며, 수퍼바이저는 사회복지사의 전문적 업무수행을 도와야 한다.
4) 수퍼바이저는 사회복지사 · 수련생 및 실습생에 대해 인격적 · 성적으로 수치심을 주는 행위를 해서는 안 된다.

Ⅳ. 사회복지사의 사회에 대한 윤리기준

1) 사회복지사는 인권 존중과 인간평등을 위해 헌신해야 하며, 사회적 약자를 옹호하고 대변하는 일을 주도해야 한다.
2) 사회복지사는 필요한 사회서비스를 개발하기 위한 사회정책의 수립 · 발

전 · 입법 · 집행에 적극적으로 참여하고 지원해야 한다.

3) 사회복지사는 사회환경을 개선하고 사회정의를 증진시키기 위한 사회정책의 수립 · 발전 · 입법 · 집행을 요구하고 옹호해야 한다.

4) 사회복지사는 자신이 일하는 지역사회의 문제를 이해하고, 그것을 해결하는 일에 적극적으로 참여해야 한다.

V. 사회복지사의 기관에 대한 윤리기준

1) 사회복지사는 기관의 정책과 사업 목표의 달성, 서비스의 효율성과 효과성의 증진을 위해 노력함으로써 클라이언트에게 이익이 되도록 해야 한다.

2) 사회복지사는 기관의 부당한 정책이나 요구에 대하여 전문직의 가치와 지식을 근거로 이에 대응하고 즉시 사회복지 윤리위원회에 보고해야 한다.

3) 사회복지사는 소속기관 활동에 적극 참여함으로써 기관의 성장 발전을 위해 노력해야 한다.

VI. 사회복지 윤리위원회의 구성과 운영

1) 한국사회복지사협회는 사회복지 윤리위원회를 구성하여 사회복지 윤리실천의 질적인 향상을 도모하여야 한다.

2) 사회복지 윤리위원회는 윤리강령을 위배하거나 침해하는 행위를 접수받아 공식적인 절차를 통해 대처하여야 한다.

3) 사회복지사는 한국사회복지사협회의 윤리적 권고와 결정을 존중하여야 한다.

2. 미국 사회복지사 윤리강령[1]

[전문]

사회복지 전문직의 기본적인 사명은 인간의 복리를 향상시키고 모든 사람들의 기본적인 욕구를 충족케 함에 있으며 특히 취약계층, 억압받고 가난한 사람들의 욕구와 임파워먼트에 관심을 둔다. 사회복지실천의 역사적 특징은 사회적 맥락 속에서 개인의 행복에 초점을 맞추는 것이다. 사회복지실천의 기본은 생활상의 문제를 야기하거나, 이바지하거나, 대처하는 환경요인에 주의를 기울이는 것이다.

사회복지사는 클라이언트와 함께 그리고 클라이언트를 위해 사회정의와 사회변화를 증진시킨다. "클라이언트"란 개인, 가족, 집단, 조직 및 지역사회를 총칭하는 말로 사용된다. 사회복지사는 문화적.윤리적 다양성에 민감하여 차별, 억압, 빈곤, 기타 사회적 부정의를 없애려고 노력한다. 이 활동들은 클라이언트에 대한 직접적 사회복지실천, 지역사회조직화, 수퍼비전, 컨설테이션, 행정, 권리옹호, 사회적.정치적 행동, 정책개발과 수행, 교육, 조사 및 평가 등의 형태로 나타날 수 있고, 사회복지사는 또한 사람들이 자신의 욕구를 다루는 능력을 증진시키도록 힘쓴다. 사회복지사는 더 나아가 개인의 욕구나 사회적 문제에 대한 제반 조직, 지역사회, 기타 사회제도의 책임성을 증진시키고자 노력한다.

사회복지 전문직의 사명은 일련의 핵심가치에 기반을 두고 있다. 이 핵심가치들은 전문직의 역사를 통해 사회복지사들이 견지해온 것으로 사회복지실천의 독특한 목적과 관점의 기반을 이루고 있다. 즉,

- 서비스
- 사회정의
- 인간의 존엄과 가치

---

1) 2018년 이루어진 개정내용이 포함되었다.

- 인간관계의 중요성
- 성실
- 능력

이들 핵심가치들의 성좌는 사회복지 전문직의 독특성을 잘 나타내고 있다. 이 핵심가치들과 거기서 파생된 원칙은 복합적인 인간 경험의 맥락 안에서 균형을 이루어야 한다.

[윤리강령의 목적]

전문적 윤리는 사회복지의 핵심이다. 전문직은 그 기본적 가치, 윤리원칙, 그리고 윤리적 기준들을 명시할 의무가 있다. NASW 윤리강령은 사회복지사의 행동을 이끌어 줄 이러한 가치, 원칙, 기준들을 제시한다. 강령은 전문적 기능, 일하는 세팅, 대상 집단과 관계없이 모든 사회복지사와 학생들에게 적용된다.

NASW의 윤리강령은 다음의 여섯 가지 목적을 가진다.

① 강령은 사회복지의 사명이 근거하고 있는 핵심가치를 밝힌다.
② 강령은 전문직의 핵심가치를 반영하는 폭넓은 윤리적 원칙을 요약하고 사회복지실천에 지침을 제공하는 일련의 구체적인 윤리적 기준들을 수립한다.
③ 전문적 의무들이 상충될 때 혹은 윤리적 모호성이 발생할 때, 강령은 사회복지사로 하여금 고려해야 할 바가 무엇인지 알 수 있도록 돕기 위해 고안된 것이다.
④ 강령은 일반 대중들이 사회복지 전문직의 책임이라고 생각하는 것들에 대한 윤리적 기준을 제공한다.
⑤ 강령은 사회복지의 사명, 가치, 윤리원칙, 그리고 윤리기준들에 맞도록 새롭게 일하는 사회복지사들을 사회화시킨다.
⑥ 강령은 사회복지사들이 비윤리적 행동을 하지는 않는지 전문직 스스로가 평가할 수 있도록 기준들을 명시해 놓고 있다. NASW는 회원들을 상대로 제기된 불만들을 처리하는 공식적인 절차를 가지고 있다. 강령에 서명함으로써 사회

복지사들은 강령이 지켜지도록 협조하고 NASW의 평가절차에 참여하며, 강령에 근거하여 NASW가 규정하고 있는 규제나 제재를 지킬 것이 요구된다.

강령은 윤리적 이슈가 제기될 때 의사결정과 행동을 이끌어 줄 일련의 가치, 원칙, 기준들을 제시한다. 그러나 모든 상황에서 사회복지사가 행동할 바를 알려 주는 규정들은 아니다. 강령을 구체적으로 적용할 때는 현재의 상황과 강령의 가치, 원칙, 기준들이 서로 모순될 수 있음을 고려해야 한다. 윤리적 책임은 개인, 가족, 사회 그리고 전문직에 이르기까지 모든 인간관계에서 나온다.

나아가 NASW의 윤리강령은 어떤 가치, 기준이 가장 중요한지 그리고 이들이 서로 상충될 때 어느 것을 더 우선해야 하는지에 대해서는 구체적으로 알려주지 않는다. 따라서 가치, 윤리원칙, 기준들이 상충될 때 우선순위를 정하는 방식에 대해서는 사회복지사들 간에 상당한 의견 차이가 있을 수 있고 실제 그런 이견은 존재한다. 특정 상황에서 윤리적 결정을 할 때 사회복지사는 충분한 정보를 가지고 판단해야 하며, 어디서 전문직의 윤리적 기준을 적용해야 하는지 알기 위해 동료검토 과정을 통해 이러한 이슈들을 판단하는 방법 또한 고려해야 한다.

윤리적 의사결정은 과정이다. 사회복지에서 다루는 많은 상황들은 단순한 해답만으로는 복잡한 윤리적 이슈들을 해결하지 못하는 경우가 많다. 사회복지사들은 윤리적 판단을 해야 하는 특정 상황에 적절한 강령의 모든 가치, 원칙, 기준들을 모두 고려해야 한다. 사회복지사의 결정과 행동은 강령의 조항뿐만 아니라 그 정신과도 일치되어야 한다.

이러한 강령에 덧붙여 윤리적 사고에 유용한 다른 많은 정보원들이 있다. 일반적으로 사회복지사는 윤리이론과 원칙, 사회복지이론과 조사, 법 규정, 기관정책, 기타 다른 윤리강령들을 고려해야 한다. 그러나 강령들을 고려할 때 NASW 윤리강령이 가장 중요한 기준임을 인식해야 한다. 사회복지사는 클라이언트와 지신의 개인적 가치, 문화적 · 종교적 신념과 의식이 의사결정에 미치는 영향 또한 인식해야 한다. 그들은 개인적 가치와 전문적 가치 사이의 갈등을 인식하고 이를 책임감 있게 해결해야 한다. 추가적인 지침으로 사회복지사들은 전문가 윤리와 윤리적 의사결정에 대한 필요한 문헌을 참고하기도 하고 윤리적 딜레마에 처했을 때는 적절한 자문을 구해야 한다. 여기에는 기관이나 사회복지조직 내의 윤리위원회, 조정기구, 지식을 가진 동료, 슈퍼바이저 혹은 법률적 상담도 포함된다.

어떤 경우에는 사회복지사의 윤리적 의무가 기관 정책이나 법 혹은 규정 등과 상충되기도 한다. 그러한 갈등이 일어나면 사회복지사들은 이 강령에서 명시하고 있는 가치, 원칙, 기준들과 부합되는 방식으로 갈등을 해결할 책임이 있다. 만약 갈등을 합리적으로 해결하기 어렵다면 사회복지사는 결정을 내리기 전에 적절한 자문을 구해야 한다.

NASW 윤리강령은 이 강령을 채택하고 이를 준거 틀로서 활용하고자 하는 NASW와 개인, 기관, 조직, 그리고 단체(자격증 발급 및 규제위원회, 전문직 책임보험제공자, 법원, 기관의 이사회, 정부기관, 다른 전문직집단)들이 사용하고 있다. 이 강령의 기준을 위반하였다고 하여 법적 책임을 지거나 법을 위반했다고 할 수는 없다. 그러한 결정은 법원이나 법적 절차를 통해서만이 가능하다. 강령위반이 제기되면 동료검토과정을 밟게 된다. 그러한 과정은 일반적으로 법이나 행정적 절차와는 별개로 이루어지고 법적 검토나 소송과는 달리 전문직으로 하여금 회원들을 심의하고 징계하도록 한다.

윤리강령이 윤리적 행동을 보장하지는 못한다. 더욱이 윤리강령으로 모든 윤리적 문제나 논쟁을 해결할 수도 없고, 도덕적 사회에서 책임감 있는 선택을 하기 위해 고려해야 할 모든 다양성과 복잡성을 파악하지도 못한다. 오히려 윤리강령은 전문가가 원하는 그리고 그들의 행동을 판단해 주는 가치, 윤리적 원칙, 윤리적 기준들을 제시한다. 사회복지사의 윤리적 행동은 윤리적 실천을 하고자 하는 개인적 책임에서 나온다. NASW 윤리강령은 전문직의 가치를 지지하고 윤리적으로 행동하고자 하는 모든 사회복지사의 책임을 반영한다. 확실한 신념을 가지고 도덕적 의문을 제기하며 책임감 있는 윤리적 판단을 하고자 하는 도덕적 품성을 가진 사람들에 의해 원칙과 기준이 채택되어야 한다.

다양한 사회복지실천의 방법에서 커뮤니케이션 기술 사용의 성장과 함께 사회복지사는 비밀보장 유지, 고지된 동의, 전문적 경계, 전문적 능력, 기록보관 및 다른 윤리적 고려와 관련된 도전을 깨달을 필요가 있다. 일반적으로 윤리강령의 모든 윤리적 기준은 직접 의사소통을 하든, 기술이 사용되든 상관없이 상호작용, 관계, 의사소통 분야에 적용될 수 있다. 이 윤리강령의 목적을 위해서, 기술을 사용하는 사회복지 서비스(technology-assisted social work services)는 컴퓨터, 스마트폰, 유선전화, 태블

릿, 비디오, 또는 기타 전자 기술 혹은 디지털 기술의 사용을 포함하는 서비스를 의미한다; 이것은 인터넷, 온라인 소셜미디어, 대화방, 문자메시지, 이메일 및 신흥 디지털 응용 프로그램과 같은 다양한 전자 또는 디지털 플랫폼의 사용을 포함한다. 기술을 사용하는 사회복지 서비스는 심리치료; 개인/가족/집단 상담; 지역사회조직화; 경영; 옹호활동; 중재활동; 교육; 수퍼비전; 연구; 평가; 기타 사회복지 서비스를 포함하는 모든 유형의 사회복지실천을 포함한다. 사회복지사는 사회복지실천에 이용될 수 있는 신흥기술발달과 다양한 윤리적 기준이 그것에 어떻게 적용되는지를 알아야 한다.

[윤리원칙]

다음의 광범위한 윤리원칙들은 서비스, 사회정의, 인간의 존엄성과 가치, 인간관계의 중요성, 성실, 능력과 같은 사회복지의 핵심가치에 근거한다. 이러한 원칙들은 모든 사회복지사들이 원하는 이상을 제시한다.

■ 가치: 서비스

■ 윤리원칙: 사회복지사의 일차적 목표는 욕구가 있는 사람을 돕고 사회적 문제를 해결하는 것이다.

사회복지사는 자신의 이익보다 타인에 대한 서비스를 우선한다. 사회복지사는 욕구가 있는 사람들을 돕고 사회적 문제를 해결하는 데 있어 자신의 지식, 가치, 기술을 활용해야 한다. 사회복지사는 금전적 대가에 대한 기대 없이 자신의 기술을 기꺼이 활용해야 한다.

■ 가치: 사회정의

■ 윤리원칙: 사회복지사는 사회적 불의에 도전한다.

사회복지사는 특히 취약하고 억압받는 개인과 집단을 위해 또한 그들과 함께 사회변화를 추구해야 한다. 사회복지사의 사회변화 노력은 주로 빈곤, 실업, 차별 그리고 다른 형태의 사회적 불의와 관련된 이슈들에 초점을 둔다. 이러한 활동을 하기 위해서는 억압과 문화적, 인종적 다양성에 대한 민감성과 지식을 키워야 한다. 사회복지사는 필요한 정보, 서비스, 자원에의 접근성, 기회균등, 모든 사람의 의사결정에 대한 의미 있는 참여 등을 보장하기 위해 노력해야 한다.

■ 가치: 인간의 존엄성과 가치

■ 윤리원칙: 사회복지사는 인간의 타고난 존엄성과 가치를 존중해야 한다.

사회복지사는 개인적 차이나 문화적•윤리적 다양성을 염두에 두고 배려하고 존중하는 마음으로 사람을 대해야 한다. 사회복지사는 클라이언트가 사회적으로 책임감 있는 자기결정을 하도록 해야 한다. 사회복지사는 클라이언트가 자신의 욕구를 변화시키고 해결할 수 있도록 능력과 기회를 향상시켜야 한다. 사회복지사는 클라이언트와 전체 사회에 대한 그들의 이중책임성을 인식해야 한다. 그들은 클라이언트의 이익과 사회적 이익사이의 갈등을 전문직의 가치, 윤리원칙, 윤리 기준에 부합하는 책임감 있는 방식으로 해결해야 한다.

■ 가치: 인간관계의 중요성

■ 윤리원칙: 사회복지사는 인간관계의 주된 중요성을 인정해야 한다.

사회복지사는 사람들 간의 관계가 변화를 위한 중요한 도구임을 알고 있다. 사회복지사는 원조과정의 파트너로서 사람들을 관여시킨다. 사회복지사는 개인, 가족, 사회집단, 조직, 지역사회의 복지를 증진시키고, 유지하여, 향상시키고자 하는 목적으로 사람들 간의 관계를 강화시킨다.

■ 가치: 성실

■ 윤리원칙: 사회복지사는 신뢰할 수 있는 방식으로 행동한다.

사회복지사는 지속적으로 전문직의 사명, 가치, 윤리원칙, 윤리기준을 인식하고 그것들과 일치되는 방식으로 실천한다. 사회복지사는 정직하게, 책임감 있게 행동하고 자신이 속한 조직의 입장에서 윤리적 실천을 증진한다.

■ 가치: 능력

■ 윤리원칙: 사회복지사는 능력 안에서 실천하고 자신의 전문성을 개발하고 향상시킨다.

사회복지사는 지속적으로 자신의 전문적 지식과 기술을 증진시키고 그것들을 실천에 적용하고자 노력해야 한다. 사회복지사는 전문직의 지식기반에 기여하고자 노력해야 한다.

[윤리기준]

윤리기준은 모든 사회복지사의 전문직 활동에 관련된다. 이러한 기준들은 다음과 관련되어 있다.

1) 클라이언트에 대한 사회복지사의 윤리적 책임
2) 동료에 대한 사회복지사의 윤리적 책임
3) 실천 현장에서의 사회복지사의 윤리적 책임
4) 전문직으로서의 사회복지사의 윤리적 책임
5) 사회복지 전문직에 대한 사회복지사의 윤리적 책임
6) 사회전반에 대한 사회복지사의 윤리적 책임

다음에 열거하는 기준의 일부는 전문직 행동에 대한 강제적 지침이며 기타 일부는 권장사항이다. 각 기준이 어느 정도로 강제적인가는 윤리기준에 위반되는 행위에 대한 조사를 책임진 사람들의 전문적 판단에 달려있다.

1. 클라이언트에 대한 사회복지사의 윤리적 책임

1.01 클라이언트에 대한 헌신

사회복지사의 일차적 책임은 클라이언트의 복리를 증진시키는 것이다. 일반적으로 클라이언트의 이익이 최우선이다. 그러나 특별한 경우, 사회복지사의 사회전반에 대한 책임이나 특정 법정 의무가 클라이언트에 대한 충성에 우선해야 할 때가 있을 수 있다. 이런 경우에는 클라이언트에게도 조언을 해주어야 한다(예를 들어, 사회복지사가 클라이언트의 아동학대 사실이나 자신 또는 타인을 해치려고 위협한 사실을 보고하도록 법적으로 요구받는 경우).

1.02 자기결정

사회복지사는 클라이언트의 자기 결정 권리를 존중하고 증진시키며 자신의 목표를 확인하고 명확히 하려는 클라이언트를 도와준다. 사회복지사는 클라이언트의 행동이나 잠재적 행동이 그 자신이나 타인에게 심각하고 예측가능하며 즉각적인 위험을 초래한다고 전문적으로 판단될 때, 클라이언트의 자기결정권을 제한할 수도 있다.

1.03 충분한 정보에 근거한 동의

ⓐ 사회복지사는 유효한 동의에 기초한 전문적 관계의 맥락 안에서만 서비스를 제공해야 한다. 사회복지사는 명확하고 이해하기 쉬운 말로 클라이언트에게 서비스의 목적, 서비스와 관련된 위험, 제3자 지불자의 요청에 의한 서비스의 한계, 관련 비용, 합리적인 대안들, 동의를 거절하거나 철회할 수 있는 클라이언트의 권리 및 동의에 따르는 시간계획 등을 알려주어야 한다. 또한 클라이언트가 질문할 기회도 제공해야 한다.

ⓑ 클라이언트가 글자를 모르거나 실천 현장에서 사용되는 언어(primary language)를 이해하기 어려워하는 경우, 사회복지사는 클라이언트가 이해할 수 있도록 조치를 취해야 한다. 즉 그에게 상세한 설명을 해주고 가능하다면 유자격 통역가나 번역가를 마련해주어야 한다.

ⓒ 클라이언트가 충분한 정보에 근거한 동의를 할 능력이 부족한 경우에는 사회복지사는 적절한 제3자에게 허가를 구하거나 클라이언트의 이해 수준에 맞추어 알림으로써 클라이언트의 이익을 보호해 주어야 한다. 그리고 이러한 경우에 사회복지사는 제3자가 클라이언트의 소망과 이익에 부합되도록 행동하는지 확인하는 노력을 해야한다. 사회복지사는 클라이언트가 충분한 정보에 근거한 동의를 할 수 있는 능력을 향상시키도록 합리적인 조치를 취해야 한다.

ⓓ 클라이언트가 비자발적으로 서비스를 받게 되는 경우에는 사회복지사는 서비스의 성격이나 범위에 관해서, 그리고 클라이언트가 서비스를 거부할 수 있는 한도에 관해서 정보를 제공해주어야 한다.

ⓔ 사회복지사는 전문적 서비스의 제공에서 기술의 사용과 관련한 사회복지사의 정책을 클라이언트와 의논해야 한다.

ⓕ 사회복지 서비스를 제공하기 위해 기술을 사용하는 사회복지사는 초기 서비스

이전에 초기 사정 동안에 이들 서비스를 사용하는 개인으로부터 고지된 동의를 얻어야 한다. 기술을 사용하여 클라이언트의 신원과 위치를 확인하고 소통할 때 클라이언트가 정보에 입각한 동의를 할 수 있는 능력이 있는지 사정해야 한다.

ⓖ 사회복지사는 전자 및 원격 서비스를 제공할 때 클라이언트의 적합성 및 수용능력을 평가해야 한다.

ⓗ 클라이언트의 음성 녹음 또는 비디오 촬영 시 제3자의 서비스에 관여할 경우에는 사전 동의를 얻어야 한다.

ⓘ 예측 가능하며 임박한 위험으로부터 보호해야 하거나 기타 전문적인 이유로 검색을 할 때가 아닌 경우 클라이언트에 대한 전자 수색을 하기 전에 동의를 얻어야 한다.

1.04 적임능력

ⓐ 사회복지사는 자기가 받은 교육, 훈련, 면허, 자격증, 자문을 받은 경험, 수퍼비전을 받은 경험 또는 다른 관련된 전문직 경험의 범위 안에서만 서비스를 제공하고 자기가 그 서비스를 제공할 적임자라고 말할 수 있다.

ⓑ 사회복지사가 새로운 개입기술이나 접근법을 이용하여 서비스를 제공하기 위해서는 적임능력이 있는 사람들로부터 적절한 연수, 훈련, 자문, 수퍼비전을 받은 후에만 실질적인 영역에서 서비스를 제공할 수 있다.

ⓒ 새로운 실천영역에서 일반적으로 인정되는 기준이 존재하지 않을 경우 사회복지사는 신중한 판단을 내려야 하며 업무능력을 확인하고 클라이언트를 위해로부터 보호하기 위한 책임감 있는 조치(적절한 교육, 조사, 훈련, 자문, 수퍼비전)를 취해야 한다.

ⓓ 사회복지사는 기술을 사용하는 사회복지 서비스를 제공할 때 필요한 지식과 기술을 갖추어야 한다.

ⓔ 사회복지사는 기술과 관련한 법을 준수해야 한다.

1.05 문화적 능력과 사회적 다양성

ⓐ 사회복지사는 문화와 그것이 인간행동과 사회에서 수행하는 기능을 이해하며,

모든 문화가 갖고 있는 강점을 인식해야 한다.

ⓑ 사회복지사는 클라이언트가 속한 문화에 대한 기본적 지식을 가져야하며 클라이언트의 문화 및 서로 다른 사람들이나 문화적 집단들에 민감하게 서비스를 제공할 수 있는 능력을 발휘해야 한다.

ⓒ 사회복지사는 인종, 민족, 국적, 피부색, 성별, 성적지향, 연령, 혼인관계, 정치적 신념, 종교, 정신적 또는 신체적 장애에 관한 사회적 다양성 및 억압의 성격 등에 관한 교육을 받고 그것을 이해하도록 힘써야 한다.

ⓓ 전자 사회복지서비스를 제공하는 사회복지사는 클라이언트의 문화적, 사회 경제적 차이 및 전자 기술사용능력과 영향을 미칠 수 있는 문제를 사정해야 한다.

1.06 이익의 갈등

ⓐ 사회복지사는 전문적 분별과 공정한 판단을 저해하는 이익갈등에 항상 주의를 기울이고 이를 피해야 한다. 사회복지사는 이익갈등이 현실적으로 존재하거나 발생하려고 할 때에는 이를 클라이언트에게 알려야 하며 클라이언트의 이익을 최우선으로 하고 클라이언트의 이익을 최대한 보호하는 합리적 조치를 취해서 문제를 해결해야 한다. 어떤 경우에는 클라이언트의 이익을 보호하기 위해서 그럴 적절한 곳으로 의뢰하고 전문적 관계를 종결해야 할 때도 있다.

ⓑ 사회복지사는 자신의 개인적, 종교적, 정치적 또는 사업상의 이익을 위해 전문적 관계를 부당하게 이용하거나 타인을 이용해서는 안 된다.

ⓒ 사회복지사는 클라이언트를 이용할 위험이 있거나 잠재적 해를 끼칠 위험이 있는 경우에는 현재나 과거의 클라이언트와 이중, 다중의 관계를 맺어서는 안 된다. 이중, 다중의 관계를 피할 수 없는 경우에는 사회복지사는 클라이언트를 보호하기 위한 합리적 조치를 취해야 하며 뚜렷하고 적절하며 문화적으로 예민한 경계를 설정할 책임이 있다 (이중 다중의 관계는 전문적이든, 사회적이든, 사업적이든 사회복지사가 클라이언트와 한 개 이상의 관계에 관련될 때 일어난다. 이중 다중의 관계는 동시적으로 또는 연속적으로 일어날 수 있다).

ⓓ 사회복지사는 관계를 맺고 있는 두 사람 또는 그 이상의 사람들(예를 들어 부부, 가족성원)에게 서비스를 제공할 때 누가 클라이언트로 간주될 것이며, 서비스를 받는 각 개인들에 대한 사회복지사의 전문적 책임이 무엇인지를 관련

당사자 모두에게 명확히 해야 한다. 서비스 수혜자들 간에 이익갈등이 예상되거나 사회복지사가 갈등적인 역할을 수행해야 할 때에는 (예를 들면, 사회복지가가 클라이언트들이 관련된 친권의 분쟁이나 이혼소송에서 증언하도록 요청받을 때) 사회복지사는 관련 당사자에게 자신의 역할을 분명히 하고 이익갈등이 최소화 되도록 적절한 행동을 취해야 한다.

ⓔ 사회복지사는 개인적 사유나 업무 외 목적으로 SNS, 온라인 채팅, 이메일, 문자 메시지, 전화 및 비디오와 같은 기술을 사용한 클라이언트와의 커뮤니케이션을 피해야 한다.

ⓕ 사회복지사는 웹 사이트 또는 기타 매체에 개인 정보를 게시하면 전문영역경계 혼란, 부적절한 이중관계 또는 고객에게 해를 끼칠 수 있음을 인식해야 한다.

ⓖ 사회복지사는 자신이 속한 특정 단체나 소수집단이 웹사이트, SNS 및 기타 정보통신형태의 의사표현에 참여함으로 인해 클라이언트가 사회복지사의 존재를 찾아낼 가능성이 있으며, 이것이 클라이언트에게 서비스를 제공할 때 영향을 미칠 수 있음을 인식해야 한다.

ⓗ 사회복지사는 전문직 영역혼란, 부적절한 이중관계 또는 클라이언트에 대한 피해를 막기 위해 SNS 또는 기타 전자 매체에서 클라이언트와의 개인 관계에 대한 요청을 수락하거나 참여하지 않도록 해야 한다.

1.07 프라이버시와 비밀보장

ⓐ 사회복지사는 프라이버시에 대한 클라이언트의 권리를 존중해야 한다. 사회복지사는 부득이한 전문적인 사유를 제외하고는 클라이언트로부터 혹은 클라이언트에 대한 사적정보를 요청해서는 안 된다. 일단 개인정보가 공유되면 비밀보장의 기준이 적용된다.

ⓑ 사회복지사는 클라이언트나 클라이언트를 대신해서 법적으로 동의할 권한을 인정받은 사람으로부터 타당한 동의를 얻었을 경우에만 비밀 정보를 공개할 수 있다.

ⓒ 사회복지사는 강제적인 전문직상의 이유가 있는 경우 이외에는 전문서비스 과정에서 취득한 모든 정보에 대해 비밀을 보장해야 한다. 그러나 클라이언트 자신이나 타인에 대한 심각하고 예측가능하며 즉각적인 위해를 방지하기 위해

정보공개가 필요할 때, 또는 법률이나 규정이 클라이언트의 동의 없이도 정보의 공개를 요구하는 경우에는 이러한 원칙이 적용되지 않는다. 모든 경우에 사회복지사는 소기의 목적달성을 위해 필요한 최소한의 정보만을 공개해야 하며, 목적에 직접적으로 관련된 정보만을 공개해야 한다.

ⓓ 사회복지사는 가능한 한 비밀정보가 공개되기 전에 공개사실과 그로 인해 예상되는 결과에 대해서 클라이언트에게 알려야 한다. 이것은 비밀정보의 공개가 법적 요청에 의한 것이든 클라이언트의 동의에 기초한 것이든 상관없이 적용된다.

ⓔ 사회복지사는 비밀보장의 성격이나 비밀보장에 대한 클라이언트의 권리의 한계에 관해서 클라이언트나 다른 관련 당사자들과 의논해야 한다. 또한 클라이언트와 함께 비밀정보가 요구될 수 있는 상황이나 법적으로 비밀정보의 공개가 요청되는 상황들을 검토해야 한다. 이러한 논의는 사회복지사와 클라이언트의 관계에서 가능한 한 빨리 그리고 관계의 전 과정을 통해서 필요할 때마다 수행되어야 한다.

ⓕ 사회복지사가 가족, 부부, 집단에 대하여 상담서비스를 제공할 때 각 개인의 비밀보장 권리나 타인과 공유하는 정보의 비밀보장 의무에 관해서 당사자들 간에 합의를 구해야 한다. 이러한 합의는 기밀 정보가 직접적으로 또는 전자적으로, 클라이언트 간에 또는 정식 상담 세션 이외의 다른 사람들과 교환 될 수 있는지에 대한 고려가 포함되어야 한다. 그러나 동시에 가족, 부부, 집단 상담의 참가자 개개인에 대해서 그러한 합의의 이행이 완전히 보장될 수는 없음을 전원에게 알려야 한다.

ⓖ 사회복지사는 가족, 부부, 결혼, 집단 상담을 받는 클라이언트에게 상담 참가자들 간의 비밀정보의 공개에 관한 사회복지사, 고용주 및 기관의 정책을 알려야 한다.

ⓗ 사회복지사는 클라이언트가 공개할 권한을 주지 않는 한 제3자 지불자에게 비밀정보를 공개해서는 안 된다.

ⓘ 사회복지사는 프라이버시가 보장되지 않는 어떤 실천현장에서도 직접적으로 혹은 전자적으로 비밀정보를 논의해서는 안 된다. 또한 공적이나 반공적인 장소, 가령 복도나 대기실, 승강기, 식당 등에서 비밀정보에 관해 논의해서는 안

된다.

ⓙ 사회복지사는 법적절차의 진행 중 법률이 허용하는 한도 내에서 클라이언트의 비밀을 최대한 보호해야 한다. 법정이나 법적 권한을 가진 기관이 사회복지사에게 클라이언트의 동의 없이 비밀정보나 면책정보의 공개를 명령하는 경우 그러한 공개가 클라이언트에게 해가 될 때에는, 사회복지사는 법정에 그 명령을 철회하거나 가능한 한 그 범위를 좁게 한정하거나 또는 그 기록을 일반이 검열할 수 없게 비공개로 유지하도록 요청해야 한다.

ⓚ 사회복지사는 언론매체 관계자로부터 클라이언트의 정보를 요청받을 때 클라이언트의 비밀을 보호해야 한다.

ⓛ 사회복지사는 클라이언트의 서면정보, 전자정보, 그리고 기타 민감한 정보에 대한 비밀을 보호해야 한다. 또한 클라이언트의 기록을 안전한 장소에 보관하며 그 기록에 접근할 권한이 없는 타인이 이용할 수 없도록 합리적 조치를 취해야 한다.

ⓜ 클라이언트나 제3자에게 제공되는 정보를 포함하여 전자 통신의 기밀 유지. 전자 우편, 온라인 게시, 온라인채팅 세션, 이동 통신 및 문자 메시지와 같은 전자 통신을 사용할 때 암호화, 방화벽 및 비밀번호와 같은 적절한 안전장치를 사용해야 한다.

ⓝ 클라이언트의 기밀 정보를 누설했을 때 이를 고객에게 알리는 정책 및 절차를 개발하고 공개해야 한다.

ⓞ 사회복지사의 전자통신 또는 저장 시스템에 대한 무단접근을 포함하여 클라이언트 정보에 무단으로 접속하는 경우 해당법률 및 전문직 절차에 따라 고객에게 알려야 한다.

ⓟ 클라이언트에 대한 정보를 수집하기 위해 인터넷 기반검색 엔진을 포함한 전자기술의 사용에 대한 사회복지 윤리기준과 일치하는 정책을 개발하고 알려야 한다.

ⓠ 사회복지사는 전문적인 이유가 있고 적절한 경우 클라이언트에게 고지된 동의를 받지 않는 한 클라이언트에 대한 정보를 전자적으로 검색하거나 수집하지 말아야 한다.

ⓡ 사회복지사는 전문 웹 사이트 또는 다른 형태의 소셜미디어에 클라이언트를

식별할 수 있거나 기밀 정보를 게시하지 말아야 한다.

Ⓢ 사회복지사는 클라이언트의 비밀을 보장하고 주가 정하고 있는 기록과 자격증에 대한 규정에 맞게 클라이언트의 기록을 옮기거나 처리해야 한다.

Ⓣ 사회복지사가 일을 그만 두거나, 자격을 박탈당할 때 혹은 사망할 때에도 클라이언트의 비밀이 보장될 수 있도록 주의하여 적절한 조치를 취해야 한다.

Ⓤ 클라이언트로부터 비밀누설과 관련된 동의를 받지 않고 사회복지사가 교육과 훈련의 목적으로 클라이언트에 대해 얘기할 때는 그의 신상정보를 밝혀서는 안 된다.

Ⓥ 자문을 구할 때 정보누설에 대한 클라이언트의 동의가 없는 상태에서 꼭 밝혀야 될 이유가 없다면 클라이언트의 신상정보를 밝혀서는 안 된다.

Ⓦ 사망한 클라이언트라 하더라도 앞에서 언급한 기준들에 맞게 비밀을 유지해야 한다.

1.08 기록에의 접근

ⓐ 사회복지사는 클라이언트가 자신에 관한 기록에 적절하게 접근할 수 있도록 해야한다. 기록에 대한 클라이언트의 접근이 심각한 오해를 일으키거나, 클라이언트에게 위해를 끼칠 우려가 있을 경우에는 기록을 설명하거나 기록에 관해 조언을 해 주어야 한다. 사회복지사는 기록에 대한 접근이 클라이언트 자신에게 심각한 위해가 될 것이라는 강력한 증거가 있는 예외적인 경우에만 기록 전체 혹은 일부에 대한 클라이언트의 접근을 제한해야 한다. 클라이언트의 요구와 기록의 전부 혹은 일부에의 접근을 제한한 합리적 이유를 클라이언트의 서류철에 기록해야 한다.

ⓑ 클라이언트에게 자신의 기록에 대한 접근성을 제공하기 위해 기술을 사용하는 것과 관련하여 사회복지 윤리기준에 부합하는 정책을 개발하고 알려야 한다.

1.09 성적 관계

ⓐ 사회복지사는 합의된 것이든, 강요된 것이든 어떠한 경우에도 클라이언트와 성적 행위나 기술사용을 통한 부적절한 성적 의사소통, 또는 성적인 접촉을 해서는 안 된다.

ⓑ 사회복지사는 착취의 위험이 있거나 클라이언트에게 위해를 끼칠 수 있는 경우는 클라이언트의 친척이나 개인적 친분이 있는 사람과 성적 행동이나 성적 접촉을 해서는 안 된다. 클라이언트의 친척 또는 그와 개인적 친분이 있는 사람들과의 성적 행동이나 성적 접촉은 클라이언트에게 위해를 끼칠 가능성이 있으며, 이는 사회복지사와 클라이언트 간의 적절한 전문적 경계를 유지하기 어렵게 만든다. 명확하고 적절하며 문화적으로 민감한 경계를 설정하는 책임은 클라이언트나 클라이언트의 친척 또는 클라이언트와 친밀한 대인관계를 맺고 있는 기타 당사자가 아닌 사회복지사가 전적으로 지게 된다.

ⓒ 사회복지사는 이전의 클라이언트와 성적 행동이나 성적 접촉을 해서는 안된다. 왜냐하면 클라이언트에게 해를 입힐 가능성이 있기 때문이다. 만일 사회복지사가 이러한 금지규정에 어긋나는 행동을 한다든지 또는 예외적인 상황 때문에 이러한 금지규정의 예외가 인정되어야 한다고 주장한다면, 이전의 클라이언트가 의도적으로나 비의도적으로 착취나 강제를 당하거나 조종을 받지 않았다는 것을 입증할 전적인 책임은 사회복지사에게 있다.

ⓓ 사회복지사는 과거에 성적관계를 가졌던 사람에게 임상적 서비스를 제공해서는 안 된다. 과거의 성적 파트너에게 임상적 서비스를 제공하면 그 개인에게 잠재적 해를 입힐 가능성이 있으며 사회복지사와 그 개인 간에 적절한 전문적 경계를 유지하기가 어렵기 때문이다.

1.10 신체적 접촉

사회복지사는 클라이언트와 신체적 접촉을 해서는 안 된다. 그러한 접촉(달래거나 어루만지는)의 결과 클라이언트에게 심리적 상처를 줄 가능성이 있기 때문이다. 클라이언트와 적절하며 신체적 접촉을 시도하는 사회복지사는 그러한 신체적 접촉에 대한 명백하고 적절한, 문화적으로 민감한 경계를 설정할 책임이 있다.

1.11 성희롱

사회복지사는 성적으로 클라이언트를 희롱해서는 안 된다. 성적 희롱은 성적유혹, 성적권유, 성적호의의 요구 및 기타 성적 성격을 띤 문자 및 전자통신상으로 이루어진 언어적 · 신체적 행위들을 의미한다.

1.12 인격을 손상시키는 언어

사회복지사는 클라이언트에게 또는 그에 관한 문서에서나 언어소통에서 인격이나 명예를 훼손시키는 말을 사용해서는 안 된다. 사회복지사는 클라이언트에게나 그에 관한 모든 의사소통에서 정확하고 예의바른 말을 사용해야 한다.

1.13 서비스 비용의 지불

ⓐ 요금이 설정되어 있을 때 사회복지사는 그 요금이 공정하고 합리적이며 수행되는 서비스에 부합되는지를 확인해야 한다. 클라이언트의 요금지불능력도 고려해야 한다.

ⓑ 사회복지사는 클라이언트로부터 전문적 서비스에 대한 대가로 물품이나 용역을 받아서는 안된다. 대상(물물)교환적 조치는 특히 서비스가 포함될 때 이익갈등이나 착취의 가능성이 있으며 사회복지사와 클라이언트 간에 부적절한 관계가 조성될 수 있다. 사회복지사는 이러한 대상교환장치가 해당 지역사회에서는 전문직들 간의 관행이며, 서비스를 제공하기 위해 필요하고, 자발적으로 교섭이 이루어지며, 또한 클라이언트 주도 하에 클라이언트의 충분한 정보에 근거한 동의에 따라 이루어짐이 분명한 경우에만 그 가능성을 검토하고 이에 참여할 수 있다. 전문적 서비스의 대가로서 클라이언트로부터 물품이나 용역을 받는 사회복지사는 이러한 교환이 클라이언트나 전문적 관계에 해롭지 않다는 사실을 입증할 전적인 책임을 진다.

ⓒ 사회복지사는 그의 고용주나 기관을 통해 서비스를 이용할 수 있는 자격을 가진 클라이언트에 대해 사적으로 서비스에 대한 요금이나 어떤 다른 보수도 요청해서는 안 된다.

1.14 의사결정 능력이 없는 클라이언트

충분한 정보에 근거한 의사결정 능력이 없는 클라이언트를 대신해서, 사회복지사는 클라이언트의 이익과 권리를 보장하기 위해 합리적인 조치를 취해야 한다.

1.15 서비스의 중단

사회복지사의 부재, 전자통신 장애, 재배치(전근), 질병, 장애 또는 사망과 같은 이유로 서비스가 중단될 경우, 사회복지사는 서비스의 계속성을 보장하기 위해 합리적인 노력을 기울여야 한다.

1.16 서비스의 의뢰

ⓐ 사회복지사는 클라이언트에게 충분한 서비스를 제공하기 위해서 다른 전문가의 특수한 지식과 전문성이 필요할 때, 혹은 자신이 제공하는 서비스가 클라이언트에게 별로 효과적이지 못하거나 상당한 정도의 진전을 이루지 못하여 추가적인 서비스가 요구된다고 판단될 때, 클라이언트를 다른 전문가에게 의뢰해야 한다.

ⓑ 다른 전문가에게 클라이언트를 의뢰하고자 하는 사회복지사는 책임의 순조로운 전환을 촉진시키기 위해 적절한 조치를 취해야 한다.

ⓒ 의뢰를 하는 사회복지사가 아무런 전문적 서비스도 제공하지 않은 경우에 사회복지사들이 의뢰의 대가로 보수를 주거나 받아서는 안 된다.

1.17 서비스의 종결

ⓐ 사회복지사는 클라이언트에 대한 서비스나 관계가 더 이상 요구되지 않거나 클라이언트의 욕구나 이익에 부응하지 못할 경우, 그 클라이언트에 대한 서비스 및 전문적 관계를 종결해야 한다.

ⓑ 사회복지사는 여전히 서비스를 필요로 하는 클라이언트를 유기하는 잘못을 피하기 위해 합리적 조치를 취해야 한다. 사회복지사는 모든 상황에서 제반 요인들을 신중히 고려하고 부작용을 최소화하도록 유의하면서 특별한 경우에만 서비스를 철회해야 한다. 그리고 사회복지사는 필요한 경우 서비스가 지속될 수 있도록 적절한 조치를 취해야 한다.

ⓒ 행위별수가제 하에서 일하는 사회복지사는 재정적 계약조건을 클라이언트에게 명확히 알렸고, 클라이언트가 현재 자신이나 타인에게 절박한 위험을 가하고 있지 않으며, 요금 미지불에 의한 임상적 및 기타 결과에 대해 클라이언트에게 이야기하고 논의를 했다면, 미지불액을 내지 않는 클라이언트에 대한 서비스를 종결할 수 있다.

ⓓ 사회복지사는 클라이언트와 사회적, 경제적 또는 성적 관계를 추구하기 위해

서 서비스를 종결해서는 안 된다.

ⓔ 클라이언트에 대한 서비스를 종결하거나 중단할 예정인 사회복지사는 신속히 클라이언트에게 통지해야 하며 그의 욕구와 선호에 맞게 서비스를 이전, 의뢰하거나 계속하도록 해야 한다.

ⓕ 직장을 떠나고자 하는 사회복지사는 클라이언트에게 서비스의 지속을 위해 적절한 선택 대안들을 알려주어야 하며 그 선택에 따르는 이점이나 위험을 알려야 한다.

2. 동료에 대한 사회복지사의 윤리적 책임

2.01 존경

ⓐ 사회복지사는 동료를 존경하는 마음으로 대해야 하며 동시에 동료의 자격, 견해, 의무 등을 정확하고 공정하게 표명해야 한다.

ⓑ 사회복지사는 클라이언트나 다른 전문가들과의 의사소통에서, 구두로, 서면 및 전자통신수단을 통해 동료에 대한 부당하고 부정적인 비판을 피해야 한다. 동료의 능력수준을 언급하거나 인종, 민족, 국적, 피부색, 성, 성적지향, 연령, 혼인관계, 정치적 신조, 종교, 정신적 또는 신체적 장애와 같은 개인적 특성에 관한 품위를 떨어뜨리는 언사가 이에 해당한다.

ⓒ 사회복지사는 클라이언트의 행복에 이바지하기 위해서라면 사회복지실천 동료 뿐 아니라 다른 전문직의 동료와도 협력해야 한다.

2.02 비밀보장

사회복지사는 동료와의 전문적 관계나 상호교류과정에서 동료와 공유하게 된 비밀정보를 보호해야 한다. 사회복지사는 동료들에게 비밀보장에 관한 사회복지사의 의무와 그와 관련된 모든 예외들에 대해 확실하게 이해시켜야 한다.

2.03 다학문간 협동

ⓐ 다학문간 팀의 성원인 사회복지사는 사회복지 전문직의 시각, 가치와 경험을

끌어내어 클라이언트의 행복에 영향을 미치는 결정에 참여하고 기여해야 한다. 다학문간 팀 전체로서 또는 개별 성원으로서의 전문적, 윤리적 의무가 명확히 확립되어야 한다.

ⓑ 팀의 결정에 대해 윤리적인 우려를 제기하는 사회복지사는 적절한 경로를 밟아 불일치의 해결을 시도해야 한다. 만일 그러한 불일치가 해결될 수 없는 경우에는 클라이언트의 복리에 부합하는 방향으로 우려사항을 해결하기 위한 별도의 방법을 모색해야 한다.

2.04 동료가 관련된 분쟁

ⓐ 사회복지사는 자신의 지위획득이나 이익을 위해서 동료와 고용자 간의 분쟁을 이용해서는 안 된다.

ⓑ 사회복지사는 동료와의 분쟁에서 클라이언트를 이용하거나 동료간의 갈등에 대한 부적절한 논쟁에 클라이언트를 끌어들여서는 안 된다.

2.05 자문

ⓐ 사회복지사는 동료의 자문이 클라이언트에게 최선의 이익이 되는 경우에는 언제든지 그 동료에게 충고나 조언을 구해야 한다.

ⓑ 사회복지사는 동료의 전문분야와 적임능력의 영역에 관해서 알고 있어야 한다. 또한 자문의 주제에 관한 지식과 전문성 및 적임능력이 입증된 동료에게서만 자문을 구해야 한다.

ⓒ 사회복지사가 클라이언트에 관해서 동료들과 논의할 때에는 자문의 목적달성에 필요한 최소한의 정보만을 공개해야 한다.

2.06 성적 관계

ⓐ 수퍼바이저나 교육자로서 기능하는 사회복지사는 수퍼비전을 받는 사람이나, 학생, 훈련생 또는 자신의 전문적 권위를 행사하는 다른 동료와 성적 행위나 성적 접촉(구두, 문서, 전자통신, 혹은 신체적 접촉을 포함하는)에 관여해서는 안 된다.

ⓑ 사회복지사는 이익갈등이 일어날 수 있는 동료와의 성적 관계를 피해야 한다.

동료와 성적 관계에 빠지거나 빠질 우려가 있는 사회복지사는 필요에 따라서 이익갈등을 피하기 위해 전문적 책임을 이전할 의무가 있다.

2.07 성희롱

사회복지사는 수퍼비전을 받는 사람, 학생, 훈련생 또는 동료를 성적으로 희롱해서는 안된다. 성희롱이란 성적 유혹, 성적 권유, 성적 행위의 요구 또는 성적 성격을 띤 기타 언어적, 문서상, 전자통신상의 행위 및 신체적 행위이다.

2.08 동료의 손상

ⓐ 사회복지실천 동료의 손상이 개인적 문제, 심리사회적 고통, 약물남용 또는 정신건강상의 문제에 기인하여 효과적인 업무실천에 방해가 됨을 직접 알게 된 사회복지사는 가능하다면 그 동료와 함께 의논을 하고 치료를 받을 수 있도록 동료를 지원해야 한다.

ⓑ 사회복지실천 동료의 손상이 업무실천 효과를 방해하고 그 동료가 손상에 대해 적절한 조치를 취하지 않는다고 판단하는 사회복지사는 고용주, 기관, NASW, 인가규제 단체 및 다른 전문직 단체가 수립한 적절한 경로를 통해 조치를 취해야 한다.

2.09 동료의 능력 부족

ⓐ 사회복지실천 동료의 무능력에 대한 직접적인 정보를 가지고 있는 사회복지사는 가능한 한 그 동료와 의논하여 구체적 대책을 강구할 수 있도록 동료를 지원해야 한다.

ⓑ 사회복지실천 동료가 무능력한데 이에 대해서 적절한 수단을 강구하지 않는다고 판단하는 사회복지사는 고용주, 기관, NASW, 인가규제 단체 및 기타 전문직 단체가 수립한 적절한 경로를 통해 조치를 취해야 한다.

2.10 동료의 비윤리적 행위

ⓐ 사회복지사는 동료의 기술을 이용한 행위를 포함하는 비윤리적 행위를 저지하고, 예방하고, 적발하고 시정하도록 적절한 대책을 강구해야 한다.

ⓑ 사회복지사는 동료의 비윤리적 행위에 관한 문제를 다루기 위해 수립된 정책이나 절차를 이해하고 있어야 한다. 사회복지사는 윤리적 고충처리를 다루는 국가, 주 지방의 수속절차 등에 정통해야 한다. 여기에는 NASW, 인가규제 단체, 고용주, 기관 및 다른 전문직 단체들이 제정한 정책이나 절차 등이 포함된다.

ⓒ 동료가 비윤리적 행위를 한다고 판단하는 사회복지사는 가능하다면, 그리고 그러한 논의가 생산적인 경우에 그 동료와 그 문제에 관해 논의하여 해결을 추구해야 한다.

ⓓ 동료가 비윤리적 행위를 한다고 판단하는 사회복지사는 필요에 따라 적절한 공식 경로를 밟아서(가령 주의 인가기관이나 규제기관, NASW 조사위원회, 기타 전문가 윤리위원회와 접촉하는 일 등) 행동을 취해야 한다.

ⓔ 사회복지사는 비윤리적 행위를 했다고 부당하게 고발당한 동료를 변호하며 원조해주어야 한다.

3. 사회복지사의 실천현장에서의 윤리적 책임

3.01 수퍼비전과 컨설테이션

ⓐ 수퍼비전이나 컨설테이션(직접 혹은 원격으로)을 제공하는 사회복지사는 필요한 지식과 기술을 갖추고 있어야 하며 자신의 지식이나 능력의 범위 내에서만 제공해야 한다.

ⓑ 수퍼비전과 컨설테이션을 제공하는 사회복지사는 명백하고 적절하며 문화적으로 민감한 경계를 설정할 책임이 있다.

ⓒ 사회복지사는 SNS 사이트 또는 기타 전자매체를 사용하는 동안 발생할 수 있는 이중관계를 포함하여 수퍼바이저와의 잠재적인 위험 또는 착취의 위험이 있는 이중 또는 다중관계에 개입해서는 안 된다.

ⓓ 수퍼비전을 제공하는 사회복지사는 공정하고 정중하게 수퍼비전을 받는 사람의 업적을 평가해야 한다.

3.02 교육 및 훈련

ⓐ 교육자로서, 학생의 실습지도자로서 또는 훈련자의 역할을 담당하는 사회복지사는 자신의 지식과 능력의 범위 내에서만 지도를 해야하며, 전문직에서 활용되는 가장 최근의 지식정보와 지식에 기반을 두고 지도를 해야한다.

ⓑ 교육자, 학생실습지도자의 역할을 담당하는 사회복지사는 공정하고 정중하게 학생의 성적을 평가해야 한다.

ⓒ 교육자, 학생실습지도자의 역할을 담당하는 사회복지사는 학생이 서비스를 제공할 때 이를 클라이언트에게 일상적으로 통보하는 합리적인 조치를 취해야 한다.

ⓓ 학생을 위한 교육자 또는 현장 강사로 활동하는 사회복지사는 SNS나 다른 전자 미디어를 사용하는 동안 발생할 수 있는 이중관계를 포함하여 착취 위험에 노출 될 수 있는 학생과의 이중 또는 다중 관계에 개입해서는 안 된다.

3.03 업무평가

타인의 업무를 평가하는 책임을 진 사회복지사는 공정하고 사려깊게, 명문화된 기준에 입각하여 그 책임을 수행해야 한다.

3.04 클라이언트의 기록

ⓐ 사회복지사는 문서상 그리고 전자 기록상의 기술이 정확하며 제공된 서비스가 그대로 반영되어 있다는 것을 보증하기 위해 합리적 수단을 강구해야 한다.

ⓑ 사회복지사는 서비스의 전달을 용이하게 하고 미래의 클라이언트에게 제공될 서비스의 연속성을 보장하기 위해 충분하고 적시적인 자료를 기록에 포함시켜야 한다.

ⓒ 사회복지사의 문서자료는 가능한 한 적절하게 클라이언트의 프라이버시를 보호해야 하며 서비스 전달에 직접적으로 관련되는 정보만을 포함해야 한다.

ⓓ 사회복지사는 서비스 종결 이후에도 미래의 적절한 접근을 보장하기 위해 기록을 보관해야 한다. 기록은 주 법이나 관련 계약서에 명시된 기간 동안 보존해야 한다.

3.05 청구서 작성

사회복지사는 제공된 서비스의 성격이나 한도를 정확하게 반영하며, 실천현장에서 누가 서비스를 제공했는지 확인해주는 청구서 작성방식을 수립하고 유지해야 한다.

3.06 클라이언트의 이전

ⓐ 동료나 다른 기관으로부터 서비스를 받고 있는 개인이 사회복지사에게 서비스를 받기 위해 접촉하게 될 때 사회복지사는 서비스 제공에 합의하기 전에 클라이언트의 욕구를 신중하게 고려해야 한다. 야기될 수 있는 혼란이나 갈등을 최소화하기 위해서 사회복지사는 클라이언트와 다른 서비스 제공자와 관계의 성격에 대해서, 또한 새로운 서비스 제공자와 관계를 맺는 것의 의미와, 예상할 수 있는 이익과 위험에 대해서 충분히 논의할 필요가 있다.

ⓑ 만일 새로운 클라이언트가 다른 기관이나 동료에게서 서비스를 받아왔다면 사회복지사는 이전의 서비스 제공자와의 자문이 클라이언트에게 최선의 이익이 될지를 클라이언트와 의논해야 한다.

3.07 행정

ⓐ 사회복지실천 행정가는 클라이언트의 욕구를 충족시키기 위한 적절한 자원을 얻기 위해 자신이 속한 기관의 내부 및 외부에서 옹호활동을 펴야 한다.

ⓑ 사회복지사는 공개적이고 공정한 자원 배당절차를 옹호해야 한다. 모든 클라이언트들의 욕구가 충족될 수 없을 때에는, 적절하며 일관되게 적용되는 원칙에 입각한 비차별적인 자원할당절차를 개발해야 한다.

ⓒ 행정가인 사회복지사는 직원에게 적절한 수퍼비전을 제공할 수 있는 자원을 기관이나 조직에 확보하기 위하여 합리적인 조치를 취해야 한다.

ⓓ 사회복지실천 행정가는 자신이 책임지고 있는 근무환경이 NASW 윤리강령에 부합되며, 이 윤리강령의 준수를 권장하고 있는지 확인해야 한다. 또한 사회복지실천 행정가는 자신의 조직 내에서 그 강령을 어기고 방해하고 저지하는 여러 조건들을 배제할 합리적 수단을 강구해야 한다.

3.08 계속 교육과 직원의 능력개발

사회복지실천 행정가나 수퍼바이저는 그들의 책임 하에 있는 모든 직원에 대해 계속 교육 및 직원개발을 제공하고 계획하기 위한 합리적 수단을 강구해야 한다. 계속 교육과 직원의 능력개발을 사회복지실천 및 윤리에 관한 최근의 지식 및 새로운 발전을 다루어야 한다.

3.09 고용주에 대한 의무

ⓐ 사회복지사는 일반적으로 고용주나 고용기관에 대한 서약에 충실해야 한다.

ⓑ 사회복지사는 고용기관의 정책과 절차 및 서비스의 효율과 효과를 개선하기 위해 노력해야 한다.

ⓒ 사회복지사는 고용주가 NASW 윤리강령에 공포된 사회복지사의 윤리적 책임과 이것이 사회복지실천에서 갖는 함축된 의미를 인식하도록 합리적 조치를 취해야 한다.

ⓓ 사회복지사는 고용기관의 정책, 운용절차, 규칙이나 행정명령이 윤리적인 사회복지실천에 방해가 되도록 허용해서는 안 된다. 사회복지사는 고용기관의 활동이 NASW 윤리강령과 확실히 일치하도록 합리적 조치를 취해야 한다.

ⓔ 사회복지사는 고용기관의 업무할당이나 고용정책, 실천에서 차별을 예방하고 일소하기 위한 행동을 취해야 한다.

ⓕ 사회복지사는 공정한 인사정책을 시행하는 기관에만 취업을 하며, 이러한 기관에만 학생의 현장실습배치를 주선해야 한다.

ⓖ 사회복지사는 고용기관의 자원의 현명한 집사로서 적절하고 현명하게 자원을 보관하며 결코 그 자금을 부적절하거나 의도하지 않은 목적에 사용해서는 안 된다.

3.10 노사분쟁

ⓐ 사회복지사는 클라이언트에 대한 서비스나 근무환경을 개선하기 위해 노동조합의 결성이나 참가를 포함하는 조직화된 활동에 관여할 수 있다.

ⓑ 노사분쟁, 준법투쟁, 파업 등에 관련된 사회복지사의 행동은 전문직의 가치, 윤리적 원칙 및 윤리적 기준에 의해서 주도되어야 한다. 현실적으로 사회복지

사들 간에 파업이나 준법투쟁 중의 전문가로서의 일차적 의무에 관해서 의견의 차이가 존재하는 것은 당연하다. 사회복지사는 활동방향을 결정하기 전에 관련 이슈들과 그것이 클라이언트에게 미칠 수 있는 영향을 신중하게 검토해야 한다.

4. 전문가로서 사회복지사의 윤리적 책임

4.01 능력

ⓐ 사회복지사는 자신의 현재 능력에 근거하여 또는 요구되는 능력을 획득할 의사가 있을 때에만 직업상의 책임 및 고용을 수용해야 한다.

ⓑ 사회복지사는 전문적 실천 및 전문 기능의 수행에 능숙해지고 그러한 상태를 유지하도록 힘써야 한다. 사회복지사는 사회복지실천과 관련된 최신의 지식을 갖추고 있어야 하며 이를 비판적으로 검토해야 한다. 사회복지사는 일상적으로 전문문헌을 검토하고 사회복지실천 및 사회복지실천윤리에 관한 계속교육에 참가해야 한다.

ⓒ 사회복지사는 경험을 기반으로 한 지식을 포함하여 사회복지실천이나 사회복지실천 윤리에 관련된 이미 인정받고 있는 지식에 기초하여 실천에 임해야 한다.

4.02 차별

사회복지사는 민족, 인종, 국적, 피부색, 성별, 성적지향, 연령, 혼인관계, 정치적 신조, 종교 정신적 또는 신체적 장애에 근거한 어떤 형태의 차별도 묵과, 조장, 협조해서는 안 된다.

4.03 사적인 행위

사회복지사는 그의 전문적 책임수행능력을 방해하는 사적인 행위를 용납해서는 안 된다.

4.04 부정직, 사기, 기만
사회복지사는 부정직, 사기, 기만행위에 가담, 묵인하거나 연루되어서는 안 된다.

4.05 손상
ⓐ 사회복지사는 자신의 개인적 문제, 심리사회적 디스트레스, 법적 문제, 약물남용 또는 정신건강상의 문제로 전문적 판단이나 수행을 그르치거나 또는 자신이 전문적으로 책임을 지고 있는 클라이언트의 최선의 이익을 저해해서는 안 된다.
ⓑ 자신의 개인적 문제, 심리사회적 디스트레스, 법적 문제, 약물남용, 또는 정신건강상의 문제가 전문적인 판단 및 실천을 방해하게 되면 사회복지사는 즉시 자문을 구하며 전문적 도움을 얻어 적절한 치료적 조치를 강구해야 한다. 즉 업무량을 조정하고 실천을 종료하거나, 클라이언트와 타인을 보호하기 위해 필요한 조치를 취해야 한다.

4.06 잘못된 설명
ⓐ 사회복지사는 발언이나 행동을 할 때 그것이 개인으로서의 언동인지, 또는 사회복지 전문직 자체, 사회복지 전문직 기관 또는 사회복지사를 고용한 기관의 대표로서의 언동인지를 명백하게 구분해야 한다.
ⓑ 전문적 사회복지실천기관을 대표하는 사회복지사는 그 기관이 공식적으로 인정받은 지위를 정확하게 표명해야 한다.
ⓒ 사회복지사는 클라이언트, 기관, 일반 대중에 대해서 표명하는 자신의 전문직 자격, 자격증명서, 교육, 능력, 소속, 제공된 서비스, 성취될 결과에 대한 설명이 정확하다는 것을 보장해야 한다. 사회복지사는 실제로 취득한 관련 전문직 자격증명만을 주장해야하며, 타인에 의한 부정확하고 그릇된 설명이 있으면 시정조치를 취해야 한다.

4.07 권유
ⓐ 사회복지사는 자신이 처한 환경 때문에 부당한 영향, 조작, 강제 등의 영향을 받기 쉬운 잠재적인 클라이언트에게 과도하게 권유를 해서는 안 된다.

ⓑ 사회복지사는 현재의 클라이언트나 특수한 환경 때문에 부당한 영향을 받기 쉬운 사람들에게 추천장에 배서를 간청(클라이언트의 이전의 진술을 추천장에 사용하는데 동의해달라는 간청)해서는 안 된다.

4.08 공적의 인정

ⓐ 사회복지사는 출처의 명시를 포함하여 실제로 자신이 수행했거나 공헌한 일에 대해서만 책임을 지며 공적을 인정받아야 한다.

ⓑ 사회복지사는 타인의 업적과 공헌을 정직하게 인정해야 한다.

5. 사회복지 전문직에 대한 사회복지사의 윤리적 책임

5.01 전문직의 성실성

ⓐ 사회복지사는 높은 수준의 실천을 유지하고 증진시켜야 한다.

ⓑ 사회복지사는 전문직의 가치, 윤리, 지식 및 사명을 지지하며 증진시켜야 한다. 사회복지사는 적절한 연구조사, 활발한 토의와 책임감 있는 비판을 통해서 전문직의 성실성을 보호, 증진, 개선해야 한다.

ⓒ 사회복지사는 사회복지 전문직의 가치, 성실성 및 그 능력을 증진하는 활동에 시간과 전문성을 할애해야 한다. 이러한 활동에는 교육, 조사, 자문, 서비스, 법적 증언, 지역사회에의 발표 및 전문직 단체에 참가하는 일 등이 있다.

ⓓ 사회복지사는 사회복지실천의 지식기반에 이바지하며 실천, 조사 및 윤리에 관련된 지식을 동료들과 공유해야 한다. 사회복지사는 전문 학술문헌에 기여하며 전문가 회합이나 회의에서 그들의 지식을 공유해야 한다.

ⓔ 사회복지사는 미승인, 무자격 사회복지실천을 방지해야 한다.

5.02 평가와 조사

ⓐ 사회복지사는 정책, 프로그램의 실행 및 실천개입을 감시, 평가해야 한다.

ⓑ 사회복지사는 지식의 발달에 이바지하도록 평가와 조사를 증진, 촉진시켜야 한다.

ⓒ 사회복지사는 사회복지실천에 관련되는 새로운 지식을 비판적으로 검토하며 평가와 조사연구에서 얻은 입증자료를 전문직 실천에 충분히 활용해야 한다.

ⓓ 평가와 조사에 종사하는 사회복지사는 일어날 수 있는 결과들을 신중하게 고려하며 평가 및 조사 참가자의 보호를 위해 개발된 지침을 따라야 한다. 적절한 제도적 검토위원회의 자문을 구해야 한다.

ⓔ 평가와 조사에 종사하는 사회복지사는 참가자들로부터 충분한 정보에 근거한 문서화된 동의를 받아야 한다. 이 때, 참가거부에 대한 암시적 또는 현실적 손해나 불이익이 없고 부당한 참가권유가 없어야 하며, 참가자의 행복, 프라이버시, 존엄성이 고려되어야 한다. 정보에 근거한 동의에는 참가의 성격, 한도, 기간과 더불어 조사 참가시의 위험요소나 보상에 관한 정보 등이 포함되어야 한다.

ⓕ 전자 기술을 사용하여 평가 또는 연구를 수행할 때 조사 참여자가 이에 대한 정보에 입각 한 동의를 제공하도록 해야 한다. 사회복지사는 조사 참여자가 기술을 사용할 수 있는지 평가해야 하며, 필요하다면 평가 또는 연구에 참여하기 위해 합리적인 대안을 제시해야 한다.

ⓖ 연구 참여자가 고지된 동의를 제공할 능력이 없을 때는 연구 참여자에게 적절한 설명을 제공해야 하고, 그들이 할 수 있는 정도에서 참여자의 동의를 얻고, 적절한 대변인으로부터 구두동의서를 얻어야 한다.

ⓗ 사회복지사는 특정 형태의 자연적 관찰이나 공문서 조사와 같은, 동의의 절차를 밟지 않은 평가나 조사를 설계 및 실시해서는 절대로 안 된다. 그러나 그 조사에 대한 엄격하고 신뢰할 만한 검토결과 예상되는 과학적, 교육적 또는 응용적 가치 때문에 정당하다고 판명되거나, 또는 동의절차를 반드시 요구하지 않으면서 동등하게 효과적인 대안적 방법이 없는 경우에는 예외이다.

ⓘ 사회복지사는 평가나 조사 참가자에게 언제나 불이익 없이 동의를 철회할 권리가 있음을 알려주어야 한다.

ⓙ 사회복지사는 평가나 조사 참가자가 적절한 지지적 서비스를 이용할 수 있도록 합리적 조치를 취해야 한다.

ⓚ 평가와 조사에 종사하는 사회복지사는 부당한 신체적, 정신적 디스트레스, 위해, 위험, 박탈 등으로부터 참가자들을 보호해야 한다.

ⓛ 서비스 평가에 관여하는 사회복지사는 수집된 정보를 전문직의 목적을 위해서, 그리고 이 정보에 관해 전문적 관심을 갖는 사람들과만 논의해야 한다.

ⓜ 평가와 조사에 종사하는 사회복지사는 참가자와 그들에게서 얻은 자료의 익명성과 비밀을 보장해야 한다. 사회복지사는 비밀보장의 한계, 비밀을 보장하기 위해 취해진 조치, 그리고 조사 자료가 포함된 기록들이 폐기될 시기 등을 참가자에게 알려야 한다.

ⓝ 평가와 조사의 결과를 보고하는 사회복지사는 공개를 허락하는 정당한 동의가 없는 한 신상정보를 생략함으로써 참가자의 비밀을 보호해야 한다.

ⓞ 사회복지사는 평가와 조사연구의 결과를 정확하게 보고해야 한다. 결코 그 결과를 꾸미거나 왜곡해서는 안되며, 출판 후에 인쇄된 자료에서 잘못이 발견되었을 때에는 표준적 출판 방법을 이용하여 시정조치를 취해야 한다.

ⓟ 평가와 조사에 종사하는 사회복지사는 참가자와의 이익갈등이나 이중관계에 유의하고 이를 피해야 하며 현실적으로 갈등이 일어나거나 일어나려고 할 때에는 참가자에게 그 사정을 알려야 한다. 그리고 참가자의 이익이 최우선되도록 문제해결 수단을 강구해야 한다.

ⓠ 사회복지사는 책임감 있는 조사연구에 관해 자신과 학생 및 동료들을 교육해야 한다.

6. 사회 전반에 대한 사회복지사의 윤리적 책임

6.01 사회복지

사회복지사는 한 지역으로부터 전 세계적 차원에 이르기까지 사회의 일반적인 복지를 향상시키고 인간과 지역사회 및 환경을 개선해야 한다. 사회복지사는 인간의 기본적 욕구 충족에 기여하는 생활 조건의 향상을 옹호하며, 사회정의 실현에 도움이 되는 사회적, 경제적, 정치적 및 문화적 가치와 제도를 증진시켜야 한다.

6.02 대중의 참여

사회복지사는 사회정책이나 사회제도를 형성함에 있어서 충분한 정보에 근거한 일반대중의 참여를 촉진시켜야 한다.

6.03 공공의 긴급사태

사회복지사는 공공의 긴급사태에 직면해서 가능한 한 최대의 전문적 서비스를 적절하게 제공해야 한다.

6.04 사회적, 정치적 행동

ⓐ 사회복지사는 모든 사람이 인간의 기본적 욕구를 충족하는데 필요한 자원, 고용, 서비스 및 기회에 동등하게 접근할 수 있도록 보장하는 사회적, 정치적 행동에 관여해야 한다. 사회복지사는 실천에 미치는 정치적 영역의 영향을 인식해야 하며, 인간의 기본적 욕구를 충족하고 사회적 정의를 증진시키며 사회 환경을 개선하기 위한 정책과 법률 개정을 옹호해야 한다.

ⓑ 사회복지사는 특히 취약하고 불리한 상황에 처한 사람들, 억압, 착취당하는 사람과 집단을 비롯하여 모든 사람의 선택과 기회를 확대시키기 위해 노력해야 한다.

ⓒ 사회복지사는 미국 내에서 나아가 전 세계적 차원에서 문화적, 사회적 다양성을 존중하는 제반조건을 증진시켜야 한다. 사회복지사는 차이를 존중하는 정책과 실천을 옹호하며, 문화적 지식과 자원의 확장을 지원하고, 문화적 다양성을 옹호하는 프로그램이나 제도를 지지하며, 모든 사람들의 권리를 보장하고 평등과 사회정의를 앙양하는 정책을 증진시켜야 한다.

ⓓ 사회복지사는 민족이나 인종, 국적, 피부색, 성, 성적지향, 연령, 혼인관계, 정치적 신념이나 정신적, 신체적 장애를 이유로 특정 개인이나 집단, 계급을 지배, 착취, 차별하는 행위를 방지하고 일소하기 위한 활동을 수행해야 한다.

참고문헌

강병노(2016). 사회복지 윤리경영. 경기: 정민사.

강선경(2010). 이중관계와 관련된 윤리적 딜레마에 대한 교육. 한국사회복지교육, 12, 31-49.

강선경, 김헌진(2011). 정보화시대의 사회복지교육과 실천. 한국사회복지교육, 14, 149-171

강세현, 서혜전, 오정영, 임원선, 전영록(2015). 인간행동과 사회환경. 경기: 양서원.

강양훈(2004). 기업의 윤리경영이 경영성과에 미치는 영향에 관한 연구. 영남대학교 대학원 석사학위논문.

강영걸, 정주석, 김정우, 신정인(2014). 사회복지조사론. 경기: 정민사.

강종수(2016). 사회복지조사방법론. 경기: 양서원.

고세훈(2003). 국가와 복지: 세계화 시대 복지한국의 모색. 서울: 아연출판사.

고수현(2002). 사회복지 윤리와 철학. 경기: 양지.

고수현(2012). 사회복지 윤리와 철학. 경기: 양서원.

고수현(2015). 사회복지 윤리와 철학. 경기: 양서원.

고재경, 정회성(2013). 환경복지개념 도입에 관한 시론적 연구. 한국환경정책학회, 9, 23-52.

곽미정, 전미숙, 홍희석, 윤선영, 구성숙(2016). 사회복지실천론. 서울: 창지사.

구금섭, 박지영, 김종철, 전대성, 허정철(2014). 사회복지실천론. 경기: 공동체.

국가인권위원회(2002). 국내 거주 외국인 노동자 인권실태조사. 2002년도 인권상황실태조사연구보고서.
국가인권위원회(2009). 정신장애분야 인권교육 교재.
국가인권위원회(2016). 2016 인권상담사례집.
국정홍보처(2006). 2006년 한국인의 의식·가치관 조사 결과표 및 설문지. 서울: 국정홍보처.
권지성, 주소희, 김진숙(2007). 사회복지 연구와 연구 참여자 권리보호. 한국사회복지학회 창립 50주년 기념 세계학술대회, 31-60.
권향임, 김상아, 신민정, 윤정혜, 이기량, 이남순, 이채식, 전영록(2016). 사회복지실천론. 서울: 창지사.
김경희(2000). 사회복지관 사회복지사의 책무성에 영향을 미치는 변인. 서울여자대학교 대학원 박사학위논문.
김경희(2001). 사회복지사의 윤리적 책임행동 결정변인에 관한 연구-서울 지역 사회복지관을 중심으로. 한국사회복지행정학, 5, 79-113.
김경희, 김미옥(2012). 지적장애인 인권침해사건 해결과정에서의 딜레마에 관한 질적 사례연구. 한국장애인복지학, 19, 235-252.
김기덕(2002). 사회복지 윤리학. 서울: 나눔의 집.
김기덕(2011). 문화적 역량 비판 담론에 관한 사회철학적 분석. 한국사회복지학, 63(3), 239-260.
김기덕, 최소연, 권자영(2015). 사회복지 윤리와 철학. 경기: 양서원.
김기덕, 최소연, 권자영(2017). 사회복지윤리와 철학(2판). 경기: 양서원.
김기태, 김수환, 김영호, 박지영(2013). 사회복지실천론. 경기: 공동체.
김만지(1993). 사회복지실천에서의 윤리적 딜레마에 관한 사례연구. 이화여자대학교 대학원 석사학위논문.
김미원(1997). 사회사업실천의 정체성 확립을 위한 제언: 사회사업실천의 임상중심 경향과 전문화 지향에 대한 비판적 고찰. 한국사회복지학, 31, 171-190.
김상균(1994). 한국인의 복지의식. 사회과학과 정책연구, 16(1), 121-167.
김상균, 오정수, 유채영(2013). 사회복지 윤리와 철학. 경기: 나남출판.
김성호(2018) 미국 NASW 윤리강령 변화과정 및 2018 개정의 함의. 생명연구, 47호, 1-40.
김수영(2016). 사회복지정보화의 윤리적 쟁점-사회보장정보시스템을 통한 데이터감시를 중심으로. 한국사회복지학, 193-224.

김수영, 김이배(2014). 공공사회복지행정의 정보화가 사회복지일선관료의 실천에 미친 영향: 사회복지통합관리망에 대한 비판적 고찰. 한국사회복지행정학, 16(4), 91-126.
김순란(1980). 한국사회사업가의 전문직업적 가치관과 윤리문제에 관한 연구. 이화여자대학교 대학원 석사학위논문.
김영종(2009). 사회복지조사론. 서울: 학지사.
김영화(2006). 세계화와 양극화: 흐름과 전망. 비판사회정책, 22(8), 7-27.
김영화, 이옥희(1999). 세계화와 한국사회복지의 비판적 검토, 한국사회복지학, 39(12), 74-102.
김재원, 최호상(2002). 중 · 고생 경제의식 조사결과와 시사점. 경제교육연구, 9, 1-32.
김종해(2013). 사회복지사 인권상황 실태조사. 서울: 국가인권위원회.
김진숙, 장연진(2012). 사회복지사의 윤리적 신념과 경험에 관한 연구: 이중관계(dual relationship)를 중심으로. 사회복지 연구, 235-266.
김태성(1997). 사회복지학, 사회복지전문직, 그리고 사회복지교육제도. 사회복지연구, 9. 서울대학교 한국사회복지연구회.
김태희(1998). 사회복지관 관장의 리더십과 사회복지사의 직무성과에 관한 연구. 이화여자대학교 사회복지대학원 석사학위논문.
남현주(2007). 사회정의의 두 영역: 규범적 영역과 경험적 영역. 사회보장 연구, 23(2), 135-159.
노충래(2012). 국제사회복지의 동향과 추세. 국제사회복지학, 2(1), 7-29.
류진석(2001). 세계화와 한국의 사회복지: 영향과 함의. 한국사회복지학, 44(44), 117-145.
문선화 외(2005), 장애인복지론. 경기: 양서원.
민선영(2008). 사회복지사의 문화적 역량에 관한 탐색적 연구. 사회복지학생연구논총, 1, 1-28.
박광국, 주효진, 김옥일(2001). 조직 내 내부고발에 대한 인식유형 분석. 한국행정학보, 35(1), 109-125.
박미은, 서미경, 김영란(2001). 이중관계에 대한 사회복지사들의 신념과 경험에 관한 연구. 한국사회복지학, 47, 178-205.
박영란, 이예자, 이용교, 이찬진, 임성택, 짐아이프(2001). 한국의 사회복지와 인권. 서울: 인간과 복지.
박종우(1994). 사회사업가의 전문직업적 정체성 연구. 서울대학교 대학원 박사학위논문.
박형진(2009). 신자유주의적 세계화와 사회복지정책의 윤리적 가치. 극동사회복지저널,

5(12), 33-57.
배태순(1993). 국내입양문제와 관련한 입양법개정 제안. 한국아동복지학, 1, 1-22.
법무부(2016). 2016 출입국 · 외국인정책 통계연보.
변재관(2000). 사회복지시설 평가 실시의 의의와 방향. 사회복지, 2000년 봄호, 7-17.
보건복지부(2014). 2014년도 전국노인실태조사.
서강훈(2014). 사회복지사를 위한 사회복지용어사전. 경기: 이담북스.
서미경, 김영란, 박미은(2015). 사회복지 윤리와 철학. 경기: 양서원.
서혜석, 김덕진, 이명자(2017). 사회복지실천론. 경기: 정민사.
성규탁, 이영미(1991). 우리나라 사회사업가들의 소진(Burnout)에 관한 연구. 한국사회복지학, 18, 25-60.
송근원, 김태성(1995). 사회복지정책론. 경기: 나남.
송다영, 김미주, 최희경, 장수정(2011). 새로 쓰는 여성복지론-쟁점과 실천. 경기: 양서원.
송유미(2005). 종합사회복지관 사회복지사의 직무스트레스 관리에 관한 연구. 대구대학교 대학원 박사학위논문.
송유미(2008). 사회복지사의 전문성과 윤리적 책임행동 간의 관계를 통한 사회복지실천적 함의. 한국지역사회복지학, 27, 195-210.
송호근(2006). 한국의 평등주의, 그 마음의 습관. 서울: 삼성경제연구소.
신영석, 윤강재, 강지원(2013). 한국형 복지모형의 모색. 세종: 한국보건사회연구원.
신정환(2014). 복지국가의 철학. 서울: 인간과 복지.
신후경(2009). 사회복지사의 윤리경영 인식과 윤리적 민감성에 관한 연구. 평택대학교 대학원 박사학위논문.
심상용(2016). 사회복지 윤리와 철학. 서울: 학지사.
양난주(2014). 사회복지시설평가제도에 대한 비판적 고찰. 사회복지행정학, 16(3), 493-517.
양옥경, 김미원, 김정자, 남경희, 박인선, 신혜령, 안혜영, 양옥경, 윤현숙, 이은주, 한혜경(2010). 사회복지 윤리와 철학. 서울: 나눔의 집.
양옥경(2007). 다문화가족 지역정착을 위한 사회적 지원방안연구. 서울: 서울시정개발연구원.
어대훈(2004). 사회복지사의 전문성에 영향을 미치는 요인에 관한 연구. 서울시립대학교 도시과학대학원 석사학위논문.
여성가족부(2010). 2010년 전국가정폭력 실태조사.

여성가족부(2017). 2016년 전국성폭력 실태조사 결과보고서.
여성가족부(2018). 제3차 다문화가족정책 기본계획(2018~2022).
염형국(2004). 시설장애인의 인권보장을 위한 실천방안 모색. 교남 소망의 집. 개원 22주년 기념 세미나 자료집.
오윤수, 정현태, 이대주(2014). 사회복지 윤리와 철학. 경기: 공동체.
오혜경(2005). 사회복지 윤리와 철학. 서울: 창지사.
오혜경(2010). 사회복지실천에서의 이중관계에 관한 탐색적 연구: 사회복지사와 클라이언트의 관계 중심. 사회과학연구, *26*(4), 199-222.
우국희, 임세희, 성정현, 최승희, 장연진, 좌현숙(2015). 사회복지 윤리와 철학. 경기: 공동체.
우수명(2012). 네팔품의 국제 지역사회복지실천 사례연구: 베시마을의 '행복한 마을 만들기'를 중심으로. 한국지역사회복지학, 40, 31-58.
우영미(2007). 사회복지사의 전문성과 윤리의식에 관한 연구. 동국대학교 불교대학원 석사학위논문.
원석조(2017). 사회복지조사론. 경기: 공동체.
유연숙, 이효선(2016). 사회복지사가 경험한 윤리적 갈등과 윤리적 의사결정의 의미 재구성. 사회복지실천과 연구, 73-114
윤선오, 김우호, 서보준(2016). 사회복지실천론. 경기: 양서원.
윤성호, 이미라, 손지현(2016). 사회복지 윤리와 철학. 서울: 학지사.
윤영호(2014). 나는 한국에서 죽기 싫다. 경기: 엘도라도.
은선경(2016). 국제사회복지 역량중심 교육과정개발에 관한 연구. 한국산학기술학회지, 17(9), 508-518.
이관춘(2013). 직업은 직업이고 윤리는 윤리인가. 서울: 학지사.
이기영(2007). 클라이언트와 원조자의 갭: 새터민 지원사례를 중심으로. 한국가족사회복지학회 춘계워크 자료집, 19-36.
이상준(2000). 사회복지관 사회복지사의 전문성 강화에 관한 연구. 대구대학교 사회복지개발대학원 석사학위논문.
이상훈(2005). 정보화사회의 인권과 사회복지. 충북: 정보통신정책연구원.
이순민(2016). 사회복지 윤리와 철학. 서울: 학지사.
이원준(2017). 사회복지전공 대학생들의 커닝에 대한 인식이 사회복지조직의 내부고발자에 대한 인식에 미치는 영향. 학교사회복지, 38, 201-224.

이은주(2003). 사회복지실천의 전문성과 정체성 확립에 대한 고찰. 상황과 복지, 116, 203-245.
이은주(2010). 가치유보 대 가치표명의 윤리적 딜레마. 양옥경 외(2010), 사회복지윤리와 철학. 서울: 나눔의 집.
이인재(1993). 사회복지실무자의 직무성과 결정요인: 사회복지사의 전문성과 윤리적 책임행동 간의 관계를 통한 사회복지실천적 함의. 서울대학교 대학원 박사학위논문.
이정필(2011). 녹색성장에서 녹색복지로의 패러다임 전환 모색, 환경운동연합. [생태복지의 길을 묻다] 정책토론회 자료집, 25-37.
이철인(2010). 부부성역할이 결혼만족도에 미치는 영향. 대구한의대 사회복지대학원 박사학위논문.
이효선(2016). 사회복지 윤리와 철학. 서울: 학지사.
임경옥, 박경화, 조현정(2017). 특수교육학개론. 서울: 학지사.
임창희(2006). 경영학원론. 서울: 학지사.
장정순(2016). 사회복지조사방법론. 경기: 양서원.
장혜규(2009). 파양사례를 통해 본 입양 후 사후관리에 관한 연구: 국내입양을 중심으로. 성결대학교 대학원 석사학위논문.
장홍숙(2009). 사회복지사의 윤리적 민감성에 영향을 미치는 요인 연구. 숭실대학교 대학원 석사학위논문.
전명길(2017). 다문화가정의 가정폭력에 관한 연구. 법이론실무연구, 5(3), 249-269.
전재명(2000). 지역사회복지관의 조직 특성과 사회복지사의 직무스트레스에 관한 연구. 경성대학교 사회복지대학원 석사학위논문.
전혜성, 서미아(2012). 중년기 부부의 부부권력 및 성역할 태도가 결혼만족도에 미치는 영향. 한국콘텐츠학회지, 12(4), 349-357.
정경희(2017). 노인학대 현황 및 정책과제, 보건복지포럼, 247, 39-49.
정영철(2011). 한국의 사회복지정보화 현황과 발전방향. 한국사회복지행정학회 학술대화 자료집, 213-270.
주석진, 조성심(2012). 학교사회복지사의 인구사회학적 특성과 윤리 관련 특성요인이 윤리적 민감성에 미치는 영향. 청소년복지연구, 14(1), 21-40.
중앙노인보호전문기관(2016). 2015 노인학대 현황 보고서. 서울: 보건복지부.
진교훈(2003). 현대사회윤리연구. 서울: 울력.
최경구(2006). 환경복지국가 연구: 지속가능성의 패러다임과 사회복지의 결합. 사회복지정책, 24(4), 337-360.
최균, 류진석(2000). 복지의식의 경향과 특징: 이중성. 사회복지연구, 16(1), 223-254.
최명민(2005). 정신보건사회복지사의 윤리적 민감성 훈련프로그램 개발 및 평가. 정신보건과 사회사업, 20, 182-215.
최명민(2008). 사회복지사 윤리적 민감성 도구 검사도구(SWEST) 개발 및 활용에 관한 연구. 한국사회복지학, 60(2), 5-28.
최명민(2009). 사회복지 윤리교육의 현황 및 효과에 관한 연구-윤리적 민감성을 중심으로. 한국사회복지학, 61(4), 381-402.
최명민, 이기영, 최현미, 김정진(2009). 문화적 다양성과 사회복지. 서울: 학지사.
최성근(2011) 북한이탈주민 정착실태와 개선방안. 통일경제, 2, 66-79.
최세영, 김준환, 모선희, 문현주, 박주현, 임수정(2017). 사회복지조사론. 경기: 어가.
최소연(2010). 원조전문직을 위한 문화적 역량 척도개발 연구. 한국지역사회복지학, 35, 23-53.
최원희, 최혜지, 최연선(2008). 다문화적 환경변화에 따른 사회복지실천현장의 문화적 유능감. 한국지역사회복지학, 26, 89-113.
최장집(1996). 한국민주주의의 조건과 전망. 경기: 나남.
최재천 외(2009). 생태복지의 개념 및 적용모델 개발. 보건복지부 건강증진사업 결과보고서. 서울: 건강증진사업지원단.
통계청(2017). 국제결혼현황.
통계청(2018). 2016년 혼인 · 이혼 통계.
통일부(2009). 북한이탈주민 경제활동실태 보고서.
통일부(2018). 북한이탈주민 입국현황.
표갑수(1998). 아동 · 청소년 복지론. 서울: 나남.
한국보건사회연구원, 서울대학교 사회복지연구소(2007). 2007 한국복지패널 기초분석보고서. 보건사회연구보고서, 2007-21.
한국사회복지교육협의회(2016). 2015년 사회복지학 교과목지침서. 서울: 한국사회복지교육협의회.
한국사회복지사협회(2008). 사회복지 윤리경영 교육 · 실천매뉴얼. 서울: 한국사회복지사협회.
한국사회복지사협회(2016). 사회복지사 윤리이론과 윤리적 실천연습. 서울: 한국사회복지사협회.

한국정보보호진흥원(2003). 2002 개인정보호보백서.

한국정보화진흥원(2017). 국가정보화백서.

한인영, 김진숙, 문현주(2014). 성학대 피해아동의 가족경험에 대한 질적 사례연구. 한국청소년연구, 25(3), 69-100.

행정안전부(2017). 2016년 지방자치단체 외국인주민현황.

홍성태(2009). 생태복지국가 연대를 향하여. 환경과 생명, 61(9), 48-63.

환경부(2016). 환경백서-국민행복을 완성하는 고품위 환경복지.

황명구, 홍영준(2014). 사회복지기관의 윤리경영을 위한 비윤리 행위 유형에 관한 탐색적 연구. 사회과학연구, 25(4), 289-315.

황성동(2015). 알기 쉬운 사회복지조사방법론. 서울: 학지사.

황은(2004). 1991년도와 2002년도 남녀 대학생의 가정내 역할에 대한 성역할태도. 한국가정관리학회지, 33(6), 99-113.

平原卓 (2017). 처음 만난 철학. (이아랑 역). 서울: 시그마북스. (원저는 2016년에 출판).

Abramson, M. (1996). Reflections on knowing oneself ethically: Toward a working framework for social work practice. *Families in Society, 77*(4), 195-201.

Austin. (1981). *Supervisory management for the human servies*. Englewood Cliffs, NJ: Prenctice-Hall.

Barker, R. L. (2003). *The social work dictionary*. Washingtom, DC: NASW Press.

Benton, T., & Craib, I. (2001). *Philosophy of social science*. New York: Palgrave.

Biestek, F. P. (1992). *The casework relationship*. New York: Routledge.

Borys, D. S., & Pope, K. (1989). Dual relationships between therapist and client. *Professional Psychology: Research and Practice, 20*, 283-293.

Caputo, R. (1998). *Management and information system in human service: Implication for the distribution of authority and decision making*. New York: Haworth Press.

Capuzzi, D., Gross, D., & Stauffer, M. (2010). *Group Work*. Denver: Love Publishing.

Carpenter, J. (2006). Predictors of experienced coercion among mental health service recipients. NY: Albany State University of New York.

Clarkeburn, H. (2002). A test for ethical sensitivity in science. *Journal of Moral Ed-*

ucation, 31(4), 439-453.

Cnaan R. (1989). Introduction: Social work practice and information technology: Anunestablished link. In R. A. Cnaan & P. Phylida (Eds.), *The impact of information technology on social work practice*. New York: Haworth Press.

Congress, E. P. (1999). *Social work values and ethics: Identifying and resolving professional dilemmas (ethics and legal issues)*. Chicago: NelsonHall.

Congress, E. P. (2004). *Social work values and ethics: Identifying and resolving professional dilemmas*. Belmont: Wadsworth Publishing Company.

Corey, G., Corey, M. S., & Callanan, P. (1993). *Issues and ethics in the helping professions* (4th ed.). CA: Brooks/Cole Publishing.

Davidson, J. (1994). The case for corportation cooperation community affairs. *Business and Society Review,* 90, 270-276.

Dominelli, L. (2007). **세계화와 사회복지실천** (한인영, 김성천 공역). 서울: 학지사. (원저는 2004년에 출판).

Eisenmann, P. (2006). *Werte und Normen in der Sozialen Anbeit*. Stuttgart: Kohlhammer.

Fairchild, H. P. et al. (Ed.) (1977). *A dictionary of sociology and related sciences*. Littlefield: Adams and Co.

Flexner, A. (1915). Is social work a profession? *Procedings of the National Conferences of harities and Corrections*, 576-590.

Friedlander, W. A., & Apte, Z. A. (1980). *Introduction to social welfare* (5th ed). Englewood Cliffs, NJ: Prentice Hall.

George, V., & Wilding, P. (2004). **세계화와 인간복지**. (김영화 외 공역). 서울: 삼우사. (원저는 2002년에 출판).

Green, J. (1999). *Cultural awarenss in the human services: A multiethnic approach* (3rd ed.). Needham Heights, MA: Allyn & Bacon.

Greenwood, E. (1981). Attributes of a Profession Revisited. In N. Gilbert & H. Specht (Eds.), *The emergence of social welfare and social work* (2nd ed., pp. 255-276). Itasca, IL: F. E. Peacock.

Greewood, E. (1957). Attributes of a profession. *Social Work, 2*(3), 45-55.

Healy, L. (2010). **국제사회복지**[*International social work* (2nd ed.)]. (노충래 역). 서

울: 학지사. (원저는 2008년에 출판).

Ife, J. (2001). 인권과 사회복지실천[*Human rights and social work*]. (김형식, 여지영 공역). 서울: 인간과 복지. (원저는 2001년에 출판).

Itzhaky, H. (2000). The secret in supervision: An integral part of the social worker's professional development, families in society. *The Journal of Contemporary human Services, 81*(5), 529-537.

Kirst-Ashman, K. K., & Hull, G. H. (1999). *Understanding generalist practice.* Chicago: Nelson-Hall Publishers.

Kreuger, L., Stretch, J., & Kelly, M. (2006). Is computer-assisted EBP generating 'fast' practice? *Journal of Evidence-based Social Work, 3*(4), 27-38.

Kuhn, T. S. (1962). *The structure of scientific revolution*. Chicago: The University of Chicago Press.

Levy, C. (1976). *Social work ethics*. New York: Human Science Press.

Linzer, N. (1999). *Resolving ethical dilemmas in social work practice*. Needham Height, Mass: Allyn and Bacon.

Loewenberg, F. (1987). Another look at unethical professional conduct. *Journal of Applied Social Sciences, 11*, 220-229.

Loewenberg, F., & Dolgoff, R. (2008). 사회복지실천윤리[Ethical decisions for social work practice]. (서미경, 김영란, 박미은 공역). 경기: 양서원. (원저는 1996년에 출판).

Lum, D. (1996). *Social work practice and people of color: A process-stage approach* (3rd ed.). Monterrey, CA: Brooks/Cole.

Manning, S. S. (2003) *Ethical leadership in human service: A multi-dimensional approach*. WieLinzer: Pearson Education.

Mattison, M. (2000). Ethical decision making: The person in the Process. *Social Work*, 45(3), 201-212.

Midgley, J. (1999). 국제사회복지[Social welfare in global context]. (신섭중 역). Thousand Oaks: Sage Publication. (원저는 1997년에 출판).

National Association of Social Workers (NASW) (2001). *NASW standards for cultural competence in social work practice*. Washington. DC.

National Association of Social Workers (NASW) (2018). *Highligted revisions to the*

Code of Ethics. https://www.socialworkers.org/About/Ethics/Code-of-Ethics/Highlighted-Revisions-to-the-Code-of-Ethics.

Nozick, R. (1974). *Anarchy, state and utopia*. Oxford: Basil Blackwell.

Oevermann, U. (1981). *Professionalisierung der Pädagogik-Professionalisierbarkeit pädagogischen Handelns*. Berlin.

Parton, N. (2008). Changes in the form of knowledge in social work: From the 'social' to the 'informational'? *British Journal of Social Work, 2*, 253-269.

Peacock, F. E., & Loewenberg, F. (1974). Toward a sociological perspective on social welfare strategies. In J. M. Rothmanyshyn (Ed.), *Social science and social welfare*. New York: CSWE Hall.

Pojman, L. (2002). *Ethics: Discovering right & Wrong*. Belmont, CA: Wadsworth.

Pumphrey, M. (1959). *The teaching of values and ethics in social work education*. New York: Council on Social Work Education.

Raven, U. (2014). *Professional understanding*. 강남대학교 인간발달연구소, DAAD. Summer School 워크숍 자료.

Rawls, J. (1971). *A theory of justice*. Cambridge, Mass.: The Belknap Press of Havard University Press.

Reamer, F. G. (1992). The impaired social worker. *Social Work, 37*(2), 165-170.

Reamer, F. G. (1994). Social work values and ethics. In F. Reamer (Ed.), *The foundations of social work knowledge*. New York: Columbia University Press.

Reamer, F. G. (1998). The evolution of social work ethics. *Social Work, 43*, 448-500.

Reamer, F. G. (1999). *Social work values and ethics*. New York: Columbia University Press.

Reamer, F. G. (2000). *The social work ethics audit*. Washington, DC: NASW press.

Reidenbach, R. E., & Robin, D. P. (1991). A conceptional model of coporate moral development. *Journal of Business Ethics, 10*(4), 289-293.

Rest, J. (1983). Morality. In J. Flavell & M. Markman (Eds.), *Handbook of child psychology: Cognitive development* (pp. 556-629). New York: John Wiley & Sons.

Rhodes, M. (1986). *Ethical dilemmas in social work practice*. Boston, Mass: Routledge & Kegan Paul.

Richard, H. (1968). Professionalization and breaucratization. *American Sociological Review, 33*(1), 90-104.

Ritzer, G., Kammeyer, K., Yetman, W., & Norman, R. (1979). *Sociology*. Boston: Allyn & Bacon.

Rowlands, A., & Tan, N. (2004). International survey on gobalization and social work. In A. Rowlands & N. Tan (Eds.), *Social work around the World III* (pp. 113-129). Berne, Switerland: International Federation of Social Workers.

Sekaram, U. (2003). *Research methods for business*. NY: John Wiley and Sons.

Speicher, M. (1998). Ethical reasoning and ethical awareness. *Clinical Social Work, 26*(4), 427-432.

Sue, D. (2010). 다문화사회복지실천[Multicultural social work practice]. (홍은주 역). 서울: 학지사. (원저는 2005년에 출판).

Sue, S. (1998). In search of cultural competence in psychotherapy and counseling. *American Psychologist, 53*, 440-448.

The Association for Specialists in Group Work (1992). Professional standards for the training of group workers. *The Journal for Specialists in Group Work, 17*(1), 12-19.

The National Association of Social Workers (1999). *NASW code of ethics*. Washington, DC: Author.

UN Centre for Human Rights. (2005). 인권과 사회복지실천[*Human rights and social work*]. (이혜원 역). 서울: 학지사. (원저는 1994년에 출판).

Waters, M. (1995). *Globalization*. London, New York: Routledge.

Wynn, R. (2006). Coercion in psychiatric care: Clinical, legal, and ethical controversies. *International Journal of Psychiatry in Clinical Practice, 10,* 247-251.

Zastrow, C. (1995). *The practice of social work*. Pacific Grove, CA: Brooks/Cole Publishing Co.

UN Sustainable Development Goals. http://www.un.org/sustainabledevelopment/sustainable-development-goals

UN글로벌콤팩트. http://www.unglobalcompact.kr

경상일보(2018). 사회복지법인의 갑질 문화 개선해야. http://www.ksilbo.co.kr/news/articleView.html?idxno=640284#08fn

경향신문(2012). 외국인 노동자, 합법과 불법 사이에서. http://news.khan.co.kr/kh_news/khan_art_view.html?artid=201204232124485&code=990000

경향신문(2017). 어린이와 환경약자를 위한 미세먼지 대책마련. http://news. khan.co.kr/kh_news/khan_art_view.html?artid=201704201222031&code=940100

노컷뉴스(2011). 탈북보다 어려운 정착, 그들을 울리는 남한 사회의 편견. https://www.nocutnews.co.kr/news/890094

뉴스 1(2013). "곧 추석인데"… 매맞는 다문화가정 여성 '폭증'. http://www.edaily.co.kr/news/news_detail.asp?newsId=01925366616058808&mediaCodeNo=257

뉴시스(2016). 합법인데 실상은? … 성폭행 낙태 문제 많다. http://www. newsis. com/ar_detail/view.html/?ar_id=NISX20130705_0012207152&cID=10301&pID=10300

사회복지용어사전(2018). http://www.welfare24.net/ab-welfare_dic

서대문장애인종합복지관. http://www.welfare-center.or.kr

여성가족부(2017). 국제결혼 현황. http://www.index.go.kr/potal/main/EachDtlPageDetail.do?idx_cd=2430

연합뉴스(2017). "술만 마시면 때려… 그래도 착해" 학대 자식 감싸는 노인들. http://www.yonhapnews.co.kr/bulletin/2017/02/03/0200000000AKR20170203114100064.HTML

오마이뉴스(2017). '평가를 위한 평가' 사회복지시설기관 평가. http://www. ohmynews.com/NWS_Web/View/at_pg.aspx?CNTN_CD=A0002358582&CMPT_CD=P0001&utm_campaign=daum_news&utm_source=daum&utm_medium=daumnews

웰페어뉴스(2018). 2억 원 대 횡령 의혹 서울 종합사회복지관서 '추가 편취' 의혹 불거져. http://www.welfarenews.net/news/articleView.html?idxno =64559

조선일보(2010). 멀리 봐야 안다, 자주 올려다봐야 한다. http://news.chosun.com/site/data/html_dir/2018/05/22/2018052202858.html

조선일보(2017). 거인 헬무트 콜의 작고도 큰 걸음. http://news.chosun.com/data/html-dir/2017/06/21/2017062103696.html

조선일보(2018).北과의 경제 협력, '가치'와 '목표' 속에 추진돼야 한다. http://news.

chosun.com/site/data/html_dir/2018/05/13/2018051301797.html

조세일보(2015). 품위 있는 죽음, 시기상조일까...유산 상속 문제로 악용될 수도. http://www.joseilbo.co.kr/news/htmls/2015/08/20150824269502.html

통일부(2018). 북한이탈주민 입국현황. http://www.index.go.kr/potal/main/EachDtlPageDetail.do?idx_cd=1694

한겨레신문(2015). 남성 "가사 공평분담 해야" 43%… 실천은 16%. http://www.hani.co.kr/arti/economy/economy_general/720712.html#csidx826edd356af3d04b8f4e8f86e7155ae

한국사회복지협의회(2018a). 사회복지사업 윤리선언. https://kncsw.bokji.net/kncc/s00/s00_11_03.jsp

한국사회복지협의회(2018b). 윤리경영소개. https://www.bokji.net/ssn/mor/02.bokji

한국여성장애인연합. http://www.kdawu.org/

한국일보(2018). 104세 과학자 안락사 원정, 베토벤 들으며 눈감다. http://www.hankookilbo.com/v/fcd9dfeef760440c977156d5c95f64e1

찾아보기

인명

내용

저자 소개

박차상(Park Chasang)

〈학력〉

부산대학교 법정대학 사회복지학과 졸업
동아대학교 대학원 행정학 박사
University of Nevada, Reno 박사후 연구과정 이수

〈경력〉

전) University of Nevada, Reno 객원교수
한국사회복지행정학회 편집위원
한국사회복지법제학회 이사
한국군사회복지학회 이사
한국사회복지정책학회 편집위원, 이사
보건복지부 정책자문위원
한국사회복지관협회 자문교수
대한케어복지학회 이사
제주특별자치도 사회복지정책자문단 위원
제주도사회복지사협회 부회장
제주도 사회복지공동모금회 기획 · 홍보분과 부위원장
제주도 사회복지직 공무원시험 출제위원
제주복지정책연구소 소장
제주한라대학교 사회복지학과장

현) 제주한라대학교 사회복지학과 교수
제주한라대학교 사회복지학부장
제주특별자치도 사회복지연구소 소장
제민일보 논설위원

〈저서 및 역서〉

한국노인복지론(공저, 학지사, 2018, 5판)
한국사회복지법강의(공저, 학지사, 2015, 5판)
사회복지정책학(형설출판사, 2014, 개정판)
자원봉사론(창지사, 2014)
사회복지실천론(창지사, 2012)
사회복지학개론(공저, 학현사, 2012)
사회복지행정론(양서원, 2011)
케어복지론(공저, 학지사, 2006)
사회복지기관 행정(공역, 나눔의 집, 2002)
현대사회복지학(공저, 양서원, 2001)
제주도 노인복지 현황과 발전과제(공저, 제주특별자치도 사회복지협의회, 2000)
노인상담: 이론과 실제(공저, 유풍출판사, 1998)
대학사회봉사론(공저, 유풍출판사, 1998)

강정희(Kang Jeonghee)

〈학력〉

미국 아이오와대학교 사회사업학과 졸업(사회사업학 석사)
부산대학교 사회과학대학 사회복지학 박사

〈경력〉

전) 부산대학교 사회과학연구원 연수연구원
　제4기 제주특별자치도 지역사회보장계획수립 T/F팀 위원

현) 제주한라대학교 사회복지학과 교수
　제주특별자치도 장애인차별금지 및 인권보장위원회 위원
　제주시 생활보장전문위원회 위원

〈저서 및 역서〉

국제비교노인복지정책-노인의 복지체감도를 중심으로(공역, 학지사, 2019)
정신건강론(공저, 창지사, 2015)

문현주(Moon Hyunju)

〈학력〉

이화여자대학교 사회과학대학 사회복지학과 졸업

이화여자대학교 사회복지전문대학원 사회복지학 석사

이화여자대학교 일반대학원 사회복지학 박사

〈경력〉

전) 경민대학교 사회복지과 교수
　이화여자대학교 산학협력단 연구원
　제3기 영등포구 지역사회복지계획 T/F팀 위원
　제4기 제주시 지역사회보장계획 T/F팀 팀장
　한국사회복지질적연구학회 연구윤리분과위원

현) 제주한라대학교 사회복지학과 교수
　한국사회복지질적연구학회 편집분과위원
　한국사회복지행정학회 대외협력위원
　한국사회복지실천연구학회 총무분과위원
　제주특별자치도 제주사회복지협의회 조사연구위원
　제주특별자치도 제주사회복지사협회 운영위원

〈저서〉

사회복지조사론(공저, 도서출판 어가, 2017)

청소년활동론(공저, 양성원, 2017)

사회복지 윤리와 철학
Social Work Ethics and Philosophy

2019년 1월 30일 1판 1쇄 발행
2021년 9월 15일 1판 2쇄 발행

지은이 • 박차상 · 강정희 · 문현주

펴낸이 • 김 진 환

펴낸곳 • (주) 학지사

04031 서울특별시 마포구 양화로 15길 20 마인드월드빌딩 5층

대표전화 • 02) 330-5114 팩스 • 02) 324-2345

등록번호 • 제313-2006-000265호

홈페이지 • http://www.hakjisa.co.kr
페이스북 • https://www.facebook.com/hakjisabook

ISBN 978-89-997-1698-0 93330

정가 **20,000원**

저자와의 협약으로 인지는 생략합니다.
파본은 구입처에서 교환하여 드립니다.

이 도서의 국립중앙도서관 출판시도서목록(CIP)은 서지정보유통지원시스템 홈페이지(http://seoji.nl.go.kr)와 국가자료공동목록시스템(http://www.nl.go.kr/kolisnet)에서 이용하실 수 있습니다.
(CIP제어번호: CIP2019001943)